中华传世藏书

【图文珍藏版】

帝鑑圖說

[明]张居正⊙原著

王艳军⊙整理

第六册

綫裝書局

笑祖俭德①

【历史背景】

宋孝武帝刘骏即位后，为牢牢掌握住皇权，巩固自己的地位，就开始翦除他认为会对自己构成威胁的人。他杀了亲叔父，杀了亲弟兄，在国内掀起一阵杀戮狂潮。他这样做，使得朝廷陷入了骨肉相残、君臣互疑的一片混乱之中。

在政治上，刘骏无能。在生活方面，他淫奢腐化。即位以后，他马上大造宫室。修整一新的宋宫，甚至把昂贵的锦绣挂在墙上、裹在门柱上、盖在山石上。刘骏为了修建宏伟的玉烛殿，竟不顾礼仪，要把宋武帝刘裕生前所居的阴室予以破坏。大臣们苦苦劝谏，他也不听。在他与群臣参观武帝阴室时，看到室中收藏的都是武帝所用的东西。床头土制的屏障，壁上挂的粗布灯罩的灯笼、麻制的蝇拂尘，都显示出了刘裕的俭朴。

于是大臣袁顗就盛赞武帝的俭素之德，想要以此打动刘骏，引导刘骏回到正路上。没想到刘骏听了后，非常地不高兴。他拉长了脸，当着群臣的面，指着简陋的阴室，笑话武帝："武帝是从农民中兴起为将的。他能有幸做到天子，能享受到这些东西，已经是很对得起他这个乡巴佬儿了。我现在可不能像他似的，再这么寒酸地过下去！"

刘骏这个不肖子孙，一点儿也体会不到祖宗创业建国的艰辛，一点儿也理解不了祖宗俭朴的长远意义。最终刘骏只在那拆毁阴室后建成的玉烛殿里享受了一年时间，就一命呜呼了。

刘骏生性淫乱，荒淫至不分尊卑长幼，只要有几分姿色的，就会被刘骏以皇帝的身份胁迫成欢。据史书记载，刘骏的叔父荆州刺史刘义宣有四个姿色绝伦的女儿，从小在宫里长大，刘骏竟然不知伦理，将四个姊妹一起召幸了。对于这件事情刘义宣极度气愤，起兵十万反对刘骏，结果被杀。刘骏不仅好色、贪财，而且喜欢赌博和酗酒，喜欢任用对自己善于谄媚逢迎的人。青冀刺史颜师伯是一个会讨皇帝欢心的奸臣，后来他进京城为侍中，每天都伺候在刘骏的身边，使出浑身解数来讨好皇帝，刘骏开心不已。一次刘骏与颜师伯㩧蒲赌博，觉得自己会赢钱不禁心花怒放，却没想到颜师伯却偏偏掷出了一个卢牌，刘骏脸色当时就白了。颜师伯见到后慌忙收起牌自愿认输。等到玩完了牌，颜师伯输了很多钱。刘骏为此大喜，颜师伯也是喜出望外。因为只有输了钱刘骏才会给他升官，而对于那些搜刮来的钱颜师伯自然也不会太心疼。

刘骏平时与朝廷大臣说话毫无君王的尊严，喜欢拿大臣们来戏谑耍笑，经常在朝廷上给大臣们起外号辱没臣属。他称呼光禄大夫王玄谟为老伧，伧就是粗野、鄙贱、缺乏教养的意思，称仆射刘秀之为"老悭"，"悭"就是贪婪吝啬的意思，等等，几乎在他身边的每一个人都被他各取了一个绰号。

【原文】

宋史纪：宋主骏②大修宫室，土木披锦绣③。坏④高祖⑤所居阴室⑥，起玉烛殿。与群臣（往阴室）观之：床头有土障，壁上挂葛灯笼，麻蝇拂⑦。袁颛以盛称高祖俭德。宋主曰："田舍翁⑧得此，已为过矣⑨。"

【张居正解】

南朝宋史上记：宋主刘骏性好奢侈，嫌他父祖的宫室卑小，乃重新大修造一番，墙壁门柱上，都披着锦绣。宋高祖生前住的去处，叫作阴室，后世以藏高祖的御服。他要把这阴室拆了，改造玉烛殿。因与群臣往那里观看。见阴室里面，床头有屏障是土作的；墙上挂个灯笼是葛布鞔的；挂个蝇拂是麻绳的。这都是高祖生前常用的器物，质朴俭素，故留之以示子孙也。其臣袁颛因盛称高祖的俭德，欲以感悟宋主。宋主反笑话说："高祖起于农亩而为天子，本是个庄稼佬。他有这个受用，已是过分了。岂可与今日同语哉？"

夫不念祖宗创业之艰，法祖宗崇俭之德，且嘲诮如此，尚谓有人心乎？未及一年，他就殁在这玉烛殿里。其子子业，济恶更甚，遂披篡弑之祸。

传曰：俭，德之共也；侈，恶之大也。岂不信哉？

【注释】

①本文出自《资治通鉴》。记述了南朝的宋孝武帝刘骏大兴土木，毁坏高祖刘裕的住

地,还嘲笑先祖节俭的故事。

②宋主骏:也就是宋孝武帝(公元430年—公元464年)即刘骏,字道民。宋文帝的第三子,庙号世祖。最初被立为武陵王,元嘉末年,任江州刺史,刘劭杀死了宋文帝,与荆州刺史刘义宣、雍州刺史臧质带军讨伐的时候,自己继承了帝位。大明八年死。

③土木披锦绣:新建成的宫室就要用华美的锦绣来作为装饰。

④坏:毁坏的意思。

⑤高祖:在这里指的是刘裕,南朝时候宋的开国皇帝,宋武帝,字德舆,小名寄奴。原籍彭城(今江苏徐州)。在位三年。刘裕年少的时候家境贫困,以打鱼砍柴为生。隆安三年(公元399年)任前将军刘牢之的参军,随从镇压孙恩起义,后来被封为建武将军、下邳太守。他在称帝前后,都十分注意节俭,整顿东晋朝纲弛紊的局面,抑制豪强,赈济百姓,还减轻刑罚,亲自听取审判,兴建学校,策试诸州郡的秀才,使江南农业生产得到了恢复和发展。

⑥阴室:私室。南朝的时候,当皇帝死后就把他曾经居住的地方设为私室。

⑦壁上挂葛灯笼、麻蝇拂:在墙上挂着用葛做成的灯笼,连蝇拂都是用麻绳制成的。

⑧田舍翁:种庄稼的人。

⑨已为过矣:已经超过他原有的了。

【译文】

宋孝武帝刘骏喜欢修建宫室,只要有新建成的宫室就要用华美的锦绣来作为装饰。他还把高祖所居住的阴室拆掉,在原来的地方修建了玉烛殿。在拆毁高祖所住的宫室之前他和群臣一起去观看,发现高祖的床头竟然还有泥土修成的屏障,在墙上也挂着用葛做成的灯笼,连蝇拂都是用麻绳制成的。大臣袁颛高度赞扬了高祖节俭的美德。可是宋孝武帝刘骏却说:"高祖本来就是个种庄稼的,能居住在这种条件的宫室里面就已经超过他原有的了。"

【评议】

宋孝武帝刘骏在生活上奢侈淫逸,甚至缺乏伦理道德,是个不折不扣的昏君。他不但不知道自己的行为的可耻，反而嘲笑打下江山、建立功业、令国家昌盛的祖先的节俭，认为那是农民的做法。刘骏看不到也感觉不到自己的丑恶行为，并且还对自己的行为洋洋得意，心中充满了无耻的"自豪"。这个故事也给我们一个很大的启示，那就是，人在继承老一辈事业的时候，要尊重他们的劳动与高尚的品德，要从他们的成功中找寻经验，继承他们的美好的品德，虽然我们现在的社会物质丰富，但节俭始终都是中华民族的传统美德，我们不应该遗弃。现在有的家庭存在教育的误区，孩子们从小可以说是锦衣玉食，对节俭二字，不仅仅是陌生，甚至有些孩子也像我们刚才看到的这个故事里的宋孝武帝刘骏一样，对先辈的节俭嗤之以鼻，认为他们老土，这是绝对不可取的。

我们不仅要继承祖先的财产，我们更应该继承他们的美德，这才是真正的"传家宝"。

【镜鉴】

一、一篇帖文拉下马的公安厅长

（一）案例内容

杨建农，1955 年出生，湖南省临湘人，大学文化，中共党员。湖南省公安厅原公安厅党委委员、副厅长。2013 年 2 月 5 日，衡阳市中级人民法院对杨建农做出一审判决，认定其收受贿赂 997.29 万元、贪污 219.2 万元，合计 1216.49 万元。此外，杨建农还被判犯有挪用公款罪。法院因此判杨建农无期徒刑，剥夺政治权利终身。

1.警局发迹

粗略勾勒的杨家发家史是这样的：20 世纪 90 年代初期，时任湖南省人民警察学校政治部主任的陈玲下海经商，合伙承包了湖南省警校的驾校，掘得第一桶金。当时，杨建农担任警校副校长。对于能承包驾校，杨略功称，当时机关干部下海，可以优先承包单位经营项目，并不需要关系。

1992 年 2 月，杨建农调任湖南省公安厅担任行财管理处副处长，1993 年 6 月升任处长。其间，陈玲又和杨建农的二弟合作，在湖南省公安厅附近开了家"银剑典当行"。杨略功说,出于避嫌,典当行经营了一年半后转手,但挣了不少钱。

此后,陈玲与杨建农二弟又以民营资本身份进军公交行业,先是承包了拉萨市公交公司的线路运营权,后来又进入广西,承包了广西钦州市公交公司的线路运营权。杨略功说,进军公交行业获利颇丰。近年来,每年的收益都在数百万元之巨。

而在此期间,从1997年1月开始,杨建农又先后担任湖南省公安厅交警总队副总队长、总队长,直到2002年11月转任湖南省公安厅党委委员、纪委书记。2008年12月,杨建农成为公安厅副厅长,达到其个人职业生涯的事业顶峰。

2.后院起火

说起杨建农案不得不从一篇博文说起。2010年6月8日,一个注册账号为"进士江湖"的网民,在天涯杂谈上发表了题为"吏治腐败正气何在"的帖子。

该帖指控湖南省公安厅腐败现象严重:"为了当官,男民警争相行贿,女民警进行性贿赂,大多数党委成员全然不顾干部的德能勤绩,谁的贿重票就投给谁。"同时称,"近十年来被提拔的干部有98%是贿选产生"。帖子还指称湖南省公安厅集资房和顺苑小区在开发建设过程中存在大量腐败问题,并将这些问题直指湖南省公安厅部分领导。侦查结果发现,帖子竟然是副厅长杨建农老婆陈玲指使合伙人、湖南极致科技有限公司的张焱所为,她对前帖进行了转帖并跟帖,在跟帖中增加了一些内容。

报道转引知情人士分析,陈玲之所以这样做,是因为杨建农当了多年副厅级干部,迟迟未能更进一步。但是我们从报道中可以很清楚地看到杨建农2008年12月才成为副厅长,到2010年9月被"双规"仅仅才不到两年的时间,并不能算是迟迟未进一步。然而陈玲究竟是缘何爆出此事? 真的是后院起火,还是想鱼死网破? 我们不得而知。帖文事件发生后湖南警方以涉嫌经济犯罪拘留了陈玲。

3.水落石出

湖南省公安厅称,调查涉及杨建农、陈玲夫妇,源于2010年7月28日,公安部向湖南省公安厅下达了查处一起证券内幕交易案件的任务,并提交了中国证监会提供的参与内幕交易的名单,名单中有省公安厅副调研员易杏玲。8月,长沙市公安局高新分局在侦办张焱经济犯罪案件中,又发现其与易杏玲、陈玲共同经济犯罪的证据,并由此发现杨建农的"犯罪线索",即"杨建农利用职权为长沙市某房地产商在房地产开发中提供帮助,进行权钱交易,受贿数百万元之巨等犯罪线索",并由此展开了对杨建农贪污受贿事实的调查。2010年9月30日下午6点,湖南省纪委的官方网站"三湘风纪网"发布消息称,湖南省纪委对涉嫌严重违纪的省公安厅党委委员、副厅长杨建农立案调查。2013年2月5日,衡阳市中级人民法院对杨建农做出一审判决,认定其收受贿赂997.29万元、贪污219.2万元,合计1216.49万元。此外,杨建农还被判犯有挪用公款罪。法院因此判杨建农无期徒刑,剥夺政治权利终身。至此,杨建农案终于水落石出。

(二)专家点评

《时代周报》评论员唐明灯:在没有约束和监督的权力之下,任何人都是弱者。即便是身居高位的杨建农也不例外。

(三)案例分析

执法机构的腐败往往给社会带来更大的危害,杨建农案再一次证明了这一点。当然,本案也涉及了经济问题、干部选拔任用问题,从而成为腐败案例中的一个"典型"。

不难看出,一方面对领导者利用手中的权力捞取私利的监督机制显失完善。杨建农一而再,再而三地贪污受贿却没有得到及时有效的制止,制度的制约在此时显得毫无作用。另一方面,监督权本身也存在制约不足的问题,此案中,相关部门在查办杨建农的犯罪事实的过程显然有不合理之处,导致舆论一片哗然。究竟是什么原因导致公安厅查办案件都畏首畏尾,权力何时才能真正被关进笼子里去,却是一个古老而又常新的话题。本案给我们的启发是,权力的实际影响力远远超出法理权威范畴,甚至往往超出我们的预期。随着权力雪球越滚越大,其带动的社会资源也会越来越多,而对其约束和监督也越来越难。因此,针对更大权力的监督和制约还需要进行深入的研究和探讨。

网络化突破传统信息传递模式的一般局限,从而为针对腐败的举报提供了更多的可能。本案中也可以看到,网络化渠道可以快速将原来桌子底下的交易放在聚光灯下,供公众审视。然后值得注意的是,网络反腐个案往往伴有很大的偶然性,事件的发展甚至会超出人们的预期和控制,放大廉政建设与反腐败工作的不确定性。针对这一点,还需要通过制度加以补充和完善。

二、"前腐后继"的交通厅长

(一)案例内容

董永安,中国第一拖拉机工程机械集团(下称"一拖集团")副总经理、董事长、安阳市市长、河南省交通运输厅厅长,因单独或者伙同其他人员多次非法收受他人财物,经过河南省许昌市中级法院审理,于2012年11月29日以受贿罪判处其无期徒刑,剥夺政治权利终身,并处没收个人全部财产。董永安当庭表示服判。

1.10万港元打开贪欲之门

董永安1973年高中毕业后在建筑队当泥瓦匠。1977年恢复高考后考入西安交通大学,1982年大学毕业后被分配到洛阳市中国第一拖拉机工程机械集团公司工作。

走上工作岗位后,他深知从农家走出来的不易,立誓要干出个样子。12年间,他从技术员、车间主任、分厂副厂长,一直到集团公司副总工程师,几乎一两年就进步一个台阶。从1996年担任总经理助理到2002年担任集团公司主要领导,仅用了6年时间。

随着职务的不断升迁,董永安的心理出现了失衡。洛阳是河南的工业重市,中国一拖集团公司又是洛阳市重工业的龙头老大。看着不少企业小老板过着日进斗金、纸醉金迷的生活,再看看自己微薄的收入,他的落差感就像荒草一样在心中滋生。

1998年,因主持公司香港上市工作,董永安常到香港出差。在深圳与一企业老板吃过晚饭后,这位老板说:"董总,你是班子里最年轻的领导,将来肯定前途无量。以后在业务上还请你多帮忙,这是一点儿小意思,你拿着到香港花吧。"说完放下一个信封就走了。董永安打开一看,里面是10万元港币。

董永安收下了,从此,这10万元港币打开了他的贪欲之门,成了他失衡感、落差感的催化剂。

2.贪腐中立志安全着陆

董永安的业绩和工作能力颇受组织关注。2004年年初,他正式告别国有企业生涯,担任安阳市委副书记、市长。主政一方后,董永安手中的权力更大了一些,熟人、朋友也随之而来,找他帮忙。

他为安阳一家公司在退城进园返还原址土地出让金以及企业自主创新项目评审工作提供帮助，收受了14万元人民币；为安阳多家企业在解决商业纠纷、产品销售、资产重组等方面提供帮助，收受人民币84.7万元、欧元1万元、美元1万元；为一家公司在项目土地审批、土地出让金返还等方面提供帮助，收受该公司人民币430万元、欧元3万元。

2007年10月，他为一家企业在工程项目选址、资金运作、项目推进等方面提供帮助，收受人民币182万元。这家企业还承诺再给他500万元，他当时有些害怕，没敢要。

2008年，董永安调任河南省交通厅党组书记、厅长。在董担任厅长之前，他的前3任厅长都因为经济问题落马，他一走上这个岗位，就一直告诫自己要以前车为鉴，在这个位置上安全着陆。

上任不久，他给全厅党员干部上了一堂党课，题目是"牢记宗旨、秉公用权、作风民主、生活正派，为建设公路交通强省做出更大贡献"。在这次党课上，董永安提出，要加快公路交通强省建设，必须进一步加强反腐倡廉建设，打造一支政治、思想、作风等方面过硬的干部队伍，大力弘扬秉公用权、廉洁从政的良好工作作风，真正地代表人民掌好权、用好权。可面对种种诱惑，欲望还是战胜了自制，董永安也步了前几任的后尘。

3.被判无期徒刑狱中悔悟

2010年12月25日，河南省纪委对董永安涉嫌违纪问题进行调查，之后，移交司法机关进行处理。

法院审理查明，被告人董永安在担任中国一拖集团公司副总经理、董事长、安阳市市长、河南省交通运输厅厅长的职务期间，单独或者伙同其他人员多次非法收受他人财物共计人民币2583.031万元、欧元4万元、港币10万元、美元1万元，其中1330万元人民币未遂。据知情人透露，董永安在如实交代了犯罪事实后，心里有了片刻的释然，随后是无法自拔的愧疚。

法庭上，董永安悔不当初："我从一个泥瓦匠升任厅级领导干部的过程中，不止一次地接受过领导干部廉洁从政的警示教育，面对许多次叩问心灵的警示教育，哪怕有一次真正触及内心深处，我也不会走到今天的地步。"

(二)专家点评

财新《新世纪》记者王和岩：作为河南省交通厅第四位落马的厅长，董永安案令人关注的不仅仅是高达数千万元的涉案金额,还有交通厅长的"前腐后继"。检方的指控显示,他在出任交通厅长之前,就已涉嫌受贿多年。值得深思的是,对于屡出贪官、各界聚焦的高危职位,组织部门的考察不可谓不慎,为何仍难阻"带病提拔"?

(三)案例分析

办案人员在查办董永安受贿案时发现,董永安受贿次数并不太多,但单笔受贿金额巨大,而且,行贿人多是利用节假日以"礼金"的名义,给董永安送去现金。

董永安是同一岗位的第四位连续落马者。同一岗位接连扳倒4位高级领导干部,着实令人深思。而综观四任厅长"前腐后继"的落马史,很多细节的共同之处发人深省。为何贪官们能对贪腐现象"一叶障目"?个中共性,值得深挖。

交通厅手中握着大量建设项目,投入资金少则数以亿计,而缺乏监督的决策权又高度集中在少数人手中,而且这些"一把手"多有贪腐史,所谓"带病提拔",因此,"前腐后继"也就不难理解了。没有完善的干部任用制度,缺乏系统的内外监督机制,"高危职位"成了疯狂攫取非法之财的便捷通道,也成了"一把手"坠落的加速器。

三、"国家粮仓"中的硕鼠

(一)案例内容

李长轩,河南驻马店人,原中国储备粮管理总公司(以下简称中储粮)河南公司原董事长。2013年7月,鹤壁市中级人民法院以受贿罪判处其无期徒刑,以巨额财产来源不明罪判处其有期徒刑5年;数罪并罚,决定执行无期徒刑,并处没收个人全部财产。

2002年至2011年,在河南省国库粮的储备、管理、经营过程中,李长轩以权谋私,一步步滑入犯罪的深渊。他是如何走上犯罪道路的?哪些"力量"起了助推作用?

1.商人:招投标需他"帮忙"

鹤壁市检察院指控的李长轩受贿犯罪事实有65项,均被法院确认。法院判决认定,在近10年的时间里,李长轩共收受60余人的行贿款。在这60余人中,有10余人是商人，这些商人的行贿金额占到了800余万元，接近李长轩受贿总额的60%。他们之中，给该案公诉人、鹤壁市检察院公诉处副处长李连忠留下深刻印象的是韩祖利（另案处理）。

韩祖利交代，与李长轩相识后，韩祖利为承揽中储粮河南分公司下属直属库粮仓防水隔热工程，找到李长轩，希望承接各直属库粮库的仓顶、外墙隔热工程。他还向李长轩承诺，赚钱后，给李长轩部分好处费，给中储粮河南分公司8%的管理费。后来经李长轩打招呼，韩祖利在招投标过程中得到"特殊照顾"，并毫无悬念地中标。韩祖利因此获得了总造价1000多万元的工程，为周口、沈丘等十几个中储粮河南分公司的直属库做了防水隔热工程。

为了感谢李长轩的照顾，兑现自己的承诺，2005年春节前，韩祖利送给李长轩100万元人民币。2006年春节前，他再次送给李长轩100万元。此后，韩祖利在周口建了一个粮库，也开始收购托市粮。过程中，在协调拨付收购费、保管费方面，他又多次找到了李长轩。作为感谢，他在2007年、2010年李长轩出国考察前分别送了1万美元，2011年春节前又送给李1万美元。2009年3月，韩祖利觉得托市粮生意不好做，希望中储粮河南分公司收购自己的粮库，同时，他也想和李长轩继续搞好关系，于是送给李长轩一张200万元的借条——韩祖利将200万元存入与李长轩要好的房地产老板那里，持有借条的李长轩可以随时提取200万元现金。

2.下属：职务安排需他"支持"

在60余位行贿人中，有20多人来自中储粮河南分公司系统。其中绝大多数是中储粮河南各直属粮库及其分库的负责人。20多人共行贿300余万元，其中情节最严重的，是先后23次行贿李长轩的中储粮河南某直属库主任张宗义（另案处理），他累计行贿190.3万元。

据媒体报道，张宗义给李长轩"送礼"有三种形式：过年过节送"红包"；借钱给李，既不要借条也不要求还；投资后送李"干股"。从2003年至2011年底李长轩被调查前，张宗义每个春节、中秋节，都会去李长轩的办公室拜访他，拿一个"信封"给李，累计10.3万元。对这10.3万元，张、李二人都认为，是感谢李日常工作中的"支持"、和李继续保持好关系的体现。李的"支持"体现在：张宗义所在的直属库成为中储粮河南分公司树立的标兵库点、先进单位；改革中，该直属库可以率先开展一些其他库不能开展的项目，成功后在全省推广。

3.地方:保管费需他"关照"

2000年9月,粮食管理和收储分离,中储粮郑州分公司(2004年更名为"河南分公司")成立,这是所属14家区域性管理机构中首家揭牌运营的单位。早在当年6月,李长轩便被中储粮总公司任命为该分公司总经理(正厅级)、党组书记。此前20余年,李长轩一直在河南省粮食系统工作。20年间,李长轩在河南省粮食系统内有很多同事、朋友,他们中的一些人也是60余位行贿人中的成员。

张育德是最早向李长轩行贿的人之一。他是李长轩在河南省粮食厅时的同事,2002年时,他担任河南某谷物公司总经理。他在2002年至2010年间,多次在春节、中秋节前共送给李长轩7万元现金。他认为,李长轩给了他们公司"关照"——2006年国家有托市粮政策后,该公司每年都被纳入河南省的托市粮收储名单;让该公司的托市粮晚些拍卖,多赚些保管费;在集并中央储备粮的过程中,该公司延迟集并。

同样得到"关照"的,还有河南一些地市国家粮食储备库负责人、一些地方粮食局相关负责人等。他们共向李长轩"送礼"100余万元。

4.妻子:代收钱财需他同意

李长轩的妻子姜秀峰,是他某些受贿行为的共同犯罪人。但姜秀峰一开始并不是一个"贪内助"。后来,姜秀峰慢慢地可以接受有人给李长轩送钱了,但每次都要问李长轩意见。渐渐地,姜秀峰被一些行贿人视作送礼给李长轩的"捷径"。

判决认为,2011年,李长轩伙同其妻子姜秀峰收受李世亮121.2万元人民币,为其在白酒销售等事项上提供帮助。姜秀峰已被法院认定构成受贿罪,判处7年有期徒刑(文中除李长轩、姜秀峰外均为化名)。

(二)专家点评

鹤壁市检察院检察长阎兴振:对于中储粮河南分公司及其直属库这样的央企,地方审计、监察部门没有日常监管的权力。而上级单位距离远,也疏于监管,给了李长轩绝对的权力。

(三)案例分析

中国储备粮管理总公司控制国家粮食命脉,本该肩负"国家粮仓"安全重任,却将粮食买卖就地"空转",套取巨额补贴,"垂直管理"变监守自盗,以至滋生一窝"硕鼠"。李长轩的犯罪,外界推动力很多,其根源也发人深思。中储粮系统相对独立、缺少外部监督,李长轩本人权力大、职责多,都是重要原因。另外,官商勾结是大多数贪腐案件中常见的,因此,落实"官""商"要"划出公私分明的界限"也很有必要。此外,从此案来看,对官员家属开展廉洁教育也是必不可少的。

四、贪污千万的"法盲厅长"

(一)案例内容

杨有明,新疆维吾尔自治区有色地质勘查局原局长(副厅级),在任职期间,利用职务之便贪污公款1288.9万元,受贿546万元。2012年5月30日,经过乌鲁木齐市中级人民法院审理,因犯有贪污罪、受贿罪,数罪并罚判处杨有明有期徒刑19年,剥夺政治权利10年。

杨有明,从一个曾经偷吃坟墓祭祀供品的小孩成长为一名优秀的大学生,从一个总工程师被提升为副厅级领导干部,结果却因为"不懂法"而沦为阶下之囚。

1.伸手,自称"怕穷"

杨有明出生在山东省昌乐县一个穷山村,家庭生活极其贫困。根据他的悔过书里回忆,他在求学期间一直极其贫困,过着衣不蔽体、食不果腹的生活。经过自己的勤奋苦读,杨有明终于学有所成,参加工作后,表现优秀,不断得以晋升。2002年1月,他被任命为新疆有色地质勘查局局长。

随着职务的升迁,杨有明依靠自己的努力最终彻底摆脱了穷困生活,改变了自己和家人的命运。本来他可以继续书写个人奋斗、创造成功的完美人生,但是掌握权力之后的杨有明开始发现权力带来的好处,逐渐陷入权力租金诱惑。他不再满足于职位带给他的合法收益,而是要凭借手中权力"发家致富"。

2003年至2006年间,杨有明利用担任新疆有色地质勘查局局长的职务便利,给阿勒泰一家矿业公司提供矿产资源勘探开发帮助,收受该公司法人代表95万元人民币。2008年5月,杨有明担任新疆有色地质勘查局局长期间,屡屡利用职务之便,以权谋私,

笑祖俭德

贪赃枉法。在收购三亚临海大厦过程中，伙同王新民将所收购的临海大厦中的 41 套公寓予以隐匿，价值人民币 1288 万余元。随后，王新民将其中 38 套房产变卖，杨有明分得赃款 571 万余元，另有三套公寓落在杨指定的人名下，价值 63 万余元，王新民分得赃款 654 万余元。据检察机关查明，杨有明还有 546 万元的受贿行为。

2.收钱，以"独立董事津贴"的名义

2005 年下半年，在杨有明的关照下，青海省某煤业发展集团公司下属矿业公司向自治区地勘局收购了吉尔吉斯斯坦杰提姆特大型铁矿项目 25% 的股权。2007 年，经杨有明协调，自治区地勘局下属的云龙公司帮助青海某煤业发展集团公司在新疆成立了西地中川公司，并顺利收购了温泉县哈尔达坂铅锌矿，随后又收购了阿克苏乌什县金磷矿业公司的磷钒矿。

为了感谢杨有明的关照，青海某煤业发展集团公司法定代表人邱某提出，给杨有明 50 万元独立董事津贴，杨有明没有推辞，后予以收受。

所谓的独立董事津贴，就是为了掩人耳目，其实就是给他送钱。杨有明以独立董事津贴的方式先后收受阿勒泰某矿业公司法定代表人虞某先后三次送的 5 万元现金及共计 90 万元的银行卡，中色地科矿产勘查公司 5 万干股，几年后以向中国驻吉尔吉斯斯坦一家矿产公司提供技术支持为名，出手挣了 107 万元。

3.贪污千万、自称"法盲"

乌鲁木齐市中级人民法院开庭审理杨有明贪污受贿案。杨有明最后陈述时说："我是一个法盲，我不懂法。"办案检察官说，这是一个最低级的谎言，杨有明作为一个副厅级领导干部，经常要接受廉政警示教育、单位普法教育和公务员法律考试，最起码贪污受贿是违法犯罪应该知道吧？

（二）专家点评

检察日报记者吕立峰：杨有明对升官没有思想准备，但他通过努力工作、凭着过硬的业务能力，得到了组织的信任，走上了自治区地勘局局长岗位。他声称自己不懂法，升官后以身试法，结果被绳之以法。他的教训是沉痛的，值得领导干部深思和引以为戒。

（三）案例分析

杨有明早年的成绩说明，在这片广袤的中华大地，无论出身如何，只要奋发图强，终能自食其力，自立自强。杨有明后来贪赃枉法，银铛入狱说明，天网恢恢，疏而不漏，国家财产，岂容私欲占有。

杨有明在悔过书里说自己是"法盲"，不懂法，这让很多人感觉难以置信。但是这句话恰恰道出了当前反腐倡廉工作的两个关键问题。其一，领导干部选拔的标准问题。杨有明是一个优秀的专业技术人才，在其专业领域的成绩有目共睹。也正因为如此，才得到组织的信任晋升到领导干部岗位。但是技术型官员的一个共性不足是他们往往缺少长期为官从政基层锻炼。拥有专业技术知识和技能是一回事，是否掌握公共组织中从事管理和领导的知识则是另一回事。领导是一门与个人综合素质及协调能力密切联系的专门技术，杨有明是一个优秀的技术人员，却显然不是一个称职的领导者。其二，针对领导干部的廉政宣传教育的科学性和有效性问题。针对杨有明的"法盲"言论，多数媒体都认为其以此作为开脱罪名的托词，但实际上，的确也存在很多领导干部不熟悉、不了解廉政知识和反腐败法律法规的问题。一方面领导干部忙于协调与管理，总觉得反腐倡廉与自己没什么关系，既疏于相关理论知识的学习，又消极抵触廉政宣传教育活动；另一方面当前廉政宣教活动缺乏积累和创新，无法适应现实环境变化与干部学习规律，取得的实际效果并不理想。

对于领导干部来讲，得到提拔重用是事业上的全新开始，不仅人生登上新的台阶，同时也应该了解面临的全新挑战。做官也需要一套专业的知识体系和实践技能，需要持续不断的学习和提升，才能让自己人生和仕途更加宽广平坦。

五、疯狂的"优雅腐败"

（一）案例内容

国家食品药品监督管理局副局长、党组成员——张敬礼，由于117万元的受贿罪、

1600 余万元的非法经营罪和诬告陷害罪，在 2012 年 7 月 25 日，经北京市第二中级人民法院审理，一审被判处有期徒刑 17 年。令人惊讶的是，获利巨大的非法经营，竟然全部是写书所得。

1.“真假优雅”

张敬礼为中央党校研究生学历，工商管理硕士，从 2003 年 10 月起，升任国家食品药品监督管理局副局长、党组成员。工作之余，张敬礼开始著书立说。独自或与他人出版了《老年急症救治手册》《百年 FDA：美国药品监管法律框架》《维护公众健康：中国食品药品监管探索与创新》《中国食品药品监管理论与法律实践》《寿世补元》等图书。

可看似“儒雅”的著书行为，竟然成了张敬礼隐藏腐败的手段，其中一本《寿世补元》的定价竟然高达 368 元。在张敬礼的 4 次受贿中，3 次都为索要图书所得。根据检方指控，在 2006 年，天津一公司因申请撤销被侵权药品的注册号、了解药品不良反应监测数据，向国家药监局请求帮助，在张敬礼的运作下，该公司愿望达成。事后，张向其索要 350 套《寿世补元》，价值共计 19.81 万元。2008 年，张敬礼故伎重演，因为帮助北京朗天投资有限公司在北京投资建设疫苗厂，向此公司索要价值 28.3 万元的《寿世补元》500 套。2009 年，张又在为北京某公司承揽处方药代理业务提供帮助后，索要《寿世补元》550 套，价值 31.13 万元。

由于张敬礼身处要职，其图书即使不索要，也格外好卖。许多企业主通过大量购买张副局长的高价书，讨好巴结张敬礼。2008 年 10 月至 2010 年 5 月期间，张敬礼伙同他人印刷、销售非法出版物《寿世补元》共计 4.3 万余套，非法经营额合计 2300 余万元，违法所得额约 1600 余万元。

在宣判之后，张敬礼选择上诉，称其销售自己撰写的图书行为正当，不是非法经营。虽然现阶段对于官员出版销售书籍还未有明确规定，但是这种借自己身份销售书籍的行为，着实不优雅。而且，据相关律师称：“如果高于定价销售，完全可以认定为扰乱市场经济秩序，界定为非法经营。”

此外，与著书立说的“优雅气质”大相径庭的是，张敬礼被查出经常光顾北京著名高档会所“天上人间”夜总会，并且购买色情服务。据知情人透露：“药监局内部通报张敬礼的处理决定后，当场播放了一段视频，是他在‘天上人间’被拍到的画面，内容不堪入目。”

2.恶意中伤

在郑筱萸落马后,国家食品药品监督管理局局长的职位空了出来,张敬礼就开始力争"一把手",可是努力了半天也没达到目的。张敬礼认为,只要上司被撤职,那么接下来自己就能够转正。于是,张想到,找人捏造自己上司违纪违规情况,实名上书举报,意图拉其下马。

2008 年 11 月,张敬礼找到北京浩博中天科技发展有限公司的法定代表人廖洪炳,编造谎言——"廖洪炳曾找领导办事,给以 10 万元人民币和 5 万元虫草进行答谢",然后由廖实名向中纪委举报。此后,张敬礼并不罢休,指示曾有求于自己的北京朗天投资有限公司的法定代表人杨军和副总裁潘京萍,以及自己的秘书,捏造了上司滥用职权、受贿腐败等内容,寄出了 1300 多封诬告信,并在网上大肆发布诬告文章,还列出了所谓的"违规提拔干部清单"。可令张敬礼想不到的是,自以为隐蔽的行为,没把领导搞下台,反而将自己的罪行公布于天下。而且,与张敬礼沆瀣一气、不靠实力取胜、投机取巧的廖洪炳、杨军和潘京萍,也分别被法院判处有期徒刑 6 年、1 年零 8 个月不等。

据知情人表示,这些文章最后被查出所用 IP 地址为药监局。尽管很多是引人发笑、凭空捏造的诬告陷害,可还是有很多药监局内部信息。所以调查人员可以肯定是内部人员所为,然后顺藤摸瓜,查出了张敬礼和他的种种罪行。

(二)专家点评

《光明日报》记者徐娟:"优雅腐败"除了让腐败分子轻松捞到实实在在的真金白银,还收到了"一举多得"的效果。可以借此显示自己的水平,可以与政绩相挂钩等等。干部能够在工作之余著书立说、研究学问,本是一件大好事,应该提倡和鼓励,但是,当著书立说与利益交换牵扯在一起,便成为歪风邪气,必须及时制止。

(三)案例分析

郑筱萸落马后,国家又查处了一大批药监局领导干部,领导班子进行了很大的调整,张敬礼保住了官职。但张并没有因此警醒,为了升官,身为堂堂副局长,竟然犯了如此低级愚蠢的错误。张的诬告陷害,无非是因为没有调整好心态,忘了自己肩上的责任,把仕途作为了第一目标,见"官"眼红,失去了理智。

此外,与低级行为相对应的则是张敬礼的"高智商"腐败。通过索要自己的高价图书,变相受贿,以出书作为幌子,大肆敛财。这种"隐形"腐败形式不易被查出,更容易逃避法律的制裁。要想控制这种腐败,需要未雨绸缪,对有可能进行权力寻租的事项都提前予以规定,给官员制定明确的行为准则,使其无法钻制度的空子,并且严格执行监督。

六、"劫机事件"中跌落的民航局长

(一)案例内容

宇仁录,中国民用航空局党组成员、副局长,任职期间利用自己职务上的便利为他人谋取利益,收受巨额贿赂330余万元,因数额巨大,经河北省廊坊市中级人民法院审理于2010年12月23日以受贿罪判处有期徒刑7年。经过数月的调查,终于得以将宇仁录的犯罪事实昭告天下。

1.从秘书到局长

出事前的宇仁录留给人们的印象是实干、谨慎、随和,民航局内部人士私下里大都称呼他为"大宇"。从熟悉他的人那里,我们不难发现这位副局长是个平易近人、技术过硬的实干家。没有人愿意相信这样一位年轻的局长会成为大贪污犯。宇仁录出生于山东牟平,本科毕业于西北电讯工程学院无线电专业。1984年8月,大学毕业的宇仁录被分配到电子工业部第49研究所工作,历任办公室副主任、计划处副处长、所长助理(正处级)、电子工业部人才交流中心副主任、电子工业部办公厅秘书等职。

1998年6月,宇仁录作为前信息产业部副部长、党组副书记(正部级)刘剑锋的秘书,随刘调往民航总局,继续任刘的秘书。现已退休的刘剑锋与宇仁录同一年调入电子工业部,1984年至1988年出任电子工业部副部长兼纪检组组长。

此后,刘出任中共海南省委副书记、省长。干满一届后重回电子工业部,任电子工业部副部长、党组副书记,后升为副部长兼党组书记。根据十五届二中全会通过的《国务院机构改革方案》,电子工业部被撤销,其原有职能由信息产业部执行,刘剑锋于1998年3月至6月改任信息产业部副部长兼党组副书记。三月后,刘升任民航总局局长。一路追随刘剑锋的宇仁录仕途亨通,从民航总局办公厅秘书,先后升任局长办公室主任、人事教育司副司长、司长,短短三年间步入正厅级序列,仕途颇为看好。2002年5月,刘剑锋卸任民航总局局长。此时的宇仁录已羽翼渐丰,此后七年间一直执掌民航人事系统。

民航内部人士称:"他(宇仁录)这个人口碑挺好的。"宇仁录无显赫家世背景,长期担任领导秘书,为人低调温和、做事谨慎,后虽执掌民航人事,仍保持其一贯作风,媒体曝光率极低。

2008年,宇仁录曾出任北京奥组委秘书行政部副部长,分管部分奥运基建项目,以及负责涉及民航系统的采购。"那时候大家都看好他,作为民航系统唯一一名代表,只要干好了,肯定要提拔。"无论是从工作还是从口碑上看,这位平日不动声色的秘书似乎必然要走向更高的领导岗位。果然,在奥组委挂职满一年的宇仁录于2007年返回民航局继续担任人教司司长一职,2009年7月出任中国民航局党组成员,8月升任民航局副局长。可短短三个月后这位踌躇满志的局长就意外地落马了。

2.介入采购

事情往往没有表面呈现的那么简单,即使像宇仁录这样为人低调,做事认真的人,也有其鲜为人知的致命弱点。据《财经国家周刊》记者报道,宇仁录事发与2008年北京奥运安保设备的一次采购招标有密切的关系。

2008年3月7日,一起劫客机事件的发生,使民航领域的设备采购发生风向变化。这一天,从乌鲁木齐飞往北京的CZ6901航班上,一名女子企图点燃伪装成饮料带进飞机的汽油。该事件虽被及时制止,但也引发了北京奥组委和民航局领导的关注,北京奥运会前的安保形势由此升级。

劫机事件10天后,3月17日,民航局召开紧急会议,决定让全国19家机场采购和安装一批汽油等爆炸物探测仪。除首都机场外,上述工作由中国民航技术装备有限责任公司(下称民航装备公司)承担。由于时间紧迫、采购数量和价值巨大,如果严格执行政府采购公开招标的流程,在奥运会开幕前难以完成这一任务。后经国家发改委同意,采购工作采取一般工程招标的方式。这为宇仁录提供了新的"机会"。虽然此时的宇仁录身为人教司司长,按职权划分无权过问工程建设,更不负责采购。但以他在民航局的身份地位,如果"出手相助"一定会对此次工程招标产生巨大的影响。于是他答应了同学之请托,请首都机场原常务副总经理黄刚照顾以色列一家公司。他本人因此获得280万元的回报。有消息称,宇仁录的同学在接受调查时交代了宇的受贿行为,也有消息称宇的落马源于美国一家竞标企业的举报。

不仅如此，宇仁录还曾利用职务之便先后帮助北京通用科技有限公司和北京市核特控制技术有限责任公司的法定代表人、总经理孙长江承揽了长春龙家堡机场（现已更名为长春龙嘉国际机场）登机桥采购项目、首都机场 T2 航站楼的 EDS（炸药自动探测）设备采购项目及分层管理系统升级改造项目和黑龙江省机场管理集团公司 X 光安检设备与配套系统供应项目等。在 2008 年北京奥运中，宇仁录亦帮助孙长江承揽到了民航局爆炸物探测仪器采购项目。作为"对价"孙长江先后送给宇仁录人民币约 295 万元，美元 4 万元。

所有这一切都奠定了宇仁录走向腐败的基础。2008 年在相关部门查出奥运安保设备采购程序时，宇案的一些细节才逐渐浮出水面。

（二）专家点评

民航局长李家祥：由于民航业资金高度密集，成长空间大，产生腐败的机会更多、风险更大、后果更严重。手头上钱多，就很容易成为被追逐的目标。同时民航业联系面广、专业性强、发展速度快、运作点多面广、跨省跨国、监督管控往往在"超视距"情况下进行，使得民航腐败容易被掩盖。

（三）案例分析

《周官·小宰》里说："廉也者，吏之本也。"为官之本在于廉洁。然而宇仁录身为民航局副局长却耽于财货，将为官之本尽抛脑后。正所谓："一念善即天堂，一念恶即地狱。"宇的腐化堕落正是源于他对金钱的恶念，从民航局长到阶下囚，这或许是对他的恶念的最好惩罚。腐败，并非仅仅是官员自身的素质问题，一些特殊领域内的腐败必然有其特定的滋生腐败的土壤。作为官员，在权力面前必须始终战战兢兢，如履薄冰，始终牢记使命，否则一步走错，其代价往往是"生命不能承受之重"。党和国家在赋予官员权力的同时必须夯实反腐的各项制度建设，营造良好的权力运行环境。唯有如此，吏治才能更清明，党和国家的建设大业才能不被蛀虫蚕食。

七、执法犯法的最高院大法官

（一）案例内容

1978年是恢复高考的第二个年头，这一年，西南政法学院（即后来的西南政法大学）法律系的423名学子中，一位来自广东汕头的男生名叫黄松有。那一年，他21岁，从一个草根一跃而成为"西政"学子，黄松有的命运从此发生了翻天覆地的变化。2010年1月19日上午，在河北省廊坊市中级人民法院的审判庭上，53岁的黄松有在历经26年法官生涯后首次接受法院的宣判。2010年3月17日上午，河北省高院对原最高人民法院副院长黄松有贪污、受贿案终审宣判。判决维持原判，黄松有被判处无期徒刑，剥夺政治权利终身并没收个人全部财产。曾经的政法学院骄傲如何沦为今日的阶下囚？

1.学者大法官

据相关媒体报道称，黄松有出生在一个贫寒的农民家庭，但是父亲却十分重视子女的教育。或许正是因为这样的缘故，少年时的黄松有有着不同于同龄人的毅力与勤奋。据黄松有高中老师周希宪回忆说，高中时代的黄松有勤学苦练、博览群书、踏实而有活力。其"西政"同窗亦评价其忠厚朴实、天赋极高。而且黄松有还是个颇具才艺的大才子，尤精于书法和乐器，在高中毕业后在家务农时期，他自贴对联"日出锄头畚箕筐，夜来箫弦琵琶筝"在自家门前用以自勉。在农村生活的黄松有还能有如此恬淡闲适的心态，黄松有成大器是早晚之事。1982年，作为"西政"优秀毕业生的黄松有被分配到广东省高级人民法院工作。从助理审判员干起，黄松有凭借自己丰厚的文化功底和刻苦的意志，一次又一次地证明了自己的能力。1997年，黄松有升任湛江市中级人民法院院长，因成功破获"9898"湛江走私案而名噪一时。两年后调入最高院工作，又三年升任最高人民法院副院长，二级大法官。那一年，他45岁。成功之路拾级而上，黄松有凭借自己卓越的才能赢得了他在中国司法界的一席之地。

升任最高院副院长的黄松有曾因在全国力推执行威慑机制而受到媒体的追捧。此外，他健谈、开朗的性格以及对法律业务的深入思考，也给很多记者留下了深刻印象。同时，他在工作之余笔耕不辍，发表了数十篇论文和多部专著。他还是清华大学、西南政法大学、中国政法大学、国家法官学院等高校的兼职教授。在被"双规"之前,黄松有堪称一位出色的"学者型"官员。

2.梦断烂尾楼

在黄松有的博士论文里有这么一句话,"法官穿上了法袍,就不再是一个普通人……应尽可能与其他社会成员保持一定的距离。"然而,他却戏剧般地反驳了他自己。穿上大法官法袍的黄松有确实不再把自己当作一个普通人,而是一个凌驾于法律与人民之上的特权人。他捞取私利,丧失人性。曾经的"西政"骄傲,现在的法界耻辱。据相关报道称,把时任最高人民法院副院长黄松有拉下水的是位于广州市的"中国第一烂尾楼"——中诚广场。这座曾因烂尾时间长、牵涉面广、牵涉资金多被称为"中国第一烂尾楼"的楼盘,竟被两家名不见经传的公司竞拍成功。这两家公司如从天降,联手以 9.24 亿元人民币的低价收购了中诚广场,并很快出手转卖,售价高达 13 亿多元,净赚了 4 亿多元。面对这一"离奇故事",外界深感此次拍卖活动存在诸多蹊跷。随着广东省高级人民法院原执行局局长杨贤才的突然"双规",黄松有这个深藏幕后的大法官也露出了狐狸尾巴。然而,这次"中诚广场"拍卖案中黄松有究竟扮演了什么角色,我们只能从一些媒体上看到一些说法,其中一种说法是:杨贤才在执行拍卖"中诚广场"任务的过程中,曾接到过来自最高人民法院的指示,而发指示的人正是黄松有。至于事实是否如此,我们不得而知。然而各种迹象表明,黄松有与此事有着密切联系。

此外,黄松有的犯罪事实并非如此,1997 年在担任广东省湛江市中级人民法院院长期间,黄松有伙同他人骗取本单位公款 308 万元,其个人分得 120 万元。据了解,此事涉及湛江中美化工公司破产一案,在黄松有的操纵下,粤法拍卖公司和法建拍卖公司共同对中美化工财产进行拍卖,约定佣金 1540 万元。拍卖之后,湛江中院分得一半的佣金。以黄松有为首的湛江中院党组决定,这 700 多万元一部分归中院所有,308 万元交给法建拍卖公司的分支机构——粤西代办处。但这 308 万元实际上被黄松有、粤西代办处负责人等 3 人瓜分,黄松有分得 120 万元。香港《大公报》等媒体将黄松有的问题归为"三宗罪",即:以权谋私、严重经济问题和生活腐化。

(二)专家评论

北京师范大学刑事法律科学研究院研究员毛立新:就黄松有贪污受贿的数额来看,

有三种结果——无期徒刑、死刑、死缓。黄的判决在法定的量刑幅度以内。判决采纳了其坦白部分受贿事实、积极退赃的情节，可以从轻判决，但是针对黄的身份，作为二级大法官，知法犯法，又应予以从重处罚，因此综合考虑做出无期徒刑的判决，是公正的，可以接受的。

（三）案例分析

曾经的"西政"才子、法界精英，何以沦为手执法杖的敛财狂魔？黄松有再次敲响了我国司法界反腐的警钟。同样引发了我们对我国司法制度的一些反思。首先，在法官选拔上，何以能使黄松有这样的人成为执权杖者，对法官德才兼备的要求仅仅是做足了表面文章。"德者，才之本也。"像这种没有德行的官员即使拥有惊世骇俗的才华最终也不过是其满足自己肮脏欲望的抓手罢了。当前各行各业不乏业务精英，官员的选拔不能太过重视才华而忽略了德行的重要性。我们有理由相信，一个没有德行的官员必然不会有大公无私之心。他们最终只能走向法律的对立面。其次，必须切断法官与律师之间的利益链，从黄松有案可以看出，对于不法律师的"掮客"行为必须严厉制止，只有这样才能防止一些居心不良的律师对司法公正的影响，对摇摆不定的法官的毒害。

金莲布地①

【历史背景】

萧宝卷(公元483年—公元501年),父亲是萧鸾,母亲是刘氏。明帝死后继位,在位四年,因为荒淫昏庸被杀。南朝齐的七位皇帝中,最昏庸无耻的一个,就是东昏侯萧宝卷。萧宝卷的荒淫残暴在历史上是很出名的。早在当太子时,他就沉溺于玩乐,不喜读书,甚至整日整夜地以捕鼠为乐。他父亲齐明帝死后,他无动于衷,甚至推说喉头发痛而不哭一声。萧宝卷即位后,厌烦朝政,有时竟一连几个月不批阅奏章,把奏章随手塞给内臣去包鱼裹肉。与此同时,萧宝卷还任意地诛戮大臣,把辅政的几个大臣都杀了,搞得朝堂为之一空。

萧宝卷在位的第二年,后宫大火,把三十余间宫房烧成一片瓦砾。于是重建宫殿,极尽奢华。

萧衍在萧宝卷死后,贬他为"东昏侯"——这一谥号,在历史上永远显示着萧宝卷的昏庸、昏聩、昏乱、昏淫!

宣德太后的懿旨中直斥萧宝卷:"凡所任仗,尽愿穷奸,皆营伍屠贩,容状险丑,身秉朝权,手断国命,诛戮无辜,纳其财产,睚眦之间,屠覆比屋……罄楚、越之竹,未足以言,校辛、癸之君,岂或能匹。"意思就是说萧宝卷这个人极其凶险残忍,任用小人,滥杀无辜,贪财奢侈,作恶多端。萧宝卷的父亲用阴谋手段篡夺了帝位后,为了保住自己的皇位,滥杀高帝、武帝的子孙,临死的时候还告诫萧宝卷说:"做事不可在人后!"萧宝卷可以说在这一点上做到了谨遵父命,满朝的文武大臣只要有一点让他不满意的,就会立即被他杀死,于是官员们为了保住自己的性命,远离这样昏庸残忍的君主,纷纷辞官离开朝廷,这样朝廷就陷入了危机,因为但凡忠良之人都已经离开,剩下来在这位皇帝身边的都是一些专门奉承谄媚的小人。

萧宝卷的左右亲信中还有几个比较清醒的人,看到统治腐败,皇帝如此昏庸就希望他不要再过声色犬马的生活了。有一次萧宝卷的坐骑突然间受了惊，于是他身边的一个侍奉的人就趁机对他进谏说："臣下刚才看见了你父亲，他看到你现在这样很不高兴，斥责你总是出宫游荡。"萧宝卷听了之后很生气，就拔出佩刀，寻找他父亲的鬼魂。因为没找到，就命令下人用草做成了他父亲的人像，将草人的头砍了下来，还把头挂到宫门口，让全国上下的人都知道。

萧宝卷奢侈无度。后宫因为火灾被烧毁了，于是他就重新建造了仙华、神仙、玉寿三座极为豪华的宫殿，还从各个地方搜刮财物，对宫殿大肆装饰，如果百姓家中有可观赏的树木，哪怕毁掉人家的房屋，也要将那棵树木运到宫中去，其所作所为就像强盗一样。还命令工匠将黄金打造成莲花的样子铺在地上，让自己的宠妃潘氏在上面行走，还说这就是"步步生莲花"。作为皇帝萧宝卷行事荒唐，据说他特别喜欢干屠夫商贩这样的事情。还下令在宫苑中开设市场，由太监负责杀猪宰羊，宫女负责卖酒卖肉。潘妃就做市令，自己则担任潘妃的助手，在宫苑中嬉戏玩乐。萧宝卷极其贪财，当时梁王萧衍带领军队攻打到了城外，太监茹法珍跪在地上请求他拿出财物来赏赐将士以鼓舞他们的士气，萧宝卷却气急败坏地大喊道："为什么要我自己拿钱，难道他们来了只抓我一个吗？"

后来梁王萧衍在夜里攻入了宫殿，萧宝卷刚刚在含德殿"吹笙歌作《女儿子》"，还没有入睡，听到军队闯进来，就连忙从北门逃跑，被太监黄泰平砍伤膝盖，又被另一个叫张齐的太监砍下了头。萧衍掌权后，授意宣德太后褫夺萧宝卷的帝号，追封他为东昏侯。

【原文】

齐史纪:齐王宝卷[②]，荒淫奢侈，后宫服御，极选珍奇。宠爱潘妃，尝凿金为莲花以帖地，令潘妃行其上曰:此步步生莲花也。嬖幸因缘为奸利，课一输十。百姓困穷，号泣道路。

【张居正解】

六朝齐史上记，齐主宝卷，荒淫奢侈，凡后宫的服饰器用，必选那极其珍贵奇异之物。宠爱一个女子潘妃，尝以黄金打成莲花，贴在地上，叫潘妃在上面行走。齐主观而悦之，说道:这个是步步生莲花也。自是，指用浩繁，而嬖爱宠幸之人，乘机以行奸网利。指一索十,由此百姓困穷,无所告诉,惟号泣道路而已。其荒淫奢侈如此。在位二年,竟为嬖臣王珍等所弑。萧衍③因而篡齐。败亡之祸,岂非自取之哉。

【注释】

①本篇出自《南史·齐本纪·废帝东昏侯》,并见《资治通鉴》卷143齐纪九,永元二年。记述东昏侯萧宝卷,凿金为莲花令宠妃行其上的故事。

②齐王宝卷(483~501):即东昏侯萧宝卷,南朝齐皇帝。公元498~501年在位。齐明帝次子,自幼玩乐不读书。即位后,肆意游荡,不分昼夜。为政苛暴,赋税繁重,生活奢侈荒淫。最后被叛变的禁卫军杀死。谥为东昏侯。

③萧衍:即梁武帝,南朝梁开国皇帝。公元502~549在位。其父萧顺之乃齐高帝萧道成族弟。齐末东昏侯无道,他乘机起兵,从此大权在握。中兴二年(502)废齐和帝,自立为帝,国号梁,仍都于建康(今南京)。但是佞佛。

【译文】

六朝齐的历史上记载:齐王萧宝卷,荒淫奢侈,后宫的服饰、车马,都选尽了各种珍奇的宝贷加以铺张装饰。他宠爱潘妃,曾经凿金做成莲花铺在地上,让潘妃在上面行走,还说:这叫作步步生莲花。宠信的人乘机行奸网利,百姓应交一分租赋实际却交了十分,百姓困顿穷极,号叫哭泣于道路。

【评议】

史书当中多处记载了萧宝卷的丑行,在这个故事里的所谓的"金莲布地"只是他和自己的宠妃潘氏之间的一个点滴。昏君的一个"爱好"不知道要剥削百姓多少财物,而在这个过程里,那些奸佞的小人和下属官吏不知道还要克扣多少。像萧宝卷这样的荒唐残忍的君王历史上出现了很多,结果也都没有好的下场,这就是"多行不义必自毙"的道理。

【镜鉴】

一、"床照门"事件中落马的副局长

（一）案例内容

段一中，原广西壮族自治区技术监督局副局长，正厅级巡视员。因网络传其生活作风问题被相关部门立案调查，在调查期间，段一中主动交代了自己的受贿犯罪事实，因数额巨大，2013年5月被钦州市中级人民法院一审判处有期徒刑10年。

1.官商勾结

在中国，官与商之间的微妙关系即便是最好的剧作者也难以将其描绘得淋漓尽致。官无商不富，商无官不便。几乎在所有落马官员的人生轨迹里都能找到商人的影子。本案的段一中自然更是官商勾结的典型代表。综合段一中的受贿事实，在这几年出现的新型受贿手段中，他占了两个：占干股和利用职权影响力受贿。

2002年，也就是段一中就任来宾市副市长的前一年，他结识了一个陈姓商人。一年以后，当段一中马走来宾，从容上任的时候，陈姓商人也紧随其后来到来宾发展。陈某料定，段一中对自己的发展必有大用。果然，机会再一次眷顾了有心之人。2006年，陈某看中了来宾市兴宾区良将镇的一个石灰石矿。这是一个不小的商机，但是仅凭陈某在来宾市的关系是拿不下这个石灰石矿的。于是他找到了曾经结识的段一中。2007年上半年，段一中带着陈某约时任来宾市电厂厂长的石某吃饭，并要求石某以电厂的名义向国土部门申请采矿权，然后将采矿权委托给陈某，并且开采的石料电厂必须收购。即便如此，段一中仍旧不放心，于是他又约见了来宾市国土局的相关人员。在段一中的努力下，来宾电场拿到了采矿权。2008年1月，在段的精心筹划下，陈某顺利地与电厂、电厂石料供应商签订了三方合同。但在采矿的过程中陈某又遇到了矿区坟地搬迁问题，段一中再次帮他摆平。作为对段一中前前后后辛苦的回报，陈某将公司16%的股份挂在段妹夫的名下，年终分红的时候段一中只要签上他妹夫的名字就可以将钱领走。

2008 年，段一中担任自治区技术质量监督局副局长、正厅级巡视员。如果不是贪欲，段一中或许可以拿着石料公司每年的年终红利安然退休养老。但是，他仍旧继续他的不归之路。

2."财源广进"

金某是来宾一家房地产开发公司的负责人，他考虑到段一中曾在来宾市担任副市长，遂盘算着如果以后遇到难题，或许可以找段帮忙。2008 年春节前，金某通过老乡介绍认识了段一中，并专门到南宁给段一中送上了 3 万元。金某的"未雨绸缪"果然有用。2008 年 9 月 23 日，他所承建的来宾市某单位办公楼在拆迁改造时发生安全事故，导致 3 人死亡、4 人受伤。金某被公安机关以涉嫌重大责任事故罪刑事拘留。在取保候审期间，他赶紧找段一中求救。段一中给来宾市政府相关人员打招呼后，金某在 2010 年 3 月被检察机关作相对不起诉处理。

2011 年，段一中的湖南老乡申某在防城港市搞房地产开发时遇到了麻烦：因认为政府部门没有解决土地的"五通一平"问题，申某不愿全额缴纳土地出让金，国土部门遂准备对他处罚 2000 万元；同时，申某还想提高房地产项目的容积率。为摆平麻烦，在与段一中见面之初，申某就送上 5 万元。段一中随后亲自带着申某，找到防城港市的有关领导"汇报"。申某解决了要被罚款的问题后，又送了 5 万元给段一中。

在段一中被指收受的贿赂中，最大数额的是广西来宾东糖集团的行贿，涉及金额共计 32 万多元。段在来宾市担任副市长时，分管的领域与东糖集团有关；担任自治区技术质量监督局副局长时，又分管食品安全，所以，来宾东糖集团从 2003 年至 2011 年 8 年里，在每年的中秋、春节，每次都会送上 1 万元给他，8 年就送了 16 万元。

3.床照风波

正当段一中处心积虑地为自己的未来做着打算的时候，一则网帖打破了他的幻梦。2012 年 1 月 4 日凌晨，有网友在腾讯微博上爆料出 2012 年第一起"官员艳照门"，称广西壮族自治区质量技术监督局干部段一中玩弄女性长达 10 年之久，并附上一男一女在宾馆内的不雅照，照片内容不堪入目，可以明显地看出裸身男人的发型。当天下午，段一中在接受采访时否认了照片内容，并强调照片是 PS 的。企图掩盖事情真相的段一中并未得逞。事发不久，广西壮族自治区纪委相关人员透露纪委已经按照程序介入调查。正所谓"拔出萝卜带出泥",在被调查生活作风问题期间,段主动交代了自己受贿的犯罪事实。1月31日,检方逮捕了段一中,经过6个月的严密侦查后,段一中犯罪事实基本清晰。2012年7月26日,钦州市中级人民法院公开庭审了段一中案。时至今日,所有的报道都未透露有关床照是否属实的信息,但因床照而揪出的段一中受贿案终于真相大白。

(二)专家点评

四川新闻网:记得有句成语叫"顺藤摸瓜",意思是顺着瓜蔓去找西瓜。借用这句成语来比喻正厅级官员段一中的落马,恐怕是很贴切的。也可以说,段一中的落马就是反腐机关"顺藤摸瓜"的好范本。

(三)案例分析

年逾花甲的国家干部居然因艳照落马,可以说丢尽了中国官员的颜面。这个看似生活作风腐化的问题,实际上折射出中国官员官德滑坡的巨大危机,更影射了中国社会重利轻义、道德沦丧的价值危机。在监督的体制机制日臻完善的情况下,依然无法很好地遏制部分官员的腐化堕落,拷问制度执行效果似乎成为最为恰当的选择。

段一中因一帖举报而落马,看似一个"伸手必被捉"的常见案例,但是如果对公职人员的道德约束、纪律约束乃至法律约束仅仅寄托在网帖举报上,就可能有更多"段一中"依然逍遥法外。长此以往,势必培养部分贪腐官员的侥幸心理,为其腐化堕落营造一个"劣币驱逐良币"的体制环境。不难想象,在这个官德不彰的时代下,制度的作用如不能很好地发挥,则贪腐难除、和谐无期。我们所期望的廉政体系应该是基于对腐败动机、腐败机会、腐败行为"零容忍"基础上系统性惩治和预防系统,在当前,尤其要加大打击力度,"以治标为治本赢得时间"。

二、"师生情"蚕食廉政防线

(一)案例介绍

吴明,原重庆市双桥区(现与原大足县合并为大足区)市政园林局局长,2011年12月至案发任大足区市政园林局正处级调研员。2008年10月至2011年11月,吴明利用负责市政绿化、物资采购、市政维修建设等职务上的便利,为他人谋利并收受贿赂共计116万元。2012年12月,吴明因犯受贿罪被依法判处有期徒刑13年,并处追缴所有违法所得。

1.师生变成"哥们儿",踏上腐败之路

吴明出生于1959年7月,山东济南人,1976年6月参加工作,1995年6月加入中国共产党。当过知青,做过教师,传道授业,备受学生的尊重和爱戴。然而,吴明恰恰是被"尊重他、爱戴他"的学生引上腐败之路的。

吴明的学生王某是重庆市某建筑安装有限责任公司股东,作为曾经的师生,王某自然而然地借着"师生情"的名义打开行贿之门。在一年的大年夜,王某给吴明拜年,并留下了500元作为心意。然而,从政之初的吴明在廉洁自律方面还算是头脑清醒,用他的话说:"一直以来,我对自己的欲念控制得比较好,不该得的钱财不要,不该得的东西不拿。"所以,当天深夜,吴明便敲开了王某的家门,把这500元退了回去。

俗话说"冰冻三尺,非一日之寒",随着两人更进一步的交往,吴明开始在王某等人的吹捧和抬举中动摇,并且经常跟随王某等人出入高档消费场所,慢慢地,两人的师生关系也就演变成了"哥们儿"关系。

2008年12月,原双桥区实施车城大道修树池、修补人行道等零星市政工程,王某所在的建筑安装有限责任公司通过邀请招标方式获得承建资格。区市政园林局与该公司签订合同,并负责工程验收和付款。按照双方合同,工程完工验收合格后先付一半工程款,另一半工程款在1年内付清。工程完工后,王某得知吴明的女儿刚刚买房。为了感谢吴明的关照,王某给吴明送去了4万元。吴明虽然有推辞,但是在放松了警惕的情况下,收下了这笔钱。2009年,在吴明的照应下,该公司再次与区市政园林局签订了全年的市政维修合同,兼有一些零星的市政工程。

除此之外,2010年原双桥区双龙东路、西路实施水泥路面改沥青暨人行道改造工程,工程造价达1000余万元,王某所在公司中标承建此项目。为了感谢吴明的关照,王某先后向吴明行贿共计22万元。

说起王某,狱中的吴明悔根不已,自己不仅交错了朋友,还"栽"在了朋友手里。

2.尝到"甜头",一发不可收拾

吴明在担任区市政园林局局长期间，主要负责单位的人事、财务等事项以及比较大的工程项目，市政建设工程款的拨付也都必须由他签字。因此，许多的投机者便开始主动找上吴明。

罗某是重庆某园林集团有限公司经理，2009 年，原双桥区实施巴岳大道绿化工程。该工程由原双桥区政府采购办负责组织，采取竞价谈判的方式招标。为了能够竞标成功，罗某通过关系找到吴明，吴明当即表示愿意提供关照。在吴明的"关照"下，罗某所在公司顺利承建了该工程，与区市政园林局签订工程合同。按照合同规定，工程总造价达 1400 万元，工期从 2009 年 11 月至 2009 年 12 月，工程款在 3 年内付清，第一年付 40%，第二年付 30%，第三年付 30%。

工程按期完工后，为了尽快获得工程拨款，罗某在 2010 年春节以及往后的两次拨款节点内，给吴明送去共计 70 万元人民币，面对巨款，吴明全部"笑纳"并接受罗某的感谢。

放松了警惕，吴明的腐败之路便越走越远。

2010 年，原双桥区进行清洁业务的招投标，原来与区建委签订合同的某公司中标，改与区市政园林局签订合同。为了表达感谢吴明"关照"，该公司法人以"小意思"和帮助吴明出书为由向吴明行贿共计 9 万元人民币。在此期间，吴明虽多次有意拒绝该法人，但是最终还是没能抵挡住金钱的诱惑。

刚开始时，"有时睡觉都会被惊醒"，面对办案人员，他甚至坦言："早就知道会有这一天了。"可悲的是，他没有因为不安而通过民主生活会、廉政谈话等形式主动承认错误，上缴赃款，反而抱着侥幸心理一再放纵贪欲，对所送钱财来者不拒。

根据调查，吴明在 2008 年至 2011 年间，收受他人贿赂达 14 次之多。2012 年 11 月 15 日，大足区人民法院对吴明进行公开庭审，吴明对其受贿事实供认不讳，庭审不到一小时便结束了。

（二）专家点评

大足区委常委、区纪委书记戈渝生：纵观吴明腐化堕落的过程，从"第一次收钱深夜敲门归还"到后来的"欣然接受""来者不拒"，主要是由于其主观上放松思想改造而自食恶果。因此，必须加强对党员干部的政治思想教育和法制教育，要让广大党员干部牢固树立正确的人生观、世界观、价值观；必须加强对权力行使的监督制约。

（三）案例分析

腐败可以预防，但是真正的困难是始终对腐败保持警惕。一旦人们放松戒备，腐败就会无孔不入。吴明案再一次说明"防微杜渐"是预防腐败关键所在。吴明从一个普通人家的孩子，逐步走到领导岗位上，他自己也深知这一切来之不易。案例中可以看到，吴明并不是从一开始就利欲熏心、恣意妄为的，只是在"春风化雨"般的"师生情"的诱导下逐渐放松了警惕。这其中给人两个方面的启示：其一，必须持续不断地坚持对党政领导干部开展廉洁教育，抵制"精神懈怠危险、能力不足危险、脱离群众危险、消极腐败危险"，始终保持积极的工作心态；其二，要逐步完善对权力配置结构与权力运行过程的监督制约机制，防范廉政风险，防止利益冲突，减少腐败的客观机会。通过制度建设提高寻租的成本，降低寻租的收益。总之，廉政建设体系不断完善的方向应该是标本兼治，从主观、客观角度全面预防腐败。

三、废弃炮弹的"威力"

（一）案例介绍

陈京元，原任湖南省交通厅计划统计处副处长，2008 年至 2010 年间，陈利用职务便利，非法收受财物共计价值 82 万余元。同时，陈京元及其家庭成员财产共有 630 万元，其中 483 万余元的财产不能说明来源。2012 年 10 月，长沙市中级人民法院做出终审判决，因受贿罪、巨额财产来源不明罪判处其有期徒刑 9 年。

1.以权谋"家"

在陈京元的家中，几乎所有的家装都是他用自己的权力换来的。2008 年 6 月，时任省交通厅计划统计处副处长的陈京元打算对自己某小区的毛坯房进行装修。他对购买油漆、插座、开关、水泥、沙子等每个细节都事必躬亲，逢人就说自己家里装修最近很忙，其实是暗藏玄机：让别人知道自己正在搞装修。在陈京元这种有意的宣传下，送"货"上门的人果然络绎不绝。

2007年至2008年间,郭某某为使其家乡冷水江市潘桥乡一条通乡公路建设纳入全省公路建设计划,找到陈京元帮忙并争取到了建设资金。为表示感谢,郭某某出资1.1万元,为陈京元新居的阳台安装了铝合金防护网。

2009年,浏阳市溪江乡党委书记焦某某、乡长唐某某为了将溪江乡一淳口镇的公路建设纳入全省公路建设计划,找到陈京元。事成之后,唐某某办公室送给其现金1万元,后又在长沙市某高档家具市场送上7.7万元用于购买豪华沙发。

同年,王某找到陈京元,希望在全省公路计划里给自己家乡衡南县某镇安排10万元的公路建设资金。事后王某送上了价值2万元的购物卡和1台价值6000元的跑步机。

同年,浏阳市某镇党委书记李某找陈京元帮忙,先后将两条镇公路建设纳入全省公路建设计划。后来,李某分5次共送给陈京元现金4.6万元,并在2010年春节前购买了1台价值2万余元的电视机送给陈京元。

2010年初,陈京元位于某小区的另一处房屋再次装修。与上次一样,陈京元表面上忙忙碌碌,实际装修中都是关系户抢着付钱。除了家具电器外,还有人将保姆送到陈京元家。陈京元的父亲患有糖尿病,"朋友们"得知他家里需要保姆后,从2008年至2011年,先后有浏阳、新田、新晃等地政府或交通局的干部,"送"保姆到家。据办案人员透露,最多的时候,陈京元家中甚至有三位保姆。

2.案发偶然,办案结果令人震惊

2010年年末,长沙市雨花区检察院在对一起案件的犯罪嫌疑人罗某进行调查时,罗某向办案人员交代,两年前自己给陈京元送过20万元的装修费。办案人员顺藤摸瓜,才得以牵出了陈京元这个"大蛀虫"。

2008年6月,得知陈京元在装修新家后,长沙市农村公路管理局程某便安排某路桥公司经理罗某前去看望。不久,在陈京元的帮助下,程某和罗某得以将浏阳市中和镇的小江口至茶花岭公路项目纳入全省公路计划,并争取到60万元资金。拿到60万元资金后,罗某便为陈支付了新居装修的工人工资和材料费20万元。陈京元虽然没有直接接触这笔钱,但他却是最终受益者。

2011年5月10日,长沙市雨花区检察院对陈京元立案侦查,14天后,陈京元因涉嫌受贿罪被批准逮捕。

除了利用职务之便,"帮助"基层政府谋取福利并受贿之外,陈京元还将"帮助"范围扩大到了有关设计单位,并从中牟取私利。办案人员在调查中发现,在 2008 年 8 月至 2011 年春节期间,陈京元通过向有关建设单位和业主单位打招呼,帮助某工程咨询公司在双牌县、汨罗市、湘潭县等地承包到了一些工程的可行性设计勘察项目,并在事后收受该工程咨询有限公司现金共计 26 万元。除此之外,每逢陈京元买房或逢年过节时,该工程咨询公司负责人刘某都会给陈京元送钱。为了帮助陈京元妻子买车,刘某更是送上十几万元。

随着调查的深入,让办案人员震惊的是,在他的住处,办案人员不仅发现了 500 多万元的巨额现金,还发现了两枚废弃的炮弹,中空的弹壳被百万元巨款塞得满满的。陈京元迷信地以为把赃款藏在废炮弹里面,就好像烧了香、敬了神一样,就能够保护他不被查处。其藏匿赃款的方式可谓煞费苦心,可最终还是没能逃过办案人员的火眼金睛。对于这些钱的来源,陈京元无法说清。就是这两枚废弃的炮弹,成为陈京元贪污的铁证。

炮弹虽然废弃,但是陈京元却用自己的贪婪为其重新填满火药,最终炸得自己无处可逃。

(二)专家点评

雨花区检察院副检察长曾永清:行受贿和正常的人情往来,一个本质的区别就是权钱交易。行受贿关系,是因为基于受贿者掌握了一定的公共事务的管理,或者决定、决策权力,而送钱的人是用自己的金钱来买通这个受贿人,为自己谋取利益。

(三)案例分析

一个副处级干部,何以在日常工作中有如此之大的权力,能够贪污如此之大的数额?在向其行贿的单位中不乏下级和地方政府机关,为什么会有这种现象?

陈京元担任的职位是湖南省交通厅计划统计处副处长,由于体制的原因,该单位的一把手对公路规划事务过问很少,这就造成了陈京元"有机可乘"。另外,在其对其房屋进行豪华装修时,陈京元用表面的忙碌骗过了监管人员的眼睛,并没有引起察觉。体制的缺失和监管的不足使得权力失去了控制,这是造成陈京元贪污腐败的主要客观原因。

除此之外,由于地方政府的"政绩工程"泛滥,有些地方政府领导为了有所作为,为自己争取政治筹码,也纷纷加入到了行贿的"大军"之中,忘记了作为党和国家干部的要求,这也助长了贪官的气焰。

陈京元的案例告诉我们,党员领导干部都必须正确行使手中的权力,不让这把双刃剑伤了百姓、害了自己。而要用好权力这把双刃剑,有效防治腐败,最根本的还是要靠制度,用制度规范权力运行,从根本上铲除权力寻租的空间。在进一步建立健全各项法律法规、完善各项监督制度的同时,更为重要的是,要使各项监督制度切实落实到位,并以此来确保权力的规范运行,保证制度的笼子能用、好用、管用。

四、跃出"农门"进牢门

(一)案例介绍

徐文启,曲靖市某管理中心原主任,在其任职期间,利用职务便利,采取多列、虚列支付银行手续费等手段,贪污公款共计 72 万元。2013 年 4 月,经中级人民法院审理,徐文启因犯贪污罪判处有期徒刑 8 年,并处没收财产人民币 20 万元。

1.跃出"农门"

徐文启出生于云南省会泽县的一个困难家庭,家里兄弟姐妹多。父母含辛茹苦地供他上学,想让他跃出"农门"。勤奋的徐文启没有辜负父母的期望,出色地完成了学业。1980 年,刚毕业的徐文启被分配至原曲靖地区沾益县某单位工作,因工作成绩突出,4 年后被选调至曲靖市工作,为了能够获得更好的机会,在工作期间,他又考入省属经济管理干部学院学习深造。2005 年 6 月,徐文启被任命为某管理中心主任(正科级),2009 年该管理中心因机构升格单列,徐文启于 2010 年正式担任该管理中心党组书记、主任(正处级)。

按照徐文启的晋升轨迹,他本应该在当上"一把手"之后继续努力,但是他又是为什么和怎样一步步地走向犯罪的深渊的呢,在他的判决书中,我们找到了答案。

当上"一把手"的徐文启仍然保持着一贯的勤奋努力,在其任职期间,该管理中心快速发展,一些主要经济技术指标在全省同行业中一直处于领跑地位,连续 7 年受到云南省主管部门的表彰。

2.心理失衡

伴随着事业的成功，徐文启开始在心里为自己"打抱不平"：自己给单位、国家创造了不小的利益，而自己却还得挤公交车上下班；妻子因为身体不好，多年前就买断工龄退休在家，年迈的父母身体也越来越差，这些都需要花钱，自己付出这么多，如今生活却如此窘迫。渐渐地，他的心理开始变得不平衡，他开始思考着从单位谋到一些利益。

"机遇总是给有准备的人"，不久后徐文启便意识到机会来了。他所在单位一些业务需要给银行支付手续费，按照规定，如果多支付手续费，银行将以"业务经费"的名义返一笔钱给单位。同时，该管理中心按照国家规定以最高标准提出来的一大笔手续费一直在账上，这笔钱虽然是按照国家规定的比例提取出来的，但实际上并没有按照提取比例支付给银行，经过一段时间的积累，该账上已多出了100多万元的手续费。蓄谋已久的徐文启便开始打起了这笔款的主意。

2006年8月的一天，时任曲靖市某管理中心原主任的徐文启找到管理中心副主任张某、管理中心归集科副科长柳某，提出用这笔钱"生钱"，然后私分。几人一拍即合。事后，徐文启又让张某和柳某找到某银行的业务经理黄某，说服其加入。黄某同意为其提供技术支持。

很快，四人开始了第一次操作。这一次，他们共套取43.6万元，徐文启分得10.9万元，之后，柳某以领导对她很关心为由，从自己的那部分中拿出4万元分别送给徐文启和张某。

3.一发不可收拾

第一次的甜头使得徐文启越发的疯狂。2006年9月底，四人又通过多支付手续费的手段，套取了18万元，徐文启分得4.5万元。

据统计，2006年8月至2007年1月，徐文启、张某、柳某、黄某等4人内外勾结，利用各自的职务便利，采取由单位公款多支付银行手续费，再从银行套取和修改银行利息结算单数额等手段，共同侵吞公款134.6万元，四人各分得33.65万元。其中柳某从自己分得的33.65万元中拿出了9万元，送给徐文启7万元、张某2万元。

除了套取手续费，徐文启还利用黄某在银行的身份，想骗取银行工作经费。2008年初，徐文启向该银行提出帮助解决工作经费困难问题，张某、柳某再次与黄某协调办理此事。之后，银行提供给该管理中心工作经费60万元，徐文启又提议四人将该款私分，其分得 22 万元。

2008 年 5 月，徐文啟、张某、柳某等三人又一次采取多支付银行手续费然后由银行返还的方式，合伙贪污公款 27 万余元。

案发后，为了能够获得从轻处罚，徐文啟等人主动自首并悉数上交赃款。

(二)专家点评

《中国纪检监察报》记者曲轩：认识到自己的错误给国家和整个系统的形象造成了恶劣影响，想到所有涉案人员的事业、家庭、命运都将面临巨大的转变，徐文啟甚至多次撰写忏悔书表达悔恨之情。然而，幡然醒悟悔已晚，等待他们的将是法律的严惩。

(三)案例分析

从个人的角度来看，作为农家子弟，徐文啟历尽艰辛跃出"农门"后，一步一个脚印地走上了领导岗位，其奋斗历程令人感佩，其最终下场令人感慨；从国家的角度来看，培养一名年轻干部从基层一步一步逐步成长起来，最后却锒铛入狱，成为社会罪人，的确是社会的损失。

纵观此案，我们不难发现，造成此案发生的，不仅仅是因为徐文啟的个人贪欲，更多的是因为制度的不健全。首先，该中心违规操作，他们虽然是按照国家规定的比例提取"业务经费"，但实际上并没有按照提取比例支付给银行手续费，才造成了这 100 多万元的累积账目。其次，由于该中心内部制度不健全，财务管理存在缺陷，徐文啟等人才能够利用职务之便多次进行套取。对于党员干部的监督，我们不光要"打铁还需自身硬"，更应该用制度和监督去塑造"打铁"的环境。

五、把企业卖给自己的国企高管

(一)案例内容

柳中全，涪陵丝绸集团公司总经理，因犯贪污罪、私分国有资产罪，2012 年 5 月，经重庆市涪陵区法院审理,判处有期徒刑7年。为何多年的被举报,均因没有有力的证据而不了了之?为何一直安然无恙的柳中全,这次却浮出水面,落入了法网?这要从他的慧眼实"商机"说起。

1.一纸任命勾起贪欲

早在2002年,由于其下属的北拱丝厂销售不景气,重庆市涪陵丝绸集团公司(以下简称丝绸集团)向涪陵区政府递交对北拱丝厂实施关闭清算的报告。同年5月,涪陵区政府批复同意,以期通过让企业职工购买股权,享受企业分红,从而让企业起死回生。并将时任涪陵丝绸(集团)公司总经理的柳中全任命为清算组组长。而区政府不知道的是,早在2002年初的时候,丝绸集团决定撤销深圳办事处并处理该办事处位于深圳市的房产,柳中全就趁机截留了卖房款中的8万元,只将剩余的10万元交给公司入账。让这样的人担任清算组组长无异与虎谋皮。同样,这一次有机会过手公共资产清算,柳中全自然不会"错失良机"。在外人看来,负责关闭清算本是件费力不讨好的事情,没有什么油水儿可捞,还容易得罪人,但是柳中全却从中看出了生财之道。

2.文字游戏窃取资产

接到任命后,关闭清算的任务逐渐展开,柳中全的精心策划大戏也精彩上演。2002年5月,柳中全以"北拱丝厂关闭清算组"的名义委托会计事务所对北拱丝厂的资产、负债、权益进行评估,评估范围不含非生产性资产。柳中全授权下属李某负责评估事宜,并暗示李某要将资产少评估一些。柳中全明白,北拱丝厂关闭清算之后是要进行公开拍卖的,所以,在可操作的范围之内,资产缩水越多自己占的便宜就越多。评估结果很快就出来了,主要包括:固定资产308.7万元、无形资产84.2万元和存货29.2万元。而实际上,在北拱丝厂的非生产性资产当中,土地达到11175.17平方米,此外,还有非生产性房屋9869.84平方米。

同年8月,涪陵区财政局组织区审计局和区劳动保障局"会审",并明确提出:北拱丝厂清算范围未含非生产性资产,这部分资产移交当地社区或有关部门管理。而柳中全看上的正是这部分非生产性资产,这下,柳中全急了,无论如何也不能把这块大肥肉拱手让人。于是,他找到丝绸集团办公室副主任经孝荣,坦诚地说出了自己的想法,两人一拍即合。

但在涉及拍卖的问题上两人都不是内行,为了让计划顺利地进行下去,2002年12月的一天,柳中全找到宋建刚。宋建刚是重庆某产权交易所股份有限公司涪陵分所副所长,同时也是重庆某拍卖公司的职工,深谙拍卖当中的门道。在一番交谈之后,宋建刚同意给予"技术指导",以便让柳中全以丝绸集团公司职工的名义把北拱丝厂竞拍回来。

首先,为了在公开拍卖中提高门槛,柳中全让宋建刚把缫丝生产许可证列为竞拍资质。在涪陵丝绸行业当中,拥有缫丝许可证的企业屈指可数。随后,柳中全找来丰都某丝绸公司陪标,提前商谈竞拍事宜。2002 年 12 月,在柳中全的授意下,涪陵丝绸(集团)公司给相关部门的请示变成了《关于整体资产处置有关事宜的请示》,特意模糊了"整体资产"和"整体处置"。最后,为了让最少的人知道北拱丝厂公开拍卖这件事,宋建刚特意选在双休日发布了拍卖公告。

竞拍当日,只有这两家企业到场,最终由经孝荣代表重庆市涪陵丝绸(集团)以 215 万元拍得北拱丝厂。

竞拍成功以后,柳中全和涪陵丝绸(集团)公司、北拱丝厂的多名职工共同出资 290 万元,注册成立了涪陵东凯斯纺织有限公司。柳中全出任董事长,经孝荣出任董事会成员。接着他又紧锣密鼓地变更北拱丝厂资产买受人、办理产权过户。就这样,北拱丝厂未纳入关闭清算的非生产性土地和非生产性房屋(后经评估,价值 430 多万元),就成了东凯斯纺织公司的资产。

3.天网恢恢疏而不漏

2009 年,涪陵区启动龙头港码头项目。但在拆迁时却遇到了一个"钉子户"。这个人叫魏少华,是重庆市涪陵区东凯斯纺织有限公司的负责人。在东凯斯公司遇到行业萧条,经营不善的时候,他从柳中全手中购得东凯斯公司。魏少华一直叫嚣着如果要拆迁,1.2 亿元一分也不能少。正是由于他的"不低调"迁出了东凯斯公司的前负责人柳中全等人窃取国家资产的事实。

2010 年初,涪陵区纪委根据举报开始调查柳中全等人在北拱丝厂转让过程中的违纪问题。在发现重大案情后,区纪委及时协调区检察院、公安局介入调查。并以 2002 年柳中全截留的 8 万元为突破口,揭开了他"挂羊头,卖狗肉",窃取国家资产的事实。在时隔 7 年之后,柳中全最终还是没能逃脱法律的制裁。

（二）专家点评

重庆百君律师事务所主任孙渝：北拱丝厂整体处置案只是国企改革中的一个缩影。当前拍卖活动中的串通行为时有所闻，但曝光者甚少。究其原因，是因为串通行为多为密谋策划，暗箱操作很难曝光。其实，只要让更多的人参与到竞争中，加上一些机制约束，暗箱操作的空间就被挤压，最终达到公开、公平、公正。

（三）案例分析

国有企业改革中最大的难题之一就是市场化过程中如何避免国有资产流失，从波兰到苏联国有企业转制经历都曾经面临这样的问题。由于国有企业自身信息披露不完善，加之管理层"委托—代理"结构复杂，所以尽管经济转轨进程中国有资产流失一直被社会广泛关注，但是国有企业市场化过程中国有资产是如何一步步被个人侵吞的，其中的具体过程往往不甚明了。本案例的典型意义是生动地向我们展示了国有资产流失的详细过程。为控制国有企业转制过程中的腐败问题提供了一个具有代表性的样本。

一般来讲，国有资产拍卖需要经过一套比较严格的程序，要想把公共财富转移到个人名下并非易事。以案例中的北拱丝厂为例，国有资产经过评估—拍卖—过户—转让四个环节，最终落入柳中全手中。其间，涉及众多职能部门和工作人员，然而柳中全却突破层层关卡，最终得偿所愿。这中间说明两个问题，一是管理层对于国有资产处置的权限所受约束和监管较弱，二是国有企业管理者的动机与公共利益之间的矛盾日益加剧。

从本质上讲，国有企业管理层是受托对国有资产行使管理权的"代理人"，而新制度经济学的研究已经充分说明代理人的利益与委托人的利益永远不可能一致。因此，在国有企业经营管理、资产处置过程中"委托—代理"结构必然引发利益冲突问题，这是国有企业中腐败的典型根源，可以说，让有着明显私利动机的代理人（管理者）处置公共资源而不会面临较为严格的约束，腐败的风险就会被不断放大。因此，在讨论国有资产保值增值、国有企业转型发展的同时，也要确保国有企业经济安全，设计激励相容机制，让管理者的行为动机与维护公共利益不断靠拢和接近。

六、掉进钱眼儿的区长

（一）案例内容

钱增宏,江苏省泰州市海陵区原副区长。1999 年至 2011 年上半年,钱增宏利用职务便利,对他人在承接工程、手续审批、有关事项协调等方面给予关照,收受他人贿赂。2012 年 4 月 26 日,经北京市中级人民法院审理,以受贿罪被判处有期徒刑 10 年 2 个月,没收财产 30 万元,赃款 51 万元全部上缴国库。

曾经,在即将提任副区长之前他"良心发现",准备"退 100 万元给廉政账户,为腐败的过去彻底画上一个句号"。然而,一丝的良善终究战胜不了欲望的贪婪。虽有犹豫,他仍然在这条不归路上走了下去。

1.跑项目,拿好处

钱增宏捞钱的第一个方法就是抓项目建设,钱增宏经常说:"我见到项目就兴奋,还要求其他同志也要像我这样,狠抓项目建设,抓招商引资,把项目建设放在头版头条,以项目为王。"抓项目建设既能出成绩,又能趁机捞好处,何乐而不为？ 有了这样的思想,钱增宏从担任海陵区东郊乡副乡长,一直到城东街道党工委书记,一直大力号召加强招商引资,所管辖区内都是一片热火朝天搞建设的景象,而在这光鲜的背后,钱增宏也像"钱耙子"一样到处捞钱。

2000 年,钱增宏担任东郊乡副乡长。东升乡实施了"商贸兴乡"的战略,目标要打造泰州城东"市场群",这块工作由钱增宏主抓,他暗下决心一定要做出个样子来。钱增宏找到自己熟悉的一位老板,劝说他投资建设一个果品批发市场,并拍胸脯保证,有什么问题包在自己身上。果然,建设果品市场的项目自打启动,钱增宏就帮忙跑前跑后。最终,果品市场顺利建成开业。刚刚开业,钱增宏就到该老板的办公室向其索要 4 万元的"辛苦费"用来慰问工作人员。怎么也是自己的"财神爷",老板不敢不给,而钱增宏正好"两头瞒",把 4 万块一分不少地揣进了自己的腰包。

2003 年,钱增宏担任泰东镇镇长,他依然秉承着"项目为王"的思想。即使没有项目也要创造项目,他看上了靠近泰州主城区的一块地,决定用来开发房地产。有了这块"肥肉"之后,开发商都来和钱增宏套近乎,当然也允诺了不少好处。钱增宏挑选了其中好处费给的最多的一位批发商,承诺只要地产商开发房产,手续的事儿都由自己来跑。于是,开发商给钱增宏留下20万元用于打点。钱增宏果然说话算话,甚至不惜动用自己在省里的私人关系来跑下项目审批手续。事成之后,开发商心领神会地送来14.5万元的"感谢费"。就这样,钱增宏不仅有了政绩,自己的"小金库"也越发充实起来。

2.炒房产,赚差价

2005年,钱增宏看中了泰州高教园区周边的商铺,而高教园区建设项目大部分在钱增宏的辖区之内。于是,钱增宏如愿以偿地以极低的价格获得了4间门面房的使用权。几年下来,钱增宏紧靠收租金就赚了个盆满钵满。

2007年10月,钱增宏担任城东街道党工委书记时看上了自己辖区内开发的一处别墅,便直接登门拜访,说明来意。开发商见是"父母官",直接在物价局备案的90万元的基础之上优惠了25万元。钱增宏听后立马就把这件事定了下来。

为了避嫌,钱增宏付款之后以岳父母的名义进行了登记。等到钱增宏案发时,这套别墅的价值已经翻了三番。

据统计,"2005年至案发,钱增宏及其家人先后购买的房产达十余套,案发时其家庭名下的房产还有五套。几年来,泰州市的房价上涨了3倍多,钱增宏通过炒房积聚了巨额财富"。

3.你搭台,我唱戏

钱增宏狠抓建设,炒房产积累资金。然而,在外人看来,这些事与钱增宏一点儿关系都没有。因为所有的钱都是他的妻子收的。在泰州,钱增宏的妻子名声很响,人人都知道这个"王母娘娘"说话管用。所以,许多想托钱增宏办事的老板都搞"夫人"外交,与她搞好关系,就什么都好办了。这位神仙奶奶又爱出风头,认了许多"干亲"。同时,她自己也跟钱增宏要来许多辖区内在建工程的太阳能、装潢材料的业务,从中赚的利润自然也不少。

另外,钱增宏的其他家人也变相地成了赚钱工具,每逢过年过节,大小婚丧喜庆,钱增宏都会给他这些老板朋友们发请帖。大家自然也都"乖乖"地奉上红包。而钱增宏的弟弟更是如此,当钱增宏收到数额较大的好处费时,就会流入弟弟的公司作为中转资金"漂白"。而自己的弟弟也依靠钱增宏由一个"泥腿子"成功地上了岸,变成了公司老总。

你搭台来我唱戏，钱增宏利用自己的职务搭了一个大戏台，身边人纷纷粉墨登场，"真金白银"也滚滚而来。

当上区长半年多之后，钱增宏被立案审查，他披荆斩棘，肆意狂奔的敛财之路戛然而止，曾经的干儿子、干女儿早已不见踪影。此时的他可能才清醒过来，这些不过是南柯一梦。

（二）专家点评

中山大学廉政与治理研究中心副教授张紧跟：城镇化进程中，必然产生新一轮利益博弈，基层政府直接支配的资源将大幅增加，应当以当前出现的街道书记频繁落马为戒，严厉打击"群众身边的腐败"，避免在新一轮城镇化建设中埋下社会矛盾的种子。

（三）案例分析

市场经济体系不仅调动了社会中各类经济资源的积极性，也带动了政府的公共管理职能发生深刻变革。可以说，在经济发展为主导的发展模式下，政府公共部门和公职人员服务于市场运行的意识正在成为社会普遍共识。虽然政府正在不断退出直接经营管理活动，但是在行政许可、审批、监管方面政府的职能正在加强，从这个角度看，政府和市场之间的联系日益加深，政府对经济活动的间接影响依然发挥着强烈的作用。而这种"影响"，可以带来一定的经济效益，在市场中，也会有人意识到间接影响的经济"价值"。

钱增宏案是一个比较特殊的腐败案件。与其他一味贪钱的腐败官员不同，钱增宏收了钱，同时也做了事；反过来，钱增宏履行公职是为了更多地收钱。从经济角度来看，钱增宏为经营者办了事，也收了钱，看上去就像普通的服务交换。对于经营者而言，不管主动行贿还是被索贿，他们送给钱增宏的钱财都意味着经营成本，只要钱增宏给他们带来的便利的价值大于这些贿金，那么在经济的角度上就是划算的。也正因为如此，钱增宏案更具有欺骗性。公共管理者为民服务、为市场服务是其职责所在，即便钱增宏等在"跑项目"时付出了再多的努力都是其本职工作，没有理由索要或接受任何贿金。

公共职权在市场中的实质影响力的确存在，但是绝不允许凭借手中权力谋取私利的行为存在，更不允许明码标价出售权力的"地下市场"存在。最根本的解决之道还是以制度规范和约束公共职权，使其没有谋取私利的可能性，从而从根本上取消其"影子价格"。

捨身佛寺

梁武帝

帝鉴图说

舍身佛寺

舍身佛寺①

【历史背景】

梁武帝萧衍大力倡导佛教,耗巨资修建庙宇,当时全国有大小寺庙 2846 所,其中以大爱敬寺、智度寺、解脱寺、同泰寺规模最大。唐朝诗人杜牧曾感叹:"南朝四百八十寺,多少楼台烟雨中。"他还写了大量的佛教著作。同时,梁武帝还创立了儒佛道三教同源的理论,认为儒教、道教皆来源于佛教。还提出佛教徒不可以吃肉的戒律,以前佛教中无此规定,他根据《涅经》等上乘佛教的内容写了《断酒肉文》,从此,他以身作则,过着苦行僧的日子,即每日只吃一顿饭,不沾酒肉,住小殿暗室,一项帽子戴了三年,一床被子盖了两年。

武帝还曾三次舍身寺庙:大通元年(527 年),他突然跑到同泰寺当奴隶,与众僧一起生活,后来被大臣"赎回";两年后,又跑到佛庙里去了;太清元年(547 年),84 岁的他第三次舍身寺院,且坚持呆了一个多月,第三次被"赎回"。

梁武帝不考虑江山社稷之重,人民之托,私自舍身佛寺,放弃国家而侍奉佛祖,不过是因为困惑于因果报应的说法罢了,以致他在后来发生的侯景之乱中,饿死台城。

【原文】

梁史纪:武帝幸同泰寺②,设大会③。释御服,持法衣行清净大舍。素床瓦器,乘小车,役私人,亲为四众讲《涅槃经》④。群臣以钱一亿万奉赎,表请还宫。三请乃许。

【张居正解】

六朝梁史上记,武帝惑于佛教,尊信甚笃,亲自幸同泰寺,设为大会,聚集僧俗人众,脱去袍服,穿了僧衣,行清净大舍。施之法,修持斋素,出了家,把自己的身子舍在寺里。

睡的是素床,用的是瓦器,坐的是小车,使唤的只是几个家人。屏去了天子的奉养,件件用度与那出家的一样。又亲升讲堂法座,为僧俗大众讲《涅槃经》。佛家说,人死去精神常存,但示寂灭而已,叫作涅槃,故有《涅槃经》。武帝信之,故亲讲与众人听。文武群臣,见武帝迷惑,舍身在寺里,无可奈何。乃共出钱十万,献在佛前,赎出武帝来,上表请帝还宫听政。武帝初时不肯,恳请三次,然后许之。

夫佛家弃父母、妻子、舍身出家,乃西夷之教,不可以治天下。梁武帝不思宗庙社稷之重,土地人民之托,妄自舍身佛寺,倾国以奉浮屠⑤。不过惑于因果报应之说耳。后来侯景之乱⑥,饿死台城,佛安救哉!

【注释】

①本篇出自《资治通鉴》卷153梁纪九十四,大通元年(529),并见《梁书》本纪3,叙述梁武帝崇佛,舍身佛寺,群臣以亿万钱赎回的故事。

②同泰寺:梁武帝大通元年(527)建于宫城北掖门处,原为吴之后苑。梁武帝四次舍身于此寺。

③设大会:梁武帝多次要同泰寺设四部(僧、尼及男、女居士)无遮(或无碍,任何人都可参加)大会,讲《涅槃经》《般若经》等。

④《涅槃经》:佛教著名经典。涅槃,是梵文的音译,又译作"泥洹",意译为"寂灭""圆寂"。是佛教修习所要达到的最高理想。

⑤浮屠:即佛,或专指佛像、佛塔。

⑥侯景之乱:侯景,怀朔镇(今内蒙古包头东北)人。齐高欢镇守河南大将。因恐被欢子澄所杀而降梁。梁武帝封他为河南王。次年举兵反叛,攻破建康(今南京),把梁武帝围困在台城(宫城)愤饿而死。

【译文】

梁朝历史上记载:梁武帝到同泰寺,举行佛教大法会。脱去帝王的装束,穿上僧人的常服,并且把自己的帝王之身施舍给寺庙。他睡的是硬板床,用的是瓦器,乘坐小车,使唤的是私家人,亲自为男、女居士、僧、尼讲解《涅槃经》。群臣用一亿万钱把他从寺庙中赎回，上表请他还朝主持国政。如此三次请他，才答应回宫。

【评议】

梁武帝在中国历史上，以信佛而闻名于世。他为僧尼建筑华丽的寺院，赐予大量的土地，宣布佛教为国教。由于他的倡导、扶持，佛教盛行全国，仅建康一地便有寺院四百余所，僧尼十余万人。本来国不可一日无君，而梁武帝在同泰寺一呆就是一个多月，国家大事全然不顾，还忙得群臣围着他团团转。如此信佛，上行下效终于使梁朝在侯景之乱中败亡，他本人也被饿死台城。如果从佛家因果报应理论上讲，他未得好报，可见缘于他未能种下好因。

【镜鉴】

一、把自己关进监狱的监狱局长

（一）案例内容

刘万清，湖南省司法厅原副厅长、湖南省监狱管理局原局长、党委书记，2011年12月13日，长沙市中级人民法院以受贿罪判处刘万清无期徒刑，剥夺政治权利终身，并处没收个人全部财产。曾经的改革强人一朝落马，令人唏嘘不已。

刘万清的仕途始于基层，高中回乡务农，从村党支部书记做起，因其个人政绩突出，不断得到提拔和重用，直至担任湖南省监狱管理局党委书记、政治委员。在多年的职业生涯中，刘万清一直兢兢业业，在湖南官场有着较好的口碑。但是，最后是什么使他知法犯法，把自己送进了监狱呢？

1.推动改革，名声打响

2000年时，刘万清接手湖南省监狱管理局。刚刚接任时，摆在刘万清面前的是一个烂摊子，整个湖南省的监狱系统陷入困境：狱警工资低，无心工作；监狱企业难以维系，犯人需要从事生产补贴监狱的日常开支，只能重视生产，弱化管教；监狱设施老旧，漏洞重重。不只是硬件不行,甚至还发生了犯人逃跑以及设置"特殊接待室"提供性服务的极端案例,一度震惊党中央。

刘万清积极推进监狱管理系统改革,快速扭转了局面。2000 年时,司法部提出要实行"监企分离"。在企业改制方面颇有研究的刘万清在 2001 年提出推行监狱企业的破产改制,扭转了监狱系统长达 11 年的亏损局面。2004 年时,湖南省监狱系统被选为改革试点。刘万清趁热打铁,在 2005 年按照原有的改革思路进一步推动监狱企业改革——成立湖南万安达公司,让全省监狱系统内的 26 家企业统一改制为集团全资子公司,刘万清无可争议地当选为集团的董事长。

自此之后,监狱有了财政保障,整个监狱系统财政经费从改革之初的 5.6 亿元增加到 2007 年的 8 亿元。监狱的管教职能重又开始发挥。同期,湖南省响应中央的要求重新调整监狱布局,司法部对湖南调整监狱布局给予了高度评价,称"湖南的监狱布局设计是最好的"。作为这一系列改革的掌舵者,刘万清在整个湖南监狱系统,甚至是全国司法系统"名声大噪"。

刘万清开始飘飘然,思想出现动摇,甚至认为"没有我就没有监狱局的今天",自己享享福也是应该的。而监狱改革形成的这种由集团公司与省监狱管理局结算,省监狱管理局再与下属监狱进行结算的结算体系,在实现了监企分离的同时,实际上是收回了各个监狱的财权,刘万清理所应当地成了最大的"财神爷"。

2.多条齐下,生财有道

刘万清思想上的变化一点一点表现在其工作和生活的细节之中,而那些有求于这位"财神爷"的人很快捕捉到刘万清对外释放出来的信号。开始不断有人投其所好、送钱送物,而刘万清则是坦然受之。2000 年开始,贿赂数额渐渐变大,而收得多了也就麻木了。在刘万清的经济犯罪中,礼金红包占了绝大部分,在其后来的忏悔书中,刘万清写道:"我思想上总认为收点红包礼金只是小节问题,查处了也只能算犯错误,并没有意识到是犯罪。"刘万清在业余时间喜欢打牌,很多下属和老板以能与他打牌为荣,和刘万清讲义气,并在牌桌上向他变相行贿。他们看上的无非是刘万清身为局长的权力,下属求升官,求降低上缴利润的限额,老板求建筑工程的行政审批……刘万清靠着手中的权力挣得盆满钵满。

除此之外,身为监狱局局长的刘万清还有一条特殊的生财之道:在可操作的范围内帮助服刑人员减刑、假释、保外就医。在与刘万清有关的许多案件中，保外就医靠的主要是"病理鉴定"，这种造假几乎没有监督，成功率极高。据查实，"刘万清曾为28例罪犯的保外就医打过招呼，并从中收受9人次贿赂20.7万元"。从2000年到2008年，刘万清依靠这一项积累了巨额财富。而由于刘万清身居要职，整个湖南省的监狱系统就是他的天下，致使当刘万清立案被查时，牵出了130多名湖南省监狱管理系统干部，这些人都处在刘万清"生财"的利益链上。

3.无奈举报，走下神坛

2005年2月6日，省监狱管理局与华森公司签订《湖南省监狱管理局定向开发合同书》，约定由华森公司为监狱管理局警察职工定向开发400套左右的商品房住宅，即"万明佳园"。由于用来建设的土地不是建筑用地，直到2006年华森公司才正式启动该项目。

这时候，恰逢房地产市场和原材料价格迅速上涨。华森公司多次致函省监狱管理局，要求调整"万明佳园"商品房的价格，省监狱管理局均回函拒绝。但刘万清在这件事中一直态度暧昧，细想便让人觉得不对劲儿。其实，刘万清早就收取了华森置业法定代表人王焕坤贿赂100万元。但是，万明佳园的购买者都是省监狱管理局的大小领导，在政法界根基很深，他们以各种途径向华森公司施压。无奈之下，2008年8月1日，华森将举报信寄至有关部门。刘万清被审查，刘万清和湖南省监狱系统被大起底，刘万清要在他最为熟悉的地方度过余生。

（二）专家点评

刑事律师刘浩源：中国监狱管理工作向来以"特殊""神秘"自居，公开度明显不够，这使外界很难知道其各种法律程序如何完成，尤其新闻媒体对监狱的报道一直受到多重限制，因此，难以对其进行有效的监督。

（三）案例分析

刘万清的案例是典型的"一把手"腐败案，作为"一把手"，他的腐败行为往往会对整个系统产生很大的影响，迁出"窝案"。自古以来"官大一级压死人"的思想使对"一把手"的监督名存实亡。所以,"一把手"思想放松、贪权敛财,上行下效,最终的结果必然是走向灭亡。

一些特殊行业因其自身职业特点往往自成体系,与外界联系不多,甚至有些"与世隔绝"。这样,更为这些单位的"一把手""占山为王"提供了条件。只要"一把手"动了贪心,那么在自己的"独立王国"往往可以恣意妄为、无往不利。而行业的"特殊"性也加大了腐败的隐蔽性。

从刘万清被举报的情况来看,刘万清之所以东窗事发是因为东森置业向其行贿之后没有达到预期目的,被逼无奈之下向有关部门举报。我们可以形容东森置业的做法是"拼了个鱼死网破"。试想一下,如果东森置业的目的达成,刘万清此时可能还在掌管着他的天下。所以整个社会对贪污官员的举报应该有一个"健康"的态度,"正义"的目的。贪官不应该是小偷偷出来的,情妇爆出来的,内讧抖出来的。至少,我们的廉政建设不能指望这些举报渠道成为实现权力监督的常规渠道。

另外,本案也反映一个很有启示性的特点:行贿者与受贿者的同盟关系是因利而聚、利尽则散。所以在打击腐败的制度设计上也可以考虑到如何打破行贿者与受贿者的利益同盟,拓展举报渠道,让腐败无处可藏。

二、落马房产管理"女强人"

(一)案例内容

尹春燕,湖南省株洲市房产管理局房地产权属与市场管理处(简称"产权处")原处长,因收受贿赂及非法所得款共计人民币 89.1 万元、商品房一套(折合人民币 16.9 万元),经株洲市中级人民法院审理,于 2012 年 1 月 17 日被判处有期徒刑 8 年,没收全部非法所得。

尹春燕被坊间称为株洲房产界的"女强人",她的倒台既令人惊讶,也让很多人替她感到惋惜。翻看尹春燕的简历可以发现,尹春燕的学历高,能力强,是个难得的实干型人才。2008 年,尹春燕更是带领株洲在全国率先实施房屋登记。这一举动,得到住建部专家的高度评价,这更是让尹春燕火了一把。那这样一个"高素质"的官员是如何落马的呢?

1.从女强人到财神奶奶

1991 年 7 月,尹春燕从中南财经政法大学法律系毕业。来自湖北荆门的她被作为人才分配到株洲市房地产管理局法制科任科员。刚刚毕业的尹春燕怀着"铁肩担道义,妙手著文章"的豪情几乎承担了整个科室的全部工作。除此之外,她还考取了律师资格,代理房管局应诉,担任其他单位的法律顾问。2001 年,尹春燕更是拿到了法学硕士的学位。也就是在这一年,32 岁的尹春燕开始担任株洲市房管局产权处处长,接手管理株洲市房管局产权处独资成立的株洲市房地产担保有限责任公司(简称"担保公司"),尹春燕成为担保公司法人代表。正是在这一职位上,尹春燕差不多做了 10 年,也正是从这一职位开始,尹春燕踏上了贪腐之路。

产权处下属的担保公司于 2000 年成立,经营范围包括房地产担保、房地产吞吐、置换、中介等业务,资金来源包括主营业务收入及收取办证费用。尹春燕接手公司之后,在管理过程中"创新性"地以房屋吞吐形式借贷获取高额利息。这一举措,为担保公司带来了利润,仅 2010 年,该担保公司收取的总担保费就有 800 多万元,最多的一年还达到了 1100 余万元,而办证费用截至案发时已高达 3 亿~4 亿元。但同时由于担保公司的每笔业务都要由尹春燕签字,尹春燕立刻成了开发商心目中的"财神奶奶",有求于她的开发商利用各种途径向她行贿,其中一个好地方就是"牌桌"。

2.牌桌上的交易

赖昌星曾经说过:"不怕官员有原则,就怕官员没爱好。"而尹春燕最好打牌,开发商纷纷投其所好邀尹春燕打牌,而尹春燕去打牌时从不带钱。开发商看重的是尹春燕手中的权力,希望在办理登记或者借款的时候能够获得关照。尹春燕也很守信用,拿了人家的钱就要替人家办事。这些公司都得到了尹春燕的帮助,帮忙办理分户或者缓交手续费等,尹春燕在这个过程中也是挣得盆满钵满。特别是对保利(株洲)实业发展有限公司。

老话说,"常在河边走,哪能不湿鞋",2010 年保利(株洲)实业发展有限公司法人代表田国来等 4 人因骗取贷款被查处,涉案的金额近亿元。因为涉案金额高且涉及违规办证的问题,省纪委高度重视,要求株洲方面深挖此案,查出更加深层次的问题,自此尹春燕的各类违法行为开始浮出水面。

尹春燕在悔过书中这样写道:"有两种东西,我们越是时常反复地思索,越是在心中灌注了永远新鲜和不断增长的赞叹与敬畏:我头上的星空和我心中的道德法律。"尹春燕无疑是懂法犯法的,更加懂得如何保护自己:尹春燕借向房产商购房之名行拆借资金之实,手段隐蔽,以至于在面临法律制裁时,避开了公诉机关在金融犯罪方面的控诉。但即使是这样,接下来等待尹春燕的仍然是漫长的铁窗生涯,就如同她自己所讲的那样:"在道德法律面前,任何猥琐、违法、犯罪行为无处遁形。"

(二) 专家点评

株洲市纪委负责人:从能力和个性而言,尹春燕属于典型的"女强人",其之所以误入歧途,一个重要原因就是在产权处这个"有权有钱"的岗位担任处长的时间太长,以至于"占山为王,一手遮天",经不起诱惑而走上犯罪道路。

(三) 案例分析

虽然行政级别不算很高、涉案金额不算很大,但是在近些年来落马的官员之中,尹春燕算是很有名的一位。原因是她东窗事发后写下的悔过书被网络媒体称为"文采最好"的落马官员悔过书。尹春燕的素质可见一斑,此外,她的工作能力更是一度得到广泛的认可和赞扬。所以,尹春燕出事后会有那么多人替她惋惜。

惋惜归惋惜,然而法不容情。能干的"女强人"终归在金钱的诱惑下身败名裂。在她落马的背后,是关于"强人"官场生态的广泛讨论与反思。尹春燕曾经对工作和事业满腔热情,积极提升自己的业务能力和综合素质,通过自学获得各类业务所需的职业资格。在实践工作过程中其胆识和能力一再得到体现,正是因为这些积累,使得尹春燕逐渐成为房屋产权管理方面的专业型官员。也正是随着个人能力不断得到认可,尹春燕也越来越自信、越来越大胆。这种大胆不仅在专业业务领域,也体现在个人生活和工作中。引用株洲市房管局局长刘希山的话:"尹春燕败给了自己的大胆。"尹春燕留给我们的问题是针对培养起来的卓越干部,怎样平衡个人发展空间与权力制约之间的关系。既要充分信任干部同志,给他们充分的发展空间,同时也要强调"信任不能取代监督",不能把权力完全交由干部个人任意使用和处置,因为绝对的权力绝对导致腐败。

三、"非典型贪官"汤少波

(一)案例内容

汤少波,江苏省溧水县原县委副书记。2011年经南京市中级人民法院审理查明,汤少波犯受贿罪,收受四家单位相关人员所送财物共计价值人民币77万元,判决有期徒刑10年6个月,扣押在案的受贿犯罪所得予以追缴,上缴国库。

在很多人眼里,时年48岁的汤少波,是个"清官",且很有作为。在他妻子眼里也是个"廉官",曾经当着自己的面将送上门的"礼"退回。然而,所有这些只是汤少波的伪装。与其他犯错误的官员相比,他更为小心谨慎,是个"非典型贪官"。

1.非典型贪官的特征之一:主动上缴钱物

自2007年以来,汤少波先后13次向组织主动上缴无法退还的钱物,包括人民币现金29.01万元,美元1万元,购物卡2万元,仿古钱币1套,LV手包1只,欧米茄(OMEGA)手表1块。

一方面,对于送上门的钱物,汤少波没有抵制力。另一方面,党纪国法又时时提醒他不能随便伸手。于是,他便想出这样一个门道:自己主动上缴。这样的做法让他能在收受贿赂的时候更加心安理得,可这在外人看来,无异于自欺欺人,只是在寻求心理安慰罢了。

2.非典型特征之二:"三不收"

如果说主动上缴钱物这一举动还能让我们看出汤少波内心的挣扎,那他的非典型特征之二就完完全全是为了让自己更加"安全地"发财。汤少波在收受贿赂的时候有三种情况不收:一是数额太大的不收;二是关系不太熟的不收;三是看不顺眼的不收。秉承着这样的原则,汤少波先后拒绝过许多老板的钱物,或者将钱物直接上缴。2008年6月,浙江一个做汽车零配件生意的老板送给汤少波一个纸袋,里面除了装着两条香烟之外还装着1万美元的现金。汤少波觉得自己和他关系不是很熟,1万美元的数额又太大,便直接将钱交给了开发区纪工委。2007年12月,某公司董事长王某送给汤少波一个公文包,待其走后,汤少波发现包里有5万元现金,汤少波看王某很不顺眼,再加之听说王某以前在经济上就出过问题,觉得他很容易出事,随即就让办公室主任拿走上缴。

老板们摸清了汤少波的这一原则之后,都是在找汤少波谈事情的时候不经意地留下一些钱,每次两三万块钱,数额都不是很大,汤少波都是照单全收。汤少波总是觉得"小心驶得万年船",在这样的想法下,其共收受了77万元的贿款,这77万贿款是4家公司共分27次送给他的。

3.非典型特征之三:家有贤妻

与其他贪官的夫妻联手收受贿赂相比,汤少波的妻子可以算是家里的"纪委书记",经常提醒他要谦虚做人,不要收人家的钱。只要汤少波身上有多出来的钱,她一定要问明出处。然而,汤少波已然是陷得太深,为了防备妻子的盘问,汤少波只将工资卡和正常收入交给妻子保管,而自己另外偷偷办了3张卡放在办公室当中。那些想找汤少波办事儿的人也心领神会地去办公室找他,从来都不会把钱往汤少波家里送。而在汤少波东窗事发的时候,其妻更是气得晕了过去。

4.落马

2011年5月,正当南京区县党委换届选举工作进行得如火如荼之时,市纪委和检察院收到群众举报,反映溧水县县委副书记汤少波受贿的问题。

接到举报后,市纪委立即按照有关程序向上汇报。市委领导明确指示:尽快查清问题,决不能让干部"带病"上岗。随即,市纪委组成调查组,在初步核实掌握有关证据的基础上,对汤少波有关经济问题立案,并采取"双规"措施调查。

2011年6月10日,南京市纪委报市委常委会研究决定,给予汤少波开除党籍和行政开除处分。南京市检察院立案侦查后于同年11月18日提起公诉,判决称汤少波因犯受贿罪,判处有期徒刑10年6个月,扣押在案的受贿犯罪所得予以追缴,上缴国库。

(二)专家点评

国家行政学院法学部教授杨伟东:与近年来报道的腐败案件相比,汤少波案似乎并没有太多令人关注的焦点。其受贿金额并不很大,受贿情节也并不触目惊心,但不管汤少波腐败情形如何,其归根到底仍是一种腐败行为,是权钱交易,是对权力的滥用和私用,必须纳入严惩的范围。汤少波这类"非典型性腐败"现象的出现,表明我们必须在重视打击大案要案的同时,也要注重预防汤少波这类"非典型性腐败"。

（三）案例分析

在汤少波的受贿案中有两点很特殊的地方。首先,汤少波的腐败是一种"细水长流"式的腐败,甚至订下了"三不收"的原则,我们可以把这种方式看成是汤少波的小心谨慎,也可以把它看作是其滥用权力的策略。这样的方式隐蔽性强、风险低。可以看到,不法官员在腐败行为中有了自己的"原则"和"策略",说明反腐高压态势给他们带来了实实在在的威慑,让他们在伸手的时候有所顾忌。同时也传递另外一种信号,那就是反腐败可能需要更多的努力,才能把这些隐蔽的腐败行为一网打尽。

其次,在此案例中并没有形成一种"夫贪妇随"的现象,相反,汤少波的妻子成为帮助他抵制腐败的一道重要屏障。这在我们看到的诸多腐败案例中实属少见。也就是说,如果领导干部身边的人保持清醒的头脑,那么这样的官员因腐败落马的情况比较少。虽然本案例中汤少波最终辜负了家人的期望,但是,可以试想,如果没有家里人的反复叮咛,汤少波可能就会在腐败的道路上陷得更深、滑得更远。

当然,反腐败不能光靠领导干部家人的约束,而是需要多方的合力,其中最重要最根本最有效的就是制度建设,让官员不敢贪污腐败。如果不能对权力实施全方位的监督,这样的腐败就很容易持续下去,聚沙成塔,集腋成裘,它造成的危害绝不比那些所谓的"巨贪"小。

四、在土地上埋"炸弹"的规划局长

（一）案例内容

夏祥文,重庆市涪陵区规划局原局长,因利用职务之便,为他人谋取利益,非法收受他人钱财112.4万元,并伙同他人以牟利为目的,违反土地管理法规,非法倒卖土地使用权,非法获利达300多万元,情节特别严重。2011年6月14日,经重庆市第三中级人民法院审理,数罪并罚,判处有期徒刑14年,并处没收个人财产人民币10万元,罚金72万元;对夏祥文犯罪所得人民币182.4万元予以追缴,上缴国库。

夏祥文的违法行为进入人们的视线,源于 2009 年 11 月 19 日,中央电视台曝光了涪陵违规修建加油站一事,涪陵成为全国"加油站最密集的区域"。这则报道引起了全国公众的关注,而正是因为这一事件的曝光,牵出了重庆市首例非法倒卖土地使用权案,夏祥文就是其中的参与者之一。

1.寒门士子发迹之路

夏祥文于 1988 年参与工作。夏祥文幼时家庭贫困,靠着父亲和哥哥打工资助艰苦地完成了学业。所以,他尤其珍惜这来之不易的机会,比别人更加努力工作,更加地勤勉认真。夏祥文的努力工作得到了群众的认可和组织的信任。1999 年 1 月,夏祥文担任涪陵区建设工程"质量监督"站站长;2002 年 3 月,担任涪陵区城市规划管理处处长;2007 年,夏祥文成为涪陵区规划局首任局长。一路升官,担任的一直都是"肥差",既然是"肥差",送礼的自然不在少数。

早在担任建设工程质量监督站站长之时,夏祥文便是各大房地产开发商竞相拉拢的对象。2001 年,涪陵一房地产开发商陶某某找到他,提出想与质监站联合建设该站职工的集资房。在夏祥文的"关照"下,陶某某成功地承建了此项目。2002 年的一天,陶某某送给夏祥文一只手提箱表示感谢。手提箱中另藏玄机,里面装了 15 万元的现金。夏祥文收下了,自此开始,他对金钱的欲望就像泄闸的洪水,一发不可收。自担任工程质量监督站站长开始,夏祥文利用职务之便先后收受 29 人的现金及购物卡,共计 112.4 万元。

此外,夏祥文还设计了多种利益输送的迷局来掩盖不收受贿赂的事实。他曾经多次以明显低于市场价的价格购买门市房,他还以其妻子的名义购房和入股他人公司,凭空分得红利。

2.倒卖土地中的商机

尝到了有钱的甜头,夏祥文寻思着也应该自己赚点钱花花。2003 年,中石化进驻涪陵,急需购地建加油站。夏祥文便动起了歪心思,想到低价购买使用权在高价倒卖给中石化涪陵分公司。

为了方便行事,夏祥文与夏祥权、陈奕光、陈林森一起成立了重庆市涪陵区巨同商贸有限责任公司,夏祥文占了该公司 35% 的股份。成立公司之后几人得知涪陵城区滨江路外经委猪鬃厂的地块,将由涪陵区国土资源局挂牌拍卖后,决定参与竞买,将此地块倒卖给中石化涪陵分公司。夏祥文当时担任涪陵区建委规划处处长,审查这块地时,夏祥文将原来规划使用性质之一的仓储改为加油站。而夏祥权则说服中石化涪陵分公司,让他们与其联合参与竞买。随后,巨同公司在还未取得该地块的国有土地使用权证的情况下,就与中石化涪陵分公司签订了土地转让协议,将6.176亩土地的使用权以913.6万元转让给中石化涪陵分公司。同时两公司以590.011万元在土地拍卖会上竞价成功。经过成功地倒卖,这块地形成了巨大的差价,夏祥文从中分得70万元。

除此之外,在建加油站过程中遇到的种种问题也在夏祥文的帮助下一一得到解决。渐渐地涪陵区的加油站遍地而起,这一座座加油站就像一颗颗定时炸弹,危害着人民群众的生命财产安全。而夏祥文最终也受到了法律的制裁。

(二)专家点评

办案检察员:领导干部自身素质是关键,但完善对"一把手"的制约机制更重要。像建委、国土、规划等部门的领导,如果其领导干部在手握实权情形下搞"一堂言",尤其是"一把手"这样做,如何实施有效监督来预防其"位置腐败",这事关党和政府取信于民的执政基础。

(三)案例分析

夏祥文受贿案有两个阶段:第一个阶段被动受贿,第二个阶段是主动牟取非法所得。可以看到,在腐败的道路上,夏祥文胆子越来越大,涉案金额也越来越高,腐败性质也随之越来越恶劣。

夏祥文利用职务之便收受他人贿赂,属于最常见最典型的权力寻租式腐败。不过夏祥文案件的特点是受贿面非常广,涪陵的开发商基本上都向夏祥文行贿。从最初勤奋上进的寒门子弟到挖空心思掩盖腐败的贪官,开发商的贿赂加速了两个角色之间的转换。开发商之所以愿意在各种各样的"夏祥文"身上花大价钱,一是违法违规成本低,二是寻租权力的超额收益非常高。所以,如果不是夏祥文,公共权力集中在另一个官员的身上,开发商还会一样趋之若鹜、争相行贿。所以,避免"夏祥文"式贪官的出现,一是要管住权力,让公共权力没有超额利润的可能性,从而不会形成地下市场中的寻租价格;二是要管住人,针对受贿者、行贿者设计同样的惩戒制度,让市场经营者不敢动歪心思。

在倒卖土地的环节中，夏祥文的腐败已经发生了性质的转变，从权力寻租到借助权力主动牟取利益。此时，夏祥文手中的权力开始与资本相融合，逐渐实现了从权力垄断向资本垄断的渗透。可以想见，如果夏祥文的公司一直这样"经营"下去，正常的土地交易就会被夏祥文公司"挤出"市场。夏祥文第二阶段的腐败所造成的危害不仅仅是个人不当得利，更为严重的是，他破坏了市场的规则与市场精神。

从夏祥文的职位来看，其担任的职务一直都是一些人拉拢和腐蚀的对象，即使有底线可能也禁不住那些开发商的软磨硬泡。因此，对于担任这类职务的官员，更应该加强对他们的廉洁教育，更应该完善相关的机制，从另一角度来说也是对这类官员的保护。

五、"逃跑冠军"赖昌星

（一）案例内容

赖昌星，厦门远华（集团）国际有限公司原董事长、原福建省第八届政协委员。因进行大规模走私活动，2012 年 5 月 18 日，经厦门市中级人民法院审理，判处其无期徒刑，并处没收个人全部财产。

赖昌星被发现，源于一封长达七十四页的检举信，信中揭发了远华集团利用各种手段走私 500 亿元。

2000 年初，中共中央派出"四二○专案调查组"，并由纪检、监察、海关、公安、检察、法院、金融、税务等部门协同办案，基本查清了厦门特大走私案及相关的职务犯罪的案情。在这期间，共有 600 多名涉案人员被审查，其中有近 300 人被追究了刑事责任。而这其中的核心人物正是厦门远华集团董事长——赖昌星。

1.发迹史

赖昌星 1958 年出生于福建晋江，小学没毕业就开始外出谋生。虽然文化程度不高，但从小就极善钻营，很有经济头脑。1991 年，赖昌星通过关系移民去香港。在这之前，赖昌星就已经通过办厂做买卖攒下了几千万元的身家。1993 年 6 月，赖昌星在香港注册了远华国际有限公司。1994 年初，赖昌星以港商的身份回到福建，成立了厦门远华电子有限公司，注册资本逾亿元港币，之后又于 1996 年成立了厦门远华集团有限公司即远华集团。远华集团几年间便发展成为厦门的大企业。赖昌星用走私得来的暴利涉足厦门的各种产业,甚至要兴建88层的"远华国际中心",这是一个价值30亿的项目。赖昌星的这些举措迎合厦门当地官员招商引资的心理,将其当"财神爷"一样的供着,办证办事一路"开绿灯"。"远华"成为厦门经济发展的代名词。然而,远华集团一面在树立自己的正面形象,一面在进行着疯狂的走私。

2.走私路

赖昌星一开始专门从事芯片走私,继而将走私范围发展到了包括植物油、石油、香烟、汽车等,建立起一个庞大的"走私王国",甚至控制了整个厦门的走私活动,别人想要走私都要向赖老板交"通关费"。

赖昌星是如何进行走私的呢?首先,由于远华集团本身没有进出口权,赖昌星就通过各种渠道,以合作的名义"借"来其他公司的进出口权。另外,远华集团有许多的走私方法,最常见的一种就是"假转口"。转口就是指将货物从出口国运到中转国。而赖昌星将厦门海关作为中转站,将大量的香烟运到厦门之后就不在运出,从厦门运出的集装箱要么是空,要么装有其他货品。远华集团还通过伪报品名走私了大量汽车,偷逃了大笔税款。为了能使走私活动更方便,赖昌星打通了海关、港务等各路关节,在厦门修建了走私的重要据点——海鑫堆场。每次货物都会从港口直接拉到堆场,有海关人员直接圈定要检查的集装箱箱号。远华集团就将高税率的走私物品卸空,再装上事先准备好的低税率的和伪报品名相符合的货物交给海关查验。走私的物品就这样顺利地入关了。

当然想要完成这些大批量的走私活动就必须要做到"朝中有人"才行。赖昌星差不多拿出自己走私所赚的70%的钱来拉拢官员。只要票子、女子、位子、房子、车子、本子(护照)、孩子都照顾到了就不愁打不开路子。就是运用这种方法,厦门海关关长杨前线和赖昌星成了"铁哥们儿",而赖昌星甚至成了厦门海关的"地下关长",整个海关班子都为其服务,人事任免他说了算。除了拉拢了一批熟稔业务的一线人员,赖昌星的手伸得更远:厦门市委原副书记刘丰,厦门市原副市长蓝甫,厦门市原副市长赵克明,福建省公安厅原副厅长庄如顺,公安部原副部长、全国打私领导小组原副组长李纪周等都被赖昌星收买,甚至有人将调查泄露,协助赖昌星出逃加拿大。

赖昌星在加拿大潜逃12年之后,最终没有逃过法律的制裁。2011年7月被加拿大边境服务局(CBSA)拘留,加拿大联邦法院驳回赖昌星关于暂缓执行遣返令的申请。

2011 年 7 月 23 日，赖昌星被遣返回国，随后，中国公安机关依法向其宣布了逮捕令。2012 年 2 月，检察机关依法向审判机关提起公诉。2012 年 4 月，厦门市中级人民法院依法公开开庭审理赖昌星案。2012 年 5 月 18 日，判处赖昌星无期徒刑，并处没收个人全部财产，赖昌星未提出上诉。

（二）专家点评

中国犯罪协会副秘书长王顺安：赖昌星成功遣返对国家而言意义重大。在维护主权、表明打击犯罪的决心以及促进中加友好等方面，具有积极作用。其次，对外逃人员起到了震慑作用。当然，12 年的博弈也证明我们在海外追逃方面还有很多工作要做。

（三）案例分析

厦门远华特大走私案，其涉案金额之巨，办案时间之长，规模之大，案件涉及面之广，是前所未有的，堪称中华人民共和国第一经济大案。反思远华案，我们可以看出当前腐败的典型特征。与改革开放之前的腐败案不同，如刘青山、张子善，他们的贪污与当时经济社会不发达，物质匮乏有关。而现如今的腐败都是行贿受贿、官商勾结，渗入整个经济基础，权钱结合形成一个庞大的关系网。就拿远华案来说，从中央到地方党政系统几百人被腐蚀，成为一个为赖昌星所用的系统，群体化程度很高，隐蔽性极强。可以看到，随着经济总量的快速增加，腐败所裹挟的能量也在与日俱增，廉洁与腐败的较量将会更加激烈。

赖昌星案向我们展示了腐败的力量也可能非常强大，也就导致反腐败的成本在一段时期内会越来越高。我们必须明白，反腐肃贪无法毕其功于一役，而是一项长期的任务。

六、"来者不拒"的副市长

（一）案例内容

李启亮，广西壮族自治区来宾市原副市长，由于在担任武宣县委书记和来宾市副市长期间,利用职务上的便利,非法收受下属和当地投资商人民币 90 万元、3500 美元,另外还收受价值人民币 6 万多元的名贵手表一块及接受价值人民币 10 万余元的免费装修,先后为他人在租地开矿、工程投标、任用提拔、项目审批等事项上提供帮助。2010 年 8 月 5 日,经广西壮族自治区防城港市中级人民法院审理,以受贿罪判处其有期徒刑 11 年,没收财产人民币 50 万元。

"原来宾市副市长李启亮昨晚上《新闻联播》了!"2011 年 5 月 18 日,广西当地一家知名网站贴出了这样一条新闻,顿时吸引了很多人的目光。能上《新闻联播》本来是件值得骄傲的事情,然而李启亮却是以反面典型出现的。《新闻联播》播出了最高人民检察院、监察部通报自 2009 年 9 月到 2011 年 3 月以来,全国 20 起工程建设领域典型案件。李启亮挤进了前 20 名,那他又是怎样"脱颖而出"的呢?

1.顺水人情

李启亮 1954 年 10 月出生于广西融水苗族自治县,2001 年 2 月起担任广西武宣县县委书记。从此主政一方,成为一县百姓的"父母官"。此后,找上门的人越来越多了。

2002 年的一天,李启亮的亲戚沈某某找到他,沈某某在冶建公司上班,听说武宣县中学要兴建学生食堂,希望李启亮帮忙关照一下把项目拿下。李启亮随即和武宣中学的校长打了招呼。在李启亮的干预下,沈某某顺利将项目拿到手。随后,沈某某又在李启亮的帮助下于 2004 年承揽了武宣某食品有限公司的糖仓、蒸发间、煮糖罐技改等工程。沈某某当然明白自己这几年能够财源广进和李启亮的关照是分不开的,其先后给李启亮送了 10 万元人民币,李启亮一一笑纳。

2.设局

帮亲戚一把在情理上还说得过去,而李启亮真正开始转变应该是在认识了廖某某之后。廖姓老板是武宣县最大的私营企业老板。2005 年 4 月,廖某某在租用武宣县种畜场的土地采矿时遇到了麻烦,武宣县种畜场没有与他签订土地租用合同的意向。在四处碰壁、走投无路之后,廖老板想到了李启亮。李启亮和一位足底按摩师的关系很好,在这位按摩师的引荐下,廖老板和李启亮见了面。初次见面,廖老板就很大方地给了李启亮四沓钱,李启亮"略做推辞就收下了"。而廖老板理所当然地出现在了李启亮宴请种畜场领导的饭桌上。明眼人都能看明白是怎么回事,廖老板的土地租用合同顺利地签了下来。

3.结盟

2006年，李启亮升任来宾市副市长。廖老板更是认准了这棵"摇钱树"，时时进贡。也就在这一年，廖老板要修建武宣国际大酒店，但在向县农行贷款时却出了问题。廖老板找到李启亮说明来意，李启亮将廖老板引荐给了市农行的行长，贷款问题顺利解决。廖老板成功地从农行贷出了600万元。而李启亮在酒店修建过程中的处处帮衬换来了廖老板爽快地砸钱。其前后8次共收受了人民币34万元、2000美元、港币两万元以及价值66968元的一块"劳力士"手表。

经过一番金钱洗礼的李启亮"眼界"已经大了许多，单靠老板们自己送上门显然已经不能满足他的欲望。于是，李启亮也开始"强取豪夺"。一次在与廖老板吃饭的时候，李启亮看中了廖老板的手表。廖老板便顺水推舟地说这个手表不适合自己，李启亮接过话茬说："那你就把这块表给我戴算了。"结果，手表便到了李启亮手上。

2009年，廖老板被卷入一场打黑案，警方从他口中意外地得到了关于其向李启亮行贿的口供，李启亮收受贿赂的行为最终大白于天下。

（二）专家点评

中央治理工程建设领域突出问题工作领导小组办公室主任、监察部副部长郝明金：该案件涉及工程建设领域的全过程和各个主要环节，手段隐蔽。对于涉及工程建设领域的腐败案件，中央历来态度非常坚决，只要是腐败案件，不管发生在哪个领域，不管涉及到谁，不管涉及到哪个级别的干部，都会一查到底，绝不放过。

（三）案例分析

工程建设领域现如今已经成了腐败的重灾区，官员们会想到"给谁干不是干，还不如做个顺水人情"，于是权钱交易的关系就这样建立起来。从此案例中，我们可以看出，缺乏监管还是问题所在。外部监管太远，内部监管太软。掌握权力的官员，没有监管的压力，使他们胆子大了起来，没有了集体决策，大搞一言堂，也就没有体制内的互相监督，更没有透明和公开。

从本案例中可以看到工程建设领域腐败案的特点：一是利益集中，二是隐蔽性强。首先，随着经济快速发展，工程建设的需求被集中释放出来，成为社会投资的重要方向。

工程项目大量投资也带动了相关利益链条。只要能获得项目，就可以从中获得高额的利润。而官员手中的权力对项目招标结果产生重要的影响，因而也就具备了寻租的"价值"。其次，工程建设过程中有其自身的专业性，形成了事实上的信息屏障，也就为谋取"超额利润"提供了机会。也就是说，工程建设领域腐败具有"低风险、高回报"的特点，自然成为心有贪念的官员的不二选择。

与此相对应的，惩治工程建设领域的腐败至少应该从两个方面入手：一是加大打击力度，提高腐败的成本；二是规范权力运行，让权力没有违规滥用的机会和可能，消除公共权力的"谋利"空间。

七、倒在石榴裙下的"六多局长"

(一)案例内容

顾湘陵，长沙市规划局原局长，人称"六多局长"，钱多、房子多、情人多、行贿人多、受贿次数多、受贿方式多。他13年来接受贿赂高达人民币6000多万元，包括四栋别墅在内的16套房产遍布长沙和北京，坐拥上亿家财。2012年12月24日，经湖南省衡阳市中级人民法院审理，以受贿罪、巨额财产来源不明罪，判处其无期徒刑，剥夺政治权利终身，并处没收个人全部财产。

1."专家"犯罪，"日进斗金"

1963年出生的顾湘陵一直以"专家型官员"出现在公众视野中。在岳阳某农场长大的顾湘陵从湖南大学土木工程系研究生毕业后，进入长沙市建委工作。他于1998年12月任长沙市规划局局长助理，3年后任副局长，主管最核心的工程审批和项目报建工作，2010年9月任长沙市市政建设局局长。在同事眼中，顾湘陵能力强、精力旺，敢拼敢闯。

然而，随着其情妇的一桩受贿案浮出水面，这位"专家型官员"才展现出了其不为人知的另一面。2011年年初，在湖南省纪委调查的一起案件中，一名房地产开发商为立功，供出其给顾湘陵的情人近40万元业务费。纪检部门经调查证实了这一情况后，顾湘陵的罪行才开始暴露。

现年49岁的顾湘陵，在2011年7月被"双规"时为长沙市市政局局长。1998年到

2010 年其先后担任长沙市规划局局长助理、副局长。经查明,顾湘陵在此期间受贿 1688 万余元,另有来源不明巨额财产 4700 万元,犯罪总金额达 6388 万余元。任规划局副局长的近 10 年间日均进账 2 万余元。据衡阳市检察院指控,顾湘陵拥有家庭财产折合人民币高达 1.15 亿元,共有 16 套房产遍布长沙和北京,其中,北京一套别墅,长沙三套别墅。

2.“六多局长”,给钱就办事

顾湘陵的一位规划界朋友曾这样形容他,“给钱就办事,不给钱就不办事”。在检察院提供的《顾湘陵受贿一览表》上我们可以看到,各开发商以现金、干股、手表、金条、购房折扣等多种方式向顾湘陵行贿次数多达 300 多次,有开发商多次行贿,总金额甚至高达数百万元。顾湘陵曾先后接受一名房地产开发商贿赂共 130 多万元,作为回报,在这位老板开发的市场的提质扩容改造中,顾湘陵在补办手续、取消绿地、减少退让、提高容积率、增加商业面积、增加建筑面积等方面为其开了绿灯。在这些房地产开发商的重金贿赂下,顾湘陵插手了遍布长沙市内五区的 80 多座楼盘,他使这些小区的容积率调高了、楼间距缩小了、停车位减少了……顾湘陵就这样从一名城市规划的“把关者”变成了替贿赂他的开发商办事的人。

3.滥用职权,“造福”家人

为开发商在加快报建进度、容积率调整、局部规划调整、土地置换、劝退竞拍等方面提供帮助,并收受好处,这是顾湘陵收受贿赂的主要途径。然而他颇有经济头脑的妻子吴利君,别出心裁地开发出新的受贿渠道。

吴利君被抓前任长沙规划设计院院长助理职务。2002 年 5 月,吴利君伙同同事罗某、徐某承包了长沙中建建筑设计院的设计室。之后,顾湘陵利用职权之便多次为罗某、徐某拉来设计业务,遇到有求于自己的开发商,顾湘陵则会带吴利君一起参加饭局,席间介绍“妻子是搞设计的”,暗示开发商照顾吴利君的生意。事后罗、徐二人会将设计费的 10% 和全部利润的 1/3 送给吴利君。利用这种隐形受贿的形式,顾湘陵吴利君夫妇先后为罗某、徐某介绍 18 笔设计业务,收受罗某、徐某所送业务费共计人民币 204 万元。

顾湘陵事后承认自己“给家里帮了不少忙”:弟弟原本是一名教师,后离职来长沙做工程;吴利君先后用双方父母、司机、保姆等七八个名字在银行开户,还将钱存进香港某银行;为逃避计划生育,吴利君到新西兰生下第二个孩子;为了给在北京的女儿过生日,顾湘陵一出手就是 20 万元作为生日礼;为了取悦情人,他总共给了她 15 万元现金、1.7

万元购物卡、1.6万元的 LV 手表和 2000 元的手机,还送过她 1 颗黄色透明的石头状项链……

在案发后,顾湘陵不但没有积极配合调查坦白罪行,还抱着侥幸的心理试图进行反侦查,并找到向他行贿的开发商,退还部分贿金或者直接进行串供,企图逃避调查。

(二)专家点评

南华大学文法学院副院长罗万里:"审图"作为获取建设施工许可证的前提环节,"落马"过多名官员。在我国市场经济还处在一个浅层的发展阶段、公共资源市场配置程度不高的条件下,打破行政垄断和尽可能地减少行政管控,不仅是防止官员贪腐的关键问题,也是解放生产力的重要因素。让权力之手有序退出市场资源配置,理应成为下一步推进市场经济改革的重点。

(三)案例分析

城市规划中容积率、绿化率等指标的确立以及规划效果验收这一系列权力全部集中在局长顾湘陵一人手中,使得顾湘陵拥有高昂的"市场价值",这也是其前后非法获利超过 6000 万元的根源。换言之,正是因为顾湘陵手中权力太大,才招来这么多行贿者。值得注意的是,顾湘陵案的特殊性在于可以通过寻租获得利益的权力在这里被放大了,不再局限于传统腐败案件中的法定职权,还包括专业技术知识和技能基础上具有垄断性质的"影响力"。垄断性来自涉案者拥有的专业资格,而影响力则来自专业技术服务于指定目的时可以带来的市场"效率"。所以,顾湘陵才会有"六多局长"的外号,因为在他的案子中,权力的范围被放大了,同时腐败的形式也随之变得多样化了。

当顾湘陵的家人直接"下海"参与市场竞争的时候,案件的性质开始发生转折。顾湘陵开始"既做裁判员又做运动员",这种显失公平原则的制度设计让官员利用公职谋取私人利益有了可乘之机。腐败不再局限于违法违规滥用职权来谋取私利,而是试图改变竞争规则,并且在对自己有利的规则下"公开、公平"地谋求利益。一旦官僚权力与市场中的资本结合在一起,就导致最恶劣、最顽固的腐败。

八、安监局长的腐败档案

(一) 案例内容

武书田,安徽省蚌埠市安全生产监督管理局原局长。2012 年 8 月,蚌埠市龙子湖区人民法院以武书田犯滥用职权罪、贪污罪、受贿罪、巨额财产来源不明罪判处其有期徒刑 18 年,并对其犯罪所得 142 万余元人民币、2500 美元予以追缴。

安监部门承担着安全生产综合管理的责任,职责重大,关乎着国计民生。武书田身居要职,却将这些职责和权力当作他大搞权钱交易的门路,弃他身上所肩负的公共利益于不顾,留下了这样一份令人震惊的腐败档案。

1.以权谋私,胆大妄为

从武书田的个人履历中可以看到,在工作的前 20 多年里,他勤奋上进、积极努力,取得了不少成绩,然而随着职务的升迁和手中权力的扩大,他放松了对自身的要求,理想信念开始动摇。事发后武书田这样剖析自己的心态变化:年龄大了,觉得船到码头车到站了,现在有权不用,以后也没法用了,趁有权时积攒点钱,要是不出事,退休后就能有个生活保障。

特种作业人员从事的都是高危职业,特种作业从业资格证必须由从业人员参加专业培训,经考核合格后才能由安监部门颁发。但武书田为了牟取个人利益,置生产安全于不顾,在 2002 年至 2007 年间,明知某公司及某职工培训基地不具备特种作业人员培训资质,他仍违反相关法规,擅自同意该局培训科原科长陈某为这两家培训机构所培训的人员发放特种人员操作证,并默许陈某对未参加培训的人员直接收取费用后办理特种人员作业操作证。这些违规收取的费用全部被武书田等人据为己有。据统计,陈某为这两家不具备资质的机构所培训的人员以及对未参加培训的人员共计约 1.7 万人办理了特种作业人员操作证。

安监部门还掌握着处罚安全事故企业的权力,利欲熏心的武书田却把这看成是自己牟取私利的"大好机会"。某发生安全生产事故遭受处罚的企业为了提前恢复生产、减轻相关处罚,向武书田行贿人民币 5.2 万元。之后武书田无视调查组处理结论,将个人权力凌驾于法律制度之上,擅自同意将该公司的罚款由20万元减为7万元,对涉事公司法人的处罚也减至2000元。

2.利欲熏心,私吞公产

武书田不仅以权谋私,更是明目张胆地侵吞公有财产。2008年,借装修办公楼的"大好时机",武书田指定根本不具备装修资质的老熟人魏某来承揽安监局办公楼装修工程。工程装修完成后进行资金结算时,魏某拿出了远高于预算的费用报价单,并承诺会给武书田一笔"好处费",于是武书田立马签批同意支付工程款。不久,魏某就给武书田送去了7万元现金作为回扣。

不仅如此,武书田及家人先后8次去外地看望亲属的4万元费用也是由公款报销。2008年至2011年,武书田更是越过分管副局长,多次举办安全生产培训班,私吞公共培训费用共6.3万余元。

3.心怀侥幸,收受礼金

蚌埠市安监局于2006年从市经贸委建制中脱离,正式成为市政府序列中的一个独立的正县级单位,其所处的地位不仅更加重要,履行职责所涉及的行业也更为广泛。一些属于安监部门监管范围的公司和单位为了日后寻求武书田的关照,逢年过节纷纷给其送礼。对于这些"以礼代贿"的做法,武书田不仅没有正确看待、清醒认识,反而心安理得地认为这都是"朋友"之间的感情联络,是社会交往过程中正常的"礼尚往来"。

正是在这种侥幸心理和错误价值观的驱使下,武书田对送上门的好处照单全收。经查实,自2007年至2011年,武书田先后收受5家企业相关人员所送的礼金共计4.7万元。

任职期间,武书田在从事特种作业人员培训、办证工作中,违反国家相关法规,滥用职权,致使市安监局违规办理特种作业操作证上万人次,造成严重的生产安全隐患;利用职务上的便利,单独或伙同他人以侵吞、骗取手段非法占有公共财物10万余元;非法收受多人贿赂20余万元;财产和支出明显超过合法收入,对其中110余万元不能说明合法来源。

(二)专家点评

北京义联法律援助中心主任黄乐平:安监局可以对企业吊销执照、停业整顿或罚款,其中有巨大的操作空间,有时罚与不罚甚至取决于领导的个人意愿。

《中国纪检监察报》张闽生、钱智、李明:武书田"一言堂"作风严重,致使同级党组织、纪检监督形同虚设,同时,外部监督如上级机关、社会监督也都未能发挥有效的作用。

(三) 案例分析

武书田又为"勤奋上进、心态失衡、以权谋私"类的典型腐败现象增加了一个新的样本。同时,本案也再次折射出此一类型腐败的鲜明特点。

临退休前为自己的晚年生活提前做个准备,这种心态导致了"59现象"一度泛滥。而武书田"攒钱"的手段依然是"靠山吃山、靠水吃水"——从自己所在行业系统入手寻找机会。从特种作业人员从业资格审核到安全事故处理,武书田充分利用手中的职权,不放过任何一个捞钱的机会,将权力的"市场价值"最大化。可以说,武书田腐败案没有太多新意,而这也许恰恰是最值得我们思考的问题:既然从业资格审核、安全事故处理等职权伴有较高的廉政风险,为什么没有相应的防范措施,又或者这些防范措施被轻易架空了?换言之,典型的腐败案都是"靠山吃山、靠水吃水",为什么还会有同类案件屡禁不止?心有贪念的官员为什么每次都能吃得到山、吃得到水?这才是问题的根本。如果权力被垄断在个人手中,成为个人牟利的私器,即便针对"59现象"加强监管,可能也会出现腐败低龄化问题。

从武书田的所作所为在单位内没有遭受到异议可以看出监督机制的软弱和缺失是他滑入犯罪深渊的主要原因。完善监督机制、科学合理地配置权力、用权力来制约权力是杜绝违纪违法行为发生的有效手段。凡是重大事项的决策,必须严格贯彻民主集中制原则,不能搞"一言堂",不能由个人或少数人拍板决定。如果不能把权力关进笼子里,那官员就很有可能被关进"笼子"里。

九、钱多失眠的"财神爷"

(一) 案例内容

176张存款单,1194万元巨款,让他日日惶恐,只能依靠安眠药入睡。每当听到有贪官被判刑,他都比照自己,暗自计算自己可能被判多少年刑期。2011 年 6 月,山东省德州市中级法院以受贿罪、贪污罪、巨额财产来源不明罪,判处他有期徒刑 18 年,并处没收个人财产 60 万元。从一名普通农民到国家公务员,从乡镇干部到县财政局长,在对金钱疯狂攫取的过程中,他一步步走上了一条不归路。他就是山东齐河县财政局原局长任居孟。

1.政绩突出,有志有为

任居孟,男,1952 年 11 月 21 日出生,大专学历,中共党员,原本是一名胸怀远大理想、有志有为的好青年。1976 年 5 月,恰逢从农村青年人中选拔乡镇领导骨干的时机,任居孟有幸被选拔为乡镇干部,自此踏上仕途。1978 年 12 月,他转为正式国家干部,先后担任了乡镇党委宣传委员、副书记、乡长和党委书记。由于他懂经济、能力强、群众威信颇高,1996 年 2 月,任居孟成为齐河县财政局的局长,一干就是整整 11 年。身为财政局局长的任居孟掌握着全县的财政资金,尤其县财政资金的拨付必须经过他的同意和批准,十余年下来,任居孟俨然成为齐河县各单位眼中的"财神爷"。

在担任齐河县财政局长的职务期间,任居孟为全县财政工作和经济发展做出了一定贡献,赢得了历届县委、县政府的信任和社会群众的广泛好评。由于政绩突出,1997 年 7 月,他被提拔为副县级干部,任县长助理兼任财政局长;2003 年 1 月,他任县政协副主席、县长助理,继续兼任财政局长。2006 年 1 月,齐河县委、县政府授予其促进经济发展功臣一等奖。

2.层层设卡,处处索贿

然而,对组织的信任和群众的厚爱,任居孟并没有珍惜和正确对待。私欲日益膨胀,抱着"有权不用,过期作废"的思想,任居孟开始大肆敛财。由于财政局肩负着财政预算拨款、决算追加、资金管理等职责,所以上级下拨的专项资金就成了任居孟生财的主要通道。因为"财神爷"的作用非常关键,一些单位和个人便纷纷给他送钱行贿以拉近关系。在这些送上门的金钱面前,任居孟也拒绝过、烦恼过,也犹豫过、害怕过。但是他并没有经受住金钱的诱惑,反而用"常在河边走哪能不湿鞋"来安慰自己。2001 年,省财政厅给每个县统一下拨一笔 10 万元的专项资金,用于卫生系统门诊楼的修缮,但直到 2004 年卫生部门也没有领取到这笔资金。后来任居孟要求某医院的负责人上交 5 万元的"好处费"后才能将这笔资金划给医院。考虑到日后还有求于财政局,该院长安排会计凑齐了

4.6万元送给了任居孟。

许多部门和企事业单位因为业务需要,经常从上级单位争取许多专项资金,但按规定必须经县财政局拨付。2006年春节前夕,某局从上级争取下来一笔建设专项资金,为了尽快得到该笔资金,该局负责人买了两幅名人字画,又包了1万元现金一起送给了任居孟。不久这笔10万元的建设资金全部拨付到该局。

3.一手交钱。一手提拔

任居孟利用人事变动的机会也收受了大量的贿赂。据财政局的老同志讲,有一年财政局在任命各股室主要负责人前,任居孟煞有介事地召开了竞聘动员大会,他在大会上要求有条件竞聘的人员向他提交推荐信。部分工作人员心领神会,用信封装了一两万元不等的现金和自荐信,送到了他的办公室和家里。干部竞聘后,凡没有聘上的,任居孟都委托专人退回信封。

任居孟还利用从政多年形成的地位优势及与领导接触机会多的条件,为亲戚朋友就业、调整工作办了不少事,但从来都是给多少钱办多少事,秉承"公平交易"的原则。

4.家有"贤妻",携手敛财

随着任居孟地位转变、职位升迁,他从没读过书、目不识丁的妻子贾某也被安排到乡镇事业单位工作,后调至县林业局工作直至退休。在任居孟收受贿赂的行为中,她扮演了十分重要的角色。2003年夏天,财政局要进行人事调整。一名工作人员为了解决副科级,来到了任居孟家里,把一个装有3000元钱的信封留给贾某,后贾某收下转告了任居孟,当年7月该工作人员的副科级即得到解决。2006年,这名工作人员想让任居孟提拔其为副局长,又到任居孟家中送了3000元现金,贾某只客气地推辞了一下,便又收下了。据统计,类似这样的作案情形共三起,金额累计4.6万元。

然而,巨款带给任居孟的不是快乐,而是胆战心惊。任居孟说,自己离开工作岗位到案发的这三年时间里,内心一刻也没有平静过,白天出门像做贼一样,留意有没有纪检、检察院的人跟踪,夜间在睡梦中听到刺耳的警笛,仿佛纪检、检察人员要抓他,吓得只能靠药物入眠。

(二)专家点评

国际在线蒋丽丽:作为一个县的财政局长,权力还真是大得没边没沿,任何部门的领导都得到他跟前上贡,而且还得低声下气地及时送到位,稍有不从,就会在资金划拨上刁难对方。这也从一个侧面反映了我们国家现在的基层财政资金管理存在很大弊端:过多的资金管理使用划拨都集中到财政局一把手手中,个人的长官意志在其中起了太大的作用,监督制衡力量几乎是没有,财政局长更像是一个县的大管家,所有财政权力集一身。

正义网:针对类似台上大谈反腐台下大搞腐败的官员,我们除了感叹甚至佩服其演技高明外,还该拿什么戳穿腐败者的虚伪面具呢?说来说去,财产公示始终是反腐倡廉绕不开的重要一环。不管怎样,各方始终都应对财产公布制度抱着积极的态度,并尽力推进这一制度的进步。

(三)案例分析

任居孟案例比较特殊,县财政局局长级别不高,但权力实在很大。任居孟在任期间几乎可以钳制县里大多数部门,他的"权力"也渗透到了该县公共部门的各个角落,其权力之大,可见一斑。

但是任居孟的"权力"在很大程度上是看不到的隐性影响力、钳制力,而不仅仅是其法定职权。他在县里各部门呼风唤雨的能量只是一种地下"权力",既然这些"权力"不被公开认可,所以也很难有相对应的监督机制。这样,财政局长就拥有了超脱监管的实质性权力。而我们一定知道,绝对的权力就会绝对导致腐败,所以,大权在握的任居孟最终因为腐败落马也就不足为奇了。

针对隐性权力导致腐败的问题,可以从两个方面加以限制:一是官员个人信息公示;二是管好领导身边人。

从任居孟的案例中我们可以再次看到建立官员财产申报公开制度对于预防腐败、建设廉洁高效政府的重要性。要预防腐败,就应建立一套行之有效的官员财产申报制度,让各级官员接受公众的监督,让官员的私有财产置身于阳光之下。通过群众和社会的监督,让官员不敢向非分之财伸出贪贿之手。

家庭助廉,也是加强廉政建设不容忽视的一方面。家庭是每一个家庭成员健康成长的重要场所,也是加强教育、强化监督、从源头上预防腐败的重要阵地。任居孟的家人在他大搞权钱交易时并没有时时在家里"吹廉风",反而推波助澜。因此,要注意发挥好领导干部家属的监督、提醒作用,不断拓展监督的空间。

十、抗生素没能抗住糖衣炮弹

(一)案例内容

吴建文,上海医药(集团)有限公司原总裁,6年奋斗,从大学生到国企高管;10年贪腐,从起初收钱"睡不着"到疯狂索贿。2011年11月8日上海市第一中级人民法院以受贿、贪污、挪用公款、境外隐匿存款等数罪并罚,判处死刑,缓期2年执行,剥夺政治权利终身,并处没收个人全部财产。

1.登上事业巅峰

吴建文出生于1969年,1991年从复旦大学毕业后进入国有企业上海新亚药业公司工作。吴建文凭借个人的不懈努力和出色的业务能力很快得到了领导的器重,在参加工作6年后被提拔为公司副总经理,年仅28岁,成为当时上海国资系统最年轻的国有大中型企业总经理。之后,吴建文又先后担任了上海新亚药业公司董事长,上海新先锋药业公司董事长、总经理,上药集团抗生素事业部总裁、党委书记,上药集团党委成员、副总裁等职位。2008年底,39岁的吴建文升任上海医药(集团)有限公司总裁,达到事业巅峰。

然而,吴建文在事业蒸蒸日上的同时贪欲不断膨胀,曾经在抗生素事业部担任高管的他最终没有抵抗住金钱诱惑的腐蚀。据调查部门统计,吴建文在任职期间利用职权之便索取、非法收受他人财物共计1187万余元;伙同他人侵吞公款500万元;挪用公款3355万余元归个人使用,超过三个月未还,直至案发尚有1485万余元未还;隐瞒境外存款港币110万余元。

2.初次"河边湿鞋"

由于药品的特殊性,医药行业又具有明显的资源稀缺性,如药品批号、区域经销代理等都需要政府审批和企业授权。身为国有大型医药企业集团总裁的吴建文,手中握有批文的申请权和区域经销的特许权,从而不可避免地成为诸多药品经销商拉拢讨好的重点对象。2000年,当时已是新亚药业公司总经理的吴建文,通过熟人介绍,认识了做装潢生意的郭某。当郭某得知新亚药业公司有一办公楼要装修时,便找到吴建文提出想做这个项目。吴建文只向有关部门打了一个招呼,郭某就顺利中标了。就在装修工程结束后,郭某送给吴建文 20 万元表示"感谢"。这是吴建文第一次收受贿赂,他事后坦言"很紧张,彻夜不眠"。在第一次合作的基础上,吴建文和郭某建立了深厚的"感情",郭某在吴建文的帮助下又先后获得了上药集团旗下其他项目。此后,郭先后四次、总计向吴建文行贿 184.6 万元,包括一辆价值 51.8 万元的丰田越野车。

3.打开欲望之门

在初尝甜头后,吴建文便开始肆无忌惮地收受贿赂。办案人员在调查中发现,其犯罪手法多样:采取默许或索要的方式,通过药品原材料供应商、药品经销商等为其支付购房款、装修款;采取伪造合同、虚构业务的手段,与他人合伙套取企业资金;采取挪用企业巨额资金给民营企业无偿使用的方式为个人谋取私利;利用境外银行账务,隐匿贪污受贿的巨额资金,以期逃避调查。

到后期吴建文甚至开始主动索贿。行贿人吴某详细回忆了吴建文提出的要求和他设法满足的过程——"周末到郊区打高尔夫不方便,需要一辆越野车",吴某就将一辆价值 75.6 万元的沃尔沃越野车钥匙交给了吴建文;"我想买那套最低价 168 万元的别墅,还能不能再优惠点?"吴某便为其支付了近 100 万元;"外甥要留学,需要一笔赞助,20 万元差不多",20 万元很快打入吴建文的账户。此外,行贿人石某也透露,吴建文曾用英文告诉他"halfto—half"(一人一半),暗示其提供金钱好处。

此外吴建文长期的心理失衡也是导致其走上违法犯罪道路的主要原因。由于业务关系,吴建文在工作中会经常接触到一些出手阔绰的私企老板,他不自觉地将自己与他们比较,渐渐产生了强烈的不平衡感,便把手中的权力看作是发财的利器,通过大肆收受和索取贿赂以获得心理上的慰藉。案发后吴建文告诉办案人员:"在与药商的接触过程中,看着身边的客户由于我提供的机会一个个快速发展起来,他们那种纸醉金迷的生活,使我感受到了在物质利益和物欲享受面前自己的渺小,思想意识的大堤被千万条小虫侵蚀,很快就崩塌了。"

(二)专家点评

上海市律师协会刑事业务研究委员会主任林东品:当前不少国企设立了董事会及独立董事制度,但在实际操作中还存在漏洞;其次,未上市国企也应该进行信息披露,以便于公众监督;此外,国企高管还应实行"财产公示"。

(三)案例分析

近年来,国有企业中的贪腐案件在数量上呈现出上升的趋势,暴露出国有企业有产权体系、治理结构、激励机制以及监管方面存在的问题。一方面,国有企业要参与市场竞争,确保国有资产保值增值;另一方面,国有企业作为公共部门的延伸,还要完成增进公共利益的目标。因此,国有企业同时具有市场组织和公共组织的双重属性,因而在管理者激励及监管方面也面临更多的困难。

具体到本案,吴建文作为一名受到组织信任和重用的青年才俊,为什么会在事业蒸蒸日上时走上贪污腐败的不归路呢?从根本上讲还是由权力过度集中而又缺乏监督而造成的。吴建文在担任上药集团总裁的同时,还兼任下属新先锋药业公司和新亚药业公司的董事长、总经理,以及这两家公司下属多家企业的董事长。企业的重大决策、日常经营管理、业务审批等权力全部集中在吴建文手中,他可以决定企业的任何重大事项。这种过度集中又没有得到有效制约的权力为他实施权钱交易提供了便捷的通道。吴建文在案发后反思:"焦点都集中在我一个人身上……所有的人力、物力、财力都由我支配,所有的体系都围绕着我转。除了责任之外,更多是一种支配欲望的膨胀,进而到了忘乎所以的地步。"

针对国有企业腐败问题,根本的对策是通过现代企业治理结构厘清国有资产的产权归属,在此基础上设计激励相容的管理者绩效考核制度体系以及监管机制。

纵酒妄杀①

【历史背景】

东晋灭亡以后，统治中国北方的相继有北魏、东魏、西魏、北齐、北周几个朝代，与南朝相对抗，史称其为北朝。其中，篡位灭东魏而建北齐的，就是齐文宣帝高洋。

高洋称帝后，任用贤臣辅政。他制定律令，颁行均田制，修筑长城，攻伐敌国。这些政治、经济、军事上的措施，令齐国强盛起来。但同时，齐文宣帝又是一个残虐淫乱的皇帝。他嗜好喝酒，然而一饮便醉，醉了就胡说八道，胡作非为。醉酒后，他自歌自舞，常常通宵胡闹，甚至还发生过裸体游街，见人就打的事儿。但他醉后最爱做的，莫过于杀人取乐了。

北齐文宣帝高洋小时候外貌平凡，没有什么特殊的地方，不爱说话，但后世评说他是个大智若愚、聪慧过人的人，兄弟们总是喜欢拿他取笑，他从来没有表现出愤怒，其兄东魏大丞相、渤海王高澄对他的才能很了解很是欣赏。后来高澄被奴隶刺杀以后，高洋就将大权牢牢地掌握住了。被东魏孝静帝元善见封为丞相、齐王。高洋于公元550年废掉了元善见，自立为帝。

他在刚刚即位的时候，勤勉政务，削减州郡，整顿吏治，训练军队，加强兵防，使北齐在很短的时间内昌盛起来。高洋还先后出兵攻打柔然、契丹、高丽等国，都获得了胜利。而且还注意北齐的农业、盐铁业等方面的发展，成为同陈、西魏鼎立的三个国家当中最富裕的国家。可是没过多长时间他就腐败起来，为酒色所陶醉，整日不理朝政，动用了大量的人力在都城邺修筑了三座宫殿，豪华奢侈得让人无法相信。他在位的后期对人民实行严酷的压迫，并且大肆屠杀汉族人，他自己虽然就是汉人，但为了维护鲜卑贵族的利益，将北齐变成了屠杀汉族人的地狱。最后导致了朝政腐败，国势衰落，不久这个曾经有所作为的皇帝就因为自己的奢侈生活而一命呜呼了。

【原文】

齐史纪：齐主洋②嗜酒淫佚，肆行狂暴。尝作大镬、长锯、锉碓之属，陈之于庭。每醉，辄杀人以为戏乐。杨愔乃简死囚③，置帐内，谓之供御囚。齐主欲杀人，辄执以应命。

【张居正解】

六朝齐史上记，齐主高洋，好酒而荒淫佚乐，肆行狂暴。尝做下烹人的大锅，解人的长锯，与铁锉碓口等物，摆列庭中以为刑具。每醉便手自杀人，以为戏乐，那时宰相杨愔，不忍无罪之人被杀，乃简那该死的囚犯，置列庭帐之内，叫作供御囚。待齐主醉后要杀人之时，就以此囚应命。

夫人命至重，虽犯罪该死，犹且三覆五奏，然后行刑。是以禹见罪人，下车而泣，重人命也。齐主酷暴如此，岂不大失人心。然齐主即位之初，亦尝留心政事，推诚任使；军国机务，独自裁决，可谓贤主。后来，只因好酒乱性，遂成无道之君。此大禹之所以绝旨酒而书作酒诰，以为戒也。

【注释】

①本篇出自《北史·齐本纪中·显祖文宣皇帝》，并见《资治通鉴》卷166梁纪二十二，太平元年（556）六月。记述北齐文宣帝高洋统治末期，嗜酒滥杀无辜的暴行。

②齐主洋：北齐政权的建立者高洋（529～559），字子进，祖籍渤海蓨（今河北景县），公元550～559年在位。原为东魏大臣。550年5月，废东魏孝静帝元善见，自立为帝，国号齐，定都邺（今河北磁县南），史称北齐。初期，励精图治，请汉族士人杨愔改定律令，推行全国。后期矜功嗜酒，淫暴无度，终因酗酒暴病而亡。

③杨愔（511～560）：南北朝时华阴（今属陕西）人，出身士族。历仕北魏、东魏、北齐三朝，北齐时官至宰相，日理万机，无所凝滞，多有建树。

【译文】

北朝齐国史书上记载：北齐君主高洋，嗜酒淫逸，行为无所约束，狂暴异常。曾适用来煮杀人的大锅、长锯、铁锉、碓口等刑具,摆在宫廷之中。每当他酗醉,就用杀人游戏取乐。宰相杨愔把那该杀的死囚准备好,安置在帐内,叫作供御囚,每当皇帝要杀人时,便把囚犯拉过来,应付皇帝行凶杀人之命。

【评议】

早期的北齐文宣帝高洋可谓是中国历史上少见的年轻有为的君主,他为国家的繁荣昌盛做出了巨大的贡献。早期的高洋皇帝能够做到勤于政务,治理有方,但是随着后来自己功业的圆满,就开始高傲,并且不再如同以前一样要求自己,而且还染上了酗酒的恶习,从此以后,变得昏庸残忍,其嗜血程度堪比恶魔,大肆杀戮,尤其是在酒后就更加无所顾忌,以至于当时许多在他身边的臣下成为他这种杀人游戏的牺牲品。据历史的相关记载高洋皇帝后期淫暴无度,为了满足自己的感官享乐,竟然赤裸身体在街市上行走,而且喜欢女色到了变态的程度。当时全国上下人心惶惶,因为这样的一位皇帝不知道在什么时候就会开始杀人游戏。国家也由此开始衰落。之所以造成高洋在后期统治时,由当初的政治清明的有为之君变成后来令人谈及色变的恶魔,其中最关键的就是在取得功业之后,高洋就被自己的赫赫战功冲昏了头脑,拥有至高无上的权力的他,不再顾及其他,自己的贪欲开始极度膨胀,又没有法度可以约束他,这样无限的权力,就让一个明君变成了无恶不作的恶魔。所以,我们现代的社会一定要注意法律的作用,不允许践踏法律的行为发生,无论是具有多大权力的人一旦违反了国家的法律就应该予以应有的惩罚,从而维护国家法律的尊严,否则其后果将是不堪设想的。

【镜鉴】

一、国有企业里的"电信大鳄"

(一)案例内容

张春江,原中国移动通信集团公司党组书记、副总裁。因涉嫌严重违纪违法,2011年

7月12日被沧州市中级人民法院一审公开审理并判处死刑,缓期两年执行。纪检部门在为期九个月的调查过程中,逐步接近真相,终于抓住了曾经风云一时的电信大鳄。

1.改革

在进入企业之前,张春江绝对算得上是官运亨通,从1982年大学本科毕业进入辽宁省邮电管理局到1999年12月升任中国信息产业部副部长。张春江用了不到17年的时间将自己的政治前途装点得有声有色,他曾一度被誉为信息产业部最年轻的副部长。当时,正赶上国家改组信息行业,张春江也因此得以经历两次具有标志性意义的电信改革。一次是2001年国务院批复的《电信体制改革方案》,这份方案的主导者之一就是张春江。2001年的横拆中国电信充分展现了张春江的魄力和铁腕手法。当时,对于改革中国电信存在着两种主要观点,一种主张拆分,另一种不主张拆分,认为只要放宽市场准入就能实现市场竞争。就在主张拆分的意见中也存在着怎么拆的分歧。一派主张竖拆,即按业务来拆;另一派主张业网分离。正当讨论激烈进行之时,一个横拆中国电信的方案横空出世,而这一方案的主导者之一就是张春江。因此,中国电信被一分为二,北方十省的电信公司归"北"电信;其余电信公司划归"南网通"。这次拆分,不仅仅是中国电信历史上的分水岭,同样也是张春江由政府高干变为国企高管的职业生涯的分水岭。改革后,张春江被空投至中国网通,从此开始了他"红顶商人"的辉煌人生,也开始了他走向腐朽没落的不归路。

2.伸手

张春江的腐败,根源于他对金钱美色的痴迷。借助于国企改革所带来的巨大寻租空间。张春江毫不吝啬地运用手中的权力捞取利益。在这一过程中我们不得不说张春江的几个"贵人"。其贿源之一的宋世存既是张春江的同窗好友又对张春江有知遇之恩。二者因共同的利益需要而相互勾结。宋世存曾任信息产业部副部长吴基传的秘书后因泄露国家机密入狱,出狱后从事电信行业,充分利用张春江的权力资源来承揽业务。作为回报,曾先后送给张春江人民币32万、美元20万以及价值283万元的别墅一套。张春江的另一贿源是张锐夫妇,他们借助张春江在网通里的权力地位进行广告投标寻租,张锐夫妇因此获利巨大,先后送给张春江价值20.4万元的轿车一部和现金250万元。

3.案发

然而,三方的利益同盟关系并未持续太久。2008年,中国电信行业迎来了第四次大的改组，这也是张春江所经历的第二次大的改组。在这次改组中，三大电信运营商高层人事发生了变动。张春江离开中国网通履新中国移动通信集团公司副总裁。这次改革并非像上次那样是他人生高潮的分水岭，而恰恰是他的人生走向低谷的转折点。他离开网通后，网通的账目黑洞也随即被曝光。据悉，联通接手网通后，发现网通存在巨大的虚报业绩行为，亏空或高达 200 亿元。对此，有业内人士分析，张春江虚报业绩是为了在联通重组网通后能出任联通一把手。但是他没有想到他的如意算盘打错了。不可一世的张春江终于被揭开了他伪面纱的一角。

2009 年 12 月 26 日，中央纪委负责人证实，中国移动通信集团公司党组书记、副总经理张春江因涉嫌严重违纪，目前正在接受组织调查。12 月 31 日，中央组织部有关负责人证实，中国移动通信集团公司党组书记、副总经理张春江涉嫌严重经济问题，中央已决定免去其现任职务。2011 年 7 月 22 日，河北省沧州市中级人民法院对中国移动通信集团公司原党组书记、副总经理张春江受贿案做出一审判决，认定张春江犯受贿罪，判处死刑，缓期两年执行，剥夺政治权利终身，并处没收个人全部财产。至此，这个伪装在国企里的"电信大佬"终于被彻底地揭开了面纱。

(二)专家点评

原国资委主任李荣融：张春江涉嫌严重违纪问题并不是今天发现的，是早就有的，监管上存在漏洞。

(三)案例分析

张春江案发后，监察部副部长屈万祥曾表示张春江等一大批国企老总相继落马，将整体推进国企反腐。张春江的腐化堕落再一次敲响了国企反腐的警钟。对于国企一把手的权力，究竟应该如何去监管？是一个不得不去思考的问题。伴随着我国国企改制的整体推进必然会因为一定程度上的产权不清、责任不明，由此带来的巨大的寻租空间对于那些国企老总将是很大的诱惑。如何勘破这些利益空间并弥补监管上的漏洞，是我国国企反腐的一个重大课题。中央在三令五申党性修养的同时更应该加强反腐的制度建设。依靠外部监督，通过权力来制约权力。同时，各级各类领导干部也要从中吸取教训，牢记胡锦涛同志"老老实实做人，干干净净做事，时刻警惕权力、金钱、美色的诱惑"的谆谆告诫，否则，终将落得身败名裂的下场。

二、雁过拔毛的能源站站长

（一）案例内容

晏长青，云南省广南县农村能源工作站站长，在组织实施广南县农村能源沼气建设过程中，晏超越职权，与下属人员相互勾结，采取虚报沼气建池户和少付多报等手段，套取农村能源沼气项目建设资金194万余元与他人共同贪污，他个人分得57万余元。2012年12月3日，经法院审理，以贪污罪、滥用职权罪，被判处有期徒刑14年。

1.监守自盗：克扣、截流惠农资金

2009年，晏长青所在的广南县农村能源工作站负责辖区乡镇推广沼气池建设的具体工作。先由县财政局划拨到县林业局账户，再由林业局划拨到能源站账户。能源站将上级部门相应的划拨到各乡镇林业站的补助款，发给农户。平均下来，每户农户能领到1500元左右。作为能源站站长，晏长青对资金的划拨有决定权，上百万元的资金都是经他的手发放给农民的。

推广工作之初，工作取得了成效，农民得到了实惠。但时间久了，晏长青的心理慢慢发生了变化，由于非常熟悉推广沼气池建设中资金发放的流程，加之上级对这一块的监管十分薄弱，只要有单位出纳、会计和乡镇林业站的"配合"，加上农户的签字表，就能很轻松地从县里把钱套出来。于是，晏长青就动起了歪脑筋，就让出纳和会计"配合"其套钱。

2009年，晏长青与篆角乡林业站的工作人员一起，以沼气池旧改新的名义将250多个气饭煲（沼气建设材料）发放给2008年已建沼气池的群众，而后让财务人员将2008年建成沼气池的农户花名册做成2009年新建沼气池的花名册，并把新建和以旧改新的花名册混在一起，把物资领取表拿到农户家给群众签名按手印，只填物资补助，事后伪造现金补助表，这样真假混合的表报到县里，很容易就过关了。每口沼气池建设国家补贴1500元，扣除发给群众的气饭煲费用200元，从篆角乡套取了33万余元，晏长青个人分了 11 万元。

2.日进斗金:创新"套钱经验"

2009 年,县林业局向各乡镇林业站下达沼气池建设任务,者兔乡林业站有 339 口新建沼气池的任务。2009 年 10 月,者兔乡林业站站长李文雄和工作人员黄忠绍一起找到晏长青,汇报工作中,黄忠绍突然提出用 2009 年以前建造的沼气池来充抵任务数。黄忠绍的提法和晏长青不谋而合。晏长青一来帮乡镇完成了建设任务,顺水推舟卖了人情给"朋友",二来还分到了钱。

晏长青提出用已建的沼气池充抵新建沼气池时,要重新维修并在维修的沼气池上重新编号,以假乱真。难道就不会被检查人员发现吗?当然不会,检查组到哪里检查验收都是晏长青一手安排。由黄忠绍负责伪造花名册报财政部门套钱,事后晏长青分到 5 万余元现金。

有了一次次套钱不被发现的"成功经验"后,2010 年至 2011 年间,晏长青和单位同事、乡镇林业站的工作人员愈发猖狂,以同样的方式,先后套取莲城镇、八宝镇等 6 个乡镇的沼气建设资金 190 余万元,除了少部分用于单位的开支外,大多数钱被以同样的方式进行了平分。

直到 2012 年 5 月,晏长青东窗事发,"日进斗金"的"好日子"才戛然而止。县农村能源工作站站长贪污的国家专项资金竟然将近 60 万元。

(二)专家点评

记者余兴辉:近年来,国家通过采取农业税减免、粮食直补、良种补贴等方式,加大"三农"的扶持补贴力度,但也出现了一些惠农资金使用不明确、被挤占和挪用的现象。信息资源不对称,制度不够健全,内部监管失灵,外部监督缺失,导致资金使用重点不突出,资金没能花在刀刃上,无法实现资金使用效益最大化。

(三)案例分析

晏长青身为农民的儿子,自小生活在农村,工作后也一直在农村,本该更能体会农民的辛苦,本该更能体会国家惠农政策的重要性,而他却辜负了党和人民的培养,辜负了国家赋予其为人民办事的权力,辜负了父老乡亲。晏长青在悔过书里解释说:"由于耐不住清贫,抵制不住金钱的诱惑,我为一己利忘大义,疯狂套取国家惠农资金,走上了犯罪道路。"

除了他自身的原因,上级监管薄弱为其挪用公款提供了可乘之机。上级部门有相应的补助款,先由县财政局划拨到县林业局账户,再由林业局划拨到能源站账户。作为能源站站长的晏长青对资金的划拨有决定权,经他手的款项有几百万,其对推广沼气池建设中资金发放的流程也非常熟悉。若是有上级严格监控把关,国家专项资金有严格的控制流程,也不会让一个能源站的站长如此轻易就可以挪用几十万。看着兔乡林业站工作人员黄忠绍套钱的想法和晏长青不谋而合就可知,制度漏洞之大,可想而知。

案例表明,在一般的廉政研究中关于腐败成因的个人动机、权力结构、制约机制、制度框架以及组织文化等因素分析之外,权力执行过程中的具体业务流程设计同样有可能预设腐败的风险。

在政策执行过程中,想要让公共资源得到合理使用,如期实现预定的政策目标,就要建立自上而下透明的信息公开制度,充分保障公民知情权、建议权、监督权,不断完善惩治和预防腐败体系建设,要积极排查政策执行流程中存在的漏洞,及时修补,决不能让任何国家蛀虫有可乘之机。

三、三亿身家的县煤炭局长

(一)案例内容

郝鹏俊,蒲县煤炭局原党总支书记,因犯逃税罪、非法买卖爆炸物罪、挪用公款罪、贪污罪,经山西省蒲县人民法院审理,判处有期徒刑20年,处1.7亿元的巨额罚金。

据办案人员透露,其在北京等地有房产35处、家财过亿元、违纪15年才被揭露,号称山西煤焦领域反腐"第一案"。案件主角郝鹏俊,也相应引起社会关注。一个县煤炭局长、科级干部,何以能敛取如此巨额财富?

1."小局长"的大煤矿

官居科级的郝鹏俊数亿家财令人们震惊。专案组在郝鹏俊家查获的3.05亿元违规违纪资金中,仅北京、海南等地35套房的合同房价款就达1.7亿元;此外还有郝鹏俊本人及其亲属的存款1.27亿元。不仅如此,郝鹏俊夫妻因逃税罪被处以巨额个人罚金,连同判罚成南岭煤矿的单位罚金,罚金总额高达2.6亿多元,堪称"天价罚单"。

专案组的调查表明,这些惊人数字主要来自郝鹏俊的大煤矿。郝鹏俊先后担任蒲县地矿局长、安监局长、煤炭局长、煤炭局党总支书记。这一连串与煤矿相关的职务,本该为国家矿产资源保驾护航,在郝鹏俊手中却成为私办煤矿的"保护伞"。

2000年,时任地矿局局长的郝鹏俊即开始经营蒲县成南岭煤矿。当时,郝鹏俊以办理采矿许可证为名,让其他人出资2万元非法买克城镇张公庄村委一个叫后沟洼煤矿的采矿许可证,编造谎言替换成蒲县成南岭煤矿。

2005年8月,中纪委等部门联合下发文件,要求以本人或以他人名义已经投资入股煤矿的国家机关工作人员限期撤资。为掩人耳目,郝鹏俊与其堂兄、妻弟签订了一份虚假退股协议,并依此向蒲县纪委进行了退股申报登记。而在成南岭煤矿,他和妻子于香婷仍是"说了算"的决策者和管理者,也拥有绝对的煤矿财产所有权。

"我没有投资,老板是姐姐两口子。我是他们雇用在煤矿当法人代表的,每月给我5000元工资。"郝鹏俊的妻弟于小红在法庭上说,煤矿的日常管理,包括用哪支采煤工程队、矿上的原煤销售到哪里、什么时间拉煤、价格多少都由郝鹏俊夫妻决定。

乘着煤炭局长的"东风",成南岭煤矿规模迅猛扩大,由一个几十万元投资的窑口子,发展成总资产5285万余元的大煤矿,职工达500多人。

2.“官煤”结合的利益链

煤炭局长的身份给了郝鹏俊诸多便利。每逢"风声紧"的时候,生产是停还是继续,于小红都要请示郝鹏俊夫妻,然后再转达给采煤工程队。

郝鹏俊夫妻,在操控煤矿时,为了个人经济利益,全然不顾安全生产,制造一系列危险事件,给群众生命财产安全造成严重隐患。2007年蒲县一次煤矿事故后,全县所有煤矿停产整顿,成南岭煤矿竟然有禁不止,继续非法生产。2008年2月到8月,成南岭煤矿《安全生产许可证》到期,县有关部门下达《停止生产通知书》后,仍继续非法组织生产。其间,已于2006年改任煤炭局党总支书记的郝鹏俊还亲自安排该矿越界开采,在一些采区甚至进入村庄之下采煤。为追求高额利润,通过郝鹏俊的关系,成南岭煤矿采用夸大需求、重复申请等方式,超限额购买炸药65.5吨、雷管20万枚,并将这些危险物品藏到矿井下面。

郝鹏俊利用公职为自己的煤矿"开源节流"。郝鹏俊借部分煤矿安装瓦斯监控设备之机，指使杨某购得13万元矿用监控电缆，供成南岭煤矿使用。此笔款项经他签字后，一直由煤炭局垫付。郝鹏俊代表成南岭煤矿与江苏徐州矿务局孟煤项目部签订合作开采合同书，此后竟在蒲县煤炭局财务账户上支付给孟煤项目部10万元设计费。

郝鹏俊获取暴利的手段层出不穷，除了上述之外，还牵扯逃税、贪污等多项罪名。从2003年到2008年，成南岭煤矿通过销售原煤不开或少开增值税发票，少列收入进行虚假申报或不申报的手段，共偷逃税款1871万元。

(二) 专家点评

山西财经大学法学院教授田肇树：制约机制不健全是"官煤"式腐败的温床。一些"一把手"的个人意志膨胀，加上他们控制着相当大的物资分配权、人事管理权和项目审批权等，腐败很容易滋生。

(三) 案例分析

身为煤炭局长，郝鹏俊为何能够大张旗鼓地经营煤矿达10余年？正如纪检、检察机关部分调查人员和一些学者所言，制度缺陷和监管缺位是根源所在。

郝鹏俊案件已经不是个案，像他这样的胆大妄为的"煤炭局长"给人民的生命财产安全和国有资产造成巨大隐患，打破"官煤"结合的利益链迫在眉睫。这样有巨大利益诱惑与制度空白的领域，是贪污腐败的温床。一旦将制度的空白用个人权力去填补，就会造成难以估计的损失。在基层领域，我们首先要建立健全切实可行的制度，既要保证国家资源合理高效配置，又要保证国家行政机关高效透明运转，同时要有明确的监督制约机制。

四、一块手表牵出的"土地皇帝"

（一）案例内容

李丙春,北京市顺义区李桥镇原镇长、原党委书记。因挪用公款 1.78 亿余元、贪污 3800 余万元、受贿 23 万余元,被市二中院三罪并罚判处死缓。

李丙春早年间因为业务能力强、有魄力,在基层公共管理中成绩斐然,被称为"明星干部"。然而累计超过 2 个亿的犯案金额,也让人们重新审视能干能贪的李丙春。

1.国土局长牵出"土地镇长"

李丙春的案发缘于顺义区国土资源局副局长刘宝的落马。在检察机关办理刘宝案过程中,刘宝供述 2009 年 9 月他曾接受了北京朗依制药有限公司副总经理潘京萍赠送的一块价值 17.9 万元的名表,为了方便朗依公司在顺义买地建厂,刘宝将潘京萍介绍给了时任李桥镇镇长、党委书记李丙春。针对刘宝供述的这一线索,检察机关对李丙春涉嫌受贿问题展开调查。

2007 年至 2008 年间,李丙春利用职务便利,为北京隆景阁投资顾问有限公司承揽中国电子口岸业务技术及配套用房的设计工程提供帮助,收受该公司给予的内存 8 万元的银行卡。2009 年下半年至 2010 年 10 月,他为北京中铁兴华经贸有限公司租赁该镇西树行村工业用地提供帮助,收受价值 15.3 万元的金条一块。

检察机关在查证上述犯罪事实后于 2010 年 10 月 13 日将李丙春刑事拘留,同年 10 月 27 日对其批准逮捕。随着调查的深入,让检察机关意想不到的是,先期查实的二十几万元贿款只是李丙春犯罪的冰山一角,此后查出的涉嫌贪污、挪用公款等重大犯罪涉案金额竟高达 2 亿元!

2.拆迁款竟成个人"提款机"

2006 年至 2007 年间,两条高速在顺义区李桥镇相接,拆迁涉及李桥镇的多个村。北京市首都公路发展有限责任公司和顺义区政府签订了拆迁工作委托协议。由于工期紧,拆迁工作均由顺义区政府以费用包干的形式组织实施,负责李桥镇拆迁工作和补偿款发放的李丙春从中窥见牟取私利的机会。

在确定拆迁面积时，李丙春故意让人在测量时将尺子放松，以达到多算拆迁面积多要补偿款的目的。而在后期与拆迁户确定拆迁面积时，李丙春又让人将尺子拉紧，以达到少付拆迁款的目的。凭借手中"神仙尺"随意变幻尺度，一松一紧之间截流出来巨额拆迁款，从此，拆迁款就成为李丙春个人的"提款机"。

2007年6月，李丙春指使北京中天恒信房地产开发有限公司部门经理张全顺开具1010万元的虚假收据，李丙春以支付机场南线工程地上物拆迁补偿款的名义，将公款1010万元转入中天恒信公司账户。

就这样，凭借着自己负责拆迁工作的便利条件，3800余万元的拆迁补偿款被打入几家并不在拆迁名单的公司账户中，随即被李丙春据为己有或归其个人支配。

3.政府公款想借谁就借谁

李丙春将李桥镇政府公款借给与自己熟识的多家公司，挪用公款约1.6亿元！

为了对外拆借资金方便，李丙春指使下属孙七十成立了两家公司，分别是北京美丽迪商贸中心和北京宝利伟业仓储中心。2006年6月至8月，北京甄氏房地产开发集团有限公司出现资金短缺，该公司法人代表甄飞找到李丙春，请他帮忙融资并许诺会给一定的利息。李丙春指使孙七十从李桥镇4个村以及1家李桥镇政府下属企业借款6600万元借给甄氏公司使用。在借钱过程中，李丙春从未向李桥镇领导班子通报情况或集体研究。

从李丙春那里借到钱后，甄氏公司也"投桃报李"，为李丙春骗取拆迁补偿款大开方便之门。在工作中，李丙春认识了许多像甄飞这样的商人"朋友"。

(二) 专家点评

《三联生活周刊》记者荆剑、孟胜利：李丙春案所反映出的问题，不得不让我们深思：一个基层党委政府在涉及到如此重大项目决策中，难道一个党委会都不开，放任其"一把手"独断专行？这么大的贪污受贿数额，绝非一日之寒，为何这么多年没人发现？我们如此煞有其事、架床叠屋的监管体系为何总是形同虚设？这一系列的问号，发人深省，促人反思，鞭策我们必须正视问题，积极寻求解决之道。

（三）案例分析

"乡镇"是我国《宪法》规定的最低一级行政建制，也是与群众联系最多、最直接的基层政权组织。基层群众的利益能否得到保证，乡镇一级有举足轻重的责任。然而，就是这样一位"最低级"的行政官员，利用有限的权力，居然把几千万元拆迁款据为己有，挪用了数以亿计的公款用于营利活动，这不得不引人深思。

从一名"明星干部"沦为"阶下囚"，李丙春案发存在着多方面的因素。首先是制度上的漏洞，土地补偿制度为地价的巨大落差提供了依据，而征用目的的模糊则使得李丙春等基层官员可以利用职权从这个巨大差额中获利。其次是财务制度形同虚设，许多李丙春决定的上百万元的支出，竟然连账目都没有记载。这也使得李丙春可以随意调用集体资金。再次就是土地拆迁补偿过程不透明，政府官员和居民信息不对称等。

五、惊动中央纪委的腐败"二人转"

侯福才，渭南市城乡建设局建筑业管理科原科长，2014年1月17日，陕西省咸阳市中级人民法院对侯福才受贿罪、巨额财产来源不明罪一案公开宣判。被告人侯福才犯受贿罪，判处死刑，缓期两年执行，并处没收个人全部财产，剥夺政治权利终身；犯巨额财产来源不明罪，判处有期徒刑8年；数罪并罚，决定判处死刑，缓期两年执行，并处没收个人全部财产，剥夺政治权利终身。扣押、冻结的赃款、赃物依法没收上缴国库。

调查显示，侯福才任职期间贪腐5500余万元，平均每天"进账"25000元。虽然只是科级干部，但是对他的举报却曾惊动中央纪委。

另外，侯福才的妻子曹艳芳也借机敛财。丈夫利用职务之便，大肆收受贿赂；妻子借丈夫影响，垄断市场敛财，夫妻组成了腐败"二人组"。此前，侯福才的妻子曹艳芳已经被判入狱。

（一）案例内容

1."秦东第一科长"

侯福才任科长期间，主要负责工程建设项目报建、施工许可证发放、工程竣工验收和建筑质量安全生产管理等项工作，算是一个实权岗位，手握行政审批权、监督管理权，全市大大小小的建筑单位、施工企业都是他管理的对象，所有工程项目的施工建设、竣工验收都必须过他这一关，因此，这些单位免不了要跟侯福才打交道、拜码头、求关照，他手中的权力就成了卡人咽喉的抓手，成了他大搞权钱交易、权力寻租的工具。

建筑业管理科的权限本该是确保当地建筑质量安全的第一道关，然而把关人侯福才意识到的不是责任重要，而是权力寻租背后的商机无限。

侯福才于2001年11月21日以他人名义注册成立渭南市祥和建筑技术咨询服务有限责任公司，由其本人实际控制，以"担保、咨询服务"为由，利用该公司向办理施工许可证的建设单位、施工企业索取钱财。在具体运作过程中，侯福才让他人负责收钱开票，不做财务记账、不留底子，将通过祥和公司索取的所谓"担保、咨询服务费"转存至他人私人名下的银行账户或存折中据为己有。2007年年初，一房地产开发有限公司经理陈某找到侯福才，为一房地产项目颁发施工许可证，侯福才要求陈某先给祥和公司缴纳担保、咨询费，同时安排外甥女婿夏某收取费用。陈某向祥和公司转账10万元，侯福才为其办了许可证。此后，陈某多次找侯福才办理了6个楼盘项目的施工许可证，在2007年12月至2011年5月期间，先后5次向祥和公司转账316万元。其间，祥和公司没有提供任何担保、咨询服务。除去7万元代缴保险费，319万元全被侯福才据为己有。调查显示，侯福才索贿对象还涉及学校、医院等。渭南市某中学办理学生餐厅项目施工许可证时，侯以同样手段收了2.3万元。

2006年8月至2012年2月，侯福才向陕西恒昌房地产开发有限公司等46家建设单位、施工企业索取贿赂共计人民币2191万余元。

大权在握的侯福才日益自我膨胀，侯福才开设的"经纬混凝土公司"基本垄断了渭南混凝土市场，而原有的5家都被其"检验"为不合格。狂妄的侯福才被民间称为"秦东第一科长"。

2.妻子也疯狂

2003年以来，曹艳芳为了揽取工程监理项目，在没有注册成立"监理公司"的情况下，冒用多家公司名义，使用私刻的公司印章和伪造的公司法定代表人或代表人签名，与多家建设单位签订监理合同124份，涉案金额3065.007万元，曹艳芳实际取得2060.917

万元。

2008 年 9 月至 2011 年 1 月，在渭南市中心医院等五个监理项目中，曹艳芳获悉各个项目即将进行招标的情况后，即安排自己命名的公司"陕西省工程监理有限责任公司渭南监理部"的有关人员关注这一信息。最终以省工程监理有限责任公司的名义分别取得渭南中心医院等项目的监理工程，串通投标。在经营监理公司过程中，曹艳芳为方便盖章及领取监理费，先后安排公司员工私刻印章四枚。

2013 年 9 月 12 日，曹艳芳因合同诈骗罪、串通投标罪，被渭南市中级人民法院判处有期徒刑 17 年，剥夺政治权利 3 年，并处罚金 1500 万元。

(二)专家点评

李朝晖：在市场经济推进过程中，"低职巨贪"现象并不鲜见，最典型的就是城镇化过程中出现的村干部腐败的例子，但像侯福才这样贪腐数额多的确实不多，在中央"老虎、苍蝇一起打"的强大态势下，侯福才式的"低职巨贪"现象于廉政建设而言具有标本意义，在监督管理严重缺位的情况下，"苍蝇"完全有可能演变成"老虎"，所以尤其值得警惕。

(三)案例分析

侯福才案的显著特点是行政级别低、涉案金额大、社会危害深。可以看到，腐败演化的规律正在发生变化，不能简单地把"老虎""苍蝇"套用在现实的反腐斗争中。腐败造成的经济损失、危害和社会影响是由官员的实质影响力决定的，而这种影响根源于法定职权，但又不仅仅局限于法定职权。一些腐败分子充分利用职权的潜在价值，将其牟利可能性发挥到极致，往往能够以小博大，即便是在较低的职位上也可能实现大规模的腐败。所以，苍蝇考虑一起打就是一方面从重从严打击大案要案，同时对任何贪腐行为采取"零容忍"的策略。

领导干部身边人对官员在廉洁还是腐败之间的选择往往起到重要的影响，本案再次证明了这一点。当然，沿着这个思路也可以逆向思考，就是在防范腐败风险的时候也可以从领导干部家属着手，比如完善官员个人及家庭成员信息申报制度，及早预防腐败的发生。

"久居重要岗位"往往是腐败的重要诱因,进一步推敲,长期在固定岗位任职强化了领导者对权力资源的掌控,使得权力的行使过程有机会摆脱监督和制约,日益趋向于绝对化。

六、仕途"希望之星"黯然陨落

潘玉梅,江苏省南京市栖霞区原区长助理、迈皋桥街道原工委书记。2009年2月25日,南京市中级人民法院对潘玉梅受贿案做出一审判决。依据潘玉梅受贿792万多元人民币、50万美元,另非法获利425万元的犯罪事实,依法判处其死刑,缓期二年执行,剥夺政治权利终身,没收个人全部财产。

(一)案例内容

1.仕途"希望之星"

潘玉梅出生在军人家庭,从小家教甚严。中学毕业后,她参军入伍,22岁在部队里入了党,退役后回到栖霞区工作。她从区委秘书一路做起,工作认真,很快以出色业绩赢得了组织的信任,31岁即出任区民政局副局长,38岁被选派至新西兰奥克兰理工大学参加南京市领导干部首期境外培训班,历任区双拥办主任、迈皋桥镇镇长、迈皋桥街道办事处主任、书记、栖霞区区长助理。曾一度被誉为仕途上的"希望之星"。

在任职初期,潘玉梅做事认真、要求高、不留情面的风格为人熟知,一些企业老板和下属想方设法和她套近乎,逢年过节送礼送钱,也都被她婉拒。

潘玉梅曾任市、区人大代表,省、市党代会代表,在街道基层担任领导职务摸爬滚打了10年,至免职时,这个原本连工资都发不出的街道,经济总量一跃排到全市街镇前列,财税收入达5亿元。其中潘玉梅的贡献不可忽视。

2.溃于蚁穴

潘玉梅的落马和高某密不可分。高某是潘玉梅分管的迈皋桥街道一村支部书记。起初,潘玉梅对高某工作中的不当之处尚能大会点名、小会批评,高某对这位顶头上司也心生敬畏。2000年春节前,高某借机拜年到潘玉梅家送了2瓶酒和1万元钱,当时潘不在家。因适逢春节,这笔钱潘玉梅没有退。此后她对高某便不好开口批评了,高某对潘更加留意。

2001年9月,潘玉梅被选派参加首期境外培训班。临行前,高某到潘玉梅办公室递了个信封:"你到国外可以派用场。"潘玉梅心想20人的团队可能要用钱,自己帮高某也协调了一些事,便心安理得地收下了这1万美元。2002年,潘玉梅被提拔为迈皋桥街道办事处党委书记,成了"一把手",高某更把潘玉梅视作"绩优股",找机会接近。

3.渐行渐远

2003年,南京开始推进小城镇试点,学习华西村集中建设农民新村。土地开发可谓寸土寸金,高某遂注册成立公司,承接了自己村里的集体土地开发项目。不久,由于中心村项目不规范,打政策"擦边球",市里下达了停止施工、停止销售的禁令。潘玉梅顺利帮高某渡过了难关。其后,高某投桃报李,公司越做越大,出手也愈加阔绰。2005年11月的一天,高某在村委会门口一次将现金人民币80万元送给了潘玉梅,潘玉梅则欣然笑纳。

仕途上的一次变故更是令潘玉梅在腐败的道路上渐行渐远。一次区委常委选举中,潘玉梅被差额落选。仕途上的停滞不前,使她对官场上的"不确定性"感到无力和不安全。为了散心,她和高某等人到上海等地的顶尖时尚购物商场疯狂采购,高档衣物、皮具手袋、价值5万元的名表尽入囊中,高某则成了她的"刷卡机"。2006年,不知满足的她对高某谎称街道将统管所有村委会资金,变相向高某索取了贿赂48万美元、120万人民币,此笔贿款令潘玉梅最终成为该市处级干部受贿犯罪单笔现金数额最大的贪官。

据统计,2000年春节前至2006年12月,潘玉梅在担任栖霞区迈皋桥镇镇长、迈皋桥街道主任、工委书记及栖霞区区长助理期间,利用分管经济工作及街道全面工作的职务便利,为他人牟取利益,收受他人贿赂共计人民币792.08174万元,美元50万元(折合人民币398.1234万元),合计收受人民币1190.20514万元。

此外,潘玉梅还借地圈钱,低买高赎,恣意寻租,其腐败行为渐趋集团化发展。其中,潘玉梅与时任迈皋桥街道主任的陈宁结成同盟,两人不仅通过工贸公司买卖土地共同受贿各480万元,还为其他公司降价购买创业园区300亩土地从中共同受贿各50万元。潘玉梅除受贿792万元人民币、50万美元外,还非法获利425万元,陈宁共计受贿559万元。

（二）专家点评

《中国纪检监察报》记者王海东、陈泽旺：随着城镇化进程的不断加快，城郊结合部农村集体土地开发过程中发生的违纪违法案件日益增多。潘玉梅案件就是其中的典型一例。这类案件的及时查处，既是严厉打击犯罪、惩治腐败的应有之义，也是维护农村集体土地资源管理秩序的必然要求。

（三）案例分析

随着经济快速增长、社会财富不断积累，公共权力可影响的社会利益范围都在不断扩大。在城市化进程中，与土地开发，特别是集体土地开发相关的腐败机会也会随之增加。潘玉梅案涉案金额巨大、逐渐呈现出集团化犯罪的趋势，可以看作是城市化进程中土地开发腐败案的一个典型。

除了权力摆脱监管、个人觉悟不敌利益诱惑等原因，本案中潘玉梅主观上放弃对腐败的抵制源于一个重要的转折点——常委差额选举落选，此后她的腐败行为开始由被动到主动、由小额受贿变成巨额贪腐。所以，预防腐败可能需要进一步拓展思路，在一般性的防范机制的基础上，制定更加细致、更有针对性的防范机制。具体到本案，有必要针对特定条件下一些可能放大腐败风险的情景展开专门的防范措施，从主观上的教育、引导、激励到客观上加强监督机制，建立高风险官员的针对性预防措施，一方面预防腐败的发生，另一方面也是更好地保护干部，帮助他（她）们渡过难关，避免滑入腐败的陷阱。

七、"说了算"的明星书记

蔡虹，江苏省睢宁县魏集镇原党委书记。2013年11月25日，睢宁县人民法院做出判决，被告人蔡虹因犯贪污罪和受贿罪，数罪并罚，判处其有期徒刑12年。

从一名普通的纺织女工成长为一名镇党委书记，蔡虹用了30年的努力。然而，从镇党委书记沦为阶下囚，蔡虹只用了3年时间。

（一）案例内容

1.明星书记

江苏的一位省领导曾不无担忧地说："睢宁县是江苏省达小康的唯一困难县，而魏集镇是困难县中的困难镇。"蔡虹生在这里、长在这里，30 年来从没有离开过这座苏北小镇，在矛盾此起彼伏、困难丛生、环境清苦艰辛的农村一线，通过自己的努力从一名普通的纺织工人逐渐成长为魏集镇的女书记。

出生在一个普通农民家庭的蔡虹，16 岁起便在县棉纺织厂做学徒工，26 岁时被提拔为副厂长。后来，一个偶然的机会，县里公推公选基层妇联主席，蔡虹担任魏集镇妇联主席。蔡虹在基层一线敢打敢拼，赢得了"睢宁穆桂英"的美誉，其升迁之路也驶入了快车道，先后担任镇党委副书记、镇长、县妇联主席。2010 年 1 月，蔡虹被任命为魏集镇党委书记。

上任之初，蔡虹顶住压力雷厉风行、着力转变工作作风，踏实为民、关注社会弱势群体，以实实在在的业绩让自己在这个困难镇站住了脚。对于仗着自己是"八朝元老"顶风违纪的村支书她毫不犹豫、就地免职。蔡虹因此被称为"晋陵穆桂英"。针对全县 1200 多名孤儿的实际，蔡虹在全县倡导并开展了"1+1"社会妈妈助养孤儿活动，她因此被人们称为"社会总妈妈"。为了拴心留人，蔡虹针对大学生择偶问题，成立了"与爱同行"联谊会，组建 QQ 网，举办浪漫"七夕""我们约会吧"大学生联谊等活动，多方为年轻人搭建平台，使 50 多对大学生在睢宁成家立业，"明星媒婆"声名从此远扬。

蔡虹的努力也得到了社会各界的广泛认可，先后获得徐州市三八红旗手、江苏省"五一巾帼标兵""全国五一巾帼标兵"等荣誉。

2."这事我说了算"

随着角色的转变，权力的高度集中，使蔡虹渐渐脱离了群众，镇党委和镇政府中也没有人敢对她提出不同的意见。她经常挂在嘴边的一句话就是"这事我说了算"。她觉得镇里没有人能比得过她，一切都尽在自己的掌控之中。

睢宁刚开始搞新农村建设时，为了出政绩、树典型，蔡虹决心抢在其他镇的前面开始新农村建设。在没谈价格、未签合同的情况下，蔡虹就贸然让建筑商李某匆忙上马。由于建设的房屋设计不合理、附属设施不配套、工程质量不达标，不少农民拒绝入住。为了在领导面前彰显自己的成绩,蔡虹动用各种手段,软硬兼施,连哄带骗,将老百姓"搬"到了"新农村"。

2011 年春节前,李某用黑色纸袋包着 5 万元现金来到蔡虹家,虽然蔡虹犹豫了一下拒绝了,但李某硬是把钱留在了她家里。最后蔡虹收下了这笔贿金,把自己的利益与李某绑在了一起。第二次,李某又送去 5 万元,蔡虹没有推托。第三次、第四次、第五次,贪欲膨胀的蔡虹一发不可收,前后收受李某现金共计 23 万元。另一个建筑商丁某也盯上了魏集镇新农村建设这块"肥肉"。他先是从蔡虹的弟弟入手,后来干脆开车尾随蔡虹的车,一直跟到她家里,送给蔡虹 10 万元现金,顺便提了一下拨付工程款的请求,蔡虹欣然允诺。

除了从商人手中收取贿赂,蔡虹还贪污侵占公款。副镇长王武义安排镇国土所所长卢永生和会计董玉团从新农村建设专项补贴资金中虚列工程款套取资金,逢年过节都会给蔡虹奉上过节费若干,从未间断过。每次给蔡虹送钱的同时,王武义和卢永生、董玉团三人也会每人拿到 1 万元,且美其名曰"发奖金"。蔡虹虽然知道这是公款,但每次都欣然笑纳,并安排把手续做好。就这样,四人在 3 年间从专项补贴资金中套取 45 万元,其中 34 万元用于私分,蔡虹分得 13 万元。

经查,蔡虹在任职魏集镇党委书记短短三年时间里,收受贿赂、贪污公款,疯狂敛财 160 多万元。

除蔡虹外,王武义、卢永生、董玉团也分别被判处 7 年至 9 年不等的有期徒刑。至此,这起在睢宁引起强烈反响的魏集镇腐败窝案串案落下帷幕,查办此案为国家挽回经济损失 500 多万元。

(二)专家点评

《中国纪检监察报》朱健:冰冻三尺非一日之寒,蔡虹犯下如此严重的错误,原因是多方面的:既因为面子,急功近利,脱离实际大搞政绩工程;也因为金钱,只讲私利,不讲原则,理想信念缺失,把组织让她施展才华的舞台当作自己捞取钱财的平台;更因为她对权力的追求和控制,发号施令,颐指气使,严重脱离群众,失去监督的权力最终成了她腐败堕落的温床。

（三）案例分析

从拼搏进取、不断晋升到自我膨胀、大权独揽再到迷失自我，蔡虹案又是一个"能干能贪"的典型样本，从获得全国"五一巾帼标兵"的明星书记到锒铛入狱、沦为阶下囚，蔡虹的堕落让人感慨不已。

以蔡虹为例，能干的官员在滑向腐败的道路上往往表现出以下两个特点：一是过度注重政绩，他们是事业型官员，属于"自我成就"驱动的人。因此他们会把自己职业发展通道看得最重，而政绩是把他们推向更高级别职位的关键。当事业型的官员会因为过度追求政绩而不惜触动党纪国法的时候，风险就开始降临了；二是以自我为中心，由于长期的努力不断得到上级认可，所以事业型官员更相信自己的能力而不愿意借助团队的力量实现组织目标。在他们看来，下属只要按自己的意图去执行并达到自己的预期，组织就能够实现发展和进步。以自我为中心的官员不喜欢制度的约束、不愿意听到别人有不同意见，最后，把组织变成了自己的"独立王国"而为所欲为。

针对此类情况，一个重要的策略是加强领导干部与群众的密切联系，使得他们能够更好地回应群众的呼声，定期开展批评与自我批评，通过照镜子、正衣冠达到治治病的目的。另一个措施是加大对"一把手"监督的力度，让公共权力在阳光下运行。腐败的重要前提是权力绝对化，如果权力可以脱离监督而运行，那么腐败几乎就不可避免。

八、断送"钱途"的杰出青年

肖明辉，海南省洋浦经济开发区规划局原副局长。2012 年 10 月 12 日海南省第二中级人民法院判处肖明辉无期徒刑，剥夺政治权利终身，并处没收全部个人财产。

海南省人民检察院第二分院指控，肖明辉在担任洋浦经济开发区规划局副局长期间，利用担任开发区居民安置区及相关公共服务设施工程 EPC 总承包项目负责人的职务便利，多次伙同洋浦经济开发区规划局原司机张某某，非法收受他人财物 1611 万余元，单独收受他人现金 6 万元。

(一)案例内容

1.杰出青年干部

肖明辉,1980 年 10 月出生于湖南衡阳。2006 年从一流大学获得工学硕士学位。研究生毕业后肖明辉的同学绝大多数选择了留在北京工作。他也有很多留京就业机会,而肖明辉积极响应"到祖国最需要的地方去"的号召,放弃了大型国有企业和国家机关提供的发展机会以及大都市优越的物质文化生活条件,研究生毕业后作为引进人才,进入海南省洋浦经济开发区规划建设土地局,担任建设工程管理主管。

肖明辉先后完成了环境监测站、滨海路、景观路、洋浦中学、洋浦中心医院等众多政府投资工程项目的管理工作,出色完成了第二出口路、居民安置区及服务设施工程等重大项目的筹备工作,为洋浦保税港区建设顺利推进,创造了有利条件。

在洋浦经济开发区工作的前两年时间里,肖明辉积极致力于改进开发区建设工程管理模式,带领团队完成了开发区多个建设项目的管理工作,在洋浦青年中起到了积极进取的模范作用,并于 2007 年荣获洋浦经济开发区第一届十大"杰出青年"荣誉称号,2008 年又被评为海南省第九届十大"杰出青年"荣誉称号,并授予"海南青年五四奖章"。

进入洋浦工作不久,肖明辉凭借扎实的专业基础,克服了一个个复杂的困难和问题,表现出了极强的组织、协调和执行能力,得到了海南省儋州市政府和相关厅局的认可。因此,洋浦保税港区建设安置房及配套公共服务设施项目的重担落到了他肩上。正是这个总造价达 8 亿元的安置房项目,使肖明辉走向了腐败堕落。

2.规划"钱途"

肖明辉接手安置房项目后,提出了引入业内大型上市公司,采用 EPC(设计、采购、施工)工程模式进行建设的思路。当时,海南省内政府工程引入 EPC 尚无先例,该模式标准合同文件等与政府现行工程管理的相关文件不配套。为解决这个难题,肖明辉借鉴国内其他大型项目的经验,重新编写了招标文件及合同条件。洋浦规划局采纳了肖明辉的提议,并决定由时任副局长的肖明辉负责并担任 EPC 项目业主代表。

由于专业性问题,肖明辉一个人既负责合同文件起草,又负责中标企业的选择。虽然身为规划局副局长,但在造价高达 5 亿元的项目中,肖明辉是名副其实的"一把手"。大权独揽之后,肖明辉发现对工程招标领域"一把手"的监管并不严格,于是开始打起了

自己的小算盘。

在后续的招标工作中,肖明辉与其司机张成梁商议,寻找符合承建资质的公司投标洋浦 EPC 项目,从中收取"好处费"。在张成梁等人的牵线搭桥下,一个中字头的建筑公司承诺中标后支付工程总价 5% 的"好处费"。随后,这家建筑公司在 2008 年 3 月以最高分中标。在 2009 年至 2011 年间,为便于接受"好处费",张成梁分别在屯昌和海口注册公司,与建设公司签订了 10 份虚假供货或劳务合同。

经法庭审理认定,肖明辉和张成梁以工程材料款和工程款的名义,向建筑公司提供了 2076.68 万元的发票。其间,这家建筑公司向肖明辉、张成梁共支付 1611.865 万元的"好处费"。张成梁按肖明辉的要求将部分好处费以现金、存款、铺面的形式转给肖明辉,余款被张成梁占有。

除了在洋浦 EPC 项目招标上存在受贿行为。法庭还查明,2007 年,洋浦开发区规划局对外招标洋浦小学旧楼拆除过渡教室建设工程,肖明辉利用主管该工程的职务便利,帮助个体包工头赵某中标该工程,收受人民币 6 万元。

(二)专家点评

中国行政体制改革研究会副会长汪玉凯:一个原本优秀的青年干部几年内迅速滑坡,从外部环境上看,是一些不健康的官场文化影响了官员个体;从个人角度看,则是青年人阅历尚浅、急于求成,导致其为了"小集团利益"而放弃了个人原则。

海口市检察院检察官郭艳华:与一般的职务犯罪不同,他们的作案手段形式多样且较为隐蔽不易被发现。这些当事人的学历大多是本科或研究生,作案手段更加"智能化",截留货款、公款私存、虚填报销单等许多新作案方法层出不穷。

海南省公共关系协会秘书长代红:监管乏力为权钱交易创造了客观条件,易使原本高素质的青年干部走入歧途。在授予青年干部权力的同时,必须保证程序透明及监管有力。

(三)案例分析

肖明辉案是近年来影响比较大的一起依法贿赂案,其中最大的特点是涉案当事人年纪轻、学历高，在职期间曾经取得突出的业绩、有着美好的职业发展未来。虽然凭借知识和能力攻克了一个又一个技术难题，但是面临利益的诱惑时不堪一击。

腐败官员年轻化的问题一个方面反映出当前反腐倡廉的形势依然严峻，以至于刚刚走上领导岗位的青年干部很快被腐蚀掉了。另一个方面，腐败官员年轻化也折射出当前廉洁宣传与教育的缺位。

教育是预防腐败的重要环节，面向青年人的廉洁教育更是重中之重。在著名的反腐败国际组织"透明国际"对新加坡、中国香港等国家和地区廉洁经验的总结中，开展青少年廉洁教育，帮助他们在进入社会之前了解腐败的危害、树立廉洁的信仰、掌握反对腐败的技能，是那些已经长期保持较高廉洁水平的国家和地区的共同经验。目前，在我国内地的学校中尚未开设统一的廉洁教育课程，只有少数几所高校进行了相关的探索。虽然近年来党中央、国务院以及教育部等部门出台了一系列廉洁宣传进课堂、发展廉政文化等文件，但是由于缺少相关细则和后续配套措施，学校在落实过程中缺少动力和招行标准。

防范年轻干部腐化堕落固然要依照党风廉政建设的一般经验加大打击力度，标本兼治，同时也要考虑到腐败官员年轻化现象的特点，发展面向青少年的廉洁教育，把廉洁的信念根植于青年人心中。

九、"只手遮天"的处级局长

（一）案例内容

李华森，日照出入境检验检疫局原党组书记、原局长（正处级），因贪污罪、挪用公款罪、受贿罪三宗罪遭到公诉机关指控。2012 年 10 月，经日照市中级人民法院审理，判处无期徒刑，剥夺政治权利终身，并处没收个人全部财产。结果已定，人们不禁要问，李华森是怎么走上巨贪之路的呢？

李华森牟取私利的手段其实并不高明，只是钻了监督的空子，利用"一把手"的权力，政党两个要职的身份，以一己私欲利用公款、侵吞公款。

1.挪用公款

李森华于 2002 年 5 月任淄博出入境检验检疫局党组书记、局长，2004 年 6 月调到日照，继续担任出入境检验检疫局党组书记、局长。身处要职，只手遮天，无人监管，要想截留收入、虚列支出等手段侵吞、骗取公款，实属易如反掌。

从 2008 年 1 月至 8 月，仅仅 7 个月的时间，李华森就挪用公款 8740 万元人民币，交给海林集团、东辰集团等企业使用，以此获取个人暴利。

2. 索收贿赂

除此之外，受贿乃贪官之共同行为，李华森也不例外，甚至索贿。自 2005 年上半年至 2009 年 7 月，李通过索要和收受他人所送人民币 576 万余元、大宗购物单 4 万元，共计折合人民币 580 万余元。

3. 疏通关系

李华森不仅要钱，还送钱。在贪污的巨款中，有 192 万余元用于公务支出，其实就是利用这些钱疏通"关系"，以便以后更顺畅地收取不义之财。虽说 192 万元在过亿的贪腐钱中所占比例很小，可拿出来送礼，也实为一大笔，由此可见，一个李华森背后，还有好多人为其撑腰，帮其赚钱。

李华森身为国家公职人员，利用职务上的便利，采取侵吞、骗取等手段竟然非法占有公共财物折合人民币 6520 万余元，挪用公款 8740 万元给企业经营使用，索取或非法收受他人财物折合人民币 580 万余元，贪腐涉案总额接近 1.6 亿元，实在是一个天文数字。然而，其所任职的日照出入境检验检疫局也就是个正处级单位。小小一个处级干部竟然可以只手遮天，不得不让人反思监督的失位，制度的漏洞，给李华森这样的硕鼠以可乘之机。

（二）专家点评

国家质检总局纪检组长王炜：第一，李华森作为一个单位的主要负责人，不仅不带头遵守制度，反而肆意践踏民主集中制，经常临时动议研究重大事项，任意篡改、变造局党组会议记录，随意调整干部。这充分表明，增强全党尤其是领导干部的制度意识，夯实遵纪守法思想基础，是反腐倡廉制度建设的重要任务，也是推动反腐倡廉制度执行的重要前提。第二，李华森利用业务流程、财务监管等制度中存在的漏洞和薄弱环节，通过私设公司、虚开发票等方式，截留、挪用、侵占、骗取国家资金上亿元。这暴露出当前一些重点领域和关键环节存在制度空白,一些具体制度存在着漏洞和缺陷,缺乏系统性、针对性和可操作性,导致一些人挖空心思寻找制度漏洞、打政策擦边球,千方百计逃避制度的约束、谋取非法利益。

民盟盟员、政协委员周篷安:目前,一个极不正常的现象就是,敢于疯狂花钱的领导,和上级的沟通也会更加通畅,向上级要钱也就更加容易;而愿意把公家钱当钱的领导,和上级的关系就相对没有那么融洽,向上级要钱、要物也就更加困难。

(三)案例分析

日照出入境检验检疫局是一个正处级单位,其所有费用的来源有两个渠道:一是收费和罚款提成,二是上级拨款。由于收费及罚没提成,大家心知肚明,担任局长兼党组书记的李华森绝对不敢一手遮天"吃窝边草",去贪污干部的"血汗钱"。那么,李华森涉案的1.6亿元,绝大多数就只能是"上级拨款"的一部分了。由于该局为中央垂直单位,其经费也是由中央逐级下拨。下拨经费的用途,正常的装备和办公经费、人员费用、基建支出等。而因为是上级拨款,职工在满足正常的工资自配,公务使用后剩下的款项,多数人也就失去了过问这些资金流向的兴趣,一般人更是无从得知。这就是一个问题,公共部门的财务状况缺乏监督,"一把手"权力过大,缺乏制约和监督。

我们反思的第二个问题,一个小小的处级单位,哪来这么多的钱供"一把手"贪腐?中央垂直单位的钱为何更易于牟取。在监督过程中,既要关注本单位的行政首长,还要注意垂直单位的领导,该由谁去监督他们廉洁从政?

第三个问题,李华森的腐败机会来自其"党政一肩挑"的特殊身份。在一个单位,"一把手"本来就容易导致权力过于集中,使制度成为摆设,而党政不分、党政一肩挑,权力制约一点都没有,制度被权力架空,想不腐败恐怕都难。

权力是一把"双刃剑"。权力如果失去监督制约,就很可能造成掌握权力的主体以权谋私,使公权私有化,侵犯和损害人民的利益。很显然,像李华森这样权力高度集中的官员,诸如上级监督、同级监督、组织监督、群众监督、社会监督等监督形式,只能望"权"兴叹,一些财务公开、预算公开、财产公开等,也不可能真正落到实处。正因为如此,也给了李华森弄权、敛财以可乘之机。

华林纵逸①

【历史背景】

　　齐后主高纬,是北齐末期的一个皇帝。在奢侈昏暴方面,他比其伯父文宣帝高洋有过之而无不及。

　　他即位时,腐朽的北齐政权已经摇摇欲坠。他自己仍然荒淫无道,导致北齐军队衰弱,政治腐败,尤其是诛杀名将斛律光,使得北齐失去可以抗击北周侵略的将领。北周来攻,齐军大败,周军不久破北齐京师邺(今河南安阳),高纬慌忙将皇位传于自己八岁的儿子高恒,然后带着幼主高恒等十余人骑马准备投降南方的陈国,但他们刚逃到青州(今山东益都)就被周军俘虏了,不久被杀,终年二十一岁。

　　高纬即位不久就诛戮功臣名将斛律光,这斛律光是北齐大将,曾多次抗击北周,保卫北齐,军功显赫,威震北周,可以说是北齐的中流砥柱,以至于北周灭齐之后,周武帝还说:"此人若在,朕岂能至邺。"高纬以谋反罪诛杀斛律光全族,真可谓是自毁长城。

　　在此之后高纬又把目光转向了自己的亲族。伯祖高澄有六个儿子,其中第四个儿子是兰陵王高长恭。历史上记载高长恭容貌比妇人还要美丽,带兵上阵的时候常要带上铁面具增加威严以震慑敌军。邙山之战,他取得了很大的战功,得到了将士们的赞美,当时有首歌谣,名为"兰陵王入阵曲"就是歌颂兰陵王勇敢善战的,国人争相颂唱。后主高纬有一次问他打仗的时候深入敌军,要是战事不好,会后悔吗?兰陵王一向对他忠心耿耿,就回答:"家事亲切,不知不觉我就冲了进去。"结果就是因为这效忠皇帝的话,引起了高纬对兰陵王的猜忌。为了免于惨死侄儿手下,兰陵王得病从来不请医生医治,只是在家等死。武平四年,高纬派人送毒药给他。高长恭无奈饮药而死。如此忠奸不辨,屠戮贤良,高纬的江山怎么可能坐得稳?

　　高纬看上了皇后身边的侍女冯小怜。这个冯小怜很"慧黠",擅长弹奏琵琶,能歌善舞,高纬对其十分宠爱,形影不离,还发誓祈愿要生死一处。高纬对冯小怜的宠爱极其过分,就连与大臣们议事的时候,高纬也要把冯小怜拥在怀里或把她放在膝上,大臣们为此感到很害羞,常常没有商议出任何结果就羞得满脸通红退了出来。北周占领平阳后,北齐高纬居然讲出这样的话来:"只要冯小怜无恙,战败又有何妨!"

这个高纬还认为像冯小怜这样的美人,不能只是自己享用,应该让天下的男人都欣赏到她的美貌。于是,他让小怜玉体横陈在隆基堂上,以千金的票价,让有钱的男人都来看一看自己宠妃的秀色。这就是"玉体横陈"的典故的由来。高纬极度荒唐,为了和冯小怜玩耍嬉戏,曾经错过多次进攻北周的机会。李商隐曾作咏史诗《北齐》二首,以记其事,其中一首为:"一笑相倾国便亡,何劳荆棘始堪伤。小怜玉体横陈夜,已报周师入晋阳。巧笑知堪敌万机,倾城最在著戎衣。晋阳已陷休回顾,更请君王猎一围。"第二联提到了后主在北周入侵时仍然不理政事,荒唐淫乱,连周军攻入晋阳都不理会的事。

【原文】

齐史纪:齐主纬②,好自弹琵琶为"无愁之曲",民间谓之无愁天子。于华森园③立贫儿村,自衣蓝缕之衣,行乞其间以为乐。

【张居正解】

六朝齐史上记,齐后主纬,好自弹琵琶唱曲,所唱的曲子音调哀惨,闻者悲伤,反名"无愁之曲",说他做天子,长享快乐,更无忧愁也。民间相传其事,遂号他为"无愁天子"。尝于华林园内立贫儿村,自家穿着蓝缕衣服,装作乞人的模样,行乞饮食以为戏乐。荒纵至此,焉得不亡,后为周宇文邕④所灭。

【注释】

①本篇出自《资治通鉴》卷172陈纪六,太建七年二月。并见《北齐书·幼主高纬》。记述高纬放纵行乐不理国政的故事。

②齐主纬:北齐武成帝高湛子高纬(556～578),公元565～577年在位,史称齐后主。在位期间,只顾游乐,"罕接朝士,不亲政事",导致土崩瓦解,众叛亲离。

③华林园：见前《芳林营建》注。

④宇文邕(543～578)：北周武帝，公元 560～578 年在位，鲜卑族，宇文泰之子。在位期间实行了政治、经济、社会等方面的改革，建德六年(577)灭北齐。统一北方，政绩斐然，为后来隋的统一奠定了基础。

【译文】

北齐历史上记载：齐后主高纬，喜欢自弹琵琶曲，名为"无愁之曲"。民间管他叫作"无愁天子"。他曾在华林园立"贫儿村"，自己穿上破衣烂衫，在园内行乞为乐。

【评议】

据史书记载，高纬是一个昏庸无道的君主，他荒淫残暴，对于政务以外的一切荒唐的事情都情有独钟。在这个故事里，我们看到的只是他喜好声色与玩乐的一面，其实，他还是一个很残暴的君主，他在位的时候诛杀忠臣良将，甚至连自己的亲属都不放过，分不清忠奸，是真正的昏君。作为国家的君主，如果胸中不能怀有高远的志向，而只是擅自胡乱使用手中的权力，就会加重自己的罪恶，导致国破家亡。而历史上的昏君们似乎都有这样的嗜好，这也正是这些人之所以败家亡国的本质原因吧。

【镜鉴】

一、疯狂嚣张的巨贪厂长

(一)案例内容

钟学周，广州市(国营)九佛电器厂原厂长，凭借手中权力趁企业改制之机大肆侵吞国有资产上亿元。2012 年 12 月 21 日，经珠海市中级人民法院审理，数罪并罚，判处其死刑，缓期 2 年执行。

1.空手套白狼的财富神话

广州市(国营)九佛电器厂,27 年的历史,5 亿元的销售额,广东省委、省政府、外资企业用户、正佳广场等大型工程指定照明产品,在业内极具品牌口碑。1998 年,因为九佛厂要更换新厂长,为得到厂长俞广烈的推荐,时任副厂长钟学周就先后为俞广烈购买了位于广州市白云区、番禺区的 4 套房产,分别登记在俞广烈和其女儿、亲戚名下,而这几处房产当时估价就达到近 300 万元。此外,钟学周还贿送给俞广烈两个车库。这样钟学周在广州市(国营)九佛电器厂(以下简称九佛厂)改制前从副厂长坐上该厂"一把手"的位子。

2002 年初,该厂准备进行企业改制。为利用这一机会图谋私利,钟学周召集自己控制或熟悉的 4 家关联企业负责人开会商议,要求此四家公司帮其购买改制企业共 60%的股份做挂名股东,其自己则负责将电器厂的公款以货款名义转给四家公司作为购股资金,待电器厂改制完成后,四家公司再将所购股份无偿转移给他。钟学周安排九佛厂财务科原负责人杨某等人具体操作转移公款事项,先后以预付货款或往来款名义,从九佛厂银行账户转移给 4 家关联公司 2000 多万元。同时,为防范 4 家公司吞并股份,钟还要求 4 家公司就收到的款项向九佛厂打出借条。由此,钟学周成为转制后企业的最大股东,随后,他利用自己在该公司的绝对控制力,继续用公司款项购买个人股份,并最终占有公司 96.3%的股份,实现了"空手套白狼"的创富神话。

此外,钟学周在九佛厂转制进行资产评估期间,安排财务人员故意隐匿该厂 3 个对公账户银行资料,并控制 3 个账号资金共计 5000 多万元作为转制之后公司经营使用,其中 4600 多万元被其个人据为己有。

2.激怒员工,难堵悠悠之口

钟学周行贿出手阔气,但苛待员工,将该厂变为己有后却一直拒发原企业员工应发放的福利和补偿金。九佛转制前就是全国知名企业,原有职工 1000 多人,2002 年转制前每年利润达到 3000 多万元,并且拥有占地 400 多亩的土地厂区,还有大量库存产品。但在转制评估时,他买通了当时资产评估的会计事务所,将企业资产仅仅评估为 2800 多万元。眼看国企被钟学周私吞,而自己的合法利益却遭受侵害,数百名员工非常愤怒,纷纷进行匿名举报或署名控告,有些职工联名写血书上告。一些举报人遭到了钟的打击报复。据悉,钟学周自称拥有庞大的"社会力量"。

邪不压正,正是由于百余名职工联名举报,才导致了钟学周职务犯罪一案案发。2009 年 10 月,九佛厂 100 余名员工派代表到广东省检察院联名举报,得到广东省检察院领导高度重视,2010 年 3 月,钟学周被广东省检察院反贪局以涉嫌贪污等罪名正式立案侦查。

他曾对员工说,"你们不是要告我嘛,我明日就请领导过来,你们可以当面向他告发我。"次日,钟学周果真请来了一位领导来到厂里。

3.气焰嚣张却难逃法网

钟学周为避免留下证据,在企业改制过程中涉及资金流转和虚假做账的审批文件从不自己签名,都是手下代签,企业开大会决策时也从不做会议记录。2010 年案发前,钟还威胁、指使九佛电器一名亲信将公司 2000 年至 2005 年的所有会计凭证、账簿资料共计20 多箱,拉到公司后门焚烧区全部销毁。

钟学周自以为毁灭证据,气焰嚣张,在被抓捕时强烈反抗,用手铐砸破了法警头部。归案后一直拒绝认罪,并辱骂办案人员。其家属也一度动用社会关系给检察机关施压,试图让检察机关放人。

以原九佛厂名义实现债权并将抵债的游艇泊位和会籍登记在他个人名下,会计师事务所在转制过程中留存的审计工作底稿,以及九佛公司当年资金走向的银行记录,获得了钟学周涉嫌贪污和挪用公款的有效证据,钟学周犯罪事实逐渐水落石出。

(二)专家点评

《新快报》记者黄琼、陈婕:从国企厂长到转制股份公司董事长,头顶"奥运专供""亚运专供"等光环,明星企业九佛电器公司的"一哥"钟学周曾风头无两。然而,他却被一个游艇泊位"出卖",最终其侵吞公款"空手套白狼"的伎俩被拆穿。

(三)案例分析

国有企业改制原本是为了提高企业的经济效率,释放生产要素的经济活力,可是钟学周却只手遮天,压榨员工的福利金,侵吞公款,为国家公共财产带来巨大损失,造成了极度不良的社会影响。本案有许多值得我们进行思考的问题。

第一，国企改制为何有机可乘，有利可图？国企改制的目标是好的，但是相关的配套措施并不健全，制度漏洞甚多，这也是造成我国国企改制问题频繁。

第二，受害员工上访多年为何迟迟未果？数百名员工激愤进行匿名举报或署名控告，有些职工联名写血书上告，有些还遭到周的打击报复，上访多年才得以如愿。如果监督渠道畅通，员工权利能够有效地保障，员工们也就不会上访如此之久，受到如此迫害。

第三，"一把手"是否能只手遮天？贿赂前厂长四套房子就能稳坐厂长之位。为了一己私利就能控制四个关联企业负责人，财务科负责人肆意编造大量虚假账务，销毁证据。事发之后还敢拒捕袭警。可见没有约束的权力是多么可怕，能让人瞎了眼睛，蒙了心志，失了良心。

二、"土地奶奶"的权色人生

（一）案例内容

罗亚平，女，高中文凭。任辽宁抚顺市顺城区国土资源局局长的罗亚平因贪污敛财涉案过亿，震动中央，刷新了辽宁官场贪腐犯罪的最高纪录。2010 年 12 月 20 日，她被沈阳市中级人民法院判处死刑，剥夺政治权利终身，并没收全部财产。此案被中纪委评为"级别最低、数额最大、手段最恶劣"的贪污案件。从侦案人员的调查中，我们可以进一步了解罗亚平的权色人生。

1.泼辣成性、强悍起家

罗亚平 1960 年出生于辽宁抚顺郊区的一个小镇，高中学历。高中毕业的她做了通讯员，尽管文化水平不高，长相也一般，但胆大强悍的她善于抓住机会，凭借各种手段，逐渐从一个普通科员到科长，再到土地经营管理中心副主任，顺风顺水。20 世纪 80 年代，"煤都"抚顺是东北老工业基地中最重要的能源输出地，发展较快。但城市改造那时在市区举步维艰，市政府将目光投向了拥有广大发展空间的郊区——顺城区。顺城区开始了大规模的开发，时任该区发展规划局副局长兼任区土地经营中心主任的罗亚平，权力立刻大了起来。

面对态度强硬的拆迁户，身为女局长的罗亚平比拆迁户更强硬。她手下的工作人员说,"她真的会拿着工具去拆房子"。对强硬的拆迁户,她用手指着对方的脑袋破口大骂,他们见女领导如此厉害,顿时傻了眼,只好离去。

罗亚平强悍的工作方式得到了领导的认可。大凡遇到特别棘手的事,领导总会让罗亚平出面解决,她也因此成了领导眼中的"红人"。罗亚平甚至还公开骂过上级领导:"是我弄来的钱给你们开支的,你们都是我养活的,没有我来赚钱,你们只能去喝西北风。"那时的地方财政开支严重依赖土地出让,其"工作能力出众",上级领导也不能拿她怎么样。

2.巧取豪夺六千万

办案人员在罗亚平的保险柜发现很多张存折,最终核对后数字定格在"1.45亿"。办案人员说:"过亿是肯定的,检察机关之所以没有认定罗亚平涉案金额过亿,是因为其中很大一部分金额被认定在顺城区土地经营中心的单位小金库里。"

成就罗亚平巨贪的是她苦心"经营"的顺城区土地经营中心。开发商为了征用土地便到土地经营中心预存资金,而土地经营中心与开发商签订协议,按照单独建账、专款专用、多退少补的原则,支付给每一个开发商所对应的动迁户。

3.拉拢上级,大肆行贿

罗亚平虽然触犯过官场规则,但并不代表她完全不遵守规则。她深知面上出色的业绩远远不够,更多的还是靠"内功"。

江润黎和罗亚平同为女性,又是上下级关系,过从亲密。2001年至2006年,江某相继担任抚顺市国土规划局局长、国土资源局局长、市政府副秘书长等职务。罗亚平熟知江某喜欢奢华的特点,将她扯进了泥沼,在沈阳卓展购物中心一次性购买了20万元的购物卡,奉送给了江润黎(江润黎已于2009年2月被判处无期徒刑)。

4.横刀夺爱,纵情声色

熟悉罗亚平的人用5个字形容她:很丑很疯狂。她能肆无忌惮地抢夺他人丈夫,以重金将其顶头男上司收归己用,还在社会上包养年轻男子做自己的保镖。

1990年,30岁的罗亚平已经是顺城区城建局城建科科长。她将目光瞄准自己的顶头上司——已婚并有两个孩子的孙某。在她的诱惑下,孙某成为她的情人。孙某调任区人事局局长后,罗亚平开始逼婚,最终如愿以偿地嫁给了孙某。孙某被迫丢掉公职,下海经商。

罗亚平当上局长以后,已经不再满足于已显老态的孙某。她把目光瞄向了自己的属下——小自己12岁的钱勇。她首先提拔钱勇成为副手,然后将他发展成自己的情人。作为回报,罗亚平给了钱勇很多好处,她让钱勇做假票,贪污土地出让金,她会从几百万中抽出几十万甚至更多潇洒地甩给钱勇。在她升任区国土资源局局长后,更是力主让钱勇接班,并让其当上土地经营管理中心主任。

5.东窗事发,潜逃未果不改本色

早在抚顺市腐败窝案被查的时候,罗亚平就预感大事不好。她首先将自己的女儿送到国外留学,之后,她一方面加紧敛财,一方面找关系申请办理移居加拿大。她委托在加拿大的朋友帮助介绍了一名加拿大籍华人,以20万美元的代价办理假结婚手续。

罗亚平被"双规"之后,依然表现出强悍的本色。抚顺市纪委办案人员开始审查罗亚平。罗亚平大叫:"你们没有资格审查我,叫你们王书记来,我有话对他说。"办案人员找来纪委书记,罗亚平单刀直入:"你开个价,多少都行。你今天放了我,我明天就把钱给你送过去。"

目无法律到如此荒谬的程度,在一手遮天的幻梦中无法自拔,罗亚平的权色人生也算是走到了尽头。

(二)专家点评

中央党校教授林喆:法律对土地管理有着非常明确的规定,从体制上我们甚至可以说拥有全方位的监管,但是关键在于我们有没有去做。违法分子不是在钻法律法规的空子,而是在钻没有严格执行法律法规的空子。因此,重要的不是机制,而是机制有没有在运行。

(三)案例分析

一个低学历的科级干部,竟然能如此玩弄权势、疯狂敛财。令人震惊的同时,也留下了尖锐的问题:一个如此声名狼藉的泼妇,怎么能安居其位?

罗亚平之所以敢于嚣张跋扈如斯,原因有二:一是没有底线、粗暴疯狂。她会站在区政府办公楼下破口大骂,而当事的领导大都级别高于她。正是这种无耻霸道成全了她的恶名。当事人出于自身名声等考虑,不敢不愿去惹疯狂的罗亚平,致使一个泼妇在理性

自保的群体中恣意妄为、所向披靡；二是大肆行贿、笼络靠山。罗亚平举止粗俗、泼辣跋扈，但却并不愚蠢。她一方面对群众、同事甚至略比她高级别的领导干部撒泼耍赖，但她的流氓无赖手段却不敢用于真正决定其仕途命运的更高领导，相反，她大把花钱、积极笼络人脉。正是因为有了靠山，她才敢置民怨于不顾，肆无忌惮。

此外，罗亚平有机会疯狂敛财，本身也暴露了一些体制性的问题。随着城市化的发展，土地资源的市场价值日益高涨。一些地方政府部门在土地出让中看到巨大的利益空间，土地财政将政府部门与开发商的利益捆绑在一起。如果缺少有效的监管，在巨额利益诱惑下很容易出现官商勾结、利益输送，而民众利益自然无法得到保障。正是有了这样的背景，罗亚平才有机会侵占社会财富。

廉政建设不仅仅要斩断伸向公共利益的黑手，还要不断健全利益分配体制，为社会提供坚实的利益保障机制，确保民众的利益不受侵犯。

三、"公积金第一案"背后的豪赌人生

（一）案例内容

李树彪，湖南省郴州市住房公积金管理中心原主任。1999 年至 2004 年，李树彪从银行和其他金融机构非法获取贷款 6675.5 万元，归其个人从事营利性经营活动和境外赌博等非法活动。2009 年湖南省高级人民法院对李树彪犯贪污罪、挪用公款罪，判处死刑，剥夺政治权利终身，并处没收个人全部财产。

这件案件是郴州市自新中国成立以来判处的涉案金额最大、涉案人员最多、社会影响最广的特大职务犯罪案件，被称为"全国住房公积金第一案"。李树彪嗜赌成性，他的人生也是一场豪赌，毫无疑问，赌桌上没有赢家，李树彪换来的结局是人财两空，甚至赔上了自己的性命。

1.从赌徒到主任

李树彪幼时家境并不宽裕，所以只完成初中学业。他的第一份工作，是在郴州市汝城县的郴州冶炼厂车队当一名普通司机。郴州市劳动局一位干部回忆，1990 年左右，他亲自为李树彪办理了"军人"转业为"工人"手续，当时的材料均为假造。在体改委任司

机时，李树彪喜好通宵达旦玩纸牌，搓麻将，以至于养成睡懒觉的习惯。1994 年，李树彪离开市体改委车队，和朋友筹建郴州市科达燃料公司，挂靠在市体改委之下。科达公司初期投入相当小，但签下了与广东省云浮市某电厂的长期合作协议。当时煤炭供大于求，故公司可以从煤矿低成本赊货，然后脱手套现，投资回报惊人。此后四年间，李树彪活跃于郴州各产煤县市。与李树彪合作多年的一位商界人士称，当时科达公司往广东送一列车煤炭，可赚 10 万元。

1997 年底，李树彪再次回到郴州市体改委，其身份已由工人转为干部。次年年初，李调任郴州市住房公积金管理中心主任，为副科级。"可以肯定地说，李树彪为这个身份转换付出了代价，他的代价就是不断替人埋单。"一位知情人士说。

2. 从主任回归到赌徒

李树彪一直喜欢打麻将、玩纸牌各类赌博活动，升任住房公积金管理中心主任之后也没有改变。但自 2002 年始，很少有人看到李树彪在郴州上麻将桌。"太少，不够刺激。"李树彪如此拒绝邀请他的人。

知情者介绍，李树彪第一次去澳门赌博，是由宜章同乡张志指引下去的。时间大约是 2002 年。那次赌博李树彪赢了 100 万元，这令他心花怒放。但接踵而至的第二次，他不仅将上次所赢资金输掉，还赔了 200 万元。这不仅没有让李树彪收手，反而一发不可收拾，开始了疯狂的豪赌人生。

2003 年 9 月的一天，在市政府任职的一位干部曾陪同李树彪去澳门目睹了一次豪赌，"最后一把，他赢了 300 万元。"这名干部事后说，"场面太大了，看看也够受的，那不是我们去的地方。"2003 年无疑是李树彪赴澳赌博最疯狂的一年，每天均有来自郴州的商人或官员陪同李树彪赴澳赌博，澳门方面还有专人安排陪同人员的食宿。据检方查证的记录，2003 年 9 月 30 日至 10 月 18 日的 19 天里，李树彪共 3 次进出珠海拱北海关。李树彪被捕后供认，他如此频繁地往来粤澳的目的正是为了赌博。

有知情者表示，李树彪赴澳赌博实际赚了 2000 多万元。但按湖南省检察院发布的数字，被李树彪挪用的 1.2 亿元中，赌博输掉 8000 万元，另有 4000 万元被追回。

李树彪曾经谈到自己花费 1 亿多元到澳门进行赌博的心理："开始的时候，我曾经赢过 1000 多万元，以为这样能够赢钱；到后来越输越多，已经收不住手了。"

3. 银行眼中的"财神爷"

李树彪的钱从哪儿来？李树彪从中心套钱方法之一，是抵押贷款。按照国务院颁布的相关规定，对住房公积金，任何单位和个人不得挪作他用，住房公积金管理中心不得向他人提供担保。这条规定被李树彪视若无睹，在郴州，所有程序均由李树彪一人说了算。李树彪甚至不满足于抵押贷款的敛财方式，他的另一个套钱手段是以假委托贷款之名直接骗取公积金。

2002 年年底，原从属于该委的市房改办，直接归市政府管理，与郴州市住房公积金管理中心两块牌子一套班子，住房公积金划归市级统管资金总额高达 6 亿元，李的级别升至副处级。2003 年郴州各银行流动资金总额不过 15 亿元。就此，李树彪陡然成为当地各商业银行花大力气拉拢的"财神爷"。

"谁能给他更大好处，他就把公积金存在哪家银行。"工行郴州市支行信贷部一位人士说。2003 年，农业银行郴州市分行营业部从李手中争取到 4000 余万元公积金存款，相当于该行年度存款指标的一半。据国务院相关文件规定，承办住房公积金金融业务的受托银行，原则上一座城市委托一家办理。但在郴州的各大商业银行和城市信用社，李树彪开设了数十个公积金账户。李时常因一些要求得不到满足，动不动就扬言要把资金撤走。

郴州宾馆就依托李树彪，用公积金作为担保从银行贷出 1000 多万元用于宾馆资金周转。李树彪以宾馆职工个人名义向住房公积金管理中心提出申请，获得公积金担保后，每人贷款 6 万元，再聚零为整。

2002 年郴州曾启动一个城建项目，因资金周转不过来，也由政府出面以住房公积金抵押从银行调用数笔资金。这些事业单位以上述方式获得住房公积金贷款，有的单位确实是用于职工集资建房，但也有部分单位负责人将资金投入了个人项目。1999 年实施的《住房公积金管理条例》明确规定，"公积金管理中心不得提供担保"。李树彪一旦向关联银行提出抵押担保，银行办理贷款均一路绿灯。

李树彪用这些手段共套取了 1.2 亿元资金，然后把它们通过吴明宁的地下钱庄转移到境外澳门的赌场，供其豪赌挥霍。

（二）专家点评

郴州住房公积金管理中心现任主任彭中华：全市 6 亿元住房公积金，几乎成了李树彪的"个人提款机"。

法制周报特约记者梁建军、摩志刚:李树彪案直接拷问的是郴州市对住房公积金的管理以及对银行部门的监管。

(三)案例分析

李树彪作为一个副处级干部,竟然挪用了1.2亿元公款,可以说是小官巨贪的又一个典型代表。李树彪的豪赌最终让他赔上了自己的身家性命,这是他咎由自取。但是从整个社会来看,此案也暴露了更深层次的问题。

郴州市住房公积金管理中心工作人员只有10余人,自收自支,却管理着数亿元的住房公积金资金,而对资金的调度、使用、贷款的发放,虽有规章制度,却没有依法执行,致使调度资金、发放贷款只要李树彪一支笔就可以定。而相关银行为了揽储,相互采取不正当竞争手段,为李树彪的犯罪提供了种种便利。

在干部人事的选拔任用方面的漏洞是此类案例的共性原因。李树彪在当地的名声并不好,嗜赌成性,还不是党员,却位居管理大量资金的重要部门的领导岗位。在其赌博最为疯狂的2003年还被提拔为副处级领导,想必若不是凭借特殊的"关系"是不可能做到的。

四、"侠贪"的黑白江湖

(一)案例内容

穆新成,山西繁峙岩头乡大东沟村人,1994年起任山西忻州市繁峙县检察院副检察长、1999年至2008年底兼任反贪局长。因涉嫌"以办案为名敲诈矿老板及官员,收受巨款",2009年5月被"双规"。山西省、市两级纪委组成调查组进驻繁峙调查,在穆家现场搜出现金数千万元,查封名车5辆。

1.官宦世家出来的"二哥"

穆新成出身官宦世家,20世纪80年代从原平农机校毕业后在繁峙县畜牧局上班,

1999 年任繁峙县检察院排名第三的副检察长,兼任反贪局长,副科级;2008 年底,穆新成辞去反贪局长一职,同时晋升正科级。

穆新成和几个大的铁矿老板是好弟兄,经常帮着在矿老板之间调解各种纷争。由于其特殊职务和拥有的财力及社会关系,他实际上成为繁峙县矿产事务的"总调解人",人称"二哥"。

2.黑道上混得开——潜规则发育出肥沃的"敲诈"土壤

穆新成的财产主要来源于各矿主的"进贡",有的遭到"以办案为名的敲诈"。

2007 年繁峙县下茹越村的张德恩等人以 4380 万元的价格买下一座铁矿。然而,不久张德恩发现,就在他采矿的山头,另一矿老板张胜富的"黑口子"正在山腰开采。张德恩等人的选择是找穆新成协调。2008 年,穆新成协调结果为:张德恩一方的股东们支付 5300 万元给张胜富,"买下"张胜富的黑口子。

穆被"双规"后,张胜富涉嫌重大偷逃税罪和非法开采罪被通缉。张及其弟驾豪车潜逃。

在岩头、甘泉一带,矿权演变、股东转换、边界纠纷、对超层越界开采的协调,实质性操作都在通吃"黑白两道"的社会大哥主持下解决。矿产争端不愿公开,更不会走"官道"的原因,是大多矿点的资金来源、股东身份、合法性、开采规模和安全设施的规范性等都经不起法律考量,这些人之间发生纠纷,不会通过官方去解决。

3.白道上立牌坊——反贪局长热衷公益

穆新成热衷公益事业和爱心捐助,是因为其夫妇二人都比较信佛。穆新成长期捐助贫困大学生,最新的一个例子是:2008 年,繁峙县新华书店看大门的妇女高翠莲,家里孩子考上学校,却因家贫无力供养。穆新成在偶然听到这个事,打听到事情属实后,马上就托新华书店保管员给老妇送去 5000 元。2009 年,这位被捐助的女孩已上大同医专二年级,她们一家至今不知道给她们钱的是什么人。

穆新成在几年前独自解救过一个被拐到繁峙的女大学生。穆新成从来不让周围的人传播这个事,并拒绝采访。有多人向记者证实此事,而且这位女生后来送了穆一面锦旗,还手工衲了两双鞋垫给穆,以示报恩。

在民间,对穆新成的评价也是黑白兼备,有的认为其是罪有应得,应当彻查;也有人认为其是"侠客",劫富济贫,比那些贪官好多了。

（二）专家点评

《中国青年报》记者陈家兴：大道何以不行？潜规则、"侠规则"何以大行其道？只能说是当地矿产资源管理体制与运行秩序缺位，形同虚设，在如此管理与运行之下，各方利益纷争必然呈现乱局，明规则不管用，急需潜规则补位，潜规则不太灵，"侠规则"登台。在这样的局面之下，想按明规则行事的，以及想连潜规则都不遵守的，都必会碰壁。而穆新成的"侠规则"亦能通行如此之久，则更令人深思，耐人寻味。

（三）案例分析

穆新成不像有些人说得那样好，也不像有些人说得那样坏。但是，法律上不存在将功补过，一条重要的法律原则叫罪刑法定，如果想以穆新成做的善事来替其犯下的贪污开脱，显然是有悖于法治精神，也不利于中国的法制建设。

反贪局能真正起到反贪作用，查明贪污犯吗？反贪局官员自身的权力又如何约束？在管别人的同时怎么管好自己？这一连串的问题涉及一个法律名词：初查权。

初查权，就是检察机关对案件线索在立案前依法进行的审查。由于初查一般不公开，且初查办案人员的自主性较大，对初查权的监督规定不多，因此初查权具有相当的随意性，也成为腐败产生的温床。而穆新成就是凭借其反贪局长的"初查权"，同煤矿主们进行黑道上的交易，借此疯狂敛财。

因此，对初查权的监督显得尤为必要。我们认为，可以从以下三个方面加强对初查权的监督：

一是明确监督机构，加大线索管理力度。可配备专门人员对线索进行搜集、整理、分析、开发，细化线索的处理流程，同时对线索的初查实行动态跟踪监测，这可以防止瞒案不报等问题。检察机关的内部监督部门在关心案件侦办质量外，应加大对初查不立案的关注力度。

二是建立不当初查行为追责制度。建议把初查的数量、处理结果等纳入考核范围；对有案不立、压案不查等情况，根据其危害大小，进行追责和问责。

三是建立初查的复核、通报制度。对初查不立的案件，由监督部门从案件情况、办案程序等方面进行复核,同时向线索举报人通报结果。

五、"黑白通吃"的巡警队长

(一)案例内容

关建军,原山西省阳泉市公安局巡警大队长,又为涉黑组织"老大",十几年来,寻衅滋事、聚众扰乱社会秩序、故意伤害、非法拘禁、敲诈勒索……2012年1月19日,经长治市中级人民法院审理,最终被处以10万元罚金,有期徒刑15年。其团伙也相应受到了不同程度的法律制裁。

堂堂的巡警大队长,理应是正义的代表,可他到底是如何走上了这条黑色的不归路呢?这还要从他最初的从业经历说起。

1.染血的资本积累

关建军刚进入公安局时,是以合同警身份在城区分局当司机。据同事们透露,关建军有着很强的挣钱欲望,经常开着公车到河北邢台批发市场往回贩烟。无人告发,自然有其老爷子的功劳:其父关文任该局副局长。后来,关建军还在"煤检站"参与"送超载车",获得了一笔收入。

几年后,年仅27岁的关建军转正,借其父之力,任阳泉某街区派出所副所长。也就在这时,从权力中尝到小小"甜头"的关建军开始了"真正"的资本积累。先与其弟关建民等人开设大型赌场。由于受到周围游戏厅的威胁,便派人将其游戏机砸坏,还教训了老板5刀。他们的赌场由专人管理、放哨,专车接送赌徒,年收入约1000多万元。"关家"赌场由于安全,存在时间长,被当地老百姓称为"官(关)赌"。实际上,关建军恣意挥霍手中权力,伸手任何可以牟利的行业,一时成为阳泉"关(官)毒"。

随后,关家兄弟又进行娱乐餐饮经营,开设洗浴中心、娱乐中心若干,并在其场所内贩毒、经营色情产业。

不仅如此,关还染指煤炭行业,纠集百余打手暴力霸占了六七座煤矿。其中,吴老板不同意出售煤矿,关便让下属在他的饮用水中投入毒品,吴老板被强制关进了戒毒所。

由于煤矿无审批,关建军非法购买炸药用于煤矿开采。攫取国家资源、破坏环境不说,他还曾在炸药爆炸,6 人死亡后,钱诱手下为他顶罪。在关采矿过程中,共计 3 次重大事故,但都被瞒报。

欲壑难填的关建军还曾涉足房地产,为垄断经营,阻断了竞争对手工地的所有道路,丝毫不考虑周围千万住户出入受限。

2."根据地"建设

被当地人称为"狗场"的就是关家兄弟的"黑窝",用于休闲活动,全称"阳泉犬业协会"。据民警透露,"走进去,谁都会惊呼它的豪华。"狗场内有两栋楼,楼内办公室、豪华卧室、精美餐饮间、游泳池、健身房应有尽有。还陈列着文物古董。场中养着名犬、名鸽等动物。

可谁知道,这气派的基地,也充斥着血泪。"5·6"专案组的材料显示,此狗场是由阳泉市残疾人李某垫资,共花费 100 多万元。为了守住腰包,惯用种种借口拒绝付款,并要求李某另外赞助 40 万元为他再建造一栋三层楼。迫于关的蛮横,李某不敢拒绝,又垫资90 万元施工。这 190 万余元的垫资,关建军不仅分文不付,反而强迫李某向他借高利贷190 万元,年息 70 万。到年底二人算账时,关建军不仅不用支付李的垫资,还利滚利计算出李某反欠他 490 万元。警匪合于一身的关建军,让这位残疾人有苦难言,只能默默顺从。

3.落网内幕

关建军的组织在阳泉横行 10 余年,最终落网。专案组抓捕 56 人;收缴各种大型刀具100 余把,镐把、钢管 70 余根,仿六四钢珠枪 7 支、猎枪 1 支、弩 3 支;冻结该组织资金 2.5940 亿元;查封在北京等地房产 27 套;扣押车辆 30 余部,其中关建军的一辆劳斯莱斯轿车价值 840 余万元。

关建军团伙的覆灭源于他们的狂妄,一些遭到关建军团伙排挤打压的人开始收集证据,对关进行举报。加上与关氏团伙有矛盾的各类公司、企业太多,多种渠道的举报汇集到山西省公安厅,甚至中央。

中央政法委领导批示:"此案跨度时间长,涉案人员多,对社会危害时间长,一定要彻查清楚,依法严肃处理。"2010 年 5 月 6 日,山西省公安厅成立"5·6"专案组。5 月 12日,关氏兄弟被捕。

（二）专家点评

《广州日报》记者子在渊：追问巡警"黑老大"的江湖之路，仅查几个"保护伞"远远不够，如何从制度上防范类似权力江湖化、利益结盟化，当是此案给眼下反腐提出的新课题。

东方网莘岚：前车覆，后车戒，在当下，廉洁从政，纯洁党性，为官者当戒。

（三）案例分析

古语有云："冰冻三尺，非一日之寒。"关建军的罪恶至深是多年权力滥用的积累。最初"公车私用"的小打小闹，无人给予惩处，以至于使其贪欲膨胀，愈演愈烈，使国家蒙受损失，给社会造成很坏的影响。也就是我们常说的"小洞不补，大洞吃苦。"绝对的权力导致腐败。无论权力大小，都应该被关进制度、程序的笼子里。

另外，关建军之所以敢如此猖狂，重要原因是其身后的"保护伞"。案情上报中央后，才开始彻查"关氏兄弟"案，足以见得，关氏肯定重金拉拢腐蚀了许多重要领导干部，才得以横行阳泉数年而无人敢惹。应对权力的江湖化，不仅需要对干部进行严格教育，也需要健全的权力制约机制、有效的监督机构。而且，从关建军"顺利"升官，可看到用人制度的弊端；老百姓对关的罪行很了解，却无人举报，避之不及，这需要通畅举报渠道，强化公民监督意识，做好防打击报复工作。

六、保障房项目中落马的住保主任

（一）案例内容

赵洪田，连云港市原住房保障中心主任。因任职期间利用自己职务上的便利收受他人贿赂，涉嫌犯罪。被连云港市新浦区人民法院判处有期徒刑 7 年 3 个月。

1.掌权

近些年来，为了解决和改善中低收入家庭住房难、住房贵的问题，国家不断加大对保障房建设的投入。在这一政策大背景下,各地纷纷出台相应的政策。连云港市计划3年内投入13亿元用于保障房建设。作为政策配套,2007年连云港市经济适用房建设管理中心(2008年更名为住房保障中心)正式挂牌成立。作为一个新兴的项目,保障房建设工程任务重、专业性强,现有机构和人员难以担当此任,而作为土木工程专业科班出身,并有着丰富经验的赵洪田进入了领导的视线。2003年,赵洪田从该市房产局下属的房地产开发集团公司被借调至连云港市经济房建设筹建处任负责人,2007年任经济适用房建设管理中心副主任、主任。从房产公司副总到市住房保障中心主任,赵洪田凭借自己的专业才能取得了该市经济适用房建设方面的控制权。

2.弄权

在市场经济的体制下,似乎一切有形无形的东西都能用来交易,甚至是手中的公权力。赵洪田掌握了权力之后,便逐渐开始了他权钱交易的弄权生涯。

保障房建设工程作为一个新兴的国家项目,其中间环节繁多,同时相关的法律法规及政策配套的步伐没有跟上,导致一些领域缺乏有效的监管,在实际建设过程中往往可能意味着巨大的寻租空间。2008年中秋之夜,某建筑公司项目经理宋一波来到孙洪田家。对于宋一波,孙洪田并不陌生。宋之前因为承建市经济适用房小区几幢楼的缘故,和孙洪田常打交道,对孙洪田这个"实权派"一直刻意逢迎。从2004年开始,每逢中秋、国庆,他都会送上一两千元的购物卡,而每次孙洪田都会视为职场"潜规则"欣然笑纳。宾主寒暄一番后,宋一波留下一个信封,匆匆离去。孙洪田打开信封,发现内装6000元现金。他犹豫良久,觉得宋一波这个人经过长期观察,应该可以信任,便将钱收了起来。之后,在保障中心的工程项目招标过程中,孙洪田作为评委之一,故意为宋一波所在的公司打了高分。由于他的特殊身份,其他人也没有提出反对意见。该工程施工过程中,孙洪田对于宋一波项目部的工程进度款和工程决算款给予了优先照顾。在最后的工程量审计及工程款支付环节,他又对宋一波给予"特殊关照"。2008年底,宋一波再次登门。这次他送来的是一根价值不菲的奥运纪念金条。孙洪田再三推辞,直到宋一波说是送给小孩作为收藏纪念,才"勉为其难"地收下。就这样,宋一波先后多次送给孙洪田财物共计4.7万元。与宋一波手段如出一辙的另一项目经理李新建,2004年承建了经济适用房小区2幢楼工程。在工程快结束的时候,他送给孙洪田1万元现金以表示感谢。投石问路成功后,二人之间权钱交易常态化。李新建顺利承建了经济适用房小区10幢楼主体工程以及小区幼儿园工程,在工程招投标、工程预决算支付方面得到了孙洪田的关照,李向孙洪田行贿财物合计 15.8 万元。

3.败露

正当赵洪田沉溺于权钱交易的泥潭不能自拔的时候,连云港市检方掌握线索表明:在赵洪田主政住房保障中心期间,每次都会在工程决算后追加一笔工程款给开发商。这一现象引起了检方的注意。为了攻破赵洪田,检方采取了迂回战略,即先接触那些与赵洪田交往甚厚的开发商们。经过一番较量,检方成功撬开了行贿者的嘴。在掌握了充分的证据后,侦查人员开始了与赵洪田的正面交锋。很快,赵洪田便如实交代了自己的犯罪事实。拿到判决书后,赵洪田黯然地说:"原来一直认为,自己和工程承包人关系处得好,自己也是在能力范围之内,给他们关照,他们挣到钱以后给我一些,是让我吃'喜面'的,没想到竟犯了罪……我的法律意识太淡薄了,我的贪婪和无知既害了我自己,也害了家人,我对不起组织对我的信任和培养。"

(二)专家点评

《检察日报》驯犀、世祥:面对诱惑,孙洪田渐渐地迷失了自己。最初,他只是利用逢年过节的机会打"擦边球",收受一些礼物和少量礼金。渐渐地,他热衷于赤裸裸的权钱交易,甚至工程竣工后包工头按照工程量给予他好处费,孙洪田收得也是心安理得;他也从原先只是和非常熟悉的人打交道,发展到只要是请客送礼的均来者不拒,照单全收。

(三)案例分析

原本是为了解决中低收入者住房困难问题的国家福利项目,却变成了掌权者与开发商非法牟利的工具。伤的是百姓的心,损害的是国家的利益。在本案中我们可以看出"民心工程"若无制度约束也只会成为不法官员牟利的机会。作为环节复杂的保障房工程,必须加强行业自律,加强对关键环节的监管,工程建设各环节必须做到信息公开、程序规范、操作合理。如果一把手权力过大,则很有被滥用的可能。同样,审批权的过分集中,也极易诱发权力腐败。因此,必须加强对一把手权力的监督。同时,完善审批权的结构性分配,避免权力落入一人之手。否则,"惠民工程"难以惠民。

七、小出纳的"大胃口"

（一）案例介绍

王艳,上海市宝山区某镇工业公司下属的两家公司的出纳,因利用职务之便多次挪用、侵吞其所在两家公司的三个账户内资金共计749万余元,用于高档消费与赌博,经过上海市宝山区人民法院审理,于2012年3月1日以职务侵占罪被判处有期徒刑12年。作为一个基层工作人员,王艳权力不大却又是如何有如此之大的胃口呢?

1.小赌怡情到大赌伤身

对于王燕来说,在家待业8年后找到工作实在是来之不易。2002年,23岁的王艳在上海市宝山区某镇工业公司下属公司找到了一份出纳的工作,并同时兼任该工业公司另一家子公司的出纳。对于这份工作,王艳尽心尽责,踏实肯干,积极上进。除此之外,为了获得更好的发展,在业余时间,只有初中学历的她勤奋学习,自学完成了中专和大专学业。因为表现出色,2005年,工作仅仅三年的王艳被吸纳为中共党员。

短时间内的大成绩本该让王艳更加的努力上进,然而,一个偶然的机会,王艳接触到了麻将赌博,这让她开始一步步走向万劫不复的深渊。

对于初入职场的王艳来说,每个月微薄的工资无论如何也无法填补赌博的深壑。2008年,公司领导有所调整,王艳认为"新来的领导不是很懂财务",于是便动起了"歪脑筋"。面对每天从自己手中经过的大笔资金和自己心中隐隐发作的赌瘾,王艳开始从公司的账户中获取赌资。

2008年10月23日,王艳第一次将公司账户内的20万元转入了自己的账户内,几天之后,她发现无人察觉,这第一次的甜头让她开始一发不可收拾。

拥有了赌资来源,王艳的赌瘾也越来越大,从一开始的麻将赌博到"二八杠"赌博再到澳门豪赌,王艳彻底失去了理智。她将全部精力、财力都放在赌博上,却是输多赢少,越赌越输,越输越想翻本,赌注也下得越大。

2."好友"做坏事

说起自己的赌博之路,王艳一直提到一个叫作"大眼睛"的名字。对于这个王艳赌博其实最开始,王艳只是把打麻将当成业余爱好,赌瘾并没有那么大。2010年,一个偶然的机会,王艳在棋牌室认识了一个被称为"大眼睛"的女人。两人相谈甚欢,一拍即合。在"大眼睛"的带领下,王艳开始赌起了"二八杠",所谓"十赌九输",而王艳这一输就输了近500万元。在此期间,为了偿还赌债,王艳又多次从公司账户里面挪用资金。

为了偿还赌债,也为了填平公司的账户,王艳能够想到的办法就是放手再赌一次。在这个时候,王艳又认识了另一位"好友"唐艳红,唐艳红劝说王艳到澳门最后一搏。在诱惑加上恐惧的胁迫下,王艳同意了。然而,这"最后一搏"却又变成了"深陷其中"。

从2010年9月开始,王艳前后到澳门豪赌二三十次,挪用公款的频率也越来越高。前几次去澳门,王艳都是随身携带现金,赢了近百万。这巨大的欣喜让王艳更是肆意放纵赌欲,将"收手"二字抛到了九霄云外。此时,根据唐艳红的建议,王艳开始去澳门赌博先记账,回到上海后再结账。但让王艳吃惊的是,每次回上海结账的金额都比输的金额翻了一倍。2011年6月3日,唐艳红又一次带王艳到澳门赌博,这一次王艳输了180万元,这时的王艳想要收手却为时已晚。

案发后,王艳悔恨不已:"我是毁在了'好朋友'的手上啊。"

3.侥幸是不幸

"我第一次侵占公司资金时,是想通过赌博翻本,赚了钱,再还给公司……"就是在这种赌徒盲目求胜心态的驱使下,王艳开始把公司当成自己的私人"提款机",随意挪用公司财产。令王艳没有想到的是"赌资越来越大,输的钱越来越多,已经无法还清侵占公司的钱了"。

为了不被人发现,王艳"想办法制作一些假的银行对账单,将公司的余额恢复到初始状态",她自认为"会计看不太出来,新来的领导不懂财务,不会轻易被发现"。抱着侥幸心理,王艳开始寻找一些非法途径,花钱伪造每月的银行对账单、银行流水明细账等,企图瞒天过海,长期掩盖其犯罪行为。

纸包不住火,2011年8月4日,王艳赌博输掉近500万元的事情传到了公司领导的耳中,公司领导要求翻查公司的银行对账单。面对领导的质疑,王艳"做贼心虚",她只敢拿出部分对账单,并表示"对账单别要了,我会将钱直接转到公司银行账号"。此时的王艳仍然心存侥幸,妄想着再次蒙混过关。当公司发现账户内早已没有余款时,却早已找不到王艳本人。8月12日，明白自己的侥幸已经给自己带来了巨大的不幸，走投无路的王艳到派出所自首。

"我现在很后悔，我想把钱还清，但我没有这个能力……"面对自己给国家和集体造成的巨大损失，王艳的忏悔于事无补。

经过检察机关调查，2008年10月到2011年7月的3年时间里，王艳采取将公司资金转入其个人账户、转入其他单位及个人账户套现、提取现金不入账、填写"阴阳"支票等方法，作案数十次，年均近250万元、月均20余万元、日均6600余元。擅自动用54张公司支票，共侵占749万余元。作案最严重时，王艳在一个月内连续4次挪用共计48万元公款用于赌博及高消费。

（二）专家点评

辽宁省人民检察院法律政策研究室副主任任文松："蚁贪"者虽"位卑职微"，但却人数众多，如果听之任之、随其发展、任其泛滥，不仅会出现更多的"蚁贪"者，而且还会使"蚁贪"逐步进化成为"鲸贪"，进而导致社会风气败坏、反腐信心受到打击、基层政权遭到动摇。解决"蚁贪"问题的关键，在于将"蚁贪"者手中的权力关进制度的笼子里。因此构建完善的制度体系，用制度的理性来束缚"蚁贪"者权力的狂放不羁，显得尤为重要并已刻不容缓。

（三）案例分析

分析整个案件，我们不禁要问：一个小小的出纳为什么能如此的为所欲为，给国家和集体造成如此之大的损失？这难道就仅仅是她个人的原因吗？

我们知道，对于王艳这种处在权力和制度末端的工作人员，更加容易接触到直接的诱惑，而制度的漏洞和监管的缺乏往往就为他们违法犯罪提供了便利。

作为出纳，王艳的工作本来应该还有公司会计的监督，但是其所在公司的会计和出纳往往不在同一地点办公，虽然形式上财务章和法人章分离，但为了方便工作，实质上是王艳一个人控制公司所有财务印鉴章，会计的监督功能形同虚设，以致王艳能频频得手。

调查中办案人员发现，曾有人向公司领导反映王艳收入不高，却衣着高档，还经常携带奢侈品外出旅游;王艳花高价伪造的对账单看似逼真,仔细比对还是能看出许多异样,这些明显存在的问题本可以及时被发现并解决,却因监督缺失、制度空设而愈演愈烈。

案发后,王艳的坦白引人深思,"制度挂在墙上,执行停留在嘴巴上"。

八、疯狂的"盗矿"经理

(一)案例内容

张德顺,福建省南平市矿业开发总公司原总经理,因犯私分国有资产罪、职务侵占罪、挪用公款罪、受贿罪,2013年4月,福建省南平市中级人民法院二审判决有期徒刑9年,并处罚金人民币3万元。

1984年,张德顺从福州大学矿产系毕业后,被分配到顺昌县水泥厂工作。从普通的技术员做起,张德顺吃苦钻研,一步步地走上了领导岗位,然而,"登顶"之后的张德顺并没有继续努力,却一步步地走向了罪恶的深渊。

1.心理失衡,侵吞公司收益

刚开始进入矿业公司,张德顺还算是勤勤恳恳,积极为公司寻找矿产项目,公司业绩逐年提高。然而,在与私营矿产老板的接触中,他了解到,这些私营矿产主没有什么文化,却能赚那么多钱,而自己为矿业公司谈下许多项目,矿业公司的经营收入显著提高,但收入却没有多少变化。渐渐地,张德顺的心理开始失衡,他开始觊觎矿业公司的投资收益,认为自己应该从中分一杯羹。

张德顺首先想到的方法是私分下属公司投资收益。2004年,张德顺决定以发放奖金的形式私分矿业公司下属山海公司投资硫酸渣厂项目收益19万元,其个人分得5万元。一年后,张德顺等人又以同样的方式私分山海公司投资收益20万元,张德顺个人分得5万元。然而,此时的张德顺已经远非奖金可以满足的了,他的贪欲越来越大。

由于公司体制的原因,张德顺掌握着矿业公司的投资,矿业公司的上级公司南平市国投公司仅仅靠张德顺的个人回报来了解项目收益情况。所以,2004年至2005年,张德顺向国投公司汇报矿业公司投资硫酸渣厂项目收益时,将实际盈利的投资项目汇报为亏损,大肆侵吞投资收益。

当然，张德顺也害怕时间一长，会引起国投公司的怀疑。为了能够继续侵吞矿业公司的投资收益而不被发现，他找来矿业公司员工何光圣，让何光圣以个人名义"购买"山海公司持有的硫酸渣厂40%的股份，但是投资款却由矿业公司支付。2005年12月，张德顺指使矿业公司财务人员将30万元山海公司投资收益用于支付何光圣购买股份的费用。为了更好地掩人耳目，张德顺还找来公司其他人员，寻求他们的积极配合，并许诺以好处。

就这样，2006年，张德顺从硫酸渣厂项目分得58万元，何光圣分得25.48万元。一年后，张德顺再次分得12万元，何光圣分得17.7万元。其他人也都分到了数万元不等的公款。

2.财务混乱，私设账目

进入矿业公司后，为了能够更好地为自己揽财，张德顺可谓是费尽心机。为了应付上级部门审查，并且能够随意支配项目收益，张德顺在公司的财务部门设立两套账目。一方面，将大部分收入隐瞒不入账，设立账外资金，另一方面，在正账上将项目收益列为亏损或者微利。这样，张德顺便控制了矿业公司的重大资金使用权，他更加地肆无忌惮——私设小金库，挪用公款如同支配自家钱袋。

刘丽娟是2002年张德顺委派到矿业公司参股的津明公司，负责财务管理的员工。2007年，张德顺指使刘丽娟将津明公司账外资金68万元转出，挪用到其个人投资的漳平市山海工贸有限公司。然而，2010年，此事被津明公司另一名股东魏春明得知并要求追款。担心东窗事发，张德顺主动找到魏春明，要求掩盖事实，私分公款。魏春明表示同意。事后，张德顺分得26.5万元，魏春明分得41.5万元。

2007年12月和2008年1月，张德顺又分两次将矿业公司40万元资金挪用到其个人投资入股的大田县宝山铁矿有限公司。2008年4月，这笔挪用的公款被市国投公司审计发现，国投公司要求矿业公司收回钱款，并进行整改。张德顺便将40万元公款返还。然而，仅仅3个月后，他又将矿业公司100万元资金挪用到宝山铁矿用以经营。

2009年5月，张德顺再次将矿业公司70万元资金出借给某水电公司用于个人放贷，获得利息3.6万元。2007年11月，在没有签订借款协议的情况下，张德顺便私自将矿业公司20万元公款借给他人用于建房。

3.违规投资，公司买单

除了挪用公款,张德顺还公然违反国家条例,投资非矿山项目,利用公司为其埋单。2005年,福建省下发通知,严禁党和国家机关工作人员参与小煤矿、非煤矿山生产经营活动。但是,张德顺对上级精神置若罔闻,仍然顶风违规投资入股多个非煤矿山项目。

为了应付上级检查,掩人耳目,张德顺将已停产亏损的闽莲矿业公司项目作为清退项目,办理了清退手续。与此同时,他将个人投资闽莲矿业公司的股份转让给矿业公司下属的山海公司,通过将亏损的投资项目转嫁给山海公司,收回个人投资成本。张德顺甚至指使矿业公司财务人员从公司的投资收益中替其缴交分红款。

2008年,有投资人提出要收购矿业公司持有的津明公司股份,为了保住其个人投资的津明公司铅锌矿尾矿项目。张德顺要求投资人承诺允许其继续投资该铅锌矿尾矿项目后,才同意将股份转让出去。

据统计,2004年至2011年,张德顺个人投资入股多个非煤矿山项目,非法收益近600万元。其中,张德顺投资铅锌矿尾矿项目资金获取收益238万元,个人投资仅为10万元。而其亏损的不良投资都交给了矿业公司,由公司替其埋单。

(二)专家点评

办案人员:贪婪宛如一味毒药,人一经吸食后便会失去理智,不择手段,最终走向自我毁灭。张德顺正是为了满足自己的贪婪,将良知放在一边,从一位有技术有能力有抱负的领导干部成为一名"盗矿"经理,最终沦为阶下囚。

(三)案例分析

纵观此案,张德顺之所以走上如此疯狂的贪腐之路,重要原因便是权力过于集中,失去了有效的监督和制约。

权力是一把双刃剑,为民则利,为己则害。当它用来为人民服务的时候,就能造福于社会、造福于人民;而一旦被用来为个人牟取私利,它便危害国家、祸害百姓。权力可以使人书写出光辉的篇章,也可以把人钉在历史的耻辱柱上。心正则剑无邪;心术不正,利欲熏心,恣意弄权,则剑走偏锋,最后难免饮剑自戕,身败名裂,人毁财空。

所以,党员干部要妥善运用手中的权力,使得权力规范的运行,做到真正的"权为民所用,利为民所谋。"

九、主治医师的寻租链条

(一)案例介绍

曾肖宾,重庆市南川区人民医院骨科原主任。因利用职务之便为他人谋取利益,收受他人巨额贿赂等行为,2012年11月12日,被重庆市南川区人民法院判处有期徒刑11年。

1.家族骄傲

作为南川区人民医院最年轻的住院医师、最年轻的主治医师,33岁便成为骨科主任的曾肖宾出生在一个普通家庭,家里经济条件并不是很好。曾肖宾通过自己刻苦努力才考上大学。毕业后,他依靠自己的深钻业务、踏实肯干,一步步走上人民医院骨科主任这个岗位。那么究竟是什么原因导致年轻有为的他陷入违法犯罪的泥潭呢?

案发之前,说起曾肖宾,南川医院的工作人员都交口称赞。他年轻有为,医学技术过硬,很多疑难手术也只有他敢做。但是曾肖宾的家人和他自己却不这么认为。

"你一天到晚都在上班,工作到晚上十一二点是常事。付出与工资严重不成正比,得多动点脑筋找钱。""当了这么多年的医生,连新房子都买不起,难道不感到惭愧吗?"身边家人日复一日这样不断"改造"年轻的医生。天长日久,曾肖宾越想心里越不平衡,自己从医20多年,日子依旧清贫,而自己的那些同学却早已经买车买房过上好日子,更让他气愤的是,就连自己身边的那些年轻人,日子都比他过得潇洒。正当他苦闷之时,医疗器材经销商却接二连三地找上门来。

2.伸出黑手

作为科室主任,曾肖宾虽然职位不高,但是他却有医疗器材的建议权——据介绍,在医院骨科的日常工作尤其是临床手术中,需要使用大量的骨科耗材,如四肢固定器、内固定钢板、人工骨、人工关节等。由于骨科工作的专业性很强,南川区人民医院规定,科室主任具有行政管理职责,骨科耗材的选择一般由科室主任向医院领导建议并提出书面申请,医院领导批准后再与供应商签订销售服务合同。

于是,曾肖宾开始利用手中的建议权,与医疗器械经销商相勾结,从中收受回扣。"你的关节幸好治疗及时,否则可能会被截肢,变成终身残疾。"面对金钱的诱惑,曾肖宾渐渐学会了在病人面前施展营销术,有意推销利润空间较大的耗材。

由于曾肖宾的积极配合,医疗器械经销商也从中获得大额利润,他们开始每月送给曾肖宾回扣,少则几万元,多则二十几万元。面对巨额的金钱,曾肖宾开始迷失自我。在他心里,他认为"不是我主动要,而是对方执意要送钱给我。后来认为'不要白不要',不要也就让销售商占了便宜,根本就不知道吃回扣属于犯罪行为……"

金钱越来越多,曾肖宾的日子也就越来越好。几年间,他开始有房子、车子,日子也过得越来越潇洒。据他的朋友说:"他变得出手大方、为人豪爽,经常邀请别人吃饭,突然像一个'大款'。"

3.作茧自缚

然而,若要人不知,除非己莫为。2012 年 3 月,南川区有关部门接到群众举报,反映"曾肖宾在骨科耗材使用过程中收受巨额贿赂",执法机关随即对其展开调查。面对调查,曾经想要逃跑的曾肖宾,经过激烈的思想斗争后,最终决定投案自首。经过缜密调查,曾肖宾如实地交代了自己的受贿行为,涉案金额高达 356 万余元。

面对办案人员的询问,曾肖宾天真地认为自己多年来的成绩可以弥补他的罪过。他对办案人员说:"我从医二十多年来,兢兢业业,救死扶伤,经常在街上遇到自己以前治愈的病人向自己表示感谢。由于自己治疗过的病人太多,往往是病人认得出自己,而自己却不认识病人。""几乎每天都有手术,常常加班到深夜,有时候晚上做完手术,凌晨还要起来再赶到医院。二十多年来,我从没休过假,也没有请过病事假。"曾肖宾说:"'5·12'汶川大地震时,我带队援助灾区,并带伤员回南川治疗,做了 40 余台手术,最后这些伤员全部治愈。"

但是,"一朝有罪,成绩归零"。虽然国家培养一名好医生十分不易,但是犯罪必须要受惩罚。面对无可挽回的局面,曾肖宾十分懊悔。"要是不犯错误,我就能晋升正高级职称,成为医院里最年轻的主任医师。"

在最终的判决中,法院认为,被告人曾肖宾身为国家工作人员,利用职务之便为他人谋取利益,收受他人巨额贿赂,其行为已构成受贿罪。鉴于案发后曾肖宾投案自首,并提供线索检举他人犯罪,在本案的侦查过程中,他还通过亲属主动退还赃款 274.36 万元。

因此,法院以其有自首、立功、清退大部分赃款等情节,对其从轻做出判决。

(二)专家点评

国家行政学院法学部教授、博士生导师杨伟东:一名白衣天使竟然拿患者的利益做交易谋取私利,一个小小的建议权居然能演变出如此腐败的行径。曾肖宾腐败案并非个例,其背后折射出技术型人才腐败亟待治理的问题。

(三)案例分析

针对权力与腐败的讨论往往集中在政府机关等传统公共部门中的法定权力所带来的寻租问题,随着腐败的扩散,可以带来寻租利益的权力也开始向更广的范围扩展。

专业技术人员基于知识和经验做出的建议会在很大程度上影响当事人的选择,一旦这种建议权被利益牵引指向特别的动机,就有可能带来商业利益,此时,专业技术人员的建议虽然不具有法定效力,但是同样可以创造商业机会。对于市场中唯利是图的竞争者而言,任何的商业机会都应该错过。所以,专业技术人员执业权力也开始涉及利益输送和钱"权"交易。

本案例生动地展现了事业单位中专业技术人员卷入腐败的过程,可以看出,随着反腐倡廉的不断推进,对腐败的内涵与外延需要根据社会发展的实际情况重新界定。我们需要及时更新法律法规对更广义的腐败加以限制,才能真正在全社会建立起"有腐必反"的高压线。如果反腐败制度规定对腐败概念范围设定得过小过窄,就有可能在社会上出现大量的"灰色利益":从道德上说不过去,在法规上没有明确限制的情况。

十、监守自盗:骗取拆迁款的第一责任人

(一)案例内容

李德清,江苏省南京市浦口区江浦街道办事处原副主任、新合村党支部原书记。他利用从事征地拆迁工作的职务便利,违规建房,骗取国家拆迁补偿款 100 余万元。2012

年2月9日,南京市中级人民法院做出判决:李德清犯贪污罪,判处有期徒刑6年,没收财产人民币30万元,贪污的赃款予以没收上缴国库。身为拆迁的第一责任人,李德清是如何步步钻营,成功骗取拆迁款的呢?

1.兄弟齐谋划,一拍即合

2006年上半年的一天,李德清在父母家吃饭。饭桌上,李得清的二哥提道:"和平组这一块地区,迟早一天要拆迁,我们可以找一块地盖房子,到时候就能弄到拆迁补偿。"李德清接口就说:"要盖房子的话,就要先搞到建设许可证,然后再找地盖房子,否则,即使拆迁也搞不到钱。"40多岁的李德清,先后担任过原江浦县建设乡党政办副主任、团委书记,浦口区江浦街道科长等职,很熟悉征地拆迁工作。于是兄弟俩分头行动,并以父母所居住的和平组房子要进行老房原址翻建为由,向街道建管所申请建设许可证。

接着,李德清利用职务之便,从新合村要了一张盖有村委会公章的空白建房审批表,自己填写了审批表。接着,到街道建管所分别找了所长卓某、建房员王某,谎称父母的房子要翻建,希望他们能在必要时行个方便,二人应承下来。

在街道建管所对翻建房屋进行核对时,因为父母的房屋并不符合老房翻新的条件,而大哥的房子比较破旧,于是李德清将建管所建房员王某带到了其大哥的住处,并告诉王某这就是父母的房子。就这样,房屋的建设许可证顺利到手。

而在另一边,李德清的二哥也一直在打听地皮的事情。2007年初,他得知和平组的罗某某家有一块空闲的宅基地,立马通知李德清。李德清直接给罗某某打电话,罗某某和李德清从小玩到大,听说李德清要买地,罗某某一口答应。最终李德清只付了宅基地上6000元的树木钱就顺利拿下了那块地。

而后,李德清很快又从街道建管所王某某手中拿到了建房选址意见书,批准面积为176平方米,并且以自己不方便出面为由请罗某某出面帮忙盖房。罗某某前前后后忙活了一个月,一栋面积达300多平方米的两层楼房就建好了。

2008年初,李德清又找到街道建管所王某某换取建房许可证。王某某没有现场察看,直接在办公室将原先的建房选址意见书收回,换发了一张建房许可证,证上的名字是李德清的母亲。就这样,李德清兄弟俩建房计划已经完成,剩下的就是坐等拆迁领取补偿款了。

2.同事出高招,瞒天过海

2008年6月，浦口区滨江大道一期工程征迁工作开始，征迁区域包括和平组部分土地，李德清所建房子也在征迁之列。此时的李德清，已经从街道科长职位上调，任新合村党支部书记。江浦街道办事处还安排其担任滨江大道拆迁工作小组副组长，并作为新合村拆迁工作第一责任人，同时负责和平组拆迁房屋的调查工作。

同年8月拆迁工作开始，在谈到李德清"翻建"的房子的补偿款时，虽然遇到了一些问题，但都被李德清通过一系列的"活动"化解了。

在算补偿款时，街道拆迁办派到新合村的拆迁负责人赵某某提出，房子总面积300多平方米，有证面积只有100多平方米，不太好办。李德清听了，面露愠色。赵某某念及李德清原来是街道的老科长，便给他出谋划策，告诉他可以将多出建房许可证的违建面积认证为有证面积进行补偿，总的补偿款会有100多万元。

可是，这样做新的麻烦又来了：根据规定，拆迁补偿超过100万元的，必须上报街道党政办备案，供街道领导抽查。赵某某便又献上一计：可以把房屋面积拆分成两户进行补偿。随后，房屋被按李德清父母两个人的名义分成两户，房屋原先的调查表也被拆分成两份，分别写上李德清父母的名字，母亲名下为建房许可证上批准的面积；父亲名下的面积为总面积减去建房许可证上的部分。

房屋总面积拆开后，由于李德清父亲名下的全部为无证面积，要想使这些违章建筑面积获得补偿，就要搞一套假的认证材料。于是，李德清开始了一系列的操作，终于把认证表搞到了手，并很快拿到了150余万元拆迁补偿款，称心地在碧云山庄购买了一套190多平方米的商品房。

3.全市大清查，法网难逃

拆迁款已经拿到并且转手买了新房，可是李德清却难以高枕无忧，特别是全市上下一连串骗取拆迁补偿款的案件被查处后，他更是惶惶不可终日。先是和自己的二哥商量，为了能撇清关系，防止相关部门的调查，将所有的事情都推到二哥身上。更是在2011年的8月份找到罗某某统一口径，防止走漏风声。

而在2011年6月，江苏省南京市纪委接到群众举报，反映浦口区江浦街道办事处副主任兼新合村党支部书记李德清身为该村拆迁工作第一责任人，却利用职务便利违规建房，骗取国家拆迁补偿款。李德清的行为正是南京市纪委明确查处的八类重点案件之一。对此，市纪委领导立即批示浦口区纪委迅速进行核查。

纸终究包不住火。李德清的违纪违法问题被纪检监察机关彻底查清，并被移送司法机关处理。2011年11月15日，李德清被浦口区检察院以涉嫌犯贪污罪批准逮捕，2011年12月30日被提起公诉。经法院判决，李德清伏法认罪，没有提请上诉。李德清在办案人员提供的稿纸上把"舍得"这个词工工整整地写了1000遍，相信此时他已经把什么是"舍"，什么是"得"想得清清楚楚、明明白白。

（二）专家点评

沈阳师范大学副教授王晓：针对征地拆迁领域腐败问题高发的现状，应在严厉打击的同时，更加注重职务犯罪预防工作，筑牢预防拆迁领域腐败的法律制度、思想政治、组织管理、政务公开、监督制约五道防线，切实实现和维护好人民群众的切身利益。

（三）案例分析

当前我国正处于改革的关键期，同时也是各种社会矛盾的凸显期，人民群众的维权意识不断增强，对涉及自身利益和社会公平的问题更加敏感、更加关注。特别在基层公共事务管理中，直接涉及群众切身利益，同时一些部门和岗位面临的监督相对较为宽泛，从而为腐败留有了存在的空间。

在此案当中，李德清有其作为基层官员的特殊性。首先，作为基层官员，其贪污行为的最直接的受害者是老百姓，所以老百姓看得最清楚，感受最深，更加容易对党群干群关系，对党和政府的形象产生严重的负面影响。其次，李德清的贪污行为也折射出基层机关"重人情，轻法治"，缺少监督的政治环境，李德清之所以可以顺利地骗取房屋补偿款，更多是因为在基层管理中存在"监管真空"的情况，让人情有机会超越法治。一系列官员因为"人情"所致，知法犯法，滥用职权，一起帮助李德清欺上瞒下。以小见大，我们可以体会到，官员廉洁自律的意识、组织中依法办事的行政环境、来自各方的有效监督等都是遏制基层腐败不可或缺的一部分。

玉树新声①

【历史背景】

陈后主生长于深宫之中,不知民间之疾苦,不懂创业之艰难。他即位临政以后,面对北方强大的隋国,不图进取。就这样,国事一日日地荒废了。陈后主即位之后只知道饮酒作诗,喜好声色。专宠后宫的名叫张丽华的美人,同时对别的美人也不会轻易放过,即使是对大臣的妻子也会不顾君臣的忌讳。朝廷将领萧摩诃续娶夫人任氏貌可倾城,并且有诗才,吟诗作赋,才色兼具,爱慕风流,与张丽华结为姊妹,后来与陈后主通奸,因为这个原因萧摩诃在抵御外敌的时候毫无作战的打算,最后被擒投降了隋朝。

陈叔宝在位的时候,不问政事,只知整日花天酒地。他还下令建造大皇寺,在内部造七级浮屠,还没等到工程竣工,就被大火烧毁了。陈后主这样奢侈靡费,使得国库空虚,库银吃紧。于是他便大肆向民间搜刮,造成了赋税繁重、民不堪命的残酷局面。

陈叔宝极其喜爱诗文,在他周围聚集了一大批的文人骚客、朝廷命官,他们往往不理政治,每天都和陈叔宝在一起饮酒作诗听曲。陈叔宝还特意筛选了十几个容貌美丽又通晓诗词歌赋的宫女,将她们封为"女学士"。每次宴会的时候,妃嫔、女学士、狎客都要与陈后主欢饮达旦,附庸风雅,大多是靡靡之音的艳词,还要从这里选出一些写得特别艳丽的,谱上曲子,令宫女们演唱。其中就有《玉树后庭花》。陈后主曾作的《玉树后庭花》如下:"丽宇芳林对高阁,新装艳质本倾城;映户凝娇乍不进,出帷含态笑相迎。妖姬脸似花含露,玉树流光照后庭;花开花落不长久,落红满地归寂中!"后来这首词就被后世称作亡国之音。这样朝中所有的人几乎都是不理军国政事,只知道饮酒欢宴。最终导致国家灭亡。

陈后主被俘后,来到京城朝见隋文帝,文帝不但赦免了他,还赏赐了许多财物给他。赶上宴会,就提前下令不要演奏吴音,为的就是怕这个陈后主感伤。后来陈叔宝竟对文帝要求给自己一个称谓,也好相聚的时候和别人交谈。文帝后来叹息说这个陈叔宝一点心肝都没有啊。陈后主几乎每天都在和手下的人一起饮酒,一天之中居然要饮酒一石。文帝知道后大惊,但为了表示礼节就不再对其追究。

【原文】

陈史纪:后主起临春、结绮、望仙三阁,各高数十丈,连延数十间,其窗牖栏槛,皆以沉檀为之,饰以金玉,间以珠翠。其服玩瑰丽,近古所未有。上每饮宴,使诸妃嫔及女学士与狎客共赋诗,互相赠答。采其尤艳丽者,被以新声。选宫女千余人歌之。其曲有《玉树后庭花》《临春乐》等,大略皆美诸妃嫔之容色。君臣酖歌,自夕达旦以为常。

【张居正解】

六朝陈史上记,陈后主叔宝在位,荒淫无度。起三座高阁,一名临春,一名结绮,一名望仙。各高数十丈,阔数十间,其窗户栏杆,都是沉檀好香做成的。又饰以金玉,嵌上珠翠,阁里所摆设的衣服、乐器,都是珍奇美丽之物,近代所未曾见者,其宫室服用奢侈如此。后主又好为词曲,选宫人能文的,叫作女学士。群臣能文的,如江总②、孔范③等,都纵容他出入禁中,陪侍游宴,叫作狎客。后主每饮宴,即命诸妃嫔及女学士与狎客每同作诗,一赠一答,以为娱乐,无复顾忌,诸诗之中,拣词语极艳丽的,被诸管弦,新作一种腔调。选宫女千余人都唱此曲,与乐声相和,其曲有《玉树后庭花》及《临春乐》等名目。曲中的说话,大略都是夸美诸妃嫔的容色而已。君臣酖饮狂歌,自夜晚直到天明。每日是如此,以为常事。其声色游宴之娱又如此。

夫人君为万民之主,当爱养财力,唯恐不足;兢业政事,犹恐有过。而后主乃穷奢极侈,流连荒亡;其于民力国事,都不暇顾。《书》曰:"内作色荒,外作禽荒。甘酒嗜音,峻宇雕墙,有一于此,未或不亡。"④今后主有四焉,欲不亡得乎?

【注释】

①本篇出自《陈书·后主沈皇后传·张贵妃》,并见《资治通鉴》卷176陈纪十,至德二年。记述陈后主纵情声色、荒于政事,导致败亡的故事。

②江总：陈朝考城人，字总持。仕梁历太子中书舍人。入陈为太子詹事。后主即位擢仆射、尚书令。不持政务，日与后主游宴后庭，号为狎客。

③孔范：陈朝会稽人，字法官，为后主狎客。仕陈，官尚书。文章华丽。后主恶闻过失，范必曲为文饰。时有孔贵人绝爱幸，范与孔氏结为兄妹。

④见《尚书·虞夏书·五子之歌》中的第二首。意为：在朝宫之内迷恋女色；在朝宫之外迷恋狩猎。纵情饮酒而不节制；嗜歌舞而不知满足，住着高大的殿宇又加以彩饰；这几样中只要占了一项，便没有不亡国的。

【译文】

陈后主曾经在宫中，为了自己享乐专门修建了临春、结绮、望仙三座高阁，每一座阁楼都高达好几十丈，大概有十几间房子那么宽阔。其门窗以及栏杆都是用沉香木、檀香木制成的，到处都用大量的金玉珠翠来装饰，奢侈无比。陈后主穿的那些衣服、使用的古玩、器具，也都是当时最为珍贵稀罕的珍宝，这些东西大多是人们难以想象，可见他的生活奢侈穷极。每当他宴饮行乐的时候，陈后主就和宠妃张丽华，还有龚妃和孔妃二位妃子以及当时的名人江总等一群狎客，相互作诗赠答，共谱词曲，这些词曲多是香艳的靡靡之音。最后，他们一起从这些浓艳的诗歌词曲当中挑选出辞藻最华美、内容最艳丽的诗句，谱成新曲，然后交给专门挑选出来的宫女们去练习演唱。其中最有名气的有《玉树后庭花》《临春乐》等词，这些作品外表华丽，但其内容不过是赞美妃嫔们如何艳丽，如何美貌的淫艳之词。往往这样的宴会要通宵达旦，持续到天亮，君臣才会散去，对于这样的事情，大臣们都认为是很平常的事情了。

【评议】

陈后主是南朝时候最荒淫的皇帝之一，他在位的时候，享尽了天下的富贵，无论是穿着还是住处都极尽奢华，作为一个皇帝，竟然将国家大事这样的正事放在一旁，完全丧失自己作为君主对国家社稷和黎民百姓应有的责任，只知道自己的感官享受。这个陈后主在位的时候，国家日益衰败，民不聊生，但他对此充耳不闻，视若不见，只是一味地吟诗作赋，和自己身边的妃嫔等一起欢饮达旦，纵情歌酒。非但如此，在自己的国家灭亡之后，身为俘虏的他虽然受到隋文帝的厚待，但是却全无羞愧之意，还向隋文帝要官来做，身为皇帝，实在是没有尊严啊！但历史上也说到过这个陈后主是完全不将自己当做皇帝的，当然挥霍民财、奢侈无度的时候除外，大概只有在那个时候他才确切地知道自己是皇帝，因而才那么颐指气使，而在其他的事情上他更像一个文人骚客，这样的评价从他的一些诗词作品来看或许是可以接受的，但是在中国并不是文人骚客就可以不理国事只知自己消遣的啊！不知道中国的古语"天下兴亡，匹夫有责"吗？所以陈后主的故事还是要告诫我们：不要为感官享乐或物质的享乐所迷醉，一旦进入这样的陷阱就会遭到严重的、悲惨的后果！

【拓展阅读】

陈后主陈叔宝

陈叔宝，字元秀，小字黄奴，是宣帝陈顼的长子。在位期间，陈叔宝不理政事，大建宫室，生活奢侈，常与妃嫔、文臣游宴，制作艳词。隋兵南下时，他认为有长江天险，不以为意。结果公元 589 年，隋兵攻破建康，南陈灭亡，他也被俘送往洛阳。

兄弟相残　即位称帝

公元 569 年正月，安成王陈顼正式即位称帝，改元太建，立其长子陈叔宝为太子。公元 582 年，陈顼病死后，太子陈叔宝与他的弟弟陈叔陵之间展开了一场激烈的帝位争夺战。

陈叔陵是宣帝陈顼的第二个儿子。公元 569 年，陈叔陵受封为始兴王，授使持节，都督江、郢、晋三州诸军事。当时，他才 16 岁，但是已经"政由己出，僚佐莫预焉"。有这样的奇才，按理说应该成就一番事业的，但是陈叔陵却恃才傲物，最终走向歧途。

陈叔陵性情严苛，在地方任职的时候，常常奴役官员、滥用民力，以至于一些州镇的官员听说他要来视察时，都恐惧不已。陈叔陵实行严酷刑罚，一些被判答刑的人也会被关进监狱。但是他却不经常处理这些事情，在牢房的人有可能几年都不会加以审讯。他精力十分旺盛，常常会在夜里召来僚佐陪他谈论或是戏谑玩耍。因其十分残暴，没有人敢把陈叔陵胡作非为的事迹报告给皇帝,所以宣帝根本不知道,还在公元577年封陈叔陵为扬州刺史,都督扬、徐、东扬、南豫四州军事。陈叔陵也就更加为所欲为,做出一些让人瞠目结舌的事情来。如他喜欢盗墓,遇到著名人物的坟墓,就会令左右进行挖掘,盗取其中的尸骨与珍宝。

到了陈宣帝病重的时候,陈叔陵与太子陈叔宝、长沙王陈叔坚一起入内服侍。陈叔陵见父亲已经病入膏肓,于是就生出杀太子夺取皇位的念头。于是,他叫典药吏把切草药的刀子磨快备用。在宣帝病亡的那一天,他又命左右去宫外取剑,左右以为他要举行仪式为宣帝送终,就拿来了朝服与木剑,结果被陈叔陵怒骂。

第三天,宣帝遗体入殓的时候,太子陈叔宝在灵枢前痛哭,趁此机会,陈叔陵突然举起切药刀从陈叔宝的背后砍下去。陈叔宝被砍中脖颈,痛昏在地上。陈叔宝的生母柳皇后上前阻挡,也被陈叔陵连砍几刀。陈叔宝的乳母吴氏见状急忙绕到陈叔陵的后面,用劲抱住陈叔陵拿刀的手。陈叔宝苏醒过来,拼命跑出灵堂。长沙王陈叔坚闻讯赶来扼住陈叔陵的咽喉,夺下刀子,才避免了血案进一步扩大。

陈叔陵行刺不成,赶忙回到东府,赦免囚犯,用金钱利诱他们充当士卒抵御禁卫军。他又登上西门城楼召集诸王将帅,除了陈伯固,没有人响应他。

当时,陈朝的大将都不在皇宫,台城内军备十分空虚。陈叔宝急令右卫将军萧摩诃率步骑数百围攻东府,陈叔陵企图招降萧摩诃,被摩诃拒绝。陈叔陵经此一闹,他已经不能继续待在陈朝了。于是先将其妃张氏及宠妾七人沉于井,率步骑数百人连夜渡江,想去新林乘舟投奔隋朝。在路上即被萧摩诃军追杀,他的儿子和亲信也一并被诛杀,一场内乱于是被平定。

公元582年,陈叔宝即位,成为陈朝最后一任皇帝。即位后,陈叔宝对几个平叛有功的人进行了封赏,长沙王陈叔坚为骠骑将军,领扬州刺史;萧摩诃为散骑学侍,车骑大将军。

荒淫挥霍　辞章出众

陈叔宝即位后,由于脖子上的剑伤未愈,很长一段时间内不能处理政事,他就把朝政交给柳太后和陈叔坚执掌,这也就为后来的宫廷斗争埋下了伏笔。

陈叔坚因当初护驾有功,又加上现在大权在握,逐渐也变得骄横起来。陈叔宝不时听到陈叔坚独断朝廷的事情，也就对他产生了猜忌，不过又想想他曾经救过自己的命，又是兄弟手足，也就决定忍一忍过去算了。但是，由于都官尚书孔范与中书舍人施文庆忌恨陈叔坚，天天在陈叔宝面前说陈叔坚的过失，使得陈叔宝又动摇了，最终免去了陈叔坚的官职。

陈叔坚被免后，祠部尚书江总转任吏部尚书，参与朝政。但江总喜欢饮酒赋诗，不怎么关心政事，所以朝廷大权落入了右卫将军兼中书通事舍人司马申的手中。朝中元老毛喜看不惯司马申作威作福，从来不奉承他。于是，司马申在陈叔宝面前说毛喜的坏话，不久毛喜就被陈叔宝贬为永嘉刺史。自此，陈朝再也没有人敢进谏，陈叔宝也得以恣意妄为，无所顾忌。陈朝自武帝建国已来，都十分注意节俭，宫城也就十分简陋。陈叔宝病愈之后，嫌皇宫不好，不能作为他藏娇的金屋，于是大兴土木，用香木建造起临春、结绮、望仙三座楼阁，每座都高达数十丈，里面装饰得非常奢华，"饰以金玉，间以珠翠，外施珠帘，内有宝床、宝帐"。之后，他没事就会聚集江总等一批文臣以及一大群后妃整天在这里花天酒地，赋诗高歌。

陈叔宝最宠爱的贵妃叫张丽华，她原是龚贵嫔的侍女，生得"发长七尺，鬓黑如漆，其光可鉴，特聪慧，有神采，进止闲华，容色端丽……"。宦官蔡脱儿、李善度前来奏事时，陈叔宝都会将张丽华拢在怀中，还叫张丽华与他一起决议。由此张贵妃得以干预朝政，她援引宗戚，纵横不法，卖官鬻爵，贿赂公行，致使朝廷一片乌烟瘴气。

陈叔宝热衷于诗文，因此在他周围聚集了一批文人骚客。以尚书令江总为首的这些朝廷命官，不理朝政，天天与陈叔宝一起饮酒作诗听曲。陈叔宝还将十几个才色兼备、通翰墨会诗歌的宫女命名为"女学士"。每次宴会，都是妃嫔群集，陈叔宝有时还命令一些称之为"狎客"的无赖小臣与诸妃嫔及女学士等夹坐左右，滥饮嬉戏，赋诗高歌。当然，在这些宴会中炮制出来的诗赋大多是一些格调低下、轻薄靡丽的劣作。陈后主曾作《玉树后庭花》："丽宇芳林对高阁，新装艳质本倾城；映户凝娇乍不进，出帷含态笑相迎。妖姬脸似花含露，玉树流光照后庭；花开花落不长久，落红满地归寂中！"

正当陈叔宝醉生梦死、尽情行乐的时候，北方的周朝已经被隋朝所取代，隋在杨坚的统治下开始了统一天下的征伐，南朝亡国之祸开始悄悄来临。

此时，陈叔宝不是想着如何抵抗，而是忙于另一件"大事"。公元588年，陈叔宝在孔范等人的支持下，将太子陈胤废为吴兴王，另立陈深为太子。陈叔宝还想立张丽华为皇后,但是,还没有准备好,隋朝已经兵临城下。

亡国之君　诗酒残生

公元 581 年,杨坚废北周静帝宇文阐,自立为帝,建立隋朝。一开始,因政权未稳,他采取了与陈通好的政策。公元 587 年,隋文帝已经基本平定了突厥的入侵,他开始考虑南伐陈国的计划,并着手做好相关的准备。

公元 588 年春,骄横昏庸的陈叔宝一面派使者出使隋朝,一面出兵峡口,侵袭峡州。杨坚一听,勃然大怒,随即令杨广率兵 50 余万大举伐陈。这年十一月,陈朝沿江的守军战报频传,但这些告急信件,都被中书舍人施文庆扣下。此时,陈叔宝正要搞一个盛大的新年庆典,为了威风热闹,他命前线统帅陈嶷和陈彦率战舰入京。二人把长江里的舰队全部拉到建康,江防前线竟没有一只战船。

隋军长驱直入,仆射袁宪和萧摩诃等将领三番五次要求出兵,每次都被施文庆等人阻挠排斥。陈叔宝自认有长江天险,隋军是不可能取得成功的。他对近臣说:"金陵王气在此,齐兵三度来,周师再度至,无不摧没。谅那隋军能有什么作为呢?来者必自败!"

公元 589 年正月,陈叔宝在朝中大会群臣,举行盛大新年庆典。与此同时,隋将韩擒虎渡过了采石,贺若统兵过江,直取建康。没过几天,隋军便打到钟山。此时,建康尚有十余万兵马,如果奋力一战,仍有可能打退隋军进攻。但此时的陈叔宝已经六神无主,日夜啼哭,把朝中大事都委托施文庆办理。在这国难当头之时,施文庆居然还嫉贤妒能,怕将领们取胜后功劳大过他,便向陈叔宝进谗言说:"这些人平时就不听你的,当此危机之时,怎么可以相信呢!"于是,陈叔宝对于一些将领请战的要求,都搁置不理,致使战机一次次失去。.

待隋军布置完毕,南陈战机已失。陈叔宝突然发了神经,命骠骑将军萧摩诃率军迎战。萧摩诃无奈,只得率兵出城,与隋军对峙。在这个时候,无耻的陈叔宝竟私通萧摩诃的妻子。萧摩诃闻听此事,万念俱灰,很快战败被俘。大将任忠返城,把前线情形奏报,并表示无力再战。陈叔宝不甘亡国,出金帛要任忠募集勇士再战。任忠见大势已去,决心降隋,便建议陈叔宝出建康,到上流去。陈叔宝不疑,命他准备随行船只兵马。任忠出城便向韩擒虎投降,随即引隋军奔袭朱雀门。韩擒虎兵不血刃,拿下了建康城。

陈叔宝带着心爱的张贵妃、孔贵妃,跑到景阳殿后的一口枯井旁,跳到井中藏了起来。后来被隋军找到,送往长安,南陈就此灭亡。隋文帝杨坚见陈叔宝昏庸无能,胸无大志,只图享乐,就没有杀他,赐给他住宅,叫他居住在长安。后来,又将他迁往洛阳。

陈叔宝整日喝酒作乐,还屡次要监守官给他求一官号,杨坚听了之后,脱口说了一句:"叔宝全无心肝!"公元604,陈叔宝病死,时年52岁。

【镜鉴】

一、变成金钱奴隶的"一把手"

(一)案例内容

罗世纲,广东省连南瑶族自治县水利局原局长。2011年7月27日,连南瑶族自治县人民法院做出判决,罗世纲因犯受贿罪、私分国有资产罪,处有期徒刑14年,没收财产人民币100万元,并处罚金人民币3万元,上缴国库。罗世纲不服判决,提出上诉。同年9月28日,清远市中级人民法院做出刑事裁定,驳回上诉,维持原判。据办案人员说,写明罗世纲罪行的案卷近400页,即使罗世纲不服气,铁证如山,无从辩驳。

1.收受贿赂

2006年,罗世纲升任县水利局局长,同时兼任县市政城防工程建设领导小组常务副组长、县农村饮水安全工作规划和建设领导小组副组长等职务。虽然行政级别不算高,但是罗世纲掌握着大量工程招投标、工程验收以及工程款支付等大权,在县里水利系统相关的领域也算是"位高权自重",商人们自然围上来"溜须拍马""众星捧月"。而罗看到这些老板生活奢侈、挥金如土,想到自己勤勤恳恳工作多年,却依然过着清贫的生活,心里慢慢滋生了强烈的不平衡感,在贪婪的私心和膨胀的欲望的推动下,在笼统的行政法规下,禁不住诱惑的罗局长便开始充分"使用"自己的权力,大肆与工程承包商进行权钱交易,走上了一条不归路。

转让水利局下属企业、审批拨付小水电站省级贴息补助款项、发包县有关水利工程、参与连南县城防工程建设管理、审核结算、支付工程款项,以及发包农村饮水安全工程及采购该工程给水管材等等，罗世纲无孔不入。据统计，从担任县水利局局长到案发前，罗世纲共签付了近1亿元的工程款，涉及工程单位达10多家。事迹败露后，罗世纲辩称自己也有苦衷，有些工程承包商不打招呼直接到办公室把钱往桌上一扔就走，而他碍于人情世故也不好把钱退回去。

2.私分国有财产

近年来，国家加大了对水利事业的资金扶持，上级部门拨款较多，少则一千万元，多则几千万元。钻到钱眼里的罗世纲，紧紧抓住了这一机会。在工作中，罗世纲只做表面功夫，完全忘却了自己作为一名公职人员应该担当的责任。罗世纲多次偷偷把部分拨款截留放入自己的小金库中，然后对上级部门拨款的收入、支出情况进行"假公开"。由于干部职工不明真相，小金库脱离了正常的财务制度监督，所以用于支出入账的票据混乱、名目繁多，既有正式发票，也有非正式发票，甚至还有"白条子"。

3.独断专行

独断专行是腐败分子的通病，罗世纲当然也不例外。在任期间，罗世纲独揽大权，把权力看作自己的私有财产和摇钱树。在研究一些重大问题的时候对于不同意见置之不理。领导班子还没有研究的一些事项，其实他早已拍板定夺，在罗局长那里，民主集中制仅仅成了一种形式和摆设。

看到等待自己的牢狱之灾，一直佯装不服气的他忏悔道："认真剖析自己如何从一名领导干部堕落成一个受贿者、阶下囚、人民的罪人，从根本上说就是'贪'字作祟，法治观念淡薄，为人民服务的宗旨意识模糊……"他坦言，"每次收了工程老板的钱后我都交给妻子存进银行，从来没有想过要把这些钱退掉或上交给组织。本来，我们夫妻俩一年也有10多万元的收入，足够日常生活开销了，但我还是做了金钱的奴隶……"

作为单位"一把手"的罗世纲思想不过硬，立场不坚定，法纪观念淡薄，在利益面前把为人民服务的宗旨、党纪国法统统抛之脑后，甚至不惜损害国家利益，一步一步陷入贪污腐化的泥潭。

（二）专家点评

《南方日报》记者张俊：在当时的连南水利局，只要涉及人、财、物，事无巨细都是"一把手"说了算，这样的权力运行机制和监管制度确实值得我们反思！

　　罗世纲腐败案件办案人员；罗世纲走上违法犯罪的道路，既有主观原因，也有客观因素。应认真总结此案的深刻教训，引导党员领导干部洁身自好，筑牢思想道德防线，提高拒腐防变能力，防止类似案件的再次发生。

（三）案例分析

　　罗世纲案件的典型特点是权力垄断导致公共权力部门化、部门权力私人化，部门中独断专行的官员将权柄视为私人物品的时候，腐败就注定不可避免。

　　腐败问题的核心是权力与利益，控制腐败一方面要规范和制约权力运行，另一方面也要斩断权力与不当利益之间的关联。建立阳光透明、科学规范的权力运行机制是廉政建设的基础，反过来，干部清廉才有可能在行使权力的过程中践行服务于民的承诺。在本案例中，权力垄断是廉政建设的最大障碍。

　　出于对效率的需要，大量决策权力被集中在主要党政领导干部手中，特别是"一把手"的手中。但是权力相对集中过程也加大了对"一把手"监督的困难，放大了权力被滥用的风险。在效率与廉洁之间，"一把手"困局集中反映了权力与利益、信任与监督之间的艰难选择。从另一个侧面来看，针对以上价值的平衡所发生的变化正是当下政府职能转变的实质。

　　破除权力垄断是克服"一把手"困局关键所在。首先是在权力配置结构设计中兼顾效率与廉洁等价值诉求，因为公共利益的维护和增进不仅要求公共管理更快，还要更稳。其次是在权力运行过程中加强监督的重要性、提高权力监督部门的组织地位。在公共部门中，信任不能取代监督，在当前的反腐倡廉形势下尤其如此。

二、心存侥幸的潜逃贪官

（一）案例内容

　　龚运发，福建省寿宁县林业局原局长，因其在任职期间，利用职务之便，伙同他人共同贪污公款共计48.83万元，个人分得赃款8万多元，2012年4月，经法院审理，判处有期徒刑5年,同时开除党籍、开除公职。

龚运发的归案实属不易,畏罪潜逃3年多,直到2011年5月,全国启动网上追逃专项督察的"清网行动",龚运发自知再无处躲藏,便于8月29日向寿宁县人民检察院投案自首。

1.初次"下水"

龚运发有着30多年的党龄,曾经为家乡做出了一定的贡献,在当地百姓眼中是个没有"官架子"的热心人,在领导和同事眼中,他为人低调、做事严谨,似乎跟"贪、腐"沾不上边。然而在年过五旬之后他没能把持住自己,没能抵挡住金钱的诱惑,实在让人唏嘘不已。

寿宁县是山区县,境内林木众多,水电资源丰富,身为林业局长的龚运发掌握审批大权,这不可避免地使其成为诸多"有心人"巴结取悦的对象。

2002年12月,县林业局绿化委员会原副主任吴某与福建省龙岩市林业勘察设计院签订挂靠编制使用林地可行性报告协议,约定由吴某组织人员进行外业调查,编制报告初稿,收取编制费的80%;由龙岩设计院派人员与业主签订合同,到实地检查,负责报告编制的质量审核,收取编制费的20%。2003年,经当时兼任林业局森林资产评估中心法定代表人的吴某推荐,寿宁县境内富源、屏峰两家水电有限公司将3个电站的使用林地可行性报告委托给龙岩设计院编制,并与吴某商定支付其编制费共33万元。

但合同签订后,由于县林业局森林资产评估中心资质不够,吴某便向龚运发提议,由县林业局组织技术人员对3个电站的林地现状进行调查,到时将所得编制费以"补贴"的形式分给大家。对于这一提议,龚运发虽然觉得不太妥当,但在吴某的说服诱惑下,他抱着一丝侥幸心理同意了。之后,吴某与时任该局林政股股长的罗某、林政股工作人员范某以及林业局技术人员缪某等人着手投入林地现状调查。

2004年,林地现状调查和可行性报告陆续完成后,屏峰、富源水电有限公司付编制费共计20万元,其中龙岩设计院按协议收取了7.78万元,余下的12万多元均被汇入了吴某的银行账户。吴某在支付了税款以及参加外业调查人员的报酬共2万元后,将剩余的10万余元与龚运发、罗某、范某以林地现状调查"补贴"的名义私分,龚运发分得3万元。

2.放手一搏

在尝到一点甜头后,龚运发开始不满足于这点小恩小惠,愈加得寸进尺。2004年11

月，吴某与罗某、范某商议，成立一个中介机构即寿宁县方正林业技术服务中心，意图将林业现状调查的业务分离出来。但要顺利完成这些操作势必要得到县林业局一把手龚运发的支持。龚运发在看到了这项业务能给他带来不菲的收入后，同意了吴某的提议。

为掩人耳目，几人决定以下岗职工范某某及其妻徐某的名义成立"方正中心"，并通过范某将申请报告提交县林业局审批。之后龚运发在县林业局局务会议上做出了给范某出具证明以办理"方正中心"的工商执照的决定。不久，"方正中心"经县工商行政管理局注册登记成立。其实所谓的"方正中心"实为一个只有一纸营业执照的"皮包公司"：无专门技术人员，无专门办公场所，无必要的办公设备。

此后，吴某将寿宁县境内的一些水电站的林地现状调查和编制可行性报告业务纷纷承揽到"评估中心"或委托给"方正中心"。在吴某、罗某、范某共同完成相关电站的林地现场调查和可行性报告编制后，由范某开具"评估中心"的发票向电站业主收取编制费，由吴某开具"方正中心"的发票向电站业主收取林地现状调查费。

据办案人员介绍，自 2004 年 12 月至 2006 年间，"方正中心"与多家电站的业主签订林地现状调查合同，相关电站将共计 38.6 万元的调查费汇入"方正中心"账户。除分给范某 6200 元外，其余的 37.98 万元被龚运发、吴某等人私分，龚运发分得 5.09 万元。

龚运发利用手中职权巧立名目，从中谋取不正当利益，自以为可以瞒天过海，但若要人不知，除非己莫为。2007 年 12 月，该县检察院在收到群众举报后，立即成立调查组对相关人员展开调查。龚运发感到自身难保，仓皇外逃。2008 年 3 月，县公安局决定对龚运发进行刑事拘留，但此时，龚运发已逃之夭夭。直到 2011 年 8 月 29 日才向寿宁县人民检察院投案自首。

（二）专家点评

法制网记者赵丽：近年来的反腐实践证明，腐败问题已经超出了传统的权力集中领域，一些所谓的"清水衙门"也会出现"硕鼠"。龚运发等人主动、费尽心思贪腐，在这种"主观能动性"之下，即便是再完善的制度也可能被别有用心之人钻空子。

宁夏大学纪检委：龚运发案件再次警醒我们，党员干部的蜕化变质，往往是从思想上开始的，是放弃思想改造的结果。因此，党员干部应当不断加强党性修养、提高自控能力。

（三）案例分析

林业局以及下属的绿化委员会看上去是一个没有什么实权的"清水衙门"，然而龚运发案件改变了人们对清水衙门的传统看法。公共部门是公共权力的载体，而公共权力的行使势必会对资源配置和利益分配产生影响。因此无论权力大小，如果没有严密的程序设计和完善的监督体制制约，权力都存在着被滥用的危险。

在社会转型以及政府职能转变的大背景下，公共部门在经济市场中还保持着相当的利益影响，也就是说，公共权力寻租的客观条件依然具备。因此，在党风廉政建设中既要对腐败易发多的重点领域和关键环节继续保持高压态势，又要对看似"清水衙门"的部门保持权力监督的"全覆盖"。从权力监督的角度来看，公共部门和岗位没有"免检产品"，任何的部门和环节的权力运行都要纳入到监督范围之中。

另外，案例中龚运发最终归案是因为全国启动网上追逃专项督察的"清网行动"的压力，不由得让人联想到，如果没有这场专项行动结果又会怎样？针对当前越来越多的贪官潜逃情况，应该在制度设计和硬件设施两个方面同时回应查办案件遇到的现实困难。一方面在制度设计中体现对拒不认罪、畏罪潜逃甚至逃离出境的腐败分子从严从重处置，加大贪官潜逃的成本；另一方面完善国内国际跨地区缉查潜逃腐败分子的合作机制，提高硬件设施的科技水平，让潜逃腐败分子无处可逃。

三、"话语权"寻租

郗永丰，中国经济时报社河南记者站副站长（主持工作），经中央国家机关纪工委的调查，自2010年10月起至案发，郗永丰在任职期间，涉嫌贪污、受贿、强迫交易金额共计126万余元。2013年8月31日，郗永丰已被开除党籍、解除聘用合同，其涉嫌违法犯罪问题被移交司法机关处理。2013年12月3日，国家新闻出版广电总局给予中国经济时报社撤销河南记者站的行政处罚，并吊销郗永丰等人的新闻记者证。2013年12月26日，国家新闻出版广电总局办公厅发文，通报了郗永丰多次利用新闻采访报道活动谋取不正当利益的查处情况。

（一）案例内容

1.敲诈勒索

郗永丰曾在河南省漯河市汇源区当了十余年的公职人员。郗永丰看中了新闻监督可以成为"致富捷径"，开始想方设法进入新闻媒体行业。2010年7月，郗永丰应聘中国经济时报社河南记者站副站长时，为了进入这个国务院发展研究中心下属的"国字号"媒体，使出了浑身解数，不仅修改了其洛阳农业高等专科学校毕业证原件，还托人伪造了企业政工师的中级职称证书，最终蒙混过关。

2011年春，刚担任记者站副站长不久的郗永丰在互联网上看见有人反映兰考县南漳镇为了招商引资将其他地区不要的高污染企业引入该镇的消息后，便带人去该镇采访。为了不让企业污染问题见诸报端，该镇送给郗永丰5000元，郗永丰个人分得2500元。郗永丰从中尝到了甜头，当年年底又两次带人来到潢川县，先后采访该县教育局违规兴建办公楼、住宅楼，以及该县某镇干部违规建房并打人事件。为息事宁人，潢川县有关部门先后给郗永丰3万元，郗永丰从中分得7000元。

屡试不爽的郗永丰不仅以借舆论监督之名谋取私利，还接受他人请托向有关单位索要钱款并从中收取好处费。2011年，受某施工单位之托，郗永丰带人向新乡晟源房地产公司追讨工程款。采访后，郗永丰将报道稿件发给新乡市相关职能部门和开发商。次年，请托人送给郗永丰酬金4.5万元，郗永丰个人分得3万元。

2012年春，郗永丰带人来到南阳市方城县古庄店乡郭老村，对他人反映的移动话费虚高事件进行采访，并到中国移动南阳分公司核实情况。采访结束后，郗永丰以曝光此事为要挟，迫使中国移动南阳分公司同意在《中国经济时报》上做有偿专版，后经多次协商，中国移动南阳分公司向郗永丰指定的银行账户支付了5.8万元，郗永丰将该款据为己有。

除了以负面报道要挟相关部门和企业外，郗永丰还充当着一名媒体掮客，收受请托人钱款以协调其他记者消除对请托人的负面报道。

2.论坛营销

虽然新闻出版主管部门有明文规定：报刊记者站不得从事与新闻采访无关的其他活动，不得从事出版物发行、广告、开办经济实体及其他经营活动。但是在利益面前，郗永丰等人把原则扔在一边,主动做起了"论坛营销",协调企业管理者参加论坛,直接收取企业"赞助"或者安排企业在自己的报纸上做广告。

2011年底,由中国经济时报社等单位主办的第三届中国经济前瞻论坛在北京召开。郗永丰帮助协调河南郑州天宇饲料公司的负责人叶某某参加农业分论坛并进行演讲,叶某某安排人员将20万元赞助费转入中国经济时报社相关账户。次年,郗永丰如法炮制,协调河南白鹅实业有限公司刘某某参加第四届中国经济前瞻论坛农业分论坛,刘某某后将30万元赞助费转给中国经济时报社财务部门。

此外,2011年至2013年,郗永丰还先后协调河南许昌东风油品公司、河南白鹅实业有限公司、河南许昌永达地产公司在《中国经济时报》上刊登广告,三家公司事后将广告款共计50万元汇给中国经济时报社。

(二)专家点评

中国人民大学新闻学院副教授、舆论研究所研究员王斌:这类行为的根本特点是对媒体监督权的寻租,其最直接的危害是损伤媒体公信力,扰乱了采访秩序,影响媒体正常舆论监督的开展。无论是有偿新闻还是有偿不闻,都是受经济利益驱使过滤社会事实,改变了社会议程的真实呈现,影响社会各界对当前问题的正确判断。

(三)案例分析

新闻媒体在舆论监督中发挥着重要的作用,也正因为如此,记者被称为"无冕之王"。新闻记者应该是真实报道社会现象与问题,扶助社会中的弱者,代表社会公义的人,但是一旦监督权被滥用,也有可能本身导致社会问题。

本案例有两个特点值得思考:一是谁来监督"监督者",郗永丰违纪违法造成的社会影响非常恶劣,但是当前社会中可能还存在其他的社会蛀虫躲在黑暗的角落里出卖良知、破坏公正。当我们建立一套机制,赋予新闻记者以舆论监督权的时候,同时也要考虑到这样的权力被滥用的可能,预先设计防范制度,杜绝任何权力滥用。二是腐败概念与范围问题。传统的腐败概念更多地集中于公职人员以权谋私的情况。随着社会的发展,经济形态日益多样化,不仅公共部门法定的职权可以带来市场价值,一些实质性的影响力也可以对经济效率带来影响。因此，需要重新界定腐败的范围，打开廉政建设的视野，在整个社会的范围内控制腐败、实现持续的廉洁。

四、国企采购部门窝案

北京北重汽轮电机有限责任公司隶属于北京京城机电控股有限责任公司（以下简称北重公司），主要生产火力发电机组、风力发电机组等电力装备。公司前身是创建于1958年的北京重型电机厂，现有注册资本7.8亿元，现有员工1867余人，其中工程技术人员330余人。

2013年底，北京市石景山区检察院通报，北重公司物资部的7名管理人员、采购员大肆收受供应商贿赂，涉案金额高达400余万元。截至2013年12月6日，已有6人因受贿被判刑。

（一）案例内容

北重公司物资部主要负责单位采购计划的编制、物资供应、采购物资的入库与结算、供货单位的质量审核等相关事项，拥有对一系列原材料和物品的采购权，因而上至物资部部长，下至基层业务员，都成为供应商重点"联系"的对象。

1.离任的裸官

于毓生，2004年起担任北重公司物资部部长，2009年，他调任另一家企业副总的消息刚刚公示，正在春风得意之时却接到检察机关的传唤电话。

由于物资部主要负责采购电机的备件，供货商们一方面希望能够多拉业务，另一方面又希望尽快结算货款使资金回笼，于是就开始向物资部输送好处。而身为部长的于毓生当然是行贿者的首选对象。2004年至2009年，于毓生在担任北重公司物资部部长期间，利用职务便利，在业务往来中分别收受江苏南通某材料公司负责人周某的好处费280余万元、武汉某公司负责人杨某的好处费60万元、北京某公司负责人薛某的好处费2万元，共计357万余元。

于毓生的妻儿都在国外生活，他将所得的大部分受贿款用于自己在国内挥霍。他开着豪车，出入娱乐场所时认识了陪酒女曹某。二人发展成为情人关系，于毓生给曹某买车买房、买首饰买手表花去百余万,交往一年多曹某想回老家买房,于毓生当即给她几十万元。两人分手后,于毓生搭上陪酒女孙某,又在孙某身上花费百余万。他还将部分好处费以奖金的名义分发给下属,企图以小恩小惠拉拢下属。

法院经过审理认为,于毓生身为国家工作人员,利用职务上的便利,非法收受他人财物,为他人谋取利益,其行为已构成受贿罪,判处其有期徒刑13年。

2.继任者

在调查于毓生案件的过程中,检察院工作人员把时任物资部部长的贾天元也"请"了过去配合调查。在侦查人员询问物资部一些日常的业务情况时,贾天元满头大汗,手脚不停发抖,连点烟都困难,这引起了办案人员的怀疑。贾天元离开反贪局当晚,侦查人员再次将他传唤回来。

之后查明,贾天元从2009年6月开始担任北重公司物资部部长,在任职期间非法收受他人财物共计10.8万元。案发后,他虽能如实供述收受贿赂的部分事实,却把自己收好处费的动机归结为"有着很多年的交情,不收不合适,怕对方下不来台",对一些小额的现金和购物卡则认为"不是什么大事,收了也就收了",甚至根本没有意识到这是犯罪行为。而且,他供述犯罪事实话语反复,并企图通过瞒报、少报受贿金额来瞒天过海。

办案人员经耐心梳理线索、认真调查取证,终于查清贾天元的基本犯罪事实。2013年6月18日,贾天元因受贿罪被判处有期徒刑10年。

3.采购室女主管和采购员

就在相关人员一个个被立案查处时,办案人员发现,2013年5月,有人向时任物资部采购管理室主管的李琪汇了2万元。在接受调查时,谈及为何敢于顶风作案,这名41岁的女主管表示:"被查处的人和我关系比较远,我以为检察机关不会查我。"

经查明,2011年至2013年间,李琪在担任物资部配套件采购室副主管、物资部采购资源管理室副主管、采购管理室主管等职务期间,利用负责采购合同的比价、谈判、签订与执行,对合同付款资金的分配有建议权等职务便利,分4次收受某业务单位总经理杨某给予的好处费共计6.5万元。

2013年10月17日,李琪被法院以受贿罪判处有期徒刑5年零6个月。

唐彦林本是物资部采购员,案发时已近50岁,在北重公司工作达30余年之久,在采购部门任职也长达10余年。这些年,唐彦林一直处在最基层的工作岗位上,对北重公司的发展过程和制度漏洞、采购行业的种种潜规则都十分熟悉。行贿人提供好处费,唐彦林就在承揽业务、结算货款等方面为其提供帮助。

据查,唐彦林分别收受河南、辽宁、四川的 3 个供货商的好处费共 38.4 万元,其受贿行为从 2006 年开始延续至 2012 年终止,长达 6 年之久。案发后唐彦林认罪态度较好,但是对自己的犯罪行为存在"不被发现则已,发现之后我也不否认"的投机心理。11 月 1 日,唐彦林被法院以受贿罪判处有期徒刑 11 年。

(二)专家点评

北京市检察院反贪局侦查一处副处长张涛:这起窝串案涉案人员均是在公司物资部任职期间作案,岗位职责与物资采购、结算货款等有着直接联系,而这些职责恰与供应商的经济利益息息相关。在利益驱动下,供应商想方设法利用形形色色的利益诱惑吸引国企公职人员,以攀上国企这棵"大树",而这些公职人员没能抵制诱惑,最终走上犯罪道路。

(三)案例分析

从组织属性上看,国有企业处于公共部门和私人部门交界处,所以国有企业自身往往面临更大的腐败风险,这是世界各国国有资产经营管理过程中得到的共同经验。但是这并不是说国有企业无法实现廉洁,只是要在反腐倡廉方面投入更多的努力。

根据相关报道,此次系列受贿案之前,20 世纪 90 年代北重公司也曾发生职务犯罪案件。而此次被查的 7 人,年龄均在 40 岁以上,并且都至少在物资部工作了 5 年。据此,石景山区检察院发出检察建议,建议北重公司增加岗位的流动性,加强对职工的监管和教育。但是从本案来看,显然北重没有把廉洁经营的相关措施落实到位。

物资采购本是腐败易发多发的管理环节,但是物资部长带头腐败最后逐渐形成了"采购部门无好人"的下场。可以想见,公司对采购等重点环节的监督和制约没有起到应有的作用,才导致了这起窝案的发生。

五、卖地村官的生意经

（一）案例介绍

2012年4月初，福建省政和县纪委收到一封来自群众的举报信，信中披露了一起利用职务便利，低价出让村集体所有的土地房屋并私分出让款的挪用资金窝案。2012年9月，政和县人民法院做出判决，以挪用资金罪分别判处陆某、王某、暨某有期徒刑3年、缓刑3年6个月，有期徒刑2年8个月、缓刑3年，有期徒刑2年6个月、缓刑3年。

1.勾结

2010年初，时任东平镇东平村村委会主任的陆某，与中央巷村民小组组长王某是生意伙伴，两人商议将中央巷的"马坪地块"征来开发成地基卖，陆某同时允诺今后将村里的工程全部交给王某做。陆某又找来暨某，授意由王某、暨某二人出面负责征地和出售地基等事宜。为了获取两人的支持，陆某向二人保证：今后村里修建公厕、水泥路硬化、水渠修整等工程直接给二人承包，不再招投标。商议以后，陆某先召开村"两委"会议，并向镇政府以村集体资金紧张、村"两委"成员工资拖欠已久等理由进行协调，获批。随后，陆某将东平村中央巷"马坪地块"规划成地基出售，并指派王某及暨某征地、收款和管理出售地基所得款项。从2010年12月至2012年2月，暨某经手收取"马坪地块"23块地基出售款近200万元，其中129.5万元由王某保管。

然而，这笔款项却成了陆某等人的"私人银行"。经调查，截至2012年1月，陆某先后多次从王某处支取地基出售款共计62.14万元，用于装修自家房屋、个人投资等；而王某从自己保管的地基款中挪用共计28.4万元用于个人购房、购车和经商；好赌的暨某则挪用了累计37.09万元用于归还赌债和家庭开支。

2.暴露

2012年4月12日，收到举报的福建省政和县纪委组织派出办案人员赴东平村调查情况。纪委工作人员首先来到东平镇的有关部门，检查了信中所述地块的相关审批手续，并到实地查看。

经调查，2010年间，经有关部门批准，东平村将本村中央巷"马坪地块"规划成地基出售,确定由中央巷村民小组组长王某和村民暨某负责征地、办理规划手续、销售等事宜,每块地基售价为 8 万元。截至 2012 年 2 月,"马坪地块"规划的地基已出售 23 块,出售款近 200 万元。

然而,4 月 14 日这一天,该村银行账户里突然增加了 127 万余元。就这一情况,王某向工作人员解释称,这笔钱是刚收来的"马坪地块"地基款,因中央巷村民小组在做公益事业,如新建公厕、水泥路硬化、整修水渠等,这笔钱原本是准备用于支付工程款的。然而,王某的解释仍旧不能打消办案人员的疑惑,他们决定更进一步了解该村情况。

办案人员了解到,东平镇于 2011 年 10 月同意将东平电影院旁的公厕交由东平村自行改建,改建完成通过验收后,东平镇把原东平市场门口的公厕无偿交由东平村处理。然而,办案人员深入调查后发现,东平电影院旁的公厕属东平村集体(而非中央巷村民小组集体)所有,而且该公厕目前也不在改建中。反倒是原东平市场门口的公厕被改建成了两块宅基地,其中一块地基已经动工。这令办案人员感到相当可疑。

办案人员立即向镇国土资源所和城建所了解情况,相关工作人员表示并不知情。而所谓中央巷的水泥路硬化和水渠整修工程也根本不存在。

办案人员决定以"马坪地块"地基为突破口,先了解地基款的资金走向。于是,先走访了 23 户购买地基的村民,核查了每户购买地基的交款数额和时间,紧接着,又调取了暨某、王某及其妻子何某的个人银行账户,在分析了 2010 年 7 月至 2012 年 2 月间的资金往来情况后,另一个疑点浮出水面:这些账户均在 2011 年 1 月至 3 月进账较多,2011 年 6 月至 11 月出账较多,且数额较大。

3.落网

办案人员对王某、暨某的调查可谓经历了一波三折。

为了躲避调查,王某称除了保管暨某交来的部分地基款,其他情况一概不知,而征地、收款等工作则由东平村委托暨某负责,但是,当工作人员找到暨某时,他对地基款的去向绝口不提,坚称已将地基款全部交给王某。

情势所逼,为打破僵局,办案人员决定直接接触陆某,可是却被告知陆某正在外地谈业务,短时间内不能回来。

无奈之下,办案人员只得再从王某身上寻找突破口。在办案人员的努力下,心虚的王某终于交代了自己的问题:2011 年 3 月,从暨某处收到地基款 129.5 万元后,王某于

2011年6月至11月私自3次挪用共计28万余元,用于个人开支。同时还交代了与陆某、暨某串供的过程:在县纪委介入调查当晚,陆某、王某和暨某密谋应对办法,决定把各自用掉的总计100多万元地基款凑齐立即打回村账户,然后由王某出面,一口咬定此款是用于中央巷村民小组的公益事业,并写好两张时间提前至4月14日的假收据备查。

王某的交代使得三人的"同盟"关系破裂,暨某也不得不如实交代。之后,故意回避了20多天的陆某也回来接受了调查。至此,这起村干部挪用资金窝案告破。

(二)专家点评

丽水市公安局:当前,我国村级财务管理制度混乱,不少村干部法律意识淡薄,加上村级财务监督不力,村务公开透明度不够,村级财务管理上还存在不少漏洞,从而导致当前我国许多地方村干部挪用资金犯罪较为普遍,形势也较严峻。

(三)案例分析

村委会是我国农村最基层的自治组织,虽然不是一级独立的政府机构,但是村委会在基层事务管理中发挥着至关重要的作用。这样,可以看到村干部参与的腐败案件可能与政府领导干部的腐败案件表现出不同的轨迹。

首先,作为村民自治组织,村委会在农村集体事务管理过程中面临的监督和约束与政府机关不完全相同,许多行政法规的约束范围中并不包括村委会。然而村委会在集体事务管理中也存在权力运行和利益分配,因此,村委会权力运行有时不像政府公共权力那样面临严格的制约。

其次,村委会直接管理集体事务,包括处置集体资产,在农村集体资产投资、交易以及盈余分配等环节起到关键的作用。换句话说,村委会在农村集体事务管理中影响力非常巨大,而村干部虽不是"县官",却是基层事务的"现管"。如果权力监督机制存在些许漏洞和不完善之处,那么就为村干部留下了"生财之道"。

所以,廉政建设是整个社会系统的自我净化过程,不仅要盯住政府机关中公务员和领导干部手中的法定权力,还要关注事业单位、国有企业以及本案中所提到的自治组织,这些组织虽然可能没有法定的行政权力,但是却在相应的社会领域中有着实在的影响力。与公共权力一样,这些实质"影响力"和"操控力"也要被纳入监督的视野,才能真正在整个社会形成对腐败的"零容忍"。

六、"菜篮子"里的集体腐败样本

2012 年 5 月 22 日上午,浙江省温州市中级人民法院对温州菜篮子集团原董事长应国权等 16 人腐败窝案做出一审判决,以贪污罪、挪用公款罪、私分国有资产罪、受贿罪数罪并罚判处被告人应国权死刑,缓期 2 年执行;另有 5 名被告人被判处 10 年以上有期徒刑,其他 10 名被告人分获有期徒刑 9 年至有期徒刑 3 年,缓刑 3 年不等;同时,追缴各被告人违法所得,并责令其返还财物,退赔损失。

此案涉案金额达 3.7 亿元人民币,而法院的判决几乎将菜篮子集团原有高层管理者一网打尽。

(一)案例内容

1998 年,当时还是温州蔬菜公司董事长的应国权,主动联合温州市食品公司和温州市肉联厂,组建了全国第二个菜篮子"航空母舰"——温州菜篮子集团有限公司。温州菜篮子集团是当地最大的国有食品生产加工销售企业,拥有 2000 多各员工,下属企业 20 多家。蔬菜年成交量近 5 亿公斤,占温州市区供应量的 96%。12 年之后,应国权打造的航空母舰触礁,落水的不仅他一人,还有整个管理层。检察机关表示,该案涉案人员之多、涉案金额之高及案情复杂程度,在温州乃至全省均属罕见。从法院判决的结果看,温州菜篮子集团高管集体腐败案主要涉嫌贪污、挪用公款、私分国有资产和受贿等四宗罪名。

贪污罪涉及金额最大。2003 年至 2006 年间,应国权等人利用担任温州菜篮子集团(国有独资公司)高层管理的职务便利,成立由高层管理人员及部分职工参股的温州菜篮子发展有限公司(个人股份占 80%,国有股份占 20%),通过欺骗、贿赂市政府相关人员,篡改市政府会议纪要的方式,使温州菜篮子发展有限公司取代了温州菜篮子集团有限公司,成为外迁安置主体,非法侵占使用国有划拨土地 325 亩,价值共计 1.1 亿多元;2005 年底开始,直到 2011 年案发,应国权等人还采取擅自决定和欺骗政府等手段,先后将原由温州菜篮子集团有限公司或其下属、托管企业经营的白肉运输、生猪屠宰、皮碎市场和蔬菜交易等业务,交由温州菜篮子发展有限公司或其出资参股成立的公司经营,共贪污上述有关业务经营收入1亿多元。根据检察机关的统计,仅应国权一个涉嫌参与贪污数额共计2.2亿多元,数额之大,令人咋舌。

挪用公款主要是违规质押、垫付以及借用公司资金。2005年至2006年间,应国权等人利用职务便利,先后4次将温州菜篮子集团有限公司的定期存单质押给银行,为温州菜篮子发展有限公司获取贷款或出具履约保函,共计挪用公款3485万元;2006年至2008年间,应国权等人利用职务便利,共挪用温州菜篮子集团有限公司资金2389万元,为应飞杭承包的温州菜篮子集团有限公司下属的外贸部,垫付客户出口退税款,还挪用定期存单1000万元,为外贸部办理贴现业务提供质押;2010年间,应国权等人利用职务便利,挪用温州菜篮子发展有限公司资金,出借给钟某和戴某某使用,共计2512.5万元。其中,应国权本人参与挪用公款数额共计9386.5万元。

私分国有资产主要是违规发钱。检察机关指控:1998年至2007年间,应国权等人为了多发工资、奖金,采取虚增职工人数、虚报工资总额的手段,欺骗政府有关部门,使虚报的工资额度通过审核,并以工效工资的名义发放给公司高层管理人员及部分职工,共计私分国有资产1.1亿多元。其中,大部分资金集体私分给集团公司高管领导层和中层干部,小部分资金集体私分给职工。

而受贿主要集中在应国权个人身上。2005年至2010年间,应国权利用职务便利,在农贸市场摊位安排和水产生意等方面,为黄某某谋取利益,先后3次收受黄某某贿赂25万元,并承诺在娄桥水产市场股份合作等方面给予支持和关照,钱权交易特征明显。

(二)专家点评

温州市人民检察院公诉一处叶检察官:必须加强国有资产管理的制度建设,加强国有土地管理的制度建设。各级政府还应设立法律咨询、风险评估等机构,在法律、政策、文字等方面对政府签发的文件进行严格把关。

(三)案例分析

温州菜篮子集团有限公司的创立固然有应国权的贡献,但其成长壮大更主要是因为广大干部职工的辛勤工作,而不仅仅是少数几个人的功绩。但是在公司规模扩大之后,一些管理者开始居功自傲,脱离群众,并在企业改制过程中大胆弄权、结党营私,不仅一大批高层管理者纷纷入狱,企业陷入困境,同时也造成大量国有资产的流失。

本案是一个典型的集体腐败样本,值得注意的地方是16人的腐败网络中以应国权为明显核心,其他网络成员都是依附或围绕在他身上而发挥各自作用的。所以,该腐败网络不是平等的"分工合作、互利互惠"型网络,而是有着清晰的层级关系的利益链。这一点也可以从各人涉案金额的明显不均得到印证。所以,虽然此案是集体腐败案的典型,但是仍然具有一把手腐败案的特点。从本案可以看到,控制腐败的重点还是对掌握大部分权力的一把手进行监督和约束。

七、组团贪腐的征地办全军覆没

2011年起,河南省许昌市东城区拆迁领域60余人相继被检察机关批捕、起诉,加上数人潜逃,东城区征地办全军覆没,日常工作全面停顿;动迁中心也只剩下数名工作人员勉强维持。征地办负责征地,动迁中心负责拆迁。许昌当地人说,东城区征地办和动迁中心只剩两块牌子了。所有的涉案人员,以拆迁之名"承包"了许昌市东城区的拆迁事务,为自身谋取利益,贪污、受贿的涉案金额动辄数百上千万元。

其中一名涉案人员说:"进了这个圈子,不贪就是另类,不贪就受排挤,不想贪也得贪。"

(一)案例内容

1.冰山一角

城市快速发展过程加快了城区改造和重新规划。许昌市东城区规划面积为48平方公里,是许昌市未来的政治、经济、文化中心。《许昌日报》曾这样描述过东城区前景:"我们立志打造法兰西风情社区,把这里变成永远的普罗旺斯。"随着许昌市东城区城市发展规划出台,东城区土地整理进入快车道。许昌市为拆迁工作投入颇多,预计用于补偿的费用高达数亿元,巨大的蛋糕引来了贪婪的苍蝇。

许昌东城区征地办和动迁中心数十名工作人员"组团贪腐"大案一时震惊全国,但是

玉树新声

该案最初案发却不是从拆迁系统的涉案人员开始。可以说,该案的侦破过程很富有戏剧色彩。

2011年,许昌市检察院收到举报,称该市市场发展服务中心财务科科长李妍在过去两年时间中挪用公款60余万元用于炒股购买理财产品,赚了2000多元。案情本身并不复杂,所以很快就结案了。但是办案的检察官注意到李妍私人账户上经常有大额资金流动,其中一笔拆迁补偿款达到130万元。这笔款项中至少有两处问题:一是市场发展服务中心单位的拆迁补偿款怎么会打到李妍的个人账户上?二是经过调查,该笔补偿款本应该是170万元,另外40万元哪里去了?针对第二个问题,李妍交代说,另外的40万元钱转给了征地办副主任姜汉杰,据说是送礼了。检察院办案人员立刻把调查引向市征地办公室,就在这时,征地办副主任姜汉杰主动来到魏都区检察院投案自首,交代了自己贪污、挪用公款、受贿的犯罪事实。

2010年5月,时任征地办副主任的姜汉杰负责东城区徐湾蔬菜市场的拆迁工作。本来拆迁徐湾蔬菜市场只需要向其所属的许昌市市场发展服务中心支付130万元拆迁补偿费,姜汉杰却安排人通过伪造虚假拆迁补偿协议多支出了近40万元补偿费,开出了一张近170万元的补偿费转账支票。钱到账之后,姜汉杰仅将130万元补偿费转入市场发展服务中心财务科科长李妍的个人账户(即前文提到的本案关键线索),将剩余的39万余元贪污。

市场发展服务中心知道姜汉杰利用中心的名义冒领近40万元补偿款,不过乐见其成。因为姜汉杰在市场发展服务中心拆迁补偿过程中给予后者以重要的帮助:在拆迁经费紧张的情况下,力主优先落实市场发展服务中心的补偿款。在姜汉杰的大力关照下,市场发展服务中心顺利领到2000多万元拆迁补偿费。所以,除了配合姜汉杰隐瞒其贪污补偿款的事实,还另外给姜汉杰送去了55万余元感谢费。

至此,征地办工作人员利用职权贪腐案露出了冰山一角。

2.顺藤摸瓜

从姜汉杰腐败行为特点来看,该案可能不是孤立存在的。检察院随后对征地办展开一次彻底摸排。调查人员从征地办领导干部和工作人员的家庭财产底数入手,办案检察官发现征地办主任李全民、工作人员王春喜、代军峰等人的银行存款数额巨大,账户资金也进出频繁,有多名疑似拆迁补偿对象向其账户转账。随着调查的不断深入,许昌市东城区征地拆迁系统集体腐败案开始浮出水面。

早在 2009 年 5 月，刚刚上任半年的征地办主任李全民指使下属以贾根明的名义虚造拆迁补偿协议，骗取了拆迁补偿款 73 万余元。此后，李全民一发不可收拾，在短短两年半任职期内累计 39 次贪污、受贿，平均几乎不到一个月就有一笔，均是指使下属虚造拆迁补偿协议骗取拆迁补偿费，或帮助他人编造虚假拆迁补偿协议收受贿赂。在征地办主任任上，李全民单独和伙同骗取、侵吞东城区拆迁补偿费 599 万余元，非法收受他人贿赂 561 万余元，涉案金额高达 1160 万余元。

2010 年 10 月，许昌市东城区半截河办事处城建所的驻村干部张某，托人找到征地办的王春喜和代军峰，希望他帮忙给在菅庄的岳母的养殖场多一些拆迁补偿。在王春喜和代军峰的帮助下，张某的岳母拿到了 59 万余元的征地拆迁补偿费。作为回报，张某按照王春喜和代军峰的要求，提供自己母亲贾某的身份信息和岳母养殖场的房产资料，配合王春喜和代军峰另外签了一份虚假拆迁协议。王春喜和代军峰利用这份协议骗取补偿款 60 万元据为己有。2010 年 11 月，王春喜同代军峰、锁双林找了十几个身份证，以王志国、张同庆等 13 人的名义制作虚假的征地拆迁协议，骗取拆迁补偿费 318 万余元。

王春喜在职的短短 27 个月间，骗取拆迁补偿费 1016 万余元，受贿 336 万余元，总涉案金额高达 1353 万余元。以平均收入计算，王春喜每月除工资之外，还有 50 多万元黑金进账。

同样的情况也出现在动迁中心。这两家机构本来各有分工，随着 2011 年征地办窝案案发，办案检察官在办案过程中发现，因为负责的村不同，需要签字的手续也有差别，在需要对方配合造假的时候，两家机构也都心照不宣地给予对方各种方便。有时乡干部、村干部、村民也会参与其中一起瓜分，在检察机关立案查办的征地拆迁领域腐败窝案涉案的 31 人中，近一半是乡村干部或村民。随着办案检察官开始将侦查重点转向动迁中心，越来越多的涉案人员进入检察官的办案视线。经过侦查，与动迁中心相关的也有 30 多人牵扯进了这起窝案中。

目前已经有部分涉案人员被法院判处刑事处罚，另有部分涉案人员还在调查之中。

经过官员审判，被告人姜汉杰犯挪用公款罪，判处有期徒刑 3 年；犯贪污罪判处有期徒刑 5 年零 6 个月；犯受贿罪，判处有期徒刑 6 年；数罪并罚，决定执行有期徒刑 12 年。

被告人李妍犯挪用公款罪，判处有期徒刑 3 年，缓刑 3 年。

（二）专家点评

对外经济贸易大学公共管理学院副教授李长安：政府主导的城镇化模式还容易导致腐败和激化社会矛盾。由政府而非市场推动的城镇化过程，必然将政府置于各种矛盾的主要漩涡之中，既损害了地方政府的形象，也给我国的城镇化带来了先天的缺陷，不符合市场经济体制的根本要求。

（三）案例分析

心照不宣、沆瀣一气，是集体腐败的典型特点。在本案中，除了涉案人员众多、涉案金额巨大、社会影响恶劣之外，还反映出了一些值得思考的问题。

第一，领导者在组织或部门廉政建设中起到至关重要的作用。在当前权力配置结构中，公共权力更多地集中在单位"一把手"身上，主要领导干部对组织工作作风的影响很大。另外，一些单位和部门中监管机制还不完善，主管领导干部的权力相对独立，所受到的实质性制约较少。在本案中，刚刚上任的征地办公室主任带头弄虚作假骗取征地补偿款，上行下效，其他干部职工也会像他一样伸手捞钱。

第二，反腐败不仅仅组织自身建设的问题，而是需要整个社会共同行动。以往集体腐败案涉案人员更多的是组织或部门内部工作人员，而本案中大量拆迁户也"积极配合"征地拆迁工作人员贪腐——只要自己可以从中分得一杯羹。可以看到，之所以本案扩展到如此大的规模，持续如此长的时间，最后竟然还是因为组织外部一个偶然的线索引起调查，其中一个关键原因是所有涉案人员合谋贪污财政补偿款项过程中，涉案者从中得到巨额好处，但却没有直接的利益损失者。所以，这伙集体腐败案的涉案人员才会如此胆大妄为，因为他们瓜分的是"没有主人的蛋糕"。

针对以上两个问题，一是要加强对各单位、各部门主要领导干部的廉政问责，针对一些严重的腐败案件要倒追主要领导干部的监督责任；二是加强对公共资源使用过程的监督管理，特别是不直接涉及具有组织和个人利益的事项，因此与此相关的腐败行为可能较少有人会发起举报。

剪綵為花

隋煬帝

帝鉴图说

剪彩为花

剪彩为花①

【历史背景】

隋炀帝杨广,是隋朝的第二个皇帝,隋文帝杨坚的次子,史书记载他是个很有才华、头脑精明的人,却以残暴著称于世。隋文帝是一个特别注意节俭的人,所以杨广一直在父亲和母亲独孤皇后面前伪装得很朴素,讨其欢心,文帝废长子杨勇的太子位,让杨广代替。当杨坚病重时,杨广露出了本来面目,调戏隋文帝的宠妃,被文帝知道后,竟然残忍地将文帝杀掉。历史上的杨广也曾经大有作为,在他二十岁的时候就统一了天下,还采取了一系列有效的措施对国家进行治理。杨广还向西开拓疆土、安定了西疆、还与各国开展贸易、疏通了丝绸之路。

隋炀帝杨广即位后,不顾国力和民力的限制,同时开展营建东都洛阳和开通大运河两项重大的工程。

为了洛阳城的早日落成,隋炀帝每月役使二百多万人参加营建工程。负责营建洛阳的宇文恺,为了迎合隋炀帝,兴建东都时规模力求宏大。东都建成后,是城中套城:内有宫城、中有皇城、外有廓城、壮丽无比。为了赶时间修筑城墙、殿宇,工匠死伤了十分之四五。运送工匠们衣不遮体的尸体的车辆,在近百里的道路上绵延不断。为了运送大殿中的一根巨木,隋炀帝下令征召了两千人,用了几十万个工匠把它从江西运到东都。干这苦活儿的百姓,常累得倒在地上没吭一声就死了。

隋炀帝视察了东都,觉得很满意。于是,他又令人为他在洛阳城的西边修筑西苑,以供他游玩。

隋炀帝奢靡荒淫到如此地步,不可避免地会走向灭亡。

隋炀帝统治时期,骄奢淫逸。他好大喜功,发动了三次对高丽的进攻(隋朝的时候高丽在今天的我国辽宁、吉林和朝鲜半岛北部地区)。他征调大批工匠在山东东莱(今山东莱州)海口大规模造船为自己的出征做准备。工匠们被迫在水里长时间地工作,不得休息，结果腰部以下都生了蛆，死亡人数占总人数的十分之三四。他还征发江淮以南的劳力和船只运送粮食，据说船只前后相连，长度达到了一千多里。其中负责运送粮食的民工和兵士，有几十万人，好多人因为过度的劳累而死在了路上。这次战争的损失也非常惨重。

【原文】

隋史纪：炀帝筑西苑②，周二百里，其内为海，周十余里，为方丈、蓬莱、瀛洲③诸山，高百余尺，台、观、宫殿，罗络山上。海北有渠，萦纡注海内；缘渠作十六院，门皆临渠；每院以四品夫人主之；穷极华丽，宫树凋落，则剪彩为花叶缀之；沼内亦剪彩为荷、芰、菱、茨；色渝，则易以新者。十六院竞以肴羞精丽相高，求市恩宠。帝好以月夜从宫女数千骑游西苑，作《清夜游曲》，于马上奏之。

【张居正解】

隋史上记，炀帝溺于逸游，用度奢侈。于宫中筑别苑一所，叫作西苑，周围有二百里宽，中为海子，周围亦十余里，海中起方丈、蓬莱、瀛洲等山，以象东海中三神山，各高百余尺。山上都有台、观、宫殿，罗列于上。海子北边，开一道河渠萦迂回绕。引水注于海子内，沿渠盖院落一十六所；院门都傍依着河渠；每一座院里面，都有宫人美女，而以四品夫人掌管。穷极华丽，以恣游乐。遇秋冬时节，见宫树凋落，则剪五彩绢帛为花为叶，缀于枝条之间；于池沼中，亦剪彩为荷、为芰、为菱、为茨，贴在水面，与春夏间的景物一般；久之，若颜色改变，又换上新的，其侈靡如此。那十六院中的宫女，彼此各以肴馔精丽相争相胜，以此希恩取宠。炀帝游观无厌，惟日不足，好乘月夜，随从宫女数千骑遨游苑中；命词人编成清夜游的歌曲，使宫女于马上唱之。未几，又游幸江都，流连不返，遂以失国。

考之于史，隋炀帝之父文帝，性贪好利。洛阳府库，财货山积。炀帝始为晋王，谗杀太子而嗣立。即位之初，见国家财物繁富，遂奢侈纵肆如此。嗟呼！浚百姓之膏血以实府库，而付之于凶狡淫恶之人，贻谋如此，不亡何待？然则隋室丘墟，不独炀帝之罪，盖亦文帝之过也。

夫人主欲为后世子孙长久之计，唯在示之以恭俭仁厚，而审于付托哉！

剪彩为花

【注释】

①本篇出自《资治通鉴》卷180隋纪四,大业元年。记述隋炀帝筑西苑、造高宫、沉湎酒色、游幸无度的故事。

②西苑:隋炀帝所造的宫苑。又叫芳华苑、禁苑。唐称紫苑。故址在河南洛阳市西。

③方丈、蓬莱、瀛洲:见前《遣使求仙》注。

【译文】

隋朝史书上记载:炀帝建筑了西苑,周围有二百里。苑中有个海,周围也十多里。苑中还建造了传说中海上的三座仙山:方丈、蓬莱、瀛洲,山高百余尺,楼台、道观、宫殿,在仙山上层叠起伏。海的北面有条渠,迂回曲折把水注入海内;沿渠建造十六座院,院门全都临渠;每院由一位四品夫人主持,华丽无比,无所不用其极。当宫中树叶凋残落地时,就剪五彩绢帛,做成花朵、绿叶,点缀在树枝上;池沼内也用彩绸剪成荷花、荷叶、鸡头、菱角;每当彩绢褪色,就换上新的。十六座院争相以美味佳肴求得皇帝的恩宠。炀帝喜欢在月夜率领数千名宫女骑马畅游西苑,让人作《清夜游曲》,在马上演奏。

【评议】

隋炀帝杨广似乎已经成为穷奢极欲的代名词,凡是在历史上提到这个人的时候,人们想到的就只有这一点。杨广曾经也是一个有作为的皇帝,为中国历史的发展做出过突出的贡献,但是由于他好大喜功,挥霍无度,滥用民力等,百姓遭受了巨大的痛苦,那个时候,在杨广的眼里百姓似乎不是人,而只是为他做事的牲畜,甚至连牲畜都不如。在有关杨广的历史记载当中最引人注目的就是他的挥霍淫逸。杨广的奢侈在中国的历史上都可以用登峰造极来形容了。在我们这个故事当中看到的只是他那些耗费民财、滥用民力的奢侈工程之一,西苑当中的一系列的设施与建筑等无不显示了这位皇帝的恶德。这些穷奢极侈的君主们,为了显示自己的威严或国家的富庶而建造的那些建筑越是辉煌就越是显示了他们的恶行之大。隋炀帝的工程几乎每一个都可以作为他的罪证。这样的皇帝因为自己的德行不佳，百姓最终肯定会反叛他，而隋文帝苦心经营的家业也最终毁在了这样一个假仁假义又奢侈无度的家伙手里。

【拓展阅读】

炀帝杨广

杨广是隋文帝杨坚的第二个儿子，在登基称帝之前，他抑制他荒淫奢侈的本性，通过阴谋争宠，最终成功谋得太子地位。杀害父亲杨坚自己称帝后，杨广性格中专擅福威、纵情声色的一面马上就显现出来，他虽然也做出过伟大的功绩，但是更多的时候是荒淫残暴、穷奢极欲。杨广的这些行为使得众叛亲离，百姓穷困，最终官逼反民，把一个大好江山给葬送。

少年英才　谋储逼宫

杨广自小就聪明伶俐，诗词文章样样都行。当杨坚还是北周大臣的时候，杨广就已经被封为雁门郡公，当然这得益他父亲的功勋。杨坚即位称帝后，封杨广为晋王，并让他担任并州总管，此时杨广年仅 13 岁。第二年，隋在并州设置河北道行台尚书省，杨广又任武卫大将军上柱国河北道行台尚书令。

年仅十几岁便担此大任，除了杨广聪明，更多则是隋文帝杨坚为了巩固其统治而为之。文帝吸取了北周孤弱而亡的教训，因此他把他的儿子派到地方，各掌一方，以此来稳固杨家统治。为了使这些皇子们能够堪此大任，文帝从朝中精选了一些正直且有才望的人来辅佐他们，杨广周边的辅佐大臣是王韶等人。王韶等人不负文帝所托，尽心尽力辅佐杨广，使杨广在文才武略方面得到很大进步。

开皇八年(公元 588 年)，隋文帝以次子杨广为统帅，发兵 50 万大举进攻南陈政权，第二年春，就把陈朝灭掉。虽然此时的杨广是最高统帅，但基本上是坐享其成，因为实际指挥部署作战的是元帅长史高颎，攻城略地的则是武将贺若弼、韩擒虎、杨素等。杨广攻下建康后，把陈后主身边的有害于人民的邪佞之臣都杀掉。同时他又让高颎和元帅府记室参军裴矩一起收缴南陈地图和户籍，封存国家府库，金银财物不取分文，这样的风度使杨广获得了天下人民的称赞。之后，他晋封太尉，再任并州总管。

后来，在平定江南士族高智慧叛乱、反击突厥等战争中，杨广作为统帅皆立下大功。在文帝的五位皇子中，杨广的战功是其他几位皇子所不及的。由于官职、地位的不断提升，杨广开始觊觎皇位。不过，实现这个愿望有点难，因为文帝在即位后不久就已经立长子杨勇为皇太子，杨勇是法定的皇位继承人，如果杨勇没有死亡或被废掉，杨广是没有机会当皇帝的。

杨广十分清楚，只有皇帝废掉杨勇，他才能夺得太子之位。于是，在后来的岁月中，他做了两件事情，这两件事情就是讨父亲的欢心和秘密培植自己的亲信党羽。

首先，杨广通过阴谋权术不断迎合文帝与独孤皇后。文帝本人十分节俭，孤独皇后痛恨男子宠爱姬妾，太子杨勇没有心机，无视文帝及皇后的性格，偏偏喜欢奢侈与女色，久而久之，文帝与皇后都对他产生了厌恶之感。而杨广呢，虽然也喜奢侈与女色，但是他为了得到太子之位，先把这些都暂时地隐藏起来。他只和王妃萧氏住在一起，不宠爱其他姬妾。每当文帝和孤独皇后到杨广住的地方的时候，他都会事先进行布置，把一些年轻美貌的姬妾藏起来，让一些年老丑陋的人穿上粗布衣服。文帝与独孤皇后见此，就逐渐地开始宠爱他了。而对于文帝和独孤皇后派来的人，他都会以礼待之，临走时还会送上礼物。这些人因为得了好处，在文帝和皇后面前都是好话连连，由此，杨广在文帝和独孤皇后心目中的地位不断攀升。

当然这些还不够，改立太子之事必须还要得到朝中大臣的支持。杨广勾结了不少在朝中与太子杨勇不和的大臣，其中就有著名的大将杨素，这些大臣们平日里在文帝和皇后面前不断中伤杨勇，文帝遂起了罢黜之意。开皇二十年（公元 600 年），杨勇被废为平民，太子党被消灭，杨广如愿以偿。

仁寿四年（公元 604 年），文帝病重卧床不起，杨广认为他登上皇位的时机到了，于是写信给杨素请教如何处理后事。不料送信人把杨素的回信错送给了文帝，文帝看后大骂不已。这时，又有文帝宠妃陈氏告状说杨广在夜里调戏她。文帝这才看清杨广的本性，便命令身旁大臣拟诏书重立杨勇为太子。杨广得知消息后，立即与杨素密谋，带兵包围了皇宫，谋杀了文帝，之后，又杀掉杨勇及其他兄弟。就这样，杨广以弑父杀兄的手段登上了皇帝的宝座。

改新律制 大兴工程

登上皇位后，炀帝杨广还是做过一些事情的。即位之初，他下诏免除妇人与奴婢、部曲的课役，男子成人的时间由 21 岁改把 22 岁，以缩短服役的时间。之后，他又并省州县，改州县为郡，改部分台、省、府、寺官名。制定新的法律《大业律》，除去《开皇律》中的十恶条款，并把其中一些重刑改为轻刑。正式设立进士科，确立了在我国延续了一千多年的科举制度，对中国封建社会产生了极大的影响。此外，杨广还恢复了文帝时期取消的国子监、太学等，兴建学校，整理典籍。

为了消除自西晋末年以来的分裂割据的遗迹，巩固隋王朝的统治，杨广开始建造一系列浩大宏伟的工程。即位后的第一年，他就决定营建东都洛阳。他任命杨素领营东都太监，每月役使 200 万人，整个工程仅历时一年就全部完工。在营造东都洛阳的同时，杨广又下令在洛阳西郊建造"西苑"，整个西苑周同两百多里，苑内有海，海中有岛，苑内建筑极其华丽，共有 16 个院落，每个院落由一个妃子主管。

在杨广修建的所有的大型工程中，最著名的当属大运河。公元 605 年，为了加强对南方的统治及方便游玩，杨广征调了大量民工，历时 6 年，开凿出一条北起涿郡，南到余杭，全长达五千多里的大运河。整个工程共运用约 1.5 亿人工，分摊到当时隋朝百姓的头上，相当于每户就要出近 20 个人工。这也就导致了无数民工累死、饿死，有的民工还被杨广杀死，据说当时有一段河道没有挖到规定的深度，杨广勃然大怒，下令将施工的所有人都活埋。大运河的修成可谓是由累累白骨堆砌而成的。

杨广在位期间这一系列的浩大工程，一方面显示了杨广滥用民力，穷奢极欲的本性，导致国家大量金钱被消耗，但话又说回来，这些工程又的确加强了隋朝对全国范围内的统治，维护了国家的统一。如东都洛阳的建设和大运河的修建，为中国经济重心转移到南方后，整个国家的政治、经济布局提供了有效的方案，为中国后世的繁荣富强打下了牢固坚实的基础，影响了中国以后 1000 多年的政治、经济规模与格局。

荒淫无道 奢侈巡游

杨广曾经为了得到太子之位，把自己荒淫奢侈的一面隐藏起来，在文帝和皇后面前装出一副仁孝恭俭的样子。当他得到帝位之后,这忍隐许久的一面马上就暴露无遗,奢侈的千里巡游、数以千计的后宫佳丽,这些作为也使得他成为中国历史上妇孺皆知的荒淫残暴的君王。

杨广是一个好色之徒,在父亲临死的时候,他就调戏过父亲的宣华夫人陈氏,杀死父亲夺得帝位后没过几天,他就把宣华夫人叫来与他同床共寝。他的后宫除了萧皇后和众多的贵人、美人,还有在西苑的16院夫人及宫女数千人。但杨广还是嫌不足,又下令江淮诸郡每年都要挑选资质端丽的童女送入宫中。

杨广除了好色,还生性好动。从大业元年(公元605年)起,他先后三次通过大运河到江都巡游,每一次游玩,气派都大得惊人。如第一次巡游江都,大小船只数千艘,他坐的船叫龙舟,高四十五尺,宽五十尺,长两百尺,有四层,上层为正殿和东西朝堂,中间二层有120间房子,装饰极为华丽,最下层为内侍宦官住所。随行的嫔妃、王公大臣船只数千艘首尾绵延长达二百余里,光是拉船的纤夫就有8万多人。船队所过的州县,五百里内都要贡献食物,都是水陆珍奇,佳肴美味,吃不掉就倒掉。这些食物所花金钱都是沿途官员盘剥百姓而来,这也就导致沿途许多百姓倾家荡产,民不聊生。

不仅如此,他还不惜民力,追求新奇,游玩的花样层出不穷。有一年,杨广不走水路,而走陆路去巡游,依旧气派非凡,带兵50万,旌旗辎重绵延千里。征调了10多个郡的民工,在太行山上为他开凿了一条通往并州的大道。又令民工在榆林至涿郡修建了一条长三千多里,宽百步的御道。同时,又征调100万人,限期20天,修筑长城,以保护他的安全。

经营西域　东征高句丽

杨广荒淫无道的生活给人民带了无尽的痛苦,但是,面对饥寒交迫的人民,杨广没有采取有力的措施来改善民生缓解矛盾,而是通过四处征战的方式来转移人民视线。他动员了全国大量的人力、物力和财力,从而在更大程度上加剧了国内的阶级矛盾。

杨广四处扩张巩固边防,为了开展对外贸易,决定开发经营西域。在此之前,他先是派兵打败了西突厥的处罗可汗,扫清一大障碍;然后又出兵击败吐谷浑,将其领地建成四郡,派遣官员治理,保证和西域的畅通。

按理来说,经营西域的话,可以有效地促进贸易,发展经济。但是,炀帝杨广却是一个好大喜功、贪慕虚荣的人，他经营西域并不是为了发展经济，而是为了炫耀隋朝的富有。他用金钱来引诱西域的商人来朝贸易，还命令西域商人所经过的地方郡县要殷勤招待。大业六年（公元610年），杨广还在洛阳大演百戏来招待西域商人，前后达一个月之久。为了炫富，他命令洛阳所有的店铺都要用华丽的帷帐装饰，西域的商人们在洛阳可以随便吃、随便住，而且不花一分钱。杨广这些劳民伤财的措施造成了很多人贫困破产，国家为经营西域所耗费的资财每年多达亿万钱。由于他的贪慕虚荣，白白地浪费了国家巨大的财富。

但是，杨广向外经营扩张规模最大、时间最长的并不是经营西域，而是发动的对高句丽的三次侵略战争，这三次战争耗尽了隋文帝励精图治20年所积累的丰厚遗产，给人民造成了深重的灾难，弄得天下百姓怨声载道，隋朝也由此走向衰竭、灭亡。

大业三年（公元607年），杨广巡游到东突厥，在启民可汗的大帐碰巧遇上高句丽使者。炀帝想让高句丽王高元到隋朝，结果高句丽王拒绝。隋炀帝便以此为借口，准备出兵征伐高句丽。

在出征前，他做了充分准备。征调大批工匠在东莱大规模造船，为了赶工期，很多工匠被迫在水中昼夜工作，长期的浸泡使许多人腰以下都生蛆了，死者无数。他还征江淮的大量民工与船只从洛阳往涿郡运粮。大业八年（公元612年），杨广下诏大举进军。隋军130万人，号称200万，分水、陆两路进军。结果水陆军队都失败，这次征伐给人民带来了无穷的灾难，农民起义不断，给隋朝的统治造成了严重威胁。

而对风起云涌的农民起义，隋炀帝不思悔改，于次年又发动了第二次对高句丽的战争。这一次作战布置和第一次基本相同，可是当陆军到达前线的时候，黎阳杨素的儿子杨玄感发动了叛乱，无奈之下，杨广只能撤军回救洛阳，第二次东征又告失败。

此时隋朝的元气已经大伤，隋炀帝丝毫不管即将到来的灭顶之灾，于大业十年（公元614年）又发动了第三次对高句丽的战争。虽然最终取得军事上胜利，但这已经阻挡不了隋朝即将走向灭亡的颓势。

官逼民反　身死兵变

隋炀帝统治以来数次巡游以及穷奢极欲的挥霍消耗了巨大的财富，使得隋朝的经济走向崩溃。而无止境的徭役和兵役，使得千千万万的农民无法生活。农民无法生存，只有铤而走险,起义反抗暴政了。隋末第一支农民起义军是由山东长白山的王薄号召起来的,他的口号是反对远征高句丽,无数逃避兵役徭役的农民参加进来。之后,各地备受兵役徭役之苦的人民纷纷响应。

杨广仍不知收敛,依旧我行我素,奢侈残暴,而且拒不纳谏。三征高句丽后,杨广又要去东都游玩,当时的太史令就进谏,要炀帝不要只顾玩乐,应关注民生。结果炀帝很生气,把太史令杀掉,其他一些劝谏的也都被杀或者被贬。

在内外叛离的情况下,杨广就准备南游江都,避开农民起义的锋芒。他继续征调大量民工,命他们在江都重造龙舟送来东都。大业十二年(公元 616 年),龙舟造好送来洛阳,杨广不顾朝廷的安危,杀了一些劝谏的大臣后,便去江都巡游去了。在江都的一年多时间里,各地起义不断击败隋朝军队,许多地方的武装势力见隋朝即将灭亡,也纷纷起兵自立。其中太原留守李渊起兵直接攻下隋朝都城长安,并立杨广的孙子杨侑为傀儡皇帝,遥尊炀帝为太上皇。

终于,暴君杨广的末日来临。义宁二年(公元 618 年)三月,杨广准备从江都迁往长江以南的丹阳城,但是随驾的卫士多为关中人,早已怨恨久居江都不还,见杨广还要南迁,纷纷谋划逃回故里。这时,虎贲郎将司马德戡、元礼等利用卫士们思乡的情绪,共同推举宇文述的儿子宇文化及为首领,发动兵变,将杨广勒死,立杨浩为帝,率领众卫士返回关中。

同年五月,李渊废隋恭帝杨侑,称帝,国号唐,隋朝从此灭亡。

【镜鉴】

一、"史上最肥科级单位"

湖南省耒阳市矿产品税费征收管理办公室(以下简称"耒阳市矿征办"),2011 年 10 月,衡阳市石鼓区人民法院对耒阳市矿征办集体贪污案做出判决。矿征办原主任、党组书记罗煦龙犯贪污罪、受贿罪和巨额财产来源不明罪被石鼓区法院判处有期徒刑 20 年,剥夺政治权利 2 年,并处没收个人财产人民币 50 万元。

同时被判刑的还有罗煦龙妻子匡秀凤,因犯掩饰、隐瞒犯罪所得罪,匡秀凤被判处有期徒刑2年8个月,缓刑3年,并处罚金10万元。耒阳市矿征办原副主任蒋金辉,因犯贪污和受贿罪被判处有期徒刑4年;矿征办征收股原股长、税费征收大队大队长严溅成犯贪污和受贿罪被判处有期徒刑3年,缓刑3年。

在此之前的9月初,雁峰区人民法院以贪污罪和受贿罪一审判处矿征办原副主任黄某、纪检组长文某有期徒刑各4年,以贪污罪判处行政股原股长吴某有期徒刑2年,缓刑3年。

法院审理的770人中共有110人涉案,其中55人被立案调查,从征收办主任到下属收费站站长纷纷落网,涉案金额达500余万元。

(一)案例内容

1.“史上最肥科级单位”

耒阳是湖南省煤炭资源最丰富的县级市之一,可采储量5.1亿吨。近年来,能源价格上涨在耒阳造就了一批身家过亿的“煤老板”,一些涉煤部门和单位也因此变得炙手可热。耒阳市矿征办只是一个科级事业单位,但是当时每年征收的税费逾4亿元,占耒阳全市财政总收入的1/4强,被称为耒阳市“第二财政局”。

耒阳市矿征办下设12个收费站,50多个收费点遍布耒阳全境。按照规定,耒阳境内所有运煤的车辆按载货量向“矿征办”缴纳相关税费,税费为每吨煤70~80元。按此计算,一辆运煤车需缴纳的税费动辄以千元计。月工资千余元的“矿征办”工作人员,天天与运煤车辆打交道,巨大的心理落差使一些人铤而走险,与煤老板和涉煤企业结成“利益均沾”的“猫鼠同盟”。每天经过“矿征办”收费站点的运煤车辆络绎不绝,当班员工稍微松一下手,每天放行几辆煤车或者少收些税费,车主们就会乖乖地送上大笔“好处费”。员工“搞钱”的主要方法是私放煤车及收款不入账。

由于掌握着煤炭资源税费征管大权,“矿征办”在耒阳是个肥得流油的单位。贪腐窝案浮出之后,耒阳市矿征办也被网友称为“史上最肥科级单位”。而在当地一直流传着这样的说法:“只要进了矿征办,想不发财都很难。”

2.集体分赃

矿产品税费收费站上捞钱的事已经不是一天两天了,而且往往是多个人一起完成。所以,耒阳市矿征办的腐败机会几乎是公开的秘密。矿征办多数职工都选择了沉默、从众，一方面可以获得丰厚的收益，另一方面与其他人保持一致。"上下勾结、利益均沾"，导致耒阳市矿征办成了一个水泼不进、针插不进的监督"盲区"。

当所有人都默认并参与分赃的时候，腐败就不再偷偷摸摸，而是形成了"潜规则"，甚至以领导班子开会的形式集体讨论分赃具体事宜。

在 2008 年之前，耒阳市矿征办有一个收费站就形成了这样的传统：每次当班人员收到"红包"后，就会自觉扔到站长办公室内的一个大纸箱里。端午节前的 20 多天内，该收费站通过私放煤车，大肆向运煤车辆收取"红包"。到了端午节前 3 天，站里几个领导带着纸箱到耒阳市宾馆开房间商量如何分钱，仔细一查，发现纸箱里的赃款竟达 118 万元。

当时耒阳市矿征办各下属站点流行着一个"潜规则"，即每次非法所得都会按一定比例分成，通常是 70% 由站内员工私分，剩下的 30% 送给矿征办领导。在收受下属站点的"进贡"之后，矿征办领导对下属站点的贪腐行为就睁一只眼、闭一只眼。

在耒阳市矿征办内部，领导干部采取"集体决策"方式，为班子成员和部分中层干部捞取巨额奖金。罗煦龙以矿征办主任、党组书记的身份先后 4 次主持召开领导班子成员会议。在财政核付给领导班子成员应得奖金已经全部兑现的情况下，采取截留部分收费站的超产奖、伪造各站点发放奖金名册、虚报超收数额和降低任务指标多提超产奖的办法，套取资金私分给领导班子和部分中层干部，先后贪污公款 57 万多元。

当时参与侦办这起窝案的衡阳市石鼓区反贪局副局长赵奇说："在耒阳市矿征办，所谓的班子成员，不如说是'分赃会'成员更确切。从调查的情况看，耒阳市'矿征办'领导班子每次私分公款都是采取集体决策的形式，从主任、副主任到部分中层干部，按照职级不同，领取'奖金'额度也不同。"

（二）专家点评

中央党校科研部研究室主任洪向华：当前我国市场体系尚不健全，法制建设还不完善，因此在一段时间内，集体违法违纪案件还将呈现高发态势。为此必须加强监控，对权力进行限制和约束，从体制机制上推进变革，促进权力在阳光下透明运行。

（三）案例分析

掌管巨额的经济利益但是却没有与之相应的严格监督，造就了耒阳市矿征办这个

"史上最肥科级单位"。值得注意的是,在耒阳市矿征办职工工资表上看,职工每月工资收入不过 1000 多元钱,但是在案发前,却是在当地炙手可热的工作单位,这里面的吸引力显然是来自岗位可以带来的灰色收入。只要更高的收益,总会存在更高的诱惑。从腐败的本质来看,耒阳市矿征办面临着较高的腐败风险,其中发生的腐败案并非偶然,但是却一直没有引起足够的重视,直到铸出大案。

形成信息封闭的攻守同盟,是集体腐败案的典型特点,这也为案件调查侦破造成了最大的障碍。"透过这起集体贪腐案件,一条上下勾结、利益均沾的腐败生态链清晰可见。"集体腐败案向我们传递这样的信息:如果公共管理过程中存在灰色收入机会,特别是存在巨大的利益诱惑,反腐倡廉可能面临更大的挑战。一旦腐败分子结成利益同盟,再想从外部对该组织展开调查则会更加困难。所以,从根本上讲,廉政建设要注意预防腐败环节,争取以更小的成本实现控制腐败的目标。

二、贪腐"父子兵"

张治淮,安徽省宿州市国土资源局原局长。张冬,安徽省宿州市国土资源局经济技术开发区分局原局长。2013 年 8 月 8 日,安徽省高级人民法院终审判处张治淮死刑,缓期 2 年执行;判处张冬有期徒刑 15 年。

同台受审的张治淮和张冬,都是宿州市国土局这种所谓"肥缺"的一把手,而且还是上下级关系,更让人吃惊的是,二人竟然是父子。法院终审判决中认定,张治淮和张冬两人共同收受他人贿赂共计人民币 1741.81 万元、港币 40 万元、购物卡 1 万元以及价值人民币 58.12 万元的丰田越野车一辆;此外,张治淮单独收受、索取他人贿赂共计人民币 455.1 万元、购物卡 20.8 万元、美元 1 万元、价值人民币 25.52 万元的帕萨特轿车一辆、价值人民币 76.19 万元的住房一套(未遂);张冬单独收受他人贿赂共计人民币 76 万元。

父子两人先后共计 46 起受贿事实,受贿数额超过 2000 万元,真可谓是一对贪腐"父子兵"。

(一)案例内容

1.家族式腐败

1952 年出生的张治淮，自 2002 年 1 月起担任宿州市国土资源局局长。只有大专学历的张冬 2003 年 3 月便成为宿州市国土资源局土地利用管理科副科长，掌管土地使用权划拨、出让等要务。2006 年初又被提拔为宿州市国土资源局经济技术开发区分局局长，父子两人把握要职，打造家族式的权力王国，紧密合作，更加便利地利用职务寻租。

张治淮父子把公权力视同私器，当作谋取个人利益的工具，儿子负责"拉皮条"捞钱，老子弄权负责签字，两人配合默契，肆无忌惮，创下共同受贿 1741 万多元的"业绩"。

2.稳定的贿赂关系

在超过 2000 万元的受贿金额中，来自某房地产公司负责人杨某的贿赂就达到 754 万余元。张氏父子与杨某的"合作"历时 6 年多，算得上是稳定的贿赂关系。

2005 年 1 月底，杨某通过时任宿州市国土资源局土地利用管理科副科长的张冬，联系上张治淮，请后者在宿州市南关菜市场改造项目上予以关照。第一次在张治淮办公室见面，杨某就留下 2 万元"敲门砖"，敲开了张治淮的权力之门，也开始了双方的利益同盟关系。

在张治淮帮助下，杨某代表公司和宿州市国土局签订了国有土地使用权出让合同，出让价格是他希望的零地价。投桃报李，杨某再次给张治淮送上 2 万元。与此同时，杨某向张冬许诺，只要张局长帮忙，以零地价将南关菜市场周围 60 余亩土地给他们公司开发，赚到钱后，给张冬家 1000 万元。张冬欣然答应去做老爸的工作。

此后，张氏父子在土地开发权审批、土地性质变更方面为杨某的公司提供了诸多帮助，为了感谢张治淮的关照，杨某以与张冬小姨夫共同出资开发河南商丘一房地产项目的名义，安排工作人员往张冬小姨父办的公司账户上分两次汇了 300 万元。后杨某由于资金周转不开，找张冬借钱，承诺给予高息。4 个月之后，张冬要杨某先还 500 万元，杨某将 500 万元转到张冬亲戚所办的公司账户上。11 月份，张冬借口急等着用钱，叫杨某再还点钱。杨某叫公司财务到银行取 300 万元。张冬随手写了一张借条，拿走了 300 万元。

2011 年 3 月，张治淮听到风声，杨某可能要出事了，叫张冬把第一次送给他们的 300 万元退给杨某。张冬安排亲戚直接汇款给杨某公司。但归还没几天，张冬又打电话和杨某说要把 300 万元拿回来。杨某无奈，又送回那 300 万元。

3.巧取豪夺

2008 年初，卢某接手一家房地产开发公司，急于寻找开发项目，当他得知张冬因腰椎间盘突出在上海长海医院住院治疗的消息后,立马赶去上海看望,送上 2 万元慰问金。两人由此开始密切交往。

2009 年下半年,经张冬帮忙,卢某和另一家开发公司洽谈联合开发宿蒙路一宗土地。卢某请张冬帮忙变更该地块中部分土地的性质,2009 年 11 月,张冬向卢某索要了 450 万元。卢某向他人要了较高的利息后借钱给了张冬。

经过张氏父子一系列的操作之后,卢某终于拿到了 18 亩土地的两个土地证。没过多久,张冬说要买一辆奥迪 A6 轿车,让卢某给他准备 60 万元。卢某找朋友借了 60 万元现金奉上。张冬又指派他将这辆奥迪车在合肥入户,卢某乖乖地支付了车辆购置税等办证费用 5 万元,办好入户手续。后来,张冬还用张治淮在宿州的一套价值 45.84 万元的房子换卢某在合肥价值为 103.32 万元的新房子,两套房子的差价高达 57.48 万元。

如此种种,几年时间内,卢某被张冬父子刮走了 579.48 万元、港币 40 万元、购物卡 1 万元。

此外,张氏父子还在人事任命、干部提拔等环节大肆敛财,几乎把整个国土资源局变成了自己的家。

(二)专家点评

北京市海淀区检察院反贪局副局长罗猛:权力家族化可以被看作是一种"预贪腐"。从职务犯罪的规律来看,这种现象非常容易导致贪腐。如果官员权力家族化不治理,等待人们的将是更加严重的腐败。"预贪腐"不是严格意义上的法律概念,只是一种现象的提炼。概括来说就是很容易滋生贪腐行为的潜在环境,虽然还没有产生实质性的恶果,但是已经具备了构成贪腐行为的若干要件,比如主观上谋求不正当的利益,客观上存在权钱交易的可能性以及家族权力化阴影下监督制约机制的屏蔽,各种因素综合起来已接近贪腐的红线。

北京航空航天大学公共管理学院教授、廉洁研究与教育中心主任任建明:治理权力家族化更迫切的动力在于预防家族式贪腐,这种类型的贪腐如果任其泛滥,更易吞蚀公众的反腐信心。如果大家都失去信心,反腐会越来越难。一些人就会利用各种机会,参与到腐败中来。

（三）案例分析

近年来家族式腐败开始进入反腐倡廉的讨论范围，从安徽宿州"贪腐父子兵"到广东揭阳"子接父任"再到山西运城"房媳"，家族式腐败不断见诸报端，在这些案件背后是涉案者对权力及其附属的贪婪：希望权力可以在家族范围内世代传承。

家族腐败比以往的任何一种腐败形式都更恶劣，可以把它看作是"人事腐败"和"集体腐败"的升级版本，因为以家族血缘纽带为基础建立起来的腐败网络比简单的"因利而聚"的利益同盟式腐败更稳固，更不容易从外界打破，同时，家族式腐败对社会反腐信心损伤极大，权力资源若被家族垄断，不仅反腐败没有希望，而且再想改变这种局面也机会渺茫。

针对家族式腐败，党的纪律和相关法律中都有明确的防范机制，但是仍有一些地方规定得不够细致，在实际操作中留下了空白地带。针对这样的现实，有必要花大力气推进公职人员个人事项申报制度，并对违反申报制度要求的情况规定严格的惩罚措施。同时，加大公共部门信息公开，特别是人事任命等重要决策一定要严格遵守信息公开要求。

三、教育局里的"贪腐团队"

（一）案例介绍

2012年，浙江省台州市路桥区纪委联合区检察院对该区教育系统多名干部的违纪违法问题进行了调查：该区教育局上至局长，下至基建办负责人，乃至街道分管教育的领导干部共7人犯有受贿贪污罪。

经路桥区人民法院审理，最终做出判决：区教育局原局长林小朝因犯受贿罪被判处有期徒刑5年；区教育局原副局长徐道林因犯受贿罪被判处有期徒刑11年，并处没收财产10万元；区教育局党委原委员徐一鸿因犯受贿罪被判处有期徒刑3年6个月；螺洋街道人大原副主任牟逢春因犯受贿罪被判处有期徒刑5年6个月，并处没收财产2万元。区教育局基建办两任主任童永新、朱又财，基建办原副主任陈建宇等3人均因涉嫌犯罪被移送司法机关。

1.从街道分管领导入手

张某是路桥区某工程队的包工头,他的工程队长期承包该区教育系统基建工程。2012年4月,接到举报,区检察院开始对张某进行调查,随之牵出了教育系统的腐败窝案。

2009年,路桥区南山小学基建工程上马,张某承包了该工程。该区螺洋街道人大原副主任牟逢春作为分管教育的街道领导,把这看成自己退休前大捞一笔的最后机会。为此,牟逢春隔三岔五地收受张某"奉上"的汽油卡、超市卡;编造理由索要香烟;让张某给其儿子的手机充值;甚至长期"借用"张某的轿车。

为了能够更快、更多地捞到钱,牟逢春还向张某长期无息借款25万元,开始违规入股投资娱乐场所。投资的娱乐场所工作人员宿舍要维修,他也让张某负责,人工费、材料费分文不付。据统计,牟逢春任职期间共收受购物卡、现金等财物共计人民币6万元。

2.核心目标教育局长

除了牟逢春,张某拉下水的还有教育局长林小朝。

这些年来,路桥区内学校的基建工程基本上都是由张某承包,林小朝与张某也逐渐熟识。有一次,张某承包的某中学食宿楼工程因为桩基问题导致工期延误,此时,恰逢钢筋涨价,工程造价实际上高出了投标价。为解决工程差价补助问题,张某找到林小朝帮忙,并送上5万元。

刚开始,林小朝并不认为这是权钱交易、违纪违法行为,而是"用自己手中的权力为人办事,拿点'小钱'是天经地义的事"。除此之外,其手中握有的人事调动、就学管理等大权,都成为他谋取私利的工具。

某企业老板郑某是林小朝的"朋友"。不过即便是朋友办事,没有钱也是万万不能的。郑某为解决子女就学问题,多次求助林小朝,并先后送去现金共计2.5万元。林小朝全部笑纳,并帮助郑某解决了子女的就学问题。

张某被调查期间,林小朝天天坐立不安,但仍心存侥幸,认为自己只要什么都不说,其违纪违法行为就不会被发现。事后,他忏悔道:"我以为两个人做的事,只要双方都不说,就不会有人知道。"他根本没有想到,建立在相互利用基础上的攻守同盟其实是最没有安全系数的。

3.现官、现管都拿下

除了牟逢春和林小朝,路桥区教育局分管基建的前后两任领导徐道林和徐一鸿也都"栽"在了张某手上。

徐道林自2002年3月至2010年任该区教育局副局长,分管后勤、财务、基建等工作。2007年至2010年,徐道林利用职务便利,非法收受张某等钱物共计32.5万元,其中仅2009年受贿就达18万元。徐道林退居二线后,有人曾私下提醒他,把那些不干净的钱退掉,后半辈子也可以图个安心。但徐道林认为:"在位的时候都没被查,退下来以后组织更不会来找麻烦。"侥幸和贪欲让徐道林晚节不保,最终把自己送进铁窗。

2010年4月,徐一鸿调任区教育局党委委员,接管徐道林的基建工作。

刚进入教育局时,徐一鸿对于贪污受贿在内心是有挣扎的。但是,张某的"魔爪"并没有放过他。为了获得关照,张时不时给徐一鸿送去两三万元,半推半就之后,他均点头笑纳。周某夫妇是某学校塑胶跑道承建商,为了讨好徐一鸿,在酒席上送给了徐一鸿1万元,他并没有推辞……直至他人案发,徐一鸿终日胆战心惊,终于决定到区纪委投案自首。

4.上梁不正下梁歪

为了彻底肃清教育部门中存在的问题,办案人员顺藤摸瓜,对教育局基建科的领导进行了调查,果不其然,教育局基建办两任科长、副科长全部"下水"。

根据调查,这些"下水"官员贪污受贿的方式大同小异——以工程验收、过年过节为由收受他人财物,个别干部甚至有向服务对象无息借款等行为。

长久以来,基建办几年来形成了逢年过节收红包,工程验收合格收红包的惯例。他们认为"大家都收,我为什么不收?不收反而不合群"。他们甚至认为,大礼不收,小礼无关,收小礼违纪不犯法,处分也不会重。但是,往往他们自己都不敢相信。他们悔恨不已:"一点一点积少成多,就这样不知不觉地触犯了法律的底线……"

(二)专家点评

《中国纪检监察报》许静红、李莹莹:我们每一名党员干部尤其是领导干部要不断加强道德修养,增强自身免疫力,始终保持清醒认识,坦然面对名利得失,在内心深处筑牢廉洁自律之堤。相关部门也应不断强化对重点人员、重点领域、重要岗位的监督,完善相关制度,让腐败分子没有可乘之机。

(三)案例分析

本案例是典型的集体腐败形式,组织中不同层级、不同部门的领导干部不约而同地卷入了同一个利益链条,而且这样的利益链一旦形成就会日益自我强化、逐渐变得顽固。正如当事人所说,大家都是这样收钱的,如果我不收反而成为"另类"。本来腐败行为是"桌子底下"的秘密交易,是少数人见不得光的秘密勾当,但是当这类行为被组织中多数人所认可、默许,那么腐败者就会"堂而皇之"从事钱权交易。腐败将会成为组织中常见的行为方式甚至思维方式,集体腐败不仅改变了组织中的规则,而且改变了规则生成的土壤——组织成员普遍的信念和价值观。这也正是集体腐败最为显著的特点。

集体腐败案向我们释放了重要的信号,在个别的组织部门中,腐败正在演变成"主流",如果这些组织或部门是封闭的,那么从内部来看,大家默契地维护共同的利益链条,不能指望卷入腐败的人参与反腐倡廉建设;从外部来看,由于组织成员多数被捆绑在腐败利益链条上,他们不会向外部说出自己快速敛财的"秘密",而组织外部很难获取利益相关的敏感信息,这将导致腐败获得更大的生存空间。

四、江苏徐州的"拆迁黄牛"

(一)案例介绍

邢展、张连喜、黄广亚、刘亮、陈友谊,五人系云东棚户区改造项目指挥部协议送审组(以下简称送审组)原工作人员,由于在改造过程中,五人相互勾结,利用办假证、拉拢贿赂工作人员等方式骗取拆迁补偿款。2012年11月27日,江苏省徐州市云龙区法院做出判决,以犯滥用职权罪、受贿罪分别判处邢、张、黄有期徒刑14年、13年、4年;以犯滥用职权罪、行贿罪分别判处"拆迁黄牛"刘、陈等人4年6个月至1年6个月不等的有期徒刑。

案发之后,邢展、刘亮等人锒铛入狱,这起影响恶劣的案件也露出了它的真实面目。

1.为己谋私尝"甜头"

作为本案的始作俑者，一切都起源于刘亮的贪婪。

2009年底，刘亮听说母亲居住的云东三道街附近房子要拆迁，为了能够得到更多的补偿款，刘亮在院子里又加盖了80多平方米的违建房。为了能够顺利地将违建房被认定合法，刘亮想起了自己的姐夫邢展。

为了拆迁工作的顺利进行，徐州市政府在2010年成立云东棚户区改造项目指挥部，下设政策咨询组、动迁组、送审组等。2010年11月，邢展被从某景区管理处临时抽调至送审组工作，并负责审核各动迁组上报的有关资料，是审核拆迁面积、计算拆迁补偿款最关键的一环。

接到刘亮的请求，邢展便开始行动。他首先找到了负责拆迁面积测量工作的李某（另案处理）寻求照顾，并许诺事成后提供好处。李某答应了。

经过邢展和李某的操作，刘亮母亲家的房子最终被确认为313平方米（含违建面积）。事后，邢展又安排刘亮伪造了房产证、个体工商户营业执照、税务登记证，用于办理其岳母家一楼房屋的"住改非"手续。在邢展的精心运作之下，刘亮母亲家的拆迁协议顺利签订，拆迁协议档案随后被递交至送审组。

由于日常工作量大，送审组有个不成文的规定：工作人员可以独立行使审核权，日常的拆迁协议档案也根本无须请示汇报。而在和上级审核部门打交道过程中，书面审查不会比对房管局登记的房产证信息，这让邢展再一次钻了空子。一个星期后，审核通过，一个月后，补偿方案下发，刘亮母亲家共获得5套安置房以及45.4万元的现金补偿。

事后，为了表示感谢，刘亮给李某送去5000元，给邢展送去3万元以表感谢。

初次"捞钱"轻易得手让刘亮感慨这钱来得真是容易："没想到，凭几个假证就能赚40多万元！"他知道，真正起作用的是来自姐夫邢展的"关系"，而自己也在捞钱的同时让姐夫得到了好处，如此两全其美的好事何乐而不为呢？此后，他在和朋友陈友谊等人吃饭时，有意打起了"广告"："你们谁家要是有亲戚在云东那片拆迁，跟我说声就行，我有关系！"

2.狼狈为奸全覆没

初次合作便取得成功，刘亮和邢展开始内外勾结，熟悉套取拆迁补偿款的全套"业务流程"，他们一面为拆迁户提供突击搭建违章建筑、办假证等"一条龙"式服务，一面寻找政策寻租空间、拉拢腐蚀拆迁工作人员,送审组的张连喜、黄广亚等人均被拉下水。至此,一个以刘亮为首的"拆迁黄牛"团伙逐渐形成。

据统计,从2010年底至2011年10月间,邢展、张连喜、黄广亚单独或者伙同刘亮、陈友谊等人,对多份违建、虚假"住改非"的拆迁协议予以审核通过,并从中获利,致使国家损失共计385.03万余元。

若要人不知,除非己莫为。2012年2月,江苏省徐州市云龙区纪委收到一封举报信:在云东棚户区改造项目中,有拆迁户与拆迁工作人员联手弄虚作假,骗取巨额拆迁款。经过慎重讨论,云龙区纪委决定开始初查。

在初步了解中,办案人员调阅了拆迁档案,发现云东三道街拆迁户杨某拆迁协议档案中的房产证、工商营业执照和税务登记证均系伪造,拆迁户宋某的房产证系伪造。查询拆迁款的去向,办案人员发现杨某的拆迁款中,有20万元经过一个叫作陈友谊的户头转入了宋某账户。而宋某的身份则是从社区抽调到云东棚户区改造项目指挥部的工作人员,但是她只工作了3天。

如此错综复杂的关系,使得办案人员陷入了迷雾之中。就在这时,另一路办案人员获取的线索揭开了这一谜团:宋某的丈夫刘亮是送审组工作人员邢展的小舅子。宋某承认她和刘亮姐姐的房产证均由刘亮伪造,目的就是为了骗取拆迁补偿款。

办案人员又找到了刘亮。在办案人员拿出的铁证下,刘亮道出实情。至此,刘亮等人在拆迁项目中投机取巧,骗取国家拆迁补偿款的腐败窝案终于水落石出。

(二)专家点评

《检察日报》记者:黄牛本就以利益为中心,凡是可以赚取利益的地方,就一定有黄牛的身影。黄牛生存空间越来越大的现实,有关方面应该重视。

徐州市人民检察院微博:当"黄牛"将触角延伸至具有行政执法权、处罚权的国家机关中,就成了搭桥牵线,促成权钱交易的"权力黄牛"。

(三)案例分析

为了获得拆迁补偿,国家公职人员利用手中权力进行运作,尝到甜头后又以此为"发财"手段,这是本案的基本脉络。

　　国家为了改善人民生活,为居民提供更好的社会服务,积极进行棚户区改造工程,然而,由于监管不严、制度欠缺等原因,拆迁补偿款成为贪婪之人眼中的"香饽饽"。为了多拿或者冒拿拆迁补偿款,这些人可谓是费尽心机,违章乱建,贿赂拆迁工作人员,办假证等一系列的手段便随之而来,更有甚者,此案中的几名犯罪嫌疑人居然将其发展成为一个产业,大肆骗取国家拆迁补偿款,从中谋取私利。

　　有利可图的地方就会有人投机。拆迁黄牛的出现不仅仅是当事人利欲熏心,也暴露出一些利益敏感环节监管不力,让他们看到牟利的可能性,才会诱使其铤而走险。所以,问题的根源不在于黄牛团伙,而是在于我们的权力监管体系存在漏洞。

五、非法卖地的村官

(一)案例介绍

　　谭水林、陈绍南,是湖南株洲县渌口镇王家洲村的两位村官。2012 年 8 月,经株洲市中级人民法院审理:由于非法转让土地使用权罪,判处陈绍南有期徒刑 3 年 9 个月,并处罚金人民币 50 万元;判处谭水林有期徒刑 3 年 6 个月,并处罚金人民币 45 万元。

　　两名小小的村官,是如何能够将集体土地的使用权非法转让的呢?

　　1.他人"指点"

　　渌口镇位于株洲县中心区域,王家洲村临近水岸,地理位置颇佳。精明的刘桂海便看中了该村银珠坡一块面积达 4.5 亩的土地。

　　2005 年初,刘桂海找到王家洲村党支部书记谭水林,希望其帮忙购买王家洲村的那块土地建房子。当时正值村里进行村委会选举,谭水林就将此事暂时搁置了下来。不久,陈绍南当选王家洲村村委会主任。谭水林便和刘桂海一起找到陈绍南商议购地事宜。

　　为了能够顺利地买到那块土地,刘桂海已经提前做好了出钱的准备。谭水林和陈绍南组织召开了王家洲村村党支部、村民委员会会议后,在未经国土资源部门审批的情况下,便与刘桂海签订了征地协议。协议约定:王家洲村将一块面积达 4.5 亩的土地使用权,一次性永久出售给刘桂海,刘桂海向王家洲村村民委员会支付征地款 5.4 万元,平均每亩地仅为 1.2 万元。

2. "依样画葫芦"

看到原来可以这样"赚钱",陈、谭二人便开始放手去干,继续"运作"土地。

2006 年 8 月,村民王利民看中了王家洲村橘园岭上学校旁边的一块村属集体土地,陈、谭二人组织召开村"两委"会议后,在未经国土资源部门审批的情况下,再次将一块面积达 21.8 亩的村属集体土地非法转让给王利民,并签订了建设用地协议书。协议规定,王家洲村村民委员会将该闲置山地的使用权转让给王利民,王利民对该宗山地拥有永久性使用权,转让费用为 70 万元。仅这笔交易,王家洲村村委会便非法获利 11.5 万元。

2006 年 11 月,因村道路硬化工程施工,王家洲村欠下施工方刘荣华一笔工程款。刘荣华便提出用土地来抵偿所欠工程款的要求。

有了前两次的"经验",陈绍南便同意将村集体土地卖给刘荣华。随后,陈绍南和谭水林故伎重演,将两块面积共计 10 亩的村属集体土地使用权非法转让给刘荣华,价格为每亩 4 万元,共计 40 万元。11 月 15 日,双方签订了集体土地转让协议书,约定王家洲村将两处山地使用权转让给刘荣华永久性使用,转让费用于冲抵王家洲村所欠刘荣华的修路工程款。2007 年,刘荣华将土地上的建筑物拆除,而王家洲村村委会再次从中非法获利 40 万元。

3. 铤而走险

2010 年 1 月,陈、谭二人召开村"两委"会议后,将 120 亩村属集体土地的使用权非法转让,并与买方签订了《土地使用权、经营权转让协议书》,协议约定王家洲村村委会将 120 亩闲置山地的使用权、经营权以每亩 3 万元的价格转让给刘某和何某,共计 360 万元,转让期限为 50 年。

正当陈绍南和谭水林疯狂贱卖土地之时,一家正在苦苦寻找开发土地的房地产商从中嗅到了商机,主动找上门来要求搞"大开发",并提出一次性要 470 亩土地。

这着实是个不小的数字。然而,唯利是图的两名"村官"打出了"土地流转"的幌子,并与开发商签订了土地流转协议。协议约定,王家洲村将全部果场和部分村组的土地,以土地流转的方式集约交付给该房地产开发公司使用,使用期限为 70 年,每亩土地价格为 4.18 万元,合同总金额达 1972.9 万元。案发前,该房地产开发公司已向王家洲村支付

480 万元。

据办案人员统计,从 2005 年初第一次卖地,到 2011 年案发,陈绍南和谭水林两人共 5 次非法转让土地 628 亩,涉案金额达 2389.8 万元,直接获利 869.9 万元,6 年时间每年获利逾百万元。

案发后,办案人员感到后怕:"如果不是及时被发现,被非法转让的土地还会更多,涉案金额还会更高。"

(二)专家点评

国家行政学院法学部教授、博士生导师杨伟东:中央领导多次指出,要有腐必反、有贪必肃,坚持"老虎""苍蝇"一起打。笔者认为,"老虎"与"苍蝇",是我们对腐败领域中的"大腐败"与"小腐败"的形象概括。"老虎"由于职务比较高,手握重权,容易腐败,且腐败影响大、危害性强,往往容易成为社会关注的热点和焦点,其自然也成为打击的重点。相比之下,"苍蝇"似乎位卑权轻,平时表现的只是小贪小腐,常常不被关注。然而,王家洲村村委会腐败案清楚地表明,发生在群众身边的"小腐败",日积月累同样可以成为"大腐败",严重损害国家形象,侵害公众利益。

(三)案例分析

对于这样一起发生在村民委员会中的腐败案件,其性质之恶劣,涉案金额之大,使得我们不得不为之咋舌。按照我国权力组织结构,村委会仅仅属于基层自治组织。然而,村委会工作人员手中同样拥有相当大的公共治理权力,在实际运行过程中可以带来巨大的经济能量。进而,他们也找到了运用这些权力牟取私利的寻租空间。此案再一次表明,腐败与权力大小、官员职务高低并没有必然的关联。只要是权力,如果得不到有效的制约和监督,就有走向腐败的可能。

警惕群众身边的"小腐败",防微杜渐,是预防"大腐败"的重要基础。腐败与我们党、政府以及整个社会的基本价值观水火不容,不论腐败程度或者规模,只要是腐败就要坚持抵制。从本质上讲,我们应该更多地关注腐败的性质而不是数量,在整个社会中逐渐培育对腐败"零容忍"的文化氛围,让腐败成为过街老鼠无处藏身。

六、资质评审背后的内幕交易

（一）案例介绍

罗晓杰、颉建玮、刘宇昕，北京市住房建设系统的三位工作人员，因三人在建筑行业资质升级过程中利用分管审批、掌握信息、参与评审等便利，通过帮助企业，取得名表、股份、房产、现金、汽车等贿赂，涉案金额巨大，性质极其恶劣，于2013年5月，被北京市司法机关依法审理。那么，这样一起腐败窝案的真实面目究竟是什么样的呢？

1. 透露消息换取金钱

建筑企业资质评审有着严格纪律和保密规定，不允许评审专家互通评审信息、向评审企业透露评审信息。住建部建筑市场监管司综合处原调研员罗晓杰将其当成"商机"。不管是否通过，提前透露一条消息就能值几万块钱。

根据罗晓杰交代，因为工作便利，她能提前知道资质审查情况。2007年，有人找到她，并向她提出"提前透露评审信息"合作要求，并先后给她送上45万元的贿赂。

"不论企业是否通过评审，她都提前通报，这样就可以提前告诉企业，企业也愿意找她办资质升级的事。"向罗晓杰行贿的重庆一家从事资质申请代理的企业负责人说，企业如果提前得到通过的信息，即使还没公告，也可以通过省级建设部门开出"资质升级"证明，从而可以更早以"高一级的资质"参加招投标。对企业来说，商机就是价值，而帮助企业促成商机的罗晓杰也得以有机会从中"分享"商机带来的"利润"。

2. 狼狈为奸，放宽标准

作为建筑企业资质审查专家库专家，北京市住房和城乡建设委员会综合服务中心副主任颉建玮也是"信息倒卖"链条上的重要一环。

罗晓杰曾找颉建玮关照一些企业资质升级的审批事宜。她让颉在企业审查方面给予帮助——如果颉刚好审查这些企业，就会在一些不太重要的标准方面予以放宽。如果她没有参加审查，便会联络专家打听结果。每一次，都提前把消息透露给罗晓杰。事后，为表示感谢，罗晓杰分三次汇给她8万元。

除了接受罗晓杰的请托，颉建玮还利用职务之便，对有的企业存在的"借证"等"蒙混"情况给予"放行",并提前透露相关信息等行为,向有关企业收受"好处费"4万元。

办案人员了解到,虽然对于评审信息有规定,但管理过于宽泛,导致相关人员不按规定执行,评审保密信息"跑冒滴漏"现象严重,有的专家还相互"串通"信息,而腐败也就是从这些地方滋生出来。

3.打个招呼两辆车

刘宇昕时任原建设部建筑市场管理司处长,在企业资质升级中起到举足轻重的作用。在利益的诱惑下,他开始利用手中职务之便,为有关集团和个人提供帮助并获得好处。

桂某是北京一家工程公司董事长,2000年,他找到刘宇昕帮忙办理一级资质,刘宇昕欣然为其提供了帮助。事成之后,刘宇昕收受了桂某1万美元、30万元股份,并以低于市场价90万元的价格从桂某手中购买了一套公寓。

2006年,河北一家建设集团申请一级到特级的资质升级时,因为一级建造师证书与人员不符、工程业绩有欠缺,初评时未能通过。该集团相关负责人找到刘宇昕出面"通融",最终这家公司"如愿以偿"。事成之后,刘宇昕向该负责人索要了价值15.9万元的高尔夫俱乐部会员卡。

然而面对此类的协调帮助,在行业内的人员都表示这是正常现象,"企业申报中多少都存在一些虚假情况,这就需要有人协调帮忙"。一位曾为此行贿的企业负责人向办案人员表示。

2011年,刘宇昕再次接受请托,帮一家"条件有些欠缺"的大型建设集团获得房建工程总承包特级资质,收受价值33.38万元的百达翡丽手表一块。

因为有关部门将监理师继续教育业务委托给中国建设监理协会,2008年,一家公司为承接监理师网络教育业务而找到他,请他帮忙跟协会"打个招呼"。

在刘宇昕的"招呼"下,该公司并没有经过传统的招投标就获得了这项业务。为了表示感谢,这家公司在征求刘宇昕意见后,购买了一辆丰田凯美瑞汽车,以"借"的名义提供给刘宇昕使用。2009年5月,刘宇昕把车撞坏了,提出想换辆车,这家公司又购买了一辆价值近25万元的丰田RAV4车,继续"借给"刘宇昕用。

据统计,刘宇昕在11年间至少牵扯10起受贿案,非法收受款、物折合人民币超过288万元,大部分与建筑企业资质升级有关。

面对性质如此恶劣的案件，办案人员表示：应健全上级主管部门对行业协会的纵向监督机制，加强重大业务的专项监督，对于行业协会的重大项目应依照规定进行公开招投标，严防"暗箱操作"。

（二）专家点评

新华社"新华视点"记者刘元旭、涂铭、王昆：名表、股份、房产、现金、汽车……数名涉案人员利用分管审批、掌握信息、参与评审等便利，暗中进行"权力交易"，严密的程序和规定屡屡被轻易突破，给人警示、发人深省。

（三）案例分析

这是一起典型的权钱交易案件。从案件过程本身来看，似乎没有直接的受害者，建筑企业以相对较低的成本投入更容易、更快捷地获得所需要的资质，从而在市场中提升自己的竞争实力，仅从经济角度看企业这样做是"划算"的；三位涉案人员利用手中权力为企业"行方便"，获得巨额"佣金"回报，并且没有直接伤害谁的利益。然而事实并非如此。一旦企业意识到通过非法违规的方式可以"更容易地"获得生产资质，就会有越来越多的企业放弃在技术创新与安全生产方面的努力，转而投资于桌子底下的交易。与此同时，诚实守信的企业则要支付相对较高的成本，在市场竞争中失去价格优势。长此以往，劣币驱逐良币不断上演，整个城市的建筑行业就会逐渐倒退到"野蛮生长"的原始竞争阶段。进而，大量滥竽充数的企业进入建筑市场，就意味着不断建造大量没有安全保障的建筑物，包括老百姓的住房。所以，虽然权力腐败的危害可能不是立刻显现的，但是一旦公共权力被滥用，对行业、市场乃至整个社会的影响往往是祸患无穷。

本案例集中地反映了权钱交易危害的隐蔽性，因为没有直接的受害人，此类腐败行为往往不会引起社会公众的强烈反感，从而获得更大的存在空间。针对隐蔽的腐败，倡导"零容忍"的反腐败态度至关重要。

七、三年 97 次索贿的林业站长

（一）案例介绍

章凯，广西壮族自治区永福县三皇乡林业站原站长；唐顺波，三皇乡林业站原副站长。在发放退耕还林补助款、森林生态效益补偿金（以下简称"补助款"）过程中，采取虚报冒领、向村民索要"辛苦费"、占干股分红等方式，大肆贪污、索贿。

2011 年 5 月 3 日，永福县人民法院一审以受贿罪判处章凯有期徒刑 10 年。2012 年 1 月 5 日，桂林市中级人民法院终审裁定，唐顺波因受贿罪、贪污罪，判处有期徒刑 13 年，剥夺政治权利 2 年。

1.副站长巧取豪夺

唐顺波自 1999 年至案发一直在三皇乡林业站任副站长。2003 年 1 月，国务院颁布《退耕还林条例》，永福县的退耕还林工作由各乡镇林业站负责，而三皇乡的退耕还林审查、验收及补助款发放工作均由唐顺波具体负责。面对突如其来的权力，唐顺波开始动起了补助款的歪脑筋。

在利益的诱惑下，唐顺波很快便摸清了生财的门路。三皇乡某村村民莫某找到唐顺波，希望为自己的土地申请退耕还林指标。唐顺波实地查看并测量后，批了 10 亩指标给莫某，作为补偿，唐顺波要求莫某拿出 5 亩地的退耕还林补助款作为"辛苦费"。村民黄某申请了 35 亩地的退耕还林指标，唐顺波表示可以提供指标、树苗和技术指导，但也要求自己拥有 10 亩地的"股份"……

经办案人员证实，2003 年至 2011 年间，唐顺波利用职务之便强行向村民索取退耕还林补助款共计 14.1 万元。

小小的"甜头"并没有让唐顺波感到满足，为了自己的"生财之路"能够更好、更长久，唐顺波开始寻思新的贪污手段。他伙同妻子黄某，利用同村人员的黄栀子地，冒领补助款。黎某是黄某的同乡，拥有一片符合退耕还林的各项条件的黄栀子地。2003 年开始，唐顺波把 40 亩退耕还林指标放到这片黄栀子地上，以妻子黄某为承包责任人，并办理了各项手续，开始冒领每年的补助款。经查实，2004 年至 2010 年，唐顺波与妻子黄某

合谋骗取国家退耕还林补助款、物,折合人民币5.3万元。

除了自己用非法的手段冒领补助款,唐顺波还与三皇乡财政所任助征员唐燕萍一起冒领他人补助款。村民李某、李某某2004年向林业站申报了退耕还林项目,唐顺波为两人办理了手续,并统一以李某的身份证为两人办理了一张存折。李某因长期在外打工,唐顺波便暂时保管存折,而李某某也从不过问领取补助款的事项。贪心又起的唐顺波想到自己的堂姐三皇乡财政所任助征员唐燕萍,唐燕萍负责的就是将退耕还林补助款打入各村民的专用存折。唐顺波向唐燕萍提出:把李某和李某某的补助款领出来后两人私分,并准备以没有申请到指标来回答李某的询问。二人一拍即合。2005年至2008年,唐顺波与唐燕萍一起私分了李某存折中的退耕还林补助款共2.4万元。除此之外,2010年2月,唐顺波又与唐燕萍采取同样手段违规代领许某、许某某等5人的退耕还林补助款共计3.11万元并予以私分。

如此胆大妄为,怎能瞒天过海?2011年4月8日,唐顺波被永福县人民检察院刑事拘留。事后,退出赃款人民币50000元。

2.站长雁过拔毛

章凯于2008年3月任三皇乡林业站站长,他与唐顺波一样盯上了国家补助。与唐顺波巧取豪夺退耕还林补助款不同,章凯觊觎的是国家用于重点防护林和特种用途林木的保护款项——森林生态效益补偿金。

按当时的规定,三皇乡生态补偿金为每亩每年3.75元,设在专门账户管理。章凯觉得"这钱是上级白给的,不拿白不拿",便决定从这3.75元中以20%~30%的比例索要"回扣"。

2008年9月4日,永福县林业局将2007年度生态补偿金拨入三皇乡85个村民小组的专用账户。章凯以"工作辛苦"为由,向各村民小组负责人员收取"辛苦费"共9.97万元。当年12月31日,县林业局又将2008年度生态补偿金拨入三皇乡各村民小组专用账户。由于这是当年第二次下拨生态补偿金,章凯便谎称这一次下拨的资金是由他个人向上级争取来的,又以"个人有功劳"为由索要"辛苦费"共19.2万元。2009年10月28日,县林业局将当年的生态补偿金拨入三皇乡村民小组专用账户后,章凯又以收"管理费"为由,索要了9.97万元。

有些个别农户直接领取生态补偿金,但是也没有逃过章凯贪婪的眼睛,每经手一笔

生态补偿金,他都要从中捞一部分,少则几百元,多则上万元。

据统计,章凯自担任林业站长至案发的三年间,先后97次以"辛苦费""管理费"等名义索取共计36.76万元。

(二)专家点评

《中国纪检监察报》记者永季:对于本案的发生,究其根源,一是发放工作不透明,惠民政策宣传不到位,致使村民对林业补助政策不熟悉,对如何申报及申报后可享受国家哪些优惠政策并不清楚,甚至有些村民误以为"退耕还林补助款是有了林业部门工作人员的热心帮忙下才获得的,那么给点好处费、辛苦费也是理所当然"。二是监管机制不够健全。在实际操作中,惠民政策指标的分配、检查验收等工作均由一个部门甚至是某一个业务人员来完成,而财政部门仅凭该部门出具的验收合格证明等资料就发放补助,补助的申报、核验、发放等环节缺乏有效的监督和制约,使得一些别有用心之人有了可乘之机。

(三)案例分析

相比近年来查处的腐败大案而言,三皇乡林业站正副站长索贿案涉案金额不是特别高,涉案干部级别也很低,但该案折射出的问题却十分深刻:

其一,基层腐败直接危害百姓利益,祸患无穷。近年来,乡、镇、街道办等基层政府部门腐败案件频发,甚至有一些村委会或社区的工作人员涉及腐败的情况。基层腐败虽然不像大案要案一样引起社会广泛关注,但是基层公职人员手中权柄直接服务于百姓,直接影响百姓利益,是老百姓看得到、感受得到的实实在在的权力。虽然这些公职人员行政级别不高,但他们在老百姓眼中就是政府的代表、就是他们经常接触到的"官"。所以,基层腐败不容忽视,相反,而是需要加大力气控制基层腐败,让政府立信于民。

其二,集体腐败蔓延是廉政建设的致命伤。正副站长在贪污、挪用公款、索贿方面高度默契,合作愉快,只是苦了当地百姓。在基层乡村,老百姓受限于各种客观条件,自我权利保护意识和维护权益的行动能力相对较弱,一旦公职人员结成腐败利益同盟,分散的个体老百姓几乎难于直接与腐败分子抗衡。所以,基层廉政建设的重要内容是打破腐败分子的利益同盟,帮助广大群众维护自身合法权益。

八、"小意思"攻下"铁面局长"

周超鸿,福建省莆田市秀屿区文体局原局长,2012年11月,因犯受贿罪被判处有期徒刑10年6个月。经查,从2004年至2010年,周超鸿在担任区文体局长期间,利用职务便利先后48次非法收受林某某等13人所送财物共计人民币14万元。随着案情的披露,人们惊讶地发现,周超鸿当年因为廉洁奉公被大家称为"铁面局长"。

(一)案例内容

1.不好拒绝的"小意思"

根据媒体报道,周超鸿出生在福建省莆田市秀屿区月塘乡,1984年大学毕业后走上了工作岗位。凭着不错的工作能力和强烈的事业心、责任感,周超鸿逐渐得到了组织的认可和群众的信任,一步一个脚印地走上了领导岗位。2002年8月,39岁的周超鸿当上了秀屿区文体局长。

意气风发的周超鸿刚任区文体局长时,属于学历较好的年轻干部,不仅身边的领导和同事对他有着较高的期望,他自己也自视甚高,把个人品格、社会名望看得很重要。在工作中,他坚持"不该拿的不拿,不该占的不占,清清白白做人,干干净净做事"。一时间,周超鸿廉洁奉公的名声渐渐传开,秉公执法、铁面无私的周超鸿被人们称为"铁面局长",知道底细的人很少会跑到他这里碰钉子。当然,也有例外。

林某某是一个网吧老板,在经营过程中需要经常与文体局打交道。为了打通文体局周局长这个关节,林某某煞费苦心地深入"分析"了"铁面局长"的性格特点。周超鸿文化程度高,家庭条件不错,从主观到客观都不太可能为了钱放弃自己的职业操守和仕途前程,如果是大把地送钱他一定不会接受。但是也正因为周超鸿自视甚高,应该不会对礼节性的"小意思"太较真儿。所以,林某某趁着春节时以拜年名义送给周超鸿1000元人民币,这位铁面局长也就没太当回事地收下了。从此以后一直到2009年,林某某都会在春节期间给周超鸿送去1000元,而周超鸿也都收下了。

这样,一点点"小意思"敲开了铁面局长的紧闭的房门。

2.长堤溃于蚁穴

聪明机敏的商人不止林某某一人,秀屿区文体局管辖内的一些经营者为了寻求局长的"支持"开始以各种名义接近周超鸿。局长身边开始聚拢一批"朋友",这些朋友也经常"略表心意"感谢周超鸿的关照。铁面局长开始"富有人情味"了。

模模糊糊的朋友关系也让周超鸿逐渐放松警惕,而这些朋友不断重复的"请教业务""礼尚往来""诚意感谢"等说辞也让周超鸿一点一点对收受他人好处的"标准"不断放宽。"小意思"也从年节馈赠扩展到钱权交易,而周超鸿像温水中的青蛙已经没有了抵御能力了。既然都是朋友并且拿了人家的好处,那么别人有求于自己的时候就没法拒绝了。周超鸿觉得:"自己如果总是高高在上,一直推辞'朋友'们的一番好意就有些不近人情了。"围在周超鸿身边的人有的为自己经营的游戏机店在日常监管执法上寻求关照;有的希望对自己网吧的无证经营网开一面;还有的请求为工程款的拨付提供便利……而周超鸿也都在自己"力所能及"的范围内给予了帮助,只不过,他把自己的职权也算做了自己的能"力"。

调查结果显示,2005年至2010年间,无证经营游戏机店的老板林某某为了获得文体局的许可,先后6次送给周超鸿共计1.4万元;2004年至2009年间,经营影剧院的老板李某某为在文体局对其经营剧院的日常监管执法中得到关照,先后6次送给周超鸿共计1.5万元;2004年至2009年间,经营台球馆的老板林某某为请求周超鸿在其生意的日常监管执法上给予关照,先后10次送给周超鸿共计5万元;2004年,周超鸿在体局下属单位区少体校修缮工程的款项拨付等方面,给予承包工程的林某某以特别关照,事后林某某送给周超鸿1万元感谢费。可以看到,在周超鸿收受贿赂以及利用职权获取不当利益的过程中,单次涉案金额几乎很少有超过一万元的,但是这些"小意思"聚少成多,最后把"铁面局长"送进了监狱。

(二)专家点评

反腐新闻评论员林伟:小恩小惠攻下曾经的"铁面"局长周超鸿,再次给各级党员干部敲响震耳欲聋的警钟。任何事物的产生发展变化都有一个从小到大、由量变到质变的过程,千里长堤,往往溃于一蚁之穴,小恩小惠无疑就是一种陷阱,如同老虎嘴边的肉,悬崖顶上的果,一旦经不住诱惑,放松了警觉,就会落入虎口,跌入深谷。

(三)案例分析

可以看到,周超鸿案是又一个官员被小恩小惠拉下水的例子,原本坚持原则的"铁面局长",最后被辖区内有求于自己的商人通过"春风化雨""水滴石穿"的方式腐蚀掉了。周超鸿案再一次说明:廉政建设必须坚持对腐败行为的"零容忍"立场。

现行法律体系和党的纪律都对启动贪污贿赂违法违纪的行为调查设定了涉案金额标准,也就是说,涉案金额低于该标准的行为可能不会受到调查。这样的规定是基于对当前反腐倡廉总体形势的判断和确保廉政建设工作效率的考虑,但是在实际操作中往往会造成一定的误解,听起来好像低于"起刑点"的"小意思"不算腐败。所以才会有像周超鸿这样的人对于"小意思"随随便便就收下了。针对这种情况,有必须不断重申党和政府对腐败行为"零容忍"的坚决态度。腐败与廉洁的区别就是黑与白的区别,在法制法规完善的社会条件下,一种行为要么是廉洁的,要么是腐败的,不应该存在可黑可白、有黑有白的"灰色地带"。

另外,本案透露的另一个信号是:针对党员干部的廉洁教育应该理论联系实际,不仅要在思想上提高党员干部的觉悟,还要帮助他们提高识腐、拒腐、反腐的实际能力。结合官员在工作生活中可能遇到的现实诱惑和陷阱,制定具体可操作性的规范。比如制定细则明确官员在年节庆典中收到馈赠如何处理,亲友之间小额低值礼节性礼品如何处理,这样官员可以"照章办事"而不用"自由裁量",因为有章可循而不至于被社会关系误解。总之,预防腐败应该面向现实而不是仅仅召开大会、领导讲话、集体动员、理论学习、个人表态等传统形式。

九、"三不局长":落马贪官中的另类样本

马俊飞,呼和浩特铁路局原副局长。2013年12月底因受贿罪和巨额财产来源不明罪,被河北省衡水中级人民法院一审判处死刑,缓期两年执行。

审理表明,马俊飞收受赃款合计超过1.3亿元人民币,对于行贿的单位或个人他来者不拒,但是他几乎没有动用这些钱,也没有退还这些贿金,可以算是一个"不拒、不用、不退"的"三不局长"。

（一）案例内容

1.权杖

在市场的角度来看，铁路运力是重要的经济资源。随着经济的快速发展，市场对铁路运输的需求也迅速增长。铁路运力的资源配置几十年来一直保持着高度计划的管理模式。《经济观察报》记者总结了车皮分配的过程：货主要获得车皮，先从申请月度运输计划开始。由车站汇总各种运输申请之后，统一报到呼铁局运输处。假设顺利拿到"月计划"审批表，就意味着成功入围，进入了"计划"。但作为货主，仍要凭审批的编号，到各个车站的货运处，提报日请求车计划；接下来，请车信息汇总到车务段的运管科，填写相应的申请表格，再报到运输处调度所，由调度所报请运输处，最后才是分配车皮。从进入月度计划到申请到车皮，尚有诸多环节，人为操作的空间非常大。

在供求关系极不对称的条件下，铁路系统的管理人员手中的权限也相应地具有了"创造价值"的魔力。

2009年8月，马俊飞被任命为呼和浩特铁路局副局长，分管运输处，拥有了分配运力的权杖。从这时开始，马俊飞只要随便"关照"一下，就能给企业带来巨大利益，很多企业把这些钱当作运营的"必要成本"。

2.黑金市场

事后的调查显示，马俊飞走马上任副局长的当月就开始了受贿行为。2009年8月至2011年3月，内蒙古蒙泰煤电公司为提高铁路煤炭运量，先后多次向马俊飞行贿共计600万元人民币。据马俊飞本人供述，为了让自己增加铁路运力，蒙泰煤电公司副总经理多次找到他，让他帮忙关照公司的运输，600万元都是公司负责人给的。

除了人民币，马俊飞还频繁接受企业送来的美元、英镑、金条等。在担任呼和浩特铁路局副局长期间，马俊飞为内蒙古汇能集团通汇煤炭经营有限公司提高铁路煤炭运量提供帮助，先后多次收受该公司副总经理给予的美元共计100万元。通汇煤炭经营有限公司负责人证实，2009年9月至2011年5月，他向马俊飞每月行贿5万美元，效果也立竿见影，送钱当月铁路计划兑现率提高了15%。

根据法院判决，2009年11月至2011年5月，马俊飞先后14次收受内蒙古怡和能源集团有限责任公司计划调度中心主任王某人民币880万元。相关证人证言证实，为解决煤炭运力,这家公司商定,车皮兑现率超过 50% 部分,利润的近一半给马俊飞作为报酬。

马俊飞曾收受包头市陆合煤焦运销有限责任公司人民币 20 万元。这家公司的工作人员在解释这些行贿资金如何报销时供述,公司根据市场行情每年给运输部每吨 1~3 元不等的发运费用,他们拿正规的单据来公司报账。

更有甚者,为了有"名正言顺"的资金项目向马俊飞行贿,内蒙古富鑫煤炭运销公司则形成会议纪要,决定从 2010 年起,每吨煤收益提 2 元左右协调费,用于行贿马俊飞,以便通过他协调公司业务。

法院审理查明,马俊飞在担任呼和浩特铁路局副局长期间,先后收受 40 家企业钱物 200 余次,赃款合计超过 1.3 亿元。以其任职的 22 个月计算,马俊飞平均每两天就受贿一次,每月平均受贿近 600 万元,每天平均近 20 万元,每小时受贿近万元。

马俊飞本人比较"老实本分",也没有其他不良嗜好,受贿财产几乎没有动用。他自己说,开始是心存侥幸,但是越到后来,就越感到那些现金和金条是定时炸弹,一点侥幸的心态都没有了。不消费,是为了将来轻判一些;不退赃,是因为不知道该怎么退,也无法退还。

(二) 专家点评

《经济观察报》记者宋馥李:煤炭的黄金 10 年渐行渐远,随着多条铁路和高速公路的兴建,内蒙古煤炭运力紧张的局面也即将成为历史。这段特殊的往事——令人惊愕的腐败窝案——或将成为改革的镜鉴。

(三) 案例分析

"三不局长"马俊飞在近年来披露的贪官中显得有些另类,虽然他也对唾手可得的巨额财富心存侥幸,但还是能够清楚地意识到风险的存在。可以说,在促成马俊飞贪腐案的诸多因素中,供给的力量强于需求的力量。进一步分析可以发现,供给势力如此猛烈,主要是因为在当时的计划管理模式下,权力的市场效应太过强烈。其实,马俊飞并非呼和浩特铁路局落马的唯一官员。2011 年 6 月,与马俊飞同期被"双规"调查的还有呼和浩特铁路局原局长林奋强,2012 年 5 月,呼和浩特铁路局常务副局长刘彪接受组织调查,再加上曾在呼和浩特铁路局任局长的罗金宝、曾任副局长的郭文强，呼和浩特铁路局先后有五位局长落马。可见马俊飞案并非偶然个案。

只要有利可图，就可能会有人愿意铤而走险，甚至不惜以身试法。所以，归根到底，本案所反映的腐败根源在于权力的垄断以及监管的不对称。2012 年 6 月，时任铁道部部长的盛光祖到呼和浩特铁路局启动了一系列改革，随着制度的确立与逐渐完善，车皮灰幕悄然落下。

遊幸江都

隋煬帝

游幸江都①

【历史背景】

隋炀帝从公元 605 年起,三次通过大河到江都巡游。他乘的龙舟,非常高大雄伟。舟高四十五尺,宽五十尺,长二百尺。船上还分为四层,上层有正殿、内殿和东西朝房,中间两层有一百二十间宽敞明亮的房间。这三层都用金玉和檀香木装饰,金光刺眼,香气熏人。最下一层是侍候隋炀帝的宦官内侍居住的屋子。为拉动这巨船,隋炀帝特今手下精选了一千零八十个粗壮的男子。船行时,这一千多纤夫穿着锦彩衣袍,拉着纤绳,用力拉挽。皇后坐的船叫作"翔螭舟"。它的各种设备、规格也同隋炀帝的那条龙舟基本相同,只是在体积上略小一点儿罢了。皇后的船所用的纤夫,也有九百人之多。另外有浮景船九艘,其上的船楼如宫殿模样,像是皇帝出游时所住的离宫别馆一般。拉这九条浮景船的,有九千多美女,称为"殿脚女"。隋炀帝常常住在浮景船上,看着身着艳装的这些美女用力拉船时的样子,高兴得哈哈大笑。

随行的王公贵族:百官妃嫔、僧尼道士,分乘几千艘大小船只,与隋炀帝一同巡游。其中,专门装载各种物品的船只,就有二百条之多。保驾的御林军也倾巢出功,分乘千余艘大船。不算御林军征来的数万民夫,只是为龙舟、官船拉纤的百姓,就已超过八万人了。

隋炀帝的数千艘大船队,头尾相接,绵延二百多里。此外,还有骑着高头骏马的数十万骑兵,沿着运河两岸护送船队。就这样,两岸插的彩色旌旗与船头挂的旗帜交相映衬,显得气象非凡。

为了这二三十万人的吃食,船队所过州县五百里地以内的百姓,都要贡献上最精美的食品。贡奉来的山珍海味堆积如山,妃嫔们吃不完,就在上路的时候挖坑埋掉。而就在此同时,多少百姓家中断炊,腹中空空,活活地被饿死!

隋炀帝杨广三次游幸江都,耗费无数财物。他到达江都以后,下旨召地方官吏来见。

他考察官吏的政绩,只是看对方送来多少礼,对礼多者封官授衔,对礼少者降职罢免。地主官吏为了求取官位,都尽量搜刮,无所不用其极,逼得千千万万的百姓家破人亡。

导致隋亡的最直接的原因,是隋炀帝杨广穷兵黩武,一连三次发动了讨伐高丽的战争。他调集大批军队远征高丽,而战事却三战皆不胜,死亡近百万人。百姓苦于隋炀帝的暴政,农民起义的烽火烧遍了全国。

"地下若逢陈后主,岂宜重问后庭花。"这是唐代著名诗人李商隐讽刺隋炀帝的诗句。是的,隋炀帝杨广确实是此陈后主更昏暴的君主。尽管他在即皇帝位之前曾是一个很有作为的人,为统一中国的大业建立了功勋,但纵观他的一生,他只能被钉在历史的耻辱柱上。

【原文】

隋史纪:炀帝幸江都②,龙舟四重:上重有正殿、内殿、朝堂;中二重有百二十房,皆饰以金玉;下重内侍处之。皇后乘翔螭,此舟差小。别有浮景九艘,三重,皆水殿也。余数千艘,后宫、诸王、公主、百官以下乘之。共用挽士八万余人,皆以锦彩为袍。卫兵所乘,又数千艘。舳舻相接③,二百余里。骑兵夹两岸而行。所过州县,五百里内,皆令献食,一州至百舆;极水陆珍奇,后宫厌饫多弃埋之。

【张居正解】

隋史上记,炀帝从水路巡幸扬州江都地方,所乘的龙舟极其高大。一舟四层:上层有正殿、内殿、朝堂;中两层有一百二十间房。这三层都用金玉装饰;第四层是内侍所居。皇后乘的,叫作翔螭舟,制度略小些,也一样华丽。别有九只船,叫作浮景,一船三层。这九只船都是水殿,以象离宫别馆。其余船数千只,是后宫、诸王、公主、百官以下乘的。共用扯船的夫八万余人,皆以彩帛为衣。还有护卫军士坐的船,又数千只。这许多船在江中头尾相接,二百余里远。又有马军摆列着在两岸上,夹舟而行。所过州县,五百里内都要供献饮食;多者,一州就有百车;穷极水陆珍奇品味。后宫厌饫,用不尽的,无处安顿,多弃埋之。夫炀帝这只为适一己之快乐,不顾百姓之困穷。为巡幸之费,一至于此。岂知民愁盗起,祸生肘腋。江都之驾未回,而长安洛阳已为他人所据矣。岂非千古之鉴戒哉。

【注释】

①本篇出自《资治通鉴》卷 180 隋纪四,大业元年。记述隋炀帝游幸江都、劳民伤财的故事。

②江都:隋大业初改扬州为江都郡。治所在江阳(今江苏扬州市)。隋炀帝大筑江都宫苑,定为行都。

③舳舻相接:舳是在船尾持舵的地方;舻是船头刺棹的地方。是说船很多,船尾接着船头,绵延不绝。

【译文】

隋代史书上记载:炀帝游幸江都。他乘的龙舟高达四层:最上面的一层有正殿、内殿、朝堂;中间两层共有一百二十个房间,全都用金玉装饰;底层则居住着他的内侍。皇后乘坐的船叫翔螭,比他乘坐的龙舟略小。另外还有九艘船叫作浮景,每艘有三层,全是水中的宫殿,其他的船有数千艘,分别乘坐着后宫、诸王、公主、百官。划船、掌舵、拉纤的挽士共有八万余人,全都穿着漂亮锦彩制成的袍。卫兵们乘坐的船,又有数千艘。首尾相连,蜿蜒河中二百余里。河的两岸各有一队骑兵护行。所经过的州县,离河岸五百里内,全都前来献食,一州所献食物多达百辆车。食品极尽水陆珍肴奇品,后宫饱食生厌,大多抛弃埋掉。

【评议】

隋炀帝的父亲隋文帝杨坚是一个很注意节俭的人,当年为了取得太子的地位,隋炀帝一直伪装朴素,后来真正成为皇帝之后,就大肆地铺张浪费。为了显示自己的地位,常常要摆很大的排场,甚至有时候是空前绝后的。在我们刚才看到的这个故事当中,分明就显示了他为了追求奢华,不顾民力地炫耀。有人因为这次的游幸太过分而上书进谏,结果或是被乱棍打死,或是被斩首,总之,不论谁进谏,都会受到残酷的迫害。隋炀帝为了一己的快乐,不顾百姓的穷困,在游幸的时候,还在大肆搜刮百姓。隋炀帝在享受这游幸带来的快乐的同时搞得民怨沸腾,在江都之行还未结束的时候,长安和洛阳就已经被人占领了,这真是惩罚啊!

【镜鉴】

一、国企里的"权力王国"

李人志,窑街煤电集团有限公司(以下简称窑煤集团)原党委书记、董事长,2010年9月14日,由甘肃省武威市中级人民法院以受贿罪、巨额财产来源不明罪,一审判处死刑,缓期两年执行。宣判后,李人志当庭没有提出上诉。

李人志先后在煤炭系统工作30多年,从基层做起,一步一步成为高层管理者,但却在担任一把手的4年时间里,由一名党的高级干部堕落为腐败分子,令人深思。

(一)案例内容

李人志,1957年11月8日出生。先后在靖煤、华煤以及窑煤集团工作30余年。35岁任靖远矿务局计划处副处长,39岁任华亭矿区管委会副主任(副厅级),42岁任华煤集团党委书记、副董事长(正厅级),48岁(2005年9月)调任窑煤集团董事长、党委书记。从一名普通电工成长为企业老总,实属不易。

然而,随着地位的升高以及权力的增大,疏于律己的李人志贪欲日生,逐渐放松了警惕和约束,置党纪国法于不顾,滥用职权,疯狂敛财,最终一发而不可收,坠入违法犯罪的深渊。

1.权力王国

李人志调任窑煤集团董事长、党委书记后,为了摆脱总经理权责的限制和约束,以深化企业改革、提高运行效率为名,采取一系列措施,在短时间内就将公司决策、经营、用人权集于一身,形成一言堂的专制局面。他还通过修改董事会议事章程,将总经理部分职权划入董事会议事章程,增设资金结算中心,实行资金调度由董事长审批后执行的办法,

架空总经理。在其任职期间,窑煤集团虽然每月召开资金平衡例会,制定货币资金收支计划,但李人志每月均有特批资金支出。他任职期间特批资金总额高达9.09亿元,占计划资金总额的16.5%。

在干部岗位调整上,李人志更是独断专行,排除异己。案发后,窑煤集团的干部群众普遍反映,李人志在窑煤集团想往哪儿投资就往哪儿投资,想让谁中标就让谁中标,想给谁付款就给谁付款,窑煤集团大小事宜基本由他一人决定,就连窑煤集团59周年厂庆纪念册、职工工牌都要由他指定熟人制作。

2.恣意妄为

实现权力绝对化之后,李人志在窑煤集团说一不二,开始利用各个环节、各个机会谋取私利。

干部提拔是管理过程中的重要环节,也成为李人志敛财的主要渠道之一。李人志在担任董事长、党委书记期间,卖官行为十分严重。仅2009年3月,李人志便一次调整提拔中层干部80余名,从中受贿77.5万余元。

资金运行、物资采购、工程建设等工作也是利益比较集中的环节,李人志自然不会错过机会。他想方设法排除异己,独揽大权,短时间内就将党、政、财权包揽在手。李人志自任招投标领导小组组长,在招投标过程中采取给评标人员打招呼和向招标人员暗示、泄露招标信息等方法插手干预招投标,从中大肆捞取好处。

2008年9月,窑煤集团安全监控系统项目准备招标,某煤炭研究所为中标找李人志说情。随后,李人志对招投标领导小组一位领导说:"这次招标咱们要考虑某煤炭研究所,这是上级领导打过招呼的。我要出差,你们决定就行了。"李人志走后,经评委打分、招投标领导小组集体研究,选定得分第一的某公司中标。出差在外的李人志得知后非常生气,立即返回窑煤集团,推翻招投标领导小组的集体决定,另派人员赴该煤炭研究所进行所谓的"考察",并擅自决定将项目3/4的设备交由该煤炭研究所供货安装,剩余1/4的设备由招投标领导小组集体选定的中标企业供应安装。中标后,该煤炭研究所送给李人志10万元。

只要得到李人志关照,就可以在窑煤集团获得生意。徐某某是做服装生意的小老板,曾得到李人志的关照在未经招标、又无服装加工能力的情况下,先后两次从南方定做服装770套,徐某某获利15万元。为了长期垄断窑煤集团的工服生意,徐某某决心"绑定"李人志,于是先后 4 次送给李人志金条 1 根、金砖 12 块,价值 159 万余元。

2006 年 7 月,甘肃中煤机械公司经理叶某为顺利结清货款,送给李人志人民币 30 万元,李感觉此人不可靠,半月后将 30 万元退回。2006 年 5 月,李人志将窑煤集团住宅小区外墙粉刷工程承包给熟人吴某,吴先后 3 次送给李人志人民币 16 万元。但李人志认为吴某获利高、出手太少,便将家中价值 7 万元的烟酒推销给吴某,然后以借为名向吴某索要人民币 8 万元。

经查,李人志在基建工程项目、物资设备采购、干部人事调整中,利用职权单独或与妻子解亚玲收受贿赂人民币 584.万元、欧元 30 万元、美元 11 万元,黄金 6100 多克、劳力士和欧米茄手表 3 块,合计人民币 1105 万元,另有 921 万元的个人财产不能说明其合法来源。2009 年 9 月,李人志、解亚玲夫妇被检察机关逮捕起诉。

(二)专家点评

甘肃省纪委相关负责人:在荣誉和地位面前放松世界观的改造,是李人志犯罪的内在动因。按说,他应该珍惜荣誉,珍惜信任,更加努力地工作,但他却在各种荣誉的光环下,在职务升迁中逐渐迷失人生方向,在阿谀奉承中盲目自大、在吹捧引诱中追求物质刺激,人生观、价值观、权力观开始扭曲。李人志所谓的一些朋友、兄弟,大都是一些私营老板,其中一些人把与李人志的交往作为他们投机钻营、发家致富的途径,不择手段地拉拢腐蚀,而李人志则不能很好地把持自己,互相投桃报李,结果越陷越深,最终走向犯罪深渊。

(三)案例分析

腐败的本质是权力与利益的非法交换,所以权力和资源是腐败的前提,官员腐败往往是从垄断权力开始的,有时这种垄断是由体制原因客观形成的,还有些时候是官员人为建立的。本案中,李人志的腐败就是从建立自己的权力王国开始的。所以预防腐败要从权力配置结构与权力运行流程的监督着手。

身陷囹圄的李人志说,当人走在一条错误的路上时,他无法看清脚下的路到底有多滑。只有犯了错,回头看时,才知道该如何正确把握自己。的确,官员在任时往往陶醉于权力带来的美妙感受,而忽视了责任与风险。这也是他们陷入腐败案件最后身败名裂的原因之一。

所以,针对本案所反映出来的情况来看,国有企业体制上存在的问题可能为腐败提供了机会条件,比如产权、激励和监管方面的问题;另外,国有企业面临更高腐败风险但是却只关注生产和经营,忽视了反腐倡廉工作,或者只是开个会走个过场,没有真正以廉洁作为发展的保障。

二、自断"后路"的国土局长

杨淑华,四川省洪雅县国土资源局原局长,2009年1月起任眉山市国土资源局副调研员。2010年8月25日,眉山市中级人民法院以受贿罪、贪污罪、挪用公款罪、巨额财产来源不明罪判处其死刑,缓期两年执行,剥夺政治权利终身,并处没收个人全部财产,对违法所得予以追缴。杨淑华不服一审判决,提出上诉。2010年11月15日,四川省高级人民法院依法驳回上诉,维持原判。

最高人民检察院、监察部于2011年5月17日联合举行新闻发布会,中央工程治理领导小组办公室主任、监察部副部长郝明金在会上通报了20起工程建设领域典型案件,其中通报的第一起就是杨淑华案。

(一)案例内容

1.失衡

在刚担任洪雅县国土资源局领导职务时,杨淑华一度有着很强的事业心,对自身的要求也比较严格,为当地经济社会发展曾做出过一定贡献。

杨淑华在担任局长的最后几年中,自感升迁无望且面临退休。恰逢这个时候,她看到别人腰缠万贯、挥金如土时,心理逐渐失去了平衡。慢慢地,在杨淑华的眼中,官场成了一个市场,权力变成了交易的资本,官位当作换取金钱的商品,她开始或明或暗甚至赤裸裸地进行权钱交易。"几万可以拿,几十万也敢要,几百万也不在话下。"杨淑华开始琢磨着为自己找"后路",将精力放在对金钱的疯狂攫取上,最终把自己推进了违法犯罪的泥沼。

改革开放 30 多年来,以《土地管理法》《矿产资源法》等 17 部国土资源相关法律为基础,以《土地管理法实施条例》《矿产资源法实施细则》等 20 多部法律法规与大量的地方性法规和部门政策法规为补充的国土资源法律体系框架基本形成。但随着我国经济的快速发展,涉及国土资源领域的现行法律法规存在原则规定多、具体细则少,部门规定多、适用规范少以及责任追究的可操作性不强等问题。这就为长期在一线工作的杨淑华提供了寻租的空间。

2.手段多样

杨淑华自知作为公职人员利用职务便利伸手捞钱将触动法纪红线,但是金钱的诱惑让她不甘错过机会,于是她挖空心思寻找监管漏洞,用尽各种手段试图让自己敛财过程更加隐蔽。

杨淑华对有求于己的开发商提出投资分红要求,并迫使其签订合同,以掩盖索取巨额贿赂的事实。眉山市某房地产公司在洪雅县从事项目开发时,杨淑华在土地拆迁及征地手续的办理中为该公司提供过帮助。2006 年 5 月,杨淑华在该公司所开发的某房地产项目中以"投资分红"的名义,向该公司总经理易某索要 100 万元。同年 6 月至 8 月间,杨淑华收受易某给予的所谓"分红"款 50 万元并退得所谓"本金"50 万元。

2007 年初,杨淑华为成都市某房地产开发公司违规办理了 33334 平方米的土地使用权证,并与该公司约定在某房地产项目结束后一次性收取"投资分红"600 万元,后因案发未能得逞。

在土地收储、土地拆迁、土地平整、土地测量、土地规划等由国土部门管理的事项中,任何一个环节都有不小的自由裁量权。300 万元的工程,好处费要拿 70 万元,杨淑华正是在这种巨大的利益诱惑面前不断地铤而走险,最终轰然倒下。

2003 年,杨淑华为洪雅某电力公司水电站工程办理土地征用手续提供帮助,后将该公司一辆小轿车长期"借用",直至案发。除以"借用"为名外,杨淑华还多次授意家族成员出面收受贿赂。

2007 年 12 月,某房地产公司董事长江某某为感谢杨淑华在其所开发的房地产项目上给予的帮助,按杨淑华授意将其开发的某小区一套价值 26 万余元的公寓送给其妹妹杨淑珍。

2006 年至 2008 年期间,杨淑华为侄儿杨勇等人承建洪雅县中保、中山、止戈镇河滩地整理,以及东岳镇多个土地整理工程及工程款拨付上提供帮助。2008 年 11 月,为感谢杨淑华的"关照",杨勇按照与杨淑华的事先约定,将付给杨淑华的 200 万元"好处费"折算成杨勇名下某企业的 60% 股份送给杨淑华。

2009 年 2 月 23 日,眉山市纪委对杨淑华立案调查,并于 4 月 23 日移送眉山市检察院立案侦查。经查,杨淑华在担任洪雅县国土资源局局长期间,利用职务之便,在土地整理工程、新建办公大楼的招投标、工程款拨付以及征地手续办理上为请托人谋取利益,先后索取或直接收受 15 人贿赂共计人民币 1194 万余元(其中 600 万元系受贿未遂);此外,杨淑华还贪污公款人民币 8 万余元,挪用公款 398 万元,另有人民币 394 万余元、美元2652 元的巨额财产无法说明合法来源。

(二)专家点评

中国社会科学院世界经济与政治研究所副研究员韩冰:近年来,随着我国经济社会快速发展,土地和矿产作为稀缺资源,社会供需矛盾日益凸显。国土资源部门管理着土地和矿产两类稀缺资源,集行政审核审批权、行政执法权、大额资金预算分配权于一身,权力运行的环境复杂、涉及面广、关联度高,牵涉地方各级政府、相关部门、企事业单位、中介组织等多个方面,一些个人和单位借助土地利用和矿产资源开发这个平台进行权力寻租,导致国土资源领域腐败案件易发多发。目前深入推进的国土资源领域腐败问题治理工作,正是工程建设领域突出问题专项治理工作的重要组成部分。

(三)案例分析

近年来土地资源管理领域腐败案多有发生,既是利益集中的行业,也是腐败较为严重的灾区。杨淑华案集中反映了土地资源管理领域腐败案的特点。

第一,寻租空间较大。经济快速发展过程中,土地资源的稀缺性快速刺激其市场价格的不断攀升,而土地管理的规范与细则制定没有及时跟上,就为管理者人为自由裁量留下空间,一旦官员心生贪念,势必导致腐败发生。

第二,预防腐败工作还需要进一步细化。杨淑华早年也曾勤奋上进、廉洁奉公,为工作和事业甘于奉献自身利益。然而在她事业进入瓶颈期,自知晋升无望的情况下,开始把注意力转向了经济利益。杨淑华的心理转变并非偶然，而是具有普遍的代表性。在仕途上晋升无望的官员自然会想到为自己留"后路"，因此，廉政建设应该更具有针对性，在不同年龄、不同职业生涯阶段的干部中开展更有针对性的预防腐败措施，切实避免官员因心理变化而滑向腐败陷阱。

三、"勤廉兼优干部"的软肋

刘家坤，安徽省太和县委原书记。2014年1月24日，宿州市中级人民法院作了一审宣判。刘家坤伙同情妇赵晓莉收受他人贿赂2929余万元，判处刘家坤无期徒刑，剥夺政治权利终身，没收全部个人财产；其情妇赵晓莉有期徒刑13年，并处没收个人财产50万元。

（一）案例内容

1.勤廉兼优干部

1999年8月，刘家坤从部队转业回到家乡阜阳市，直接被安排在环保局局长、党组书记的位置上。在担任环保局长的三年间，他勤廉敬业，创造出不凡的业绩，被安徽省有关方面评为"勤廉兼优干部"，到全省各市巡回作先进事迹报告，一路鲜花、掌声伴随。

2002年，曾任阜阳市市委书记、安徽省副省长的王怀忠受贿案发，牵扯出阜阳市国土局窝案。刘家坤临危受命，担任了国土局局长。他改任国土局局长一年后，他的胞兄、阜阳市中级法院原院长刘家义受贿案发，并被判刑入狱。此时的刘家坤被鲜花、掌声激励着，也被胞兄血的教训警示着，发誓永远"牢记宗旨、勤勉廉洁"。在市国土局局长任上，他着手建立"四项阳光制度"规范土地批租，净化全市土地市场，因成绩突出，被评为"国土卫士""勤廉兼优干部"。刘家坤工作能力很强，当时也很廉洁，口碑很好。

但是这一切都随着一个女人的出现而彻底改变了。赵晓莉是阜阳有名的女企业家，早年做过鞋子和手机批发生意，1999年注资800万元成立阜阳亿达房地产开发公司，开发亿达小区等工程，是阜阳有名的千万富姐。2003年，赵晓莉有意承揽开发阜阳市建设大厦工程，与时任国土局长的刘家坤开始接触。两人日久生情，刘家坤觉得"赵晓莉是女老板，跟我相好绝不会为了钱。我傍上这样一个富婆至少不会在经济上出问题"。最后

狂愚覆辙

两人发展为情人关系。

2.软肋

2007年刘家坤调任太和县县委书记,开始主政一方,当时太和县正进入一个大开发、大拆迁、大建设的时期,基建市场机会最多。随着手中权力越来越大,盯住刘家坤手中权力的人也越来越多。不过一些试图用金钱开路的老板先后在刘家坤这里碰了钉子。刘家坤刚到任时人很清廉,从不收礼,走路上下班。

但是刘家坤后院起火了。最初刘家坤对赵晓莉约束较严,但是他们育有一子并且到了上学年龄。为了避嫌,刘家坤和赵晓莉决定送小孩去上海上小学,赵晓莉提出要为小孩将来的生活费考虑,击中了刘家坤的"软肋"。而无孔不入的行贿者敏感地抓住了这个机会。调查显示,刘家坤二人平均每年受贿近500万元,但是几乎全都是"情妇操盘",所有贿赂都通过赵晓莉收受的。

2007年,商人褚某送给赵晓莉一辆价值95.9万元的宝马730轿车,随后,经刘家坤拍板,该商人的公司获得太和县中原路中心村安置小区工程。

2010年,安徽朴人商贸公司法人代表康某从河南郑州某拍卖行花了156万元买来一幅名家画的观音画像送给刘家坤,希望对太和县莲蒲路和复兴北路地区改造。但是刘家坤第二天就托人把画退了回来。2011年春节,康某送给赵晓莉现金700万元、价值176.6万元的金条12根、价值156万元的观音画(曾被刘家坤退回)像一幅。刘家坤得知后,当即告诉赵晓莉,康送钱肯定是冲着他来的,钱赶紧退掉。赵晓莉一听就哭了,跟他吵着说:"我跟你老刘这么多年,没名没分,你这也不让我干,那也不让我干,你工资也不给我一分,让俺娘俩坐吃山空,以后生活怎么办?"面对此情此景,刘家坤的心理防线轰然溃破。后来在刘家坤的安排下,康某如愿成为太和县莲蒲路和复兴北路旧城改造项目筹建单位。2011年8月,康某再次到赵晓莉家中送给其现金200万元作为感谢。

欲望的闸门一旦打开就再也收不住了。2010年,刘家坤暗示安徽晶宫置业集团董事长刘某,他想在上海买房,后者以借款利息的名义先后两次送给赵晓莉1300万元。

(二)专家点评

湖南大学廉政研究中心副主任袁柏顺:上级监督太远,同级监督太软,下级监督太难。在现有的政治架构下,县委书记作为权力高度集中的一个岗位,腐败多发的原因相近,监督体系的漏洞明显。

安徽大学社会与政治学院副院长范和生:刘家坤案件,是一次信仰的失落、利益的诱惑、人性的弱点,在缺乏监督的权力之下的全暴露。必须从制度上加强对"一把手"权力运行的监督,扭转"前腐后继"的恶性循环。

(三)案例分析

与一般的贪污受贿、包养情人的官员腐败案不同,刘家坤案留下更多值得人们回味和反思的问题。相比而言,刘家坤应该比其他任何官员都对腐败更加警惕,实际上在他就职县委书记初期也确实如此,但是最后还是被行贿者找到软肋。

回顾刘家坤案的过程,可以看到刘家坤与行贿者之间的关系从一开始的严防死守到半推半就再到利益同盟,经历了从抵抗、被俘到默认的转变。这里除了情妇赵晓莉的贪心给行贿者留下可乘之机,还有刘家坤心存侥幸的因素,但是一个不可忽视的因素是行贿者不达目的誓不罢休的"执著"。

只要官员手中的权力存在市场价值空间,行贿者就会挖空心思对官员展开围攻,直到俘获官员手中的权力为自己的利益服务。所以,克服"一把手"腐败问题的根本出路是消除公共权力的寻租空间。让权力在阳光下运行,当权力不再具有寻租利益属性的时候自然不再有人心甘情愿把自己的钱送给官员。

另外,有必要进一步完善官员个人事项报告制度,包括官员自己和家人的关系,以及其密切的社会关系,减少身边人腐败的机会。

四、日进斗金的"规划巨贪"

江润黎,辽宁省抚顺市政府原副秘书长,2009年2月,沈阳市中级人民法院以受贿罪、滥用职权罪、巨额财产来源不明罪,数罪并罚,判处江润黎无期徒刑,剥夺政治权利终身,并处没收个人全部财产。犯罪所得人民币7415366元依法没收,上缴国库。

在担任国土规划部门领导职务期间,利用为开发商拿地、办理规划审批手续等机会进行权钱交易,共收受财物合计470余万元,另有260余万元的财产不能说明合法来源。

（一）案例内容

1.专家型干部

江润黎 1978 年考入阜新矿业学院规划设计系,毕业后分到抚顺市规划设计院,从普通设计员干起,一直干到规划设计院院长,成长为规划方面的专家。1998 年,江润黎踏上仕途,先后担任抚顺市城建局局长、抚顺市国土规划管理局局长、抚顺市规划和国土资源局局长、抚顺市规划局局长。任职之初,江润黎对自身纪律要求很严格,尽管有越来越多的人开始求她办事,但她基本能把握住纪律底线。

尽管仕途顺利,但江润黎始终有一点遗憾,那就是没有从事自己最为钟爱的服装设计专业。江润黎最爱逛的就是沈阳新世界商场,一些女开发商找准机会,经常陪着她逛街。曾经有一位女开发商李某为拿地在开标前给她送去 2 万美元,碍于面子,江润黎先收下了,在李某成功拿地后,江润黎又把钱如数奉还。但有一次李某和她一起逛新世界商场时,李某给她买了一件 MaxMara 牌女款上衣,她却欣然接受了。后来李某又给她买了一个兰姿牌女款拎包,江润黎也没有拒绝。此后,江润黎在规划审批上给她提供了一些方便。在江润黎看来,收受现金绝对是违纪违法的,然而接受开发商送的衣物只不过是朋友之间的礼尚往来,更何况,她确实喜欢漂亮衣物和精美的名牌手包。但是她不知道,自己就是从这个时候开始被拉下水的。

有次江润黎去香港,被一开发商偶然知道了。开发商赶紧派出公司女副手,火速前往香港陪江润黎逛街,女副手给她买了一个 LV 包。此后她们来到广州,又买了多个包。江润黎心满意足地回到抚顺。而这家开发商坚持 8 年连续不断地行贿,得到了江润黎在审批、规划等方面多项好处。

2."一切为了孩子"

2001 年,江润黎转任规划局局长,成为众多开发商"围攻"的对象。这时,她的孩子高考成绩不理想,选择出国留学,这让一些开发商找到了行贿的机会。江润黎真正开始受贿,也是从这个时间段开始的。

2001 年 7 月,一名开发商听说江的女儿要出国留学,就主动找上门来,"孩子去留学,学费挺贵的,给你拿点钱,说完把 5 万元钱放在茶几上。"而这名开发商在开发土地过程中,也得到了江的关照,项目都顺利审批了。

2003 年 6 月，一名过去曾陪江润黎购物的女开发商丛某来到她家。刚坐了几分钟，她就给楼下司机打电话，司机送上来一个水果箱子。丛某推心置腹地对她说："我知道你现在不容易，孩子上学花销大，你过去帮了我不少忙，我这有笔钱，就给孩子上学用吧。"女开发商走后，江润黎打开箱子，一看里面装着满满一箱子钱，一共 30 万元，她犹豫了。这是她第一次收这么大一笔的贿赂款，但想到孩子出国上学高昂的学费，她还是收下了。

2004 年，她还分别收了单笔 20 万元以上贿赂 3 笔，孩子上学因素占了很大比重。2005 年孩子去加拿大留学，实际花费为 64 万元。

3.红笔黑笔

房地产开发商为何如此仰赖一个负责规划的官员？行贿者正是看中江润黎手中的权力可以带来效益，才给其行贿的，而江润黎也是看中自己的权力可以变现，才乐于冒着风险收受贿赂。

一位开发商在开发一处住宅楼时，因违反规划多盖一层被抚顺市规划局处罚。开发商找到江润黎说情后，江润黎同意只处以经济处罚，保留加盖的楼层。为了表示感谢，开发商先后两次共送给江润黎人民币 6 万元。

2005 年 9 月，一位开发商开发的楼盘因超前施工被规划局处以罚款 70 万元，其找到江润黎后，江润黎同意罚款 10 万元。开发商为此送给江润黎贿赂款 2 万美元。

了解江润黎的人都知道，在她的办公桌上，平时总是放着一支黑笔，一支红笔，专门用来修改房地产开发项目的规划图纸，每次改动都是为开发项目增加面积。特别是她用红笔改过的规划图纸，必须先发工程规划许可证，开发商可以先行施工，不必先交增加面积的土地出让金，致使对红笔改过的这一部分，土地出让金基本上都打了折扣，大部分流入开发商的腰包而无人过问。

2005 年 3 月，抚顺市浑河房地产开发公司开发北台 SOHO 项目中，原本测算每平方米收取 4800 元土地出让金。身为市规划和国土资源局局长的江润黎却指使有关工作人员，按每平方米 4400 元做账，仅此一项给国家造成经济损失 1590 万元。

如果说江润黎大笔一挥，仅是拱手给开发商让利，那就大错特错了。根据法院查明的事实，作为处级干部的江润黎在 2001 年至 2006 年，利用长期担任国土规划部门领导职务的便利，通过帮助开发商拿地、办理规划审批手续、摆平罚款甚至介绍装修工程，从中收受好处。另外，她还在开发商没有交纳土地出让金的情况下，滥用职权，违规为开发商办理规划许可证;有时甚至更改开发项目的规划图纸,为开发项目增加面积。

1998 年至 2007 年间,江润黎利用担任抚顺市城建局局长、抚顺市国土规划管理局局长、抚顺市规划和国土资源局局长、抚顺市规划局局长的职务便利,帮助众多开发商拿地、办理规划审批手续、摆平罚款,甚至介绍装修工程,从而收受好处。另外,其还在开发商没有交纳土地出让金的情况下,滥用职权,违规为开发商办理规划许可证。有时甚至更改开发项目的规划图纸,为开发项目增加面积。先后收受 80 余人给予的财物,合计人民币 4744130 元,另有人民币 2671235 元的财产不能说明合法来源。另外为某开发商减免土地出让金,造成国家经济损失 1000 余万元。

办案人员在搜查江润黎的家庭财产时,发现她除了拥有 6 处房产外,所占有奢侈品数量惊人。在她一所 190 平方米的大宅内,发现的名贵用品包括:劳力士、欧米茄等品牌手表 48 块,LV 等名牌手包 253 个,高级名牌服装 1246 套,另有金银首饰、珠宝等 600 余件。王新国说,这些珠宝首饰摆出后,甚至比金银首饰店都丰富。上述物品、服装 90% 以上都没有开包使用过,200 多件高级化妆品还没开封已过了保质期。据专业评估师评估,室内 2200 余件物品总计价值 420 多万元。

(二)专家点评

抚顺市国土资源局纪委书记徐金生:江润黎案发生后,在全市国土系统震动非常大,要吸取的教训也非常多,其中一个最深刻的教训是,对权力的规范和监督不够。要实现对一把手的监督是很难的,而无限的权力必然导致腐败。包括国土系统,表面上是"集体领导",但其实仍是一把手说了算,各种监督无从谈起。

抚顺市纪委副书记王新国:由于监督缺失,掌管土地的官员成为"特权人物","体外循环"也成了常态。不能说没有规章制度,但规章制度形同虚设,江润黎违法犯罪时间长、问题严重,但没人管,没人问,也没有纳入监督视线。

(三)案例分析

从媒体公布的相关数据来看,江润黎案发前聚敛的钱财除供孩子海外留学之外,更多地被自己消费了。而这个极尽奢华能事的女官员曾经也是守法奉公的。从案例所反映出来的资料看,江润黎因腐败落马有其内在必然性:一是公共部门权力监督制约机制留下了腐败的机会;二是外部行贿者无孔不入的围攻。

江润黎当上规划局长之后手中权力迅速膨胀,面对金钱和奢侈生活的诱惑,主要的防范来自她自己的心理防线,权力运行过程中缺乏刚性的制约机制。也就是说,江润黎要抵制腐败只能靠洁身自好,此外没有太多硬性的约束。后来的事实证明,仅仅依靠官员自我约束是靠不住的,更何况,在官员手中握有较大的权力时,行贿者往往利用一切机会拉官员下水。

在江润黎受贿案中,只有一名开发商齐少嫣因犯有其他行贿行为及其他犯罪行为而被判刑。而曾经向江润黎提供好处的80余名行贿人仍安然无事。一方面纪律检察机关和司法部门出于破案的考虑鼓励行贿人揭发腐败官员以争取立功表现。所以行贿人一旦发现风吹草动,立刻报案自首或者在审查中积极配合,多能获得减轻或减免处罚。另一方面像江润黎这样涉及的行贿人较多,而这些人往往在当地经济发展中发挥重要影响,所以各方面都不希望打击面太大而影响经济发展。但是从长期来看,行贿人向官员行贿风险小、成本低(相对于寻租收益而言),如果不加大行贿人的惩治力度,会有更多的江润黎被拉下水。

五、得意忘形的市长

谭灯耀,海南省社会保险事业局原副局长。2011 年 1 月 25 日,海南省第二中级人民法院对谭灯耀受贿、巨额财产来源不明一案,经审理后做出一审宣判:以受贿罪、巨额财产来源不明罪,数罪并罚,判处其有期徒刑 18 年。犯罪所得人民币 1200 万余元,港币 50 万元、美元 5000 元依法予以追缴。

检察机关的调查显示,谭灯耀在担任东方市委副书记、政府市长期间,利用职权,为他人谋取利益,多次非法收受他人财物共计人民币 500 万元,港币 50 万元,美元 5000 元。同时查明:谭灯耀的财产明显超出合法收入,差额人民币 785 万余元,不能说明其来源合法。

(一)案例内容

1.上瘾

谭灯耀,海南陵水县人,比许多同龄人优越的是,他具有大学学历和文学学士学位。1988 年 7 月他被调到海南省委组织部工作,历任省委组织部调配处助理调研员,中共澳门工委组织部组织处副处长,省委组织部干部培训与知识分子工作处助理调研员,屯昌县委常委、组织部长,澄迈县委常委、组织部长,东方市委副书记、政府副市长、代市长。2006 年 10 月,谭灯耀当选东方市(县级)市长。2009 年底,升任为海南省社会保险事业局副局长(副厅级)。仕途之路可说是一路绿灯。

在谭灯耀当市长的头两年里,一般人不敢给他送钱。当时东方市委有句口号:送礼不如送建议。谭灯耀也在各类场合大讲廉政,俨然一副"刀枪不入"的姿态。

不过,从谭灯耀当上市长那天起,周围唱赞歌、抬轿子的局长、主任们比比皆是。而一些企业老板也盯上了他,想从他身上得到好处。曾经风光无限的谭灯耀,却被贪婪的欲望,蒙住了人生心灵的灯光,最终跌入腐败之渊。

这一切都只是外因,谭灯耀真正发生变化是从当市长第三年开始的。2006 年,荷兰籍华人郑某在东方市以 728 万元竞拍的一块土地存在纠纷一直无法开发,在谭灯耀协调下,东方市政府以 1200 万元将该块土地回购。事后,郑某托人送给谭灯耀 5 万元现金,谭灯耀推脱说,只这一次,下不为例。实际上,对金钱贪婪就像是吸毒上瘾一样,有了开头就会越发不可收拾。

2.伸手

谭灯耀任市长已过两年,随着自己的地位逐渐稳固,他敛财的欲望开始按捺不住了,原先处处高声宣扬廉洁从政的他开始伸手向下属要钱。

2008 年春节前的一天,谭灯耀打电话给东方市交通局局长吴某:"吴局长啊,春节快到了,我也得给有关领导拜年,你看能否给准备 15 万元钱?""没问题,我一定效力。"几天后吴局长赶到海口,将 15 万元送给了谭灯耀。当年下半年,吴局长得到谭市长准备出国考察学习的消息,很快兑换好 5000 元美元,主动出击。谭接过美元说:吴局长算得上是有心人,变聪明了。2009 年初的一个周末,吴局长又来到海口,将 10 万元现金送给谭灯耀。谭笑纳了,并一再承诺:在干部交流时我会关照你的。

2009 年春节前的一天,谭灯耀故伎重演,又以春节要给相关人员拜年为由,向东方市财政局局长高某索要 10 万元。

除了利用年节索要钱款之外,谭灯耀还利用干部人事调动的机会收受下属的贿赂。

2009年初，东方市副市长李显民借向谭灯耀汇报工作的机会送给他10万元人民币，谁料谭灯耀并未推辞，便收下了。事后不久，谭灯耀就给李显民提供了一个发财的平台。谭灯耀推荐李显民兼任了东方市城市投资有限公司董事长。

2009年5月，时任东方市人大常委会秘书长的罗少华拜托他熟悉的一位人大领导杨某出面联系上谭灯耀，罗少华将备好的装有5万元现金的袋子塞给了谭灯耀。事后，谭灯耀推荐罗少华顺利地当上了东方市海洋渔业局局长，成了名副其实的实权派人物。

项目招投标管理过程中的钱权交易往往贿赂金额巨大，谭灯耀自然深谙其中商机。2008年，东方市环境卫生管理局组织牵头污水、生活垃圾处理项目建设，在谭灯耀关照下，袁亚保（另案处理）以洪宇建设集团公司的名义承揽到此项总价值4463.53万元的土建工程。2009年春节前，袁亚保委托环境卫生管理局局长唐道勇先后送给谭灯耀80万元。

根据海南省纪委公布的资料，在谭灯耀任职期间，东方市非法买卖土地现象严重，多名市领导及市属机关领导牵涉其中，引发多次严重的群体性事件。纪检监察机关和检察机关在查办谭灯耀案件中，共立案侦查东方市系列职务犯罪案件28件31人，其中县处级领导干部4人、科级干部7人、农村"两委"干部11人。

（二）专家点评

《中国纪检监察报》记者胡庆魁、姚嘉：谭灯耀也像其他一些贪官一样，在位子上坐久了，便会产生诸如"有权不用，过期作废"的想法。如此，他便认为下级向他送钱是理所当然，不主动送他便硬要；老板赚了钱要给他分成更是"合理分配"，以至于他得意忘形、利令智昏，在昏昏然中误入自我颠覆的歧途。

（三）案例分析

谭灯耀案反映出来的特点是"一把手"长期在同一岗位任职，渐渐产生心理懈怠，放松对腐败犯罪的心理防范，最终一步一步陷入犯罪深渊。

近年来像谭灯耀一样权力达到一定程度、地位达到一定高度之后开始"变坏"的官员例子时有发生。其中透露出两个信号值得思考：

一是如何实现对"一把手"的监督和制约。在官员不断晋升的道路上,当他获得部门或机关"一把手"岗位之后在管辖范围内拥有相当大的管理权限。同时,由于权力制约机制存在不完善的地方,官员手中权力有相当一部分属于"自由裁量"范围,这就为官员在行使公共职权时谋取私利提供了可能性。随着改革的深化和市场的不断完善,规范行政权力运行过程、合理设定政府与市场之间的边界是新一轮改革的重点内容。当行政不再能够产生巨大的寻租利益的时候,行贿人的腐败动机自然就减弱了。

二是改变公共部门上下级之间的关系。由于行政权力被用于私利动机,公共部门内下属对上级部门或机关权力的依赖进一步演变成对领导个人的依附。结果是下级工作人员不敢对领导者进行监督,进一步加剧了领导者手中权力的绝对化。当行政权力的运行受到制约和监督,下属对上级领导的依附关系也可以得到改变。

斜封除官

斜封除官①

【历史背景】

唐中宗李显复位,马上立韦氏为皇后,并让她参与朝政。韦氏的女儿安乐公主嫁给了司空武三思的儿子武崇训。韦氏很信任自己的亲家,他们逐渐结成了一股强大的势力把持着朝政。上官婉儿,本是高宗时弘文馆学士上官仪的孙女,她从小在宫内服侍,会写诗作文,常为宫廷起草公文。李显当政时上官婉儿被拜为"婕妤",备受重用;她又与武三思私通,加入了韦皇后与武三思的政治联盟。

唐中宗李显听任韦、武胡作非为,引起了朝中武将文臣的强烈不满。当宰相张柬之劝谏中宗以后,韦、武之流却设计杀了张柬之。右羽林大将军李多祚率军杀死了武三思父子,但却被韦皇后所杀。这以后,韦皇后进一步与女儿安乐公主、长宁公主及其妹郕国夫人相勾结,再加上上官婉儿等人,完全控制了朝政,而唐中宗仍旧沉溺于酒色之中,一切任由韦氏一伙去折腾。

这些人奢侈淫靡,热衷于收受贿赂。他们把国家的官爵当成是自己口袋中的玩物,可以随随便便地出卖。不管是什么人,即使是当街卖酒的也好,沿途宰屠的也行,谁能奉上三十万铜钱来,谁就会有官做。奉上的钱越多,得到的官就越大。按魏晋以来传下的规矩,封官授职本是由朝廷中的中书省往下发文书才生效,但韦皇后一伙人任性妄为,常常是先自行写好了诏书,然后把这诏书斜封着——盖上了姓名、官职,只留出签署发布的空地儿来,让中书省只管照手续办即可。这种办法一时间畅行无阻、一年下来被封的人数以万计。于是,世间把这种用贿赂买官的人称之为"斜封官"。"斜封官"们弹冠相庆,那几年通过此途径得到官爵的不知有多少万人。

想当初,唐中宗李显遭到过武氏之乱,被流放在外多少年,吃尽了苦头。他上台以后,本来是应该励精图治,大有作为,可没想到却任由韦皇后结党营私,结果搞得国已不国。前车既覆,而后车不以为戒,这是一个生动的事例!

【原文】

唐史纪：中宗委政宫闱，安乐②、长宁公主③，及韦后④妹郕国夫人，上官婕妤⑤、尚容柴氏、女巫第五英儿，皆依势用事。卖官鬻爵，虽屠沽臧获⑥，用钱三十万，则别降墨敕除官，斜封付中书。时人谓之斜封官。上官婕妤等皆有外第，出入无节。朝士咸出其门，交通贿赂，以求进达。

【张居正解】

唐史上记，中宗在位，沉溺酒色，不恤国事，把朝廷政务都只委托于皇后韦氏，因此政出多门，朝纲坏乱。韦后的女儿安乐公主、长宁公主，与其妹郕国夫人，及宫人上官婕妤、尚容柴氏、女巫第五英儿，这几个女宠都在内用事，将国家的官爵擅自出卖。不拘什么出身，就是那屠户、卖酒及一应下贱的人，但纳得三十万铜钱，里面就降一道敕书，除授他官，斜封着付中书省发行。也不用文凭，也不由吏部。以此当时把这用贿买官的人，都叫作斜封官。官爵至此，冒滥极矣。又上官婕妤等数人，外面都置买下私宅，有时出到私家来，有时进入宫里去，出入住意，没人敢禁止她。一时朝士，都出其门，交通贿赂，以求援引进达。风俗至此败坏极矣。

按史，中宗遭武氏之乱，久罹幽辱，备尝艰辛，一旦复位，正宜总揽干纲，励精图治可也。乃又溺爱衽席，至使威福之柄，尽出宫门；爵赏之典，下逮仆隶。所谓前车既覆，而后车不以为戒者也。未几，中宗遂为韦后所毒，唐祚几于再倾。呜呼！可鉴也哉！

【注释】

①本篇出自《资治通鉴》卷209唐纪二十五，景龙二年。并见《新唐书·选举志下》。记述中宗沉溺酒色，将朝政委托于韦后，韦后及其诸女卖官鬻爵的故事。

②安乐公主（？~710）：唐中宗李显与韦后所生的幼女，很受宠爱。先嫁武三思子崇训，崇训死，又嫁武廷秀。欲拥韦后临朝，以己为皇太女。与韦后合谋，毒死中宗。后李隆基（玄宗）起兵，被诛杀。

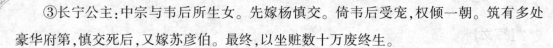

③长宁公主：中宗与韦后所生女。先嫁杨慎交。倚韦后受宠，权倾一朝。筑有多处豪华府第，慎交死后，又嫁苏彦伯。最终，以坐赃数十万废终生。

④韦后(？~710)：唐中宗后，京兆万年(今陕西长安)人。神龙元年(705)中宗复位后，勾结武三思等，专擅朝政，重用韦氏族人。景龙四年(710)毒死中宗，立温王重茂为帝，临朝称制。不久，李隆基发动政变，被诛杀。

⑤上官婕妤：即上官婉儿(664~710)，唐陕州(今河南陕县)人。因聪敏善文章，十四岁便为武后草拟诏命，受宠。中宗即位，又得韦后、武三思宠信，拜昭仪，掌文学、音乐等事。诗篇文采斐然。诏封婕妤。韦后败，被杀。

⑥屠沽臧获：屠，指屠夫。沽，指卖酒的。臧，即臧侩，驴马市上的中间商人。获，是对女婢的贱称。被认为是从事不正当职业的下贱人。

【译文】

中宗的时候，把权力交给了宫廷之中拥有权力的女人来处理。其中有安乐公主、长宁公主及韦皇后的妹妹郕国夫人、上官婕妤、尚容柴氏、女巫第五英儿。她们全都依仗自己手中的权力任意行事，无所顾忌。竟然将官员依据不同的等级标上价格，进行贩卖。即使是市场上毫无能力的屠夫、贩卖酒的小商小贩、驴马市上的商人、地位低下的婢女，只要交纳三十万钱就可以得到由皇帝亲手批示的升官法令，斜封交付给中书令授予官职。当时的人们把这个叫作"斜封官"。上官婕妤等在宫外还购置了豪华的府邸，出入宫廷十分随意，完全不把宫中的规矩放在心上。朝中的大臣多是出自她们的门下，这些大臣相互勾结，贿赂成风，用极其肮脏的手段来获得官职或者升官发财的机会。

【评议】

历史上的唐中宗是一个无能又软弱的皇帝，可以说他的一生都笼罩在女人的影响之下，无论是被动的还是主动的，在中国那个男尊女卑的封建社会当中，唐中宗几乎始终都被女人玩弄于股掌之中，连最后的死亡都是在女人的操纵之下完成的：武则天当政的时候把他的皇位废掉，后来武则天老年的时候，他才得以复位，复位后的唐中宗似乎已经习惯了女人当家做主，于是大权又落到了韦皇后等一批女人手中，这些女人为了争夺权力，与唐中宗多次冲突，唐中宗最后被韦皇后毒死。在这个故事里讲述的就是中宗复位后权力落到韦后等人手中，很多人想要得到一官半职，就来讨好这些女人，而这些女人竟然胆大包天不顾法纪卖官鬻爵。由此可见，当时的政治实在是太混乱，而身为一朝天子的唐中宗不但置身事外，仿佛这件事情与自己无关痛痒，甚至竟然与她们合谋予以她们方便之路。"斜封除官"的丑事在中国后来的历史上影响很大，它留给人们的教训就是有很多人为了得到好处常常会讨好有权力的男人身边的女人，而这个女人就会利用这样的机会，依靠男人的权力胡乱使用这些权势。这个故事中的教训，意义是独特的，也是发人深思的。

【拓展阅读】

唐中宗

唐中宗李显，是武则天的亲生儿子之一，生于公元656年，母亲武则天生他时刚升任皇后。父亲高宗李治给他起名为"显"，后又赐名"哲"，对他将来寄予了很大的希望，他也对中兴李唐做出了一定贡献，可惜最后却被妻子和女儿合谋毒死。

李显被贬

高宗于公元683年12月病死，中宗李显于同月甲子日继位。第二年改年号为"嗣圣"。中宗比高宗更为庸柔无能，即位后，尊武则天为皇太后。裴炎受遗诏辅政，政事皆取决于武则天。他重用韦皇后亲戚，试图组成自己的集团。欲以韦皇后之父韦元贞为侍中（宰相职），裴炎固急以为不可。李显大怒："我以天下给韦元贞，也无不可，难道还吝惜一侍中吗？"裴炎听后报告了武则天，武则天对中宗的举动大为恼火，公元684年2月，继位才两个月的中宗被武则天废为庐陵王，贬出长安。

软禁均州

中宗先后被软禁于均州（今湖北省丹江口市）、房州（今湖北省房县）14年，只有妃子韦氏陪伴，两人相依为命，尝尽了人世的艰难。每当听说武则天派使臣前来，中宗就吓得想自杀。韦氏总是安慰他说："祸福无常，也不一定就是赐死，何必如此惊恐。"在韦氏的鼓励、帮助、劝慰下，才使他在逆境中坚持活了下来。因此，中宗和韦氏作为患难夫妻，感情十分深厚。他曾对韦氏发誓说："有朝一日我能重登皇位，一定满足你的任何愿望。"

召回京城

公元 699 年，中宗被武则天召回京城，重新被立为太子。公元 705 年，82 岁的武则天病重。正月丙午日，宰相张柬之、右羽林大将军李多祚等人突率羽林军五百余人，冲入玄武门，杀张易之、张昌宗，迫使则天皇帝传位于中宗。改年号为"神龙"。2 月，复国号为唐。中宗复位后，马上立韦氏为皇后，又不顾大臣的劝阻，破格追封韦皇后之父亲为王，并让韦皇后参与朝政，对张柬之等功臣却不加信用。将韦皇后的女儿安乐公主嫁给武三思之子武崇训。封上官婉儿为昭仪，教她专掌制命，负责起草皇帝的诏令。张柬之等大臣眼见又要重演武则天的旧事，力劝中宗除掉武三思。武三思和韦后反诬告张柬之等人谋图不轨，怂恿中宗明升暗降，将张柬之等人册封为王，调出京城。武三思又派刺客在途中将他们刺杀。

混乱朝野

有个时期，安乐公主自己写好了诏书，掩住正文拿去让李显盖印，中宗竟看也不看地把印盖上。就是这样，中宗听凭她母女俩弄权，自己则只顾过着淫靡的生活。有一年的元宵节，中宗在韦皇后的怂恿下，带着公主和宫女数千人，全都换上平民的服装出宫逛灯市、赶热闹。到夜深回宫，一查点，数千宫女逃走了十之五六。怕声张出去有损体面，中宗也只得不了了之。又有一次，中宗在皇宫内召见百官，命令三品以上的官员抛球和拔河，供他和韦后欣赏。朝臣多数是文官，不好嬉戏，直弄得他们个个丑态百出，尤其是那几个上了年纪的大臣，体力不支，拔河时随着长绳扑倒在地，一时站不起来，手脚乱爬。中宗和韦后见了，还都开怀大笑。

中宗被害

公元710年5月,一个地方小官燕钦融上书指责韦皇后淫乱,干预朝政。中宗亲自召燕钦融来京诘问,韦皇后指使信党喝令卫士当众将燕钦融摔死。中宗看了,露出了很难看的脸色。韦皇后怕中宗查究她的淫乱之事,安乐公主则希望母后临朝称制,自己当皇太女,效法武则天。母女俩便密谋害死中宗,韦皇后知道中宗喜欢吃饼,于是命令情夫马秦客配置了毒药,她亲自将毒药拌入饼中,蒸熟,命令宫女送入神龙殿。中宗正在翻阅奏章,见饼送来,随手取来就吃。不一会儿,忽然腹中绞痛,扑倒在榻上乱滚,太监急忙去报告韦皇后,韦皇后故意磨蹭,拖了许久才来,见中宗痛苦的样子,还假装问中宗怎么了。中宗已经说不出话来,只是用手指着嘴呜咽地哭泣,没多久便死于长安宫中的卧榻上,终年55岁,葬于定陵(今陕西省富平县西北15里的龙泉山)。

【镜鉴】

一、医不自治的医院院长

(一)案例内容

孔德奇,深圳横岗人民医院原院长,在任期间,利用医院工程、药品采购、医疗设备采购和人事任用等机会,收受贿赂324.2万元人民币。2012年6月,在深圳市检察机关打击医疗系统商业贿赂犯罪专项行动中,横岗人民医院原院长的事情败露。后经盐田法院审理,以受贿罪判处孔德奇有期徒刑13年。

1.专家到院长

孔德奇,广东陆河人,本科毕业于汕头大学医学院临床医学专业,2006年获中山大学硕士(医药卫生EMBA)学位。对四肢骨折、脊柱、骨肿瘤、关节、周围神经损伤及相关复杂疑难疾病的诊治有丰富经验。他曾先后担任深圳龙岗区大鹏人民医院副院长、大鹏人民医院院长、平湖人民医院院长、横岗人民医院院长。孔德奇在工作期间获得过54次荣誉,其中有 10 多项是市级荣誉,还获得一次省级三等功。在法庭交换证据阶段,孔德奇的代理律师出示了一份孔德奇所住社区的求情证明书,证明其热心助人,孝顺父母,且经常为社区群众进行义诊。

然而,正是这样一个业务能力强、前途无限光明的高级知识分子,却在金钱的诱惑下偏离了正确的人生轨道,走上了一条滥用职权、贪污腐败的不归路。

2.敛财之道,五花八门

据报道,孔德奇的巨额赃款主要是通过以下几个途径获得:

利用医院工程收取承包商贿赂。孔德奇在担任平湖医院院长期间,向医院的总务科打招呼,帮助广告招牌及室内装饰工程承包商房某某拿下了平湖医院院外招牌和院内的零星工艺标牌的制作、安装工程。此后,孔德奇又先后帮助房某某获得了医院的多项工程。房某某事后承认,"每做一次工程,我就会送一次钱给孔德奇,大约是工程款的 7%~10%,我送多少,孔德奇就收多少。"从 2003 年 9 月到 2012 年 3 月,房某某先后 23 次送给孔德奇 16.2 万元。

通过采购药品收受医药公司贿赂。深圳市新泰医药有限公司法定代表人廖某某在向孔德奇行贿 10 万元之后,其公司代理的药品顺利进入平湖医院销售。深圳市安信医药有限公司副总经理蔡某某在分 5 次送给孔德奇 25 万元人民币后,安信医药公司的药品顺利进入了横岗医院。

通过采购医疗设备获得巨额赃款。这在孔德奇收受的贿款中占了很大一部分比重。医疗设备供应商吴某某在 1999 年向孔德奇成功推销设备后,两人便开始了长达 10 多年的"合作"。孔德奇先后帮助吴某某向大鹏医院销售了一台全自动生化分析仪;向平湖医院销售了三维多功能彩色多普勒超声诊断仪、腹腔内窥镜、数字 X 光机拍片机(DR);向横岗医院销售了麻醉机、全自动血液培养分析仪、彩色多普勒超声诊断仪、电子鼻咽喉镜等多项医疗设备。每做成一笔生意,孔德奇都会获得几万元到几十万元不等的"好处费",这些贿赂累计在一起高达 188 万元。对于其他推销医疗设备的供应商,孔德奇也是来者不拒。

利用人事任免权谋取私利。2011 年,龙岗区卫生系统招考职员。横岗医院某社康中心一名 B 超医生找到孔德奇,希望医院能在招考时解决其编制问题。孔德奇作为院长,利用自己手中的权力,使该医生顺利考取了横岗医院职员。之后,其送给孔德奇人民币 3

万元以表"心意"。除此之外,孔德奇还帮助数人调入医院,收取了大量贿赂。

(二)专家点评

深圳市卫生和人口计划生育委员会相关负责人:之所以多位医院高管精英涉嫌商业贿赂,一方面是这些人道德滑坡,经受不住吃请礼金等各式诱惑,另一方面也暴露出对医疗系统反腐工作重视不够、执行不力的问题,有些医院抓行风、党风廉政建设流于形式,加上现行的药品、医用耗材、医疗器械的定价、招标采购等存在制度缺陷,形成了行业潜规则。

(三)案例分析

孔德奇腐败案是我国现行医院管理体制中"院长负责制"弊端的显现。孔德奇作为一院之长,在医院工程的招标、药品和医疗设备的采购以及人事调动任免上都拥有绝对的主导权,并且没有受到任何实质性约束和控制,所以才导致了他堕落腐败,断送了自己的前程。权力缺乏监督必将导致腐败,这是毋庸置疑的。因此,建立民主管理和民主监督制度是医院管理体制改革的当务之急。

出于效率的考虑,首长负责制将组织中主要的权限集中在一把手身上,以便于一把手可以快速反应,迅速做出决策,同时也避免了集体负责制责任不清的弊端。但是这样的组织架构也有着明显的缺陷:组织的命运过分依赖领导者个人的能力、素质与品行。在当前反腐倡廉形势下,权力过度集中往往成为腐败发生的主要原因。

此外,此案例也反映出当前在药品及医疗设备采购中存在着流程不规范、招标过程不公开透明不公正公平的问题。如何完善药品医疗设备招标采购制度,规范招标采购工作,也是我们应该思考的问题。

二、被年节"小"礼拉下水的地税局长

刘生海,甘肃省定西市地税局原副局长,经酒泉市中级人民法院审理后,以受贿罪、贪污罪、挪用公款罪、巨额财产来源不明罪、徇私舞弊不征税款罪,决定对被告人执行有

期徒刑 22 年。令人感到意外的是，这个涉案金额近千万元的巨贪，竟是从年节小礼开始被拉下水的。

(一) 案例内容

1955 年，怀着利用专业知识干一番事业的热情，刘生海通过工作调动，从酒泉财校的一名会计学教师变成敦煌市地税局一名工作人员。由于专业知识基础扎实，为人勤勉上进，刘生海在敦煌市地税局的工作很快得到各方认可，从一名普通干事，一路被提拔为敦煌市地税局局长、酒泉市地税局纪检组长，直到定西市地税局副局长。

1.礼尚往来

随着角色的变化，刘生海的心态也开始悄然发生变化，最初的雄心壮志逐渐被官场文化消磨殆尽。刘生海的生活重心开始从当初刻苦钻研专业理论知识逐渐过渡到人情往来、网罗关系上。而这些人情总与送礼分不开，特别是逢年过节，干部职工登门拜访总不会空手，不管多少一定会有个"表示"。刘生海最初也不愿意收别人馈赠，但是又觉得年节时分互相拜贺是一直以来的传统习俗，不好太过生硬地拒绝。更为主要的是，刘生海认为下属给领导送个礼没什么大不了的，现实中的社会风气就是如此。所以，只要不是太大数额，他也就收下了。

不过，随着时间的推移，他心里的警惕逐渐放松了。"过节前后不光别人给我送礼，我也给别人送礼，所以感觉礼尚往来也就是很正常的事情。"刘生海介绍，就连单位也会按照惯例用公款给领导送节礼，这样一来，节礼也就越收越顺理成章，越收越没有压力。欲望的闸门一旦打开就再也收不住了。从一开始的几百元、几千元，到后来的上万元，甚至是几十万元或房产都敢收下。

2.来者不拒

根据法院审理认定的情况，刘生海收节礼基本上都是以现金为主，少则 5000 元，多则数万元。

当地一家矿业公司因每年年底停产，至第二年三四月份开工，自然就错过了给刘生海春节拜年的机会。于是，这家企业的老板在 2006 年底至 2007 年底，先后 7 次以回湖北老家前看望或者以开工前拜晚年为由，送给刘生海现金 13 万元。

刘生海收礼的场合也是五花八门。2007 年春节期间，当地一家棉业公司的负责人为了和刘生海搞好关系,约其打麻将,就在刘生海起身上厕所期间,这位老板在卫生间塞给刘生海2万元现金,刘生海欣然接受。

经法院审理查明,刘生海在担任敦煌市地税局局长、酒泉市地税局纪检组长期间,利用职务之便为他人谋取利益,收受、索取他人财物数额达472万余元;通过套取代扣税款手续费,私设"小金库",以提取现金、报销个人支出费用等方式,将单位公款140余万元据为己有;将单位"小金库"资金近50万元以个人名义借给他人炒股赢利。

此外,作为国家工作人员,刘生海家庭财产、支出明显超过合法收入,除受贿所得款项、贪污所得款项外尚有588万余元差额部分不能说明来源;利用税收征管职务之便,在没有缴纳税款的情况下,指使下属违规开具金额近565万元的建筑安装业发票一张,致使国家税收损失27万余元。

(二)媒体点评

甘肃省委党校法学教研部主任张佺仁:虽然年节属传统文化的范畴,但领导干部手中的权力意味着,人情往来很容易演变为权钱交换。应当对干部的人情往来进行更加具体的规范,比如对"节礼"和"行贿"的边界进行具体规定。避免让年节礼拉干部"下水",还有一个关键之处,就是领导干部自身要把握道德底线。不少官员认为过节收礼不算贪,实际上,这种想法脱离党性,与法制相悖。

(三)案例分析

刘生海案非常有代表性,以年节"小"礼、人情往来掩盖贿赂事实的情况在现实生活中时有发生,值得关注。透过本案可以得到两点启示:

第一,针对领导干部的廉洁教育有待加强。这里说的廉洁教育不仅仅是观念上的灌输,还要结合社会现实帮助他们提高拒腐防变的技能。以本案为例,长期担任领导职务免不了会有人围在身旁寻找机会、伺机而动。逢年过节正是最常被用来"拉近感情"的好时机。领导干部如何在顾及人际关系与坚持原则之间实现平衡,需要一定的为官技巧。在腐败行为日益隐蔽的形势下,廉洁从政不仅是一种态度,也更是一种能力,甚至是一种技术。

第二,加大对行贿者的惩罚力度,减少领导者身边的贿赂供给。行政权力在市场中的利益影响意味着寻租的价值,只要这种影响存在,就会有人试图通过寻租换取更高的市场回报。在行贿者与官员之间的攻防格局中,如果行贿者面临的惩罚较低,那么就会有人围在领导干部周围直到把他拉下水。所以,反对腐败需要从供给与需求两个方面下手,一方面让官员不敢收,另一方面也让行贿者不敢送。

三、以贿金衡量人生价值的医学专家

王乃平,广西中医学院原院长。2012 年 5 月 16 日,南宁铁路运输中级法院一审以受贿罪判处王乃平有期徒刑 12 年,并处没收财产人民币 50 万元。法院审理认定,王乃平在担任广西中医学院院长和正厅级调研员期间,利用职务之便,收受贿赂人民币 170 万元、澳元 4 万元、美金 2 万元及一套价值 1.78 万元的北京奥运纪念币。

王乃平曾经语出惊人:"哪个受贿者是因为太穷才受贿的?受贿固然可以使生活水平得以提高,但体现所谓的'价值'恐怕才是受贿的真正原因!因为有权有势,别人才会给你送钱;送的钱越多,自己的'价值'才越高。"

(一)案例内容

1.学而优则仕

王乃平是广西最早从国外学成回国,并一直坚持在国内工作的医学博士,在全国也是小有名气的专家。

1978 年恢复高考后,王乃平第一批考上了广西医学院(即现在的广西医科大学)。1983 年 10 月,王乃平本科毕业后赴日本大阪大学留学,1988 年 3 月获得博士学位。之后,他在大阪大学医学部第二药理教研室博士后工作站工作,是大阪大学第二药理研究室的客座研究员。1989 年 3 月回国后,他在广西医科大学药理教研室任教。

当时,王乃平在广西可谓稀缺人才。作为"学而优则仕"的一个典型,王乃平在官场上也迅速崭露头角:回国半年后,担任广西医科大学药理教研室副主任,1992 年 8 月任该校国际交流处处长,仅仅一年后升任副校长。1998 年,时年 45 岁的王乃平被提拔为广西中医学院院长,官至正厅级,登上他人生中的权力顶峰。

作为一名医学教授,王乃平在学术上颇有建树。他担任过中华中医药学会常务理事、广西中医药学会会长等职务。主持和承担多项国家和省部级科研项目,在重要学术刊物上发表论文 40 多篇,出版专著和主编教材 6 部,获省部级科技成果奖 5 项,是"广西壮族自治区优秀专家"。

王乃平在仕途和学术上都可谓一帆风顺,然而随着社会地位的变化,他的心态也开始发生微妙的变化。最终让他走上了另外一条道路。当不法商人看中他手中的权力,主动供上贿金的时候,他没有意识到其中的危险,而是把贿金的多少看作是个人价值的体现。在这样的价值观引导下,他很快被行贿者用金钱俘获,连同手中权力一并听从行贿者的差遣。

2.来者不拒

王乃平当上广西中医学院院长不久,海南药商李某就通过各种关系结识了王乃平,之后展开了猛烈的"进攻":逢年过节,他都邀请王乃平吃饭,然后送上一个大红包。他还让自己的老婆邀请王乃平的妻子偕同亲友到海南旅游,不但包吃包住包玩,还送上 5 万元"零花钱";知道王乃平的女儿在澳大利亚读书需要外币,主动送上澳元、美元;知道王乃平喜欢奥运会,马上弄来一套价值不菲的北京奥运纪念币。几年下来,王乃平共收受李某贿送的人民币 64 万元、澳元 4 万元、美金 2 万元和价值 1.78 万元的北京奥运纪念币一套。王乃平也通过与学院下属的几家医院领导打招呼,让李某的生意在这几家医院牢牢站稳了脚跟。

除了招标采购环节之外,人事任命、干部提拔同样竞争激烈。而王乃平手中的权力也就再显现出"市场价值"。2005 年 1 月,广西中医学院下属制药厂竞争上岗,甘某希望王乃平推荐他当厂长并暗示事成之后有好处。于是,王乃平力排众议让甘某当上了厂长。甘某为报提携之恩,先后 7 次送给王乃平 35 万元"感谢费"。

基建项目也是腐败高发领域。2006 年,广西中医学院在南宁市仙湖区建设新校区。商人马某为了拿到工程,先后送给王乃平价值 25 万元的汽车一辆以及 20 万元现金。

按照王乃平的逻辑,所有这些都是他个人价值的体现。正是因为他是"有用"的人,才会有人不断心甘情愿地向他行贿。所以,面对这些贿赂,他每次都是来者不拒、照单全收。

（二）媒体点评

《检察日报》记者子非木、木公、梁洪：我们在为王乃平扼腕痛惜的同时，不禁要问：学而优者是否必须"仕"试想，如果当初王乃平不踏入仕途而是一门心思搞科研做学问，那么现在岂不是少了一个贪官？可惜人生没有"如果"。

（三）案例分析

王乃平案一度在社会上引起广泛关注，主要还是因为他的"价值论"。一个长期从事医学院校教学与科研管理工作的干部，说出这样的"高论"实在另类。但是他说出了自己的心里话，比那些在铁证面前仍然百般抵赖、死不悔改的贪官略有良知。案发后他的第一个反应是以前的同事会如何看待他，说明他还很在意别人对他的评价。那么，这位本该是医者仁心的学者型官员，为什么会有如此荒谬的价值怪论呢？

结合近年来在教育、科研等知识密集行业的高级知识分子中出现的腐败案例可以发现，多数的科研人员都沿着"学而优则仕"的道路转变了自己的身份。诚然，他们具备专业的知识能力，但是这并不意味着他们同样已经具备了管理的能力和素质。事实证明，一些学者型官员连基本的廉政知识都不了解。在糖衣炮弹的进攻下，根本谈不上拒腐防变的能力。所以，领导干部的职位应该是专业分工，而不是一种奖励手段。让合适的人做合适的工作，才是人尽其才的本意。另外，如果工作需要学者转换角色和身份，担当管理工作，一定要把廉洁从政的课补上。识别廉政风险、自觉抵制腐败不仅是一种态度，也是一种能力。

四、被行贿者设计套住的女市长

高平，广西壮族自治区人民防空办公室原副主任，广西城建投资集团有限公司原董事长。任职期间，利用职务之便收受他人贿赂人民币256.5万元，2011年4月15日，高平被法院一审以受贿罪判处有期徒刑12年。

(一)案例内容

1.防腐距离

1980 年,高平从广西建筑工程学校毕业,因为成绩优异,她获得了自主选择单位的资格,选择了与专业对口的广西城乡规划设计院,成了一名技术员。凭着扎实的功底和出色的工作能力,1989 年高平调入广西壮族自治区建委城市规划园林处,从办事员、科员、主任科员一直升到处长。2002 年,高平任河池市主管城建的副市长。在刚担任领导职务的时候,她非常珍惜这一来之不易的机会,在各方面对自己严格要求。在廉政方面,高平也保持着清醒的头脑,尽管手握大权,但能依法秉公办事。

步入副厅级领导岗位后,各种上门办事的人员络绎不绝。特别是房地产开发商、建筑商整天围着高平转。终于有一天,她给秘书下了一道命令:"任何人到我办公室,和我必须保持一米六的距离。"高平总结出了一个微妙现象:在人际交往中,双方保持 1.2 米距离,凸显彼此关系非常亲近;如果超过两米,则反映出双方关系比较生疏。只有保持 1.6 米左右才是"心理安全距离",既可以消除冷淡,也可以保持矜持。

2005 年 4 月,高平调任自治区人防办副主任,分管工程建设。一些推销人防设备的老板也频频塞给她数目不菲的贿金,可事后都被她一一退回。某开发商为了拿到人防办某住宅楼的承建权,曾偷偷登门送过 10 万元现金,但被高平当面拒绝了。

2.设局

2006 年 8 月的一天晚上,曾经被拒贿的开发商给高平打电话,约她一同见一女港商,并透露该港商有在南宁投资的意向。听说有港商光顾南宁,高平欣然前往。

在南宁一家星级宾馆的豪华包厢里,高平见到了这位名叫"安娜"的阔太太。安娜驾驶林肯加长轿车,满身珠光宝气。令高平感到奇怪的是,安娜对投资项目只字不提,在饭局上大谈成功女性的标准。讲到兴奋处,安娜对高平评头论足:"高主任,恕我直言,你虽然贵为副厅级领导,其实也没啥了不起的。几年后脱下这身官袍,和菜市场的家庭主妇又有什么两样呢?"

高平的脸色一下红到耳根。当时饭局上全是有头有脸的人物,居然当众蒙羞受辱,高平恨不得拂袖而去。但是高平不知道这一切都是做给她看的,为的就是激怒她。为了突破高平的心理防线,该开发商用心研究她的"软肋",很快发现,高平工作能力强,说一不二,很少有人敢跟她顶嘴。她平时听到的都是恭维话,如果有人当众羞辱她,很可能会对她产生强烈震撼效应。于是,该开发商租赁林肯轿车,花钱雇人冒充香港富姐,事先对台词进行编排,企图重挫女厅官矜持的高傲之心。

3.入瓮

自从被女港商羞辱之后,高平的思想发生了颠覆性转变。她考虑到自己再过十年八载就会退休,将来真的会跟家庭主妇没啥两样。想到自己从政多年两袖清风,如今买了商品房却无钱装修。越想心理越失衡、失落……于是,她撤销了自己设置多年的"心理距离"。从2006年8月至2009年11月,该开发商共17次送给高平人民币57.5万元。

此后,高平先后多次收受开发商的贿赂,最多一次是现金150万元,由于太重,高平不得不分两次用袋子把这些钱搬上四楼的家中。

2011年3月下旬,因涉嫌受贿256.5万元,高平在南宁铁路运输中级法院受审,成为广西被查处的级别最高的女贪官。

(二)媒体点评

"华声在线"狄书爱:每一位贪官多年贪腐甚至成为大贪、巨贪的过程,都是由包括个性在内的诸多原因造成的,而监管的缺位在里面也都是共识。但是,与其说贪官贪腐是无数监管漏洞"作用"的结果,不如说是诸多官场潜规则在内的诸多因素共同作用的结果。

(三)案例分析

从坚决抵制贿赂、精心设置防腐距离到主动索贿,高平案留给人们太多的思考空间。

一位年富力强且洁身自好的女性厅级干部虽曾努力坚持自己的清廉准则,最终却因为奸商设计的"圈套"而被拉下水,实在令人惋惜。本案例给人印象最深的是行贿者不遗余力、绞尽脑汁寻找官员的弱点,最终布下陷阱、请君入瓮。虽然高平在与奸商斗法的过程中最终落入圈套,但行贿方在此案中发挥了更关键的作用。与早期的吃拿卡要、敲诈勒索等索贿方式不同,近年来因行贿方主动促成腐败的情况日益增加,成为腐败演化的一个新特点。

究其原因,一方面是由于行政权力在市场中的利益影响依然很大,一旦俘获官员、寻租权力,就可以在市场中换得高额回报,所以才有不法商人挖空心思"包围"官员;另一方面是当前反腐败制度设计中对于行贿者的惩罚力度不够,虽然放宽对行贿者的惩罚有利于揭发贿赂事实,提高案件调查的效率,但是同时也有可能纵容商人以较小的风险去行贿。因此,有必要完善诚信管理机制,加大对行贿者的惩罚力度。

五、"草原第一贪"

白志明,内蒙古自治区党委原副秘书长,因犯有受贿、贪污、巨额财产来源不明、非法持有枪支、弹药等罪名,2011 年 12 月 30 日被赤峰市中级人民法院一审判处死刑,缓期二年执行,剥夺政治权利终身,并处没收个人全部财产;对来源不明的财产予以追缴,上缴国库。

2011 年 1 月 23 日,内蒙古纪委公布其涉嫌受贿、贪污且巨额财产来源不明,并涉嫌非法持有枪支弹药,违纪总金额折合人民币 3954 万元。这一数据创下该区已公开案件之最。由此,白志明被称为"草原第一贪"。

(一)案例内容

白志明的职业履历相当充实,是典型的从基层一步一步干起来的干部。据熟悉他的人透露,白志明为人仗义,"收了钱会办事,所以还有人怀念他",但平时"作风霸道,说一不二"。从乌审旗的苏木乡乡长开始,白志明一路升至乌审旗旗长.2002 年后历任锡林郭勒盟副盟长、盟委副书记。2007 年,时年 57 岁的白志明被调任内蒙古扶贫办副主任,随即转任内蒙古党委副秘书长。

然而,白志明这份履历背后却不是洁白无瑕的。其中,在锡林郭勒盟任职时间最长,而后来调查表明,其主要贪腐行为都集中在锡林郭勒盟。

1.眼花缭乱的换车故事

白志明喜欢高档越野车,不仅通过让别人买车的名义索贿,还借助一次又一次的换车来敛财。所以,白志明很多贪贿都与这些豪华越野汽车有关。

早在 2002 年,刚刚任职锡林郭勒盟盟委副书记的白志明就要求锡盟地税局给其买丰田 4700 越野车,得到新车后,他把自己的丰田 4500 越野车换给地税局。2005 年夏,白志明又想换一辆新车。这一次,他找到的是锡林郭勒盟交通局。交通局又把这笔"摊派任务"转交给当时在锡林郭勒盟施工的李志芳,李将 99 万元购车款汇给白志明。白志明收到汇款却舍不得用"自己的钱"去购车,而是花 12 万元购买了一辆长城越野车用于抵顶,差价 87 万元被他个人占有。2007 年,白志明调到内蒙古扶贫办工作。在离任之前,白志明索取锡林郭勒盟公安局丰田凯美瑞轿车一辆,价值近 30 万元。该车一直由其子布日古德使用,直至案发。同期,他又将锡林浩特监狱为其购买的一辆公务车丰田 4700 越野车带走,监狱方多次催要未果。白志明经过一系列复杂的"强买强卖"之后,利用该车以"换新"的名义套取其他单位或个人的新车。此外,白志明还将车作为套取国家财政资金的工具,如多开购车发票、以旧车抵交工程款、虚假捐赠套取资金等。

2.盟长的利益链

在敛财方面,白志明显然不满足于通过"换车"换出来的钱。随着经济快速发展,大量基础建设投资也带来了更高的腐败机会。白志明也自然没有错过分羹机会。通过帮人承揽工程获取好处、占有工程款、帮助建筑商讨工钱并从中分得好处、违反规定使他人获得土地使用权、帮助企业或个人拆借巨额资金吃利息等等手段,白志明插手任何有利可图的事项,甚至还以讨要的工程款为本金,做起资金融通的生意。

调查显示,在上任锡林郭勒盟副盟长之前,白志明就已经开始帮助建筑商承揽工程了。在 2000 年、2002 年、2005 年,白志明先后帮助锡林郭勒盟翔达建筑安装有限公司(下称翔达建筑)承揽了锡林郭勒盟网通公司家属楼工程、锡林郭勒盟纪委办公楼的维修工程和武警锡林郭勒盟支队的搬迁工程。当然,这些帮助都不是免费的。

锡林郭勒盟纪委办公楼的维修工程中,白志明以自己兼任锡林郭勒盟纪委书记的身份便利,直接从翔达建筑套取纪委的预付工程款 115 万元,除用于为纪委购买轿车和用旧车抵销部分工程款外,个人获取 35 万元。类似的行为屡屡发生。如 2004 年,白志明将锡林郭勒盟纪委 15 万元的专项经费以筹建大棚的名义转入锡林浩特蔬菜市场,后授意工作人员套出此款,兑换成美元后,占为己有。

2001 年末,白志明担任锡林郭勒盟副盟长时,利用分管财税工作之便,将内蒙古计划委员会、财政厅下拨给东乌旗的 200 万元降氟给水专项经费挪给锡林郭勒盟乌拉盖开发区使用,并涉嫌从中贪污工程款 90 万元。

当白志明把权力的经济价值发挥到极致的时候,居然利用盟长的影响力做起了代为讨账的生意。2003 年,内蒙古兴业集团股份有限公司董事长吉兴业向白志明借款 1000 万元,白志明则让吴泽学拿出该资金。吴提出的要求是,希望白志明帮他结算锡林郭勒盟交通局、东乌旗建设局拖欠的工程款,并承诺借款产生的利息归白志明。吉兴业借款到期后,曾延期还款。事情办妥后,2007 年 7 月,白志明得到借款利息 426 万余元。

(二)媒体点评

内蒙古自治区党委书记胡春华:白志明、乌云其劳、张志新腐败案件,影响恶劣,教训深刻。全区各级领导干部要真正从中受到教育和警示,坚持警钟长鸣,防微杜渐,进一步增强拒腐防变的能力,干干净净地为党和人民执好政掌好权。

(三)案例分析

白志明案的典型之处在于充分利用手中权力实现个人经济目的,把权力作为一种资本来经营并从中渔利;其非典型之处则在于一边腐败、一边升迁,经济资本与政治资本同时盈利。

在白志明强行"分派任务"让下属单位为其购置豪华越野汽车时,从地税局到交通局无人敢提出异议;他每天使用豪华越野汽车出入,却没有对汽车的来历提出质疑。可以看出,要么是白志明目空一切、狂妄自大,要么是他的行径已经被当地干部群众默认了。如果是前一种情况,处置了白志明就会换回皆大欢喜的结局;如果是后一种情况,我们会看到后面也许还会有更多"白志明"。白志明长达近 10 年的违法乱纪,尽管用了很多手法不停折腾,但是多数伎俩都是一眼就能识破的。可是不但没有人觉得奇怪,反而接连被提拔到更高层级、更重要的管理岗位,这恰恰是最让人担心的。

如果我们的用人机制不能确保"不让老实人吃亏",那么在干部队伍中就不能形成正确的导向。坏制度会让好人做坏事,歪风邪气一旦形成,腐败的发生就不足为奇了。

观灯市里①

【历史背景】

唐中宗末年,将权力下放给宫中的女人们,自己纵情享乐。他曾经于正月元宵夜,与韦皇后私出宫禁,在街市城巷之间观灯。二人不仅自己去,还放宫女数千人去街市观灯。皇后和君王本来是万乘之尊,居九重之上,当勤政事,戒逸乐,何况中宗曾遭忧患,可他却不知戒慎,恣情放纵。

【原文】

唐史纪:中宗春正月,与韦后微行观灯于市里。

【张居正解】

唐史上记,中宗末年,委政宫闱,任情为乐。尝于正月元宵夜,与韦皇后私出宫禁,观灯于街市里巷之间。夫人君以万乘之尊,居九重之上,当勤政事,戒逸乐。况中宗遭忧患之后,乃不知戒慎,恣情极意,以天子之贵,观灯市里,混杂于庶民之贱,又且与皇后同行,尤为不可。一则失居尊之体,二则昧防变之智,三则坏宫闱之法,四则倡淫荡之风。一举动之间,犯此四大戒,岂非万世永鉴也。

【注释】

①本篇出自《旧唐书》本纪七,中宗景龙四年正月,并见《旧唐书·韦庶人传》。记述中宗与韦后隐去身份,混迹于平民百姓之中在元宵节观灯的故事。

【译文】

唐代史书上记载，中宗曾在春正月，与韦皇后隐去身份，穿上普通人的衣服，到街市上观看元宵灯节。

【评议】

皇帝与皇后乘着元宵月夜，微服潜行，市井观灯，与民同乐。这在现代人看来不乏浪漫的生活情趣。可惜，他们是一对只能同患难，不能同富贵的夫妻。当唐中宗李显被武则天废为庐陵王，韦后随之居庐陵二十一年。每当李显欲自杀，韦后总是宽解他、鼓励他、支持他。二十年同甘共苦的日子不算太短。但是当中宗复位后，韦后与武三思勾结淫乱于宫中，与安乐公主等人专擅朝政。景龙四年（710年）六月，弑中宗立温王重茂为帝，韦后临朝听政。最后，临淄王李隆基等人合谋发难，乱兵杀死了韦后。

这对夫妻在生活的道路上大起大落，给人的启示用一句话是说不清楚的。市井观灯似乎表明他们向往平民生活中，想在肮脏的政坛之外寻找到一点常人的宁静与快乐。

【镜鉴】

进德资政

（一）中国普罗米修斯

在古希腊神话中，一位天神名叫普罗米修斯，冒死从天上盗来火种，从此，长夜沉沉的大地燃起了星火，驱逐了寒冷，烧熟了食物。不料，这件事得罪了主神宙斯。宙斯把普罗米修斯锁在高加索的山崖上，让巨鹰啄食他的肝脏。普罗米修斯受尽折磨，但他不向宙斯屈服。

在中国的现代史上，也有这样一位人间的普罗米修斯，他就是伟大的爱国主义者和共产主义者李大钊。

李大钊也是一位先觉者,出身于书香世家。"铁肩担道义,妙手著文章。"从 1915 年开始,他就投身于救国救民的文化革新和社会革新运动。"冲决历史之桎梏,涤荡历史之积秽,新造民族之生命,挽回民族之青春",1916 年李大钊在《新青年》上宣示一个民族的梦想。1918 年任北京大学图书馆主任兼教授。

毛泽东曾指出:"十月革命一声炮响,给我们送来了马克思列宁主义。"李大钊就是第一个在中国传播共产主义思想的学者和革命家,是中国共产主义的先驱、中国共产党的主要创始人之一。

1920 年 3 月在北京大学组织了我国第一个马克思学说研究会。时年 10 月在北京建立共产主义小组。在中共"二大"至"四大"会议上均当选为中央委员。

李大钊热情地歌颂和宣传俄国十月革命,以敏锐独到的眼光发表了《法俄革命之比较观》《庶民的胜利》《布尔什维主义的胜利》和《新纪元》4 篇光辉文献,揭开了我国马克思主义宣传的第一页。

李大钊高举起马克思主义的火炬,如同窃来天火的"普罗米修斯",率先在"黑暗的中国"披荆斩棘,开出一条传播马克思主义的道路,哺育了一大批杰出的共产主义者,加速了中国人民的觉醒。

1926 年 3 月,李大钊领导并亲自参加了北京反对帝国主义和北洋军阀的"三·一八"运动,号召人们用"五四"的精神、"五卅"的热血,不分界限地联合起来,反抗帝国主义的联合进攻,反对军阀的卖国行为。

"绝美的风景,多在奇险的山川。绝壮的音乐,多是悲凉的韵调。高尚的生活,常在壮烈的牺牲中。"在白色恐怖的岁月里,李大钊为了民族的解放和人民的自由,无所畏惧,从不顾个人的安危,舍小家为国家,始终冲在斗争的前线,展现了共产党人坚强不屈、大公无私的优秀品质。

在李大钊的革命生涯中,曾三次被反动政府逮捕,前两次皆因机警斗争而获释。1927 年 4 月,奉系军阀控制北京后,疯狂地逮捕革命进步人士。在险恶的环境下,许多人劝李大钊暂离北京,中共中央也考虑将他调离,但他表示:我是不能轻易离开北京的,假如我走了,北京的工作留给谁?4 月 6 日清晨,在美、日帝国主义的支持下,以"宣传赤化"之罪名,张作霖调动大批军警,闯进苏联大使馆驻地,逮捕了李大钊等 60 多人。

在22天的监狱生活中,李大钊在凶恶的敌人面前,面对生死关头,坚贞不屈,"态度甚从容,毫不惊慌……俨然一共产党领袖之气概",始终没有泄露党的任何机密,没有暴露任何革命同志。

张作霖的参谋长杨宇霆又用高官厚禄收买,劝降李大钊:"如果你可为张大帅、吴大帅效劳,我保你官职在我之上。"李大钊愤怒地说:"张作霖是狰狞之子,吴佩孚乃狼狈之儿,我怎能为他们效劳?大丈夫生于世间,宁可粗布以御寒,晚食以当肉,安步以当车,就是断头流血,也要保持民族气节,绝不能为了锦衣玉食,就去向卖国军阀讨残羹剩饭,做无耻的帮凶和奴才!"

敌人没有从李大钊嘴里得到一句有损党的荣誉、有损革命利益的"供词",不得不向报界承认:"李无确供!"

4月28日,残暴的敌人将他"三绞处决"。在一台进口的绞刑机上,敌人将李大钊吊上去,又放下来,等他苏醒过来再吊上去,绞刑整整进行了四十多分钟,但李大钊毫无惧色,慷慨陈词:"不能因为你们今天绞死了我,就绞死了共产主义。我们已经培养了很多同志,如同红花的种子,撒遍各地!我们深信,共产主义在世界、在中国,必然要得到光荣的胜利!"

陈毅后来在纪念李大钊殉难的诗中赞道:"就义从容甚,大节凛不辱。"鲁迅说:"他的遗文都将永在,因为这是先驱者的遗产,革命史上的丰碑。"

(二)精神支柱不可丢

党的十八大报告指出:"对马克思主义的信仰,对社会主义和共产主义的信念,是共产党人的政治灵魂,是共产党人经受住任何考验的精神支柱。"

作为万物之灵,人活着离不开物质生活,但更离不开精神生活。要活得精彩,就要有精神,就要有崇高的理想和信念。

坚定的理想信念是人们建功立业的精神力量。伟大的目标可以产生为社会尽责的精神动力。因此,树立科学的社会理想和恰当的个人理想,必将激发建功立业的动力。共产主义远大理想和社会主义信念,是共产党人的立身之本,是我们党具有先进性的根本标志。有了理想化为信仰,有了方向和动力,就一定能成功。

树立正确的理想信念,坚定对共产主义的信仰,对共产主义不懈追求,人生就有了崇高目标,就会有所追求,不畏艰险,永葆青春和朝气,就具有一往无前的勇气和力量,什么困难都能战胜,什么环境都能适应。

邓小平说:"我们多年奋斗就是为了共产主义,我们的信念理想就是搞共产主义。在我们最困难的时期,共产主义的理想是我们的精神支柱。"邓小平之所以能经受住"三落三起"的考验,一个重要原因是他对共产主义事业具有坚定的信念,在困难和挫折面前始终抱着乐观主义态度,不失望,不气馁,不放弃真理和信念,并为之奋斗不息。

在20世纪30年代的大萧条中,资本主义经济几近崩溃,只有实行社会主义制度的苏联经济一枝独秀;近几年的金融危机,又是社会主义国家中国率先走出了危机,因此更应当相信共产主义,确信共产主义一定会实现。

习近平在中央党校2010年秋季学期开学典礼上的讲话中指出:"一个国家、一个民族、一个政党,任何时候任何情况下都必须树立和坚持理想信念。如果没有或丧失理想信念,就会迷失奋斗目标和前进方向,就会像一盘散沙而形不成凝聚力,就会失去精神支柱而自我瓦解。"

社会主义、共产主义的理想信念,是党的领导干部应有的政治信仰。有什么样的理想信念,就有什么样的执政行为。理想、信念绝不是空洞、抽象的,也不是可有可无的芥末小事,更不是"虚无缥缈"的命题,而是具体、实在的,是共产党人的立身之本,是精神生活的核心,深刻影响和制约着党员干部的思想和行为。

不讲共产主义,不信共产主义,哪有共产党员的气味?丧失了理想信念,就会丧失立身之本,就会造成理念上糊涂,政治上动摇,最终导致经济上变质,蜕化堕落。一些领导干部思想投向、奋斗方向、价值取向发生嬗变,理想和信念出了问题,必然招致"邪气附身",经不住权力、金钱、美色的考验,就会出一系列的问题。

保持思想纯洁、队伍纯洁的核心,是胸怀共产主义理想。陈云认为,纯洁"主要的不是年幼龄轻、没有社会关系、单纯的纯洁,而是指在复杂动荡的环境中忠心为共产主义坚持奋斗的纯洁"。

共产党人最重要的党性就是坚定的理想信念。有了坚定的理想信念,就有了政治灵魂和正确方向,就会在心中高高耸立起精神支柱。

一位同志认为,只有在理想信念的校准之下,才能在个人利益和公共利益之间做好选择题,在能力要求和水平不足之间做好填空题,才能做好思维、行为等方面的改错题,交出一份高分答卷。

只有不尚空谈，躬身实践，苦干实干，勤俭干事业，才能奔向理想之彼岸。理想之所以能够成为一种推动人生实践以创造美好生活的巨大力量，就是由于它具有实践性。任何理想的实现都离不开对理想追求的实践。实践不是停留于主观领域，而是进入人们改造世界的活动，化为人们行动的热情和意志，成为一种实践的力量。

(三)"塔西陀陷阱"断想

古罗马历史学家塔西陀，曾长期担任执政官和保民官，他曾断言："当一个政府或部门失去公信力时，不论说真话还是假话，做好事还是坏事，都会被认为是说假话、做坏事。"这一卓越见解后来成为西方政治学定律之一，即"塔西陀陷阱"。

在历史的长河中，那些帝国的崩溃、王朝的覆灭、执政党的下台，无不与其当政者不立德、不修德、不践德有关，无不与其当权者作风不正、腐败盛行、丧失人心有关。

我国一直有重视官德的传统，并把德放在首位。为政者的道德，长期被看作是修齐治平的主要法宝。"德者，才之帅也"，"士有百行，以德为首"，因此，"君子不患位之不尊，而患德之不崇"。《左传》提出："德，国家之基也"，把培育高尚的美德视作"立国"的根基。唐代魏徵指出，德对于治理国家来说，是政治"根本"，是政治"泉源"："臣闻求木之长者，必固其根本；欲流之远者，必浚其泉源；思国之安者，必积其德义。"为政者的道德滋润着炎黄子孙的思想灵魂，支撑着中华民族的精神脊梁。一则警世恒言，长久地鸣响于历史的回音壁：做人可以一生不仕，为官不可一日无德！

各级领导干部应当时刻谨记自己的"立德"关乎垂范世人，关乎党和政府的形象、信誉，关乎国家长治久安，切不可因自己的"官德毁"而致"民德降"。

领导干部的道德修养并不会随着年龄的增长、阅历的丰富而自然提高，不会因工作的变动、职务的升迁而自然升华。因此，提高道德修养是一个需要终生不懈努力的过程。

孔子曾明确提出"为政以德"的治国主张。他希望为政者以仁义之心待民。他说"苛政猛于虎"。他在《论语》中说："为政以德，譬如北辰，居其所而众星拱之。"即以道德来统率国政，就像北斗星端坐在一定方位上，而众星都围绕它运行。他要求为政者为人正直，主持公平、正义，以身作则，"政者，正也"。"其身正，不令而行，其身不正，虽令不从。"他要求为政者先义后利，"君子喻于义"，不义之财君莫取，谋取物质利益不能放弃操守的底线。为物欲私利而出卖灵魂、丧失人格，是为人所不齿的。

党的十七大、十八大通过的党章都将"加强道德修养"作为各级领导干部必备的基本条件写进其中。党的十八大报告指出，抓好道德建设这个基础，教育引导党员、干部模范践行社会主义荣辱观，做社会主义道德的示范者、诚信风尚的引领者、公平正义的维护者，以实际行动彰显共产党人的人格力量。

胡锦涛曾指出："切实加强广大党员、干部的道德修养，可以为党风廉政建设和反腐败工作奠定重要基础。因此，反腐倡廉抓源头，一定要把加强党员、干部的道德修养作为一个重点。"

领导干部也是一个普通的人，一个普通百姓，要会做人，做好人，注意自己的言行举止，珍惜自己的人格魅力，洁身自好，做一个有高尚品德的人……这是习近平主政浙江时，发表在《浙江日报》头版"之江新语"专栏的一期内容，署名"哲欣"，取"浙江创新"之意。

习近平说："官德虽然属于道德修养的范畴，但它是领导干部履行党的宗旨的重要体现，具有很强的实践性，因此它一刻也不能脱离社会实践。这就决定了领导干部从政道德修养不能只停留在口头和书面，而要见之于实践，也就是要通过'立功'来实现'立德'。"（《求是》杂志2004年第19期）

领导干部的道德包括其道德品质和思想作风，涵盖着感情趋向、思想动向、奋斗方向，是作为掌权者在行使权力过程中的权力道德，体现于领导、管理、服务、协调等各项领导工作之中。共产党人做官，赋予了"官德"新的内涵：权力为民所赋，就要为民所用，就要为人民谋福。共产党的官，不是骑在人民头上的老爷，而是人民的儿子，人民的公仆。

常修为官之德，不能满足于一般的修身养性，而必须认认真真、坚持不懈地践行党的宗旨。应当经常检查自己：是否以官德的品质、秉性、气节去做人，去从事工作和一心为民，是否做到了从政掌好权、公事用好权、私事不动权、为民不弄权。

多做小事，方成大德。良好官德的养成有一个循序渐进的过程，体现在每一个行为和每一件事情上。做几件好事也仅仅是开始，必须遵循道德养成规律，从日常小事做起，日积月累、长期修炼、不断积累。只有不弃小善，才能积成大善，养成高尚的道德。

（四）重提安泰与大地

安泰者，乃古希腊神话中海神和地神之儿子也。其力大无比，天下无敌。这位英雄对生身母亲——大地，有一种特殊的依恋感情，每当他和敌人搏斗遇到困难时，就往母亲身上一靠，于是便能获得力量。

我们的党员干部本是来自群众，是"土生土长"的。同群众保持"特殊"的感情，爱护群众，依靠群众，与群众共损共荣，是其排除万难、克敌制胜的一大"法宝"。离开了群众，便一事无成。

90多年来，我们党进行的一切奋斗，归根结底都是为了最广大人民的利益。中国共产党走过了28年革命历程，30年建设岁月，30多年改革开放，打破了一个旧世界，建立了一个新世界，取得了震古烁今的成就，诠释了国家的繁荣富强，其根本原因就在于中国共产党人坚持马克思主义政党的先进性，对人民高度热爱，紧紧依靠人民，尽心竭力地为大多数人谋利益。

看当今，"天下熙熙，皆为利来；天下攘攘，皆为利往"，商品交换之间的金钱买卖关系已渗透到人与人的关系之中。但许多党员干部始终把党的宗旨铭记于心，付诸于行，与群众同甘共苦，克难求实，成绩斐然。然而，也有些党员干部抵制不住诱惑，经不起考验，情感趋向、思想投向、奋斗方向出现滑坡，对做人民"公仆""为人民服务"等要求竟是如风吹牛耳，不愿"降低"身份，甚至唯"孔方兄"马首是瞻。

依靠群众，甘为公仆，绝非"挟泰山以超北海"，也不需"高深学问""精湛技艺"。这在革命战争年代是根本不算什么的"琐事"。那么，为何有些人现如今却难以做到呢？恐怕一是官本位的观念作祟；二是不愿继续艰苦奋斗；三是攀比。即使有些干部不想"特殊"，有时下属出于尊重或其他因素，也会把关照送到面前。加之一些人对权势趋之若鹜，更是把你推到和群众"不一样"的位置。如果顶不住，而且心安理得，身份就会逐渐"高"起来，高高在上，与群众隔着一道无形的墙……这，恐怕也是最危险的了。

民心向背直接关系到国家生死存亡和事业成败。谁能爱护人民，那他就能筑牢执政基础。如果背离、损害百姓，就是孤家寡人的"一夫"，这种人即使得到天下，也会得而复失。

我国正处于发展关键期、矛盾凸显期，群众的期望很高，面临的考验很多，领导的担子很重。可是,有的党员领导干部思想道德滑坡,精神空虚、萎靡不振、贪图享乐、挥霍浪费,心中根本没有群众,只有他们自己和他们小团体的利益,把他们主管的地区、单位、部门看作是自己的领地,把手中的权力视为谋私的工具,置党纪国法于不顾,中饱私囊,贪图享受,由人民公仆蜕变为骑在人民头上的老爷。

习近平在十八届中央政治局常委同中外记者见面会上强调:"一些党员干部中发生的贪污腐败、脱离群众、形式主义、官僚主义等问题,必须下大气力解决。全党必须警醒起来。"

保持党同人民群众的血肉联系,是党的作风建设的重中之重,在改革开放时期,这个问题愈来愈突出。每个共产党员尤其领导干部,都应在行使权力的过程中,清醒地意识到权力姓"公"不姓"私",严格要求自己,正确使用手中的权力。

当今党员干部不一定要做出"惊天地泣鬼神"的伟绩,但要把自己摆在与普通群众同等的地位,对群众爱之殷、忧之切,大事小情想着群众,在群众心中饮誉不衰,起码不要让群众戳脊梁骨,表现出一个真正的共产党人的本色。

党员领导干部必须廉洁如水,操守如玉,一以贯之地、尽心竭力地践行为人民服务的宗旨,保持党同人民群众的血肉联系,始终为人民着想,为人民谋利,始终把百姓装在心中,把责任举过头顶,把名利踩在脚下,把本色进行到底。

廉洁奉公,艰苦奋斗,不谋私利,在生活上艰苦朴素,勤政节约,不搞攀比,保持良好的精神状态,拼搏进取,绝不把为人民服务当成时髦的道德标签和金字招牌,绝不以权谋私、贪赃枉法、奢侈浪费、消极懈怠,为国为民"衣带渐宽终不悔",为实现共同富裕而不懈奋斗,直至"鞠躬尽瘁,死而后已"。且唯此为美,唯此为壮。如此,方能紧紧地靠在"大地"的怀抱!

(五)平民情结彰厚德

以人民为重,以人民为先,为人民谋利,是领导干部最大的德,是保持共产党人纯洁性的重要体现,是共产党人毕生奋斗的永恒主题,是共产党人约束自身行为的最高准则,与封建时代的官吏当官是做老爷、搜刮民脂民膏有着根本的区别。

国内外敌对势力从外部搞垮我们党是不容易的,真正可怕的是我们内部的官德缺失,背离群众,阳奉阴违,擅权谋私,贪婪无度,前"腐"后继,走向自我毁灭。

总与人民心相印,甘当人民好公仆,这是对各级官员的角色定位,是官德修养的核心问题,是党性要求的应有之义。感情决定立场,立场决定方向,方向决定效果。

斯大林认为,党首先苦于和群众脱节,所以无论如何要使党联系群众。得民心者得天下,顺民意者安天下。要得民心、顺民意,必须纠正偏差,少一些"官僚之气",多一些"平民情结",对人民有崇高的情怀,察民生之多艰,把群众冷暖挂在心上,"民之所好好之,民之所恶恶之"(《礼记·大学》)。

习近平在中央纪委十八届第二次全会讲话中强调,工作作风上的问题绝对不是小事,如果不坚决纠正不良风气,任其发展下去,就会像一座无形的墙把我们党和人民群众隔开,我们党就会失去根基、失去血脉、失去力量。

要立志做大事,不要立志做大官,不要把升官晋爵作为人生终极目标,而要将为人民谋幸福作为第一追求,多做好事和实事,决不做坏事.让人民满意。

"一个人爱的最高境界是爱别人,一个共产党员爱的最高境界是爱人民。"孔繁森如是说。他说:"每个党员干部,都应当与人民同甘苦,共命运。这样,我们党才有威信,国家才有希望。"正是这种责任意识和精神境界,他才能够承受两次远离故园、远离亲人历时十载的巨大感情折磨,把爱的种子播撒在藏族人民中间,心系西藏的建设,无怨无悔地忘我工作。

回报人民,奉献人民,是杨善洲一辈子的信念。几十年里,他不知为多少群众"散过钱财",帮多少百姓解过忧困,自己的妻儿户口留在农村,二三十年无力盖一栋新房,三个女儿靠不上他一点儿关系。他一生几乎没有任何积蓄,但看到"老百姓的日子越来越好过了,口袋里有钱花了,小伙子不打光棍了,小孩子也有学上了",就打心眼里高兴。他尽一生的忠诚与执着,一心为民,留下身后百姓悠长的怀念与敬重。

李瑞环有句名言:"群众最可敬,他们有无穷无尽的力量,社会的财富靠他们来创造;群众最可爱,只要你真心实意地为他们服务,他们就真心实意地支持你;群众最可怜,他们确有许多实际困难,而对我们的要求并不高;群众最可畏,不管什么人,惹怒了他们就可以使你垮台。"

领导干部的官德水准,应该体现在与使用权力密切相关的方面。如果不把共产党执政为民的宗旨当回事,对待群众的疾苦漠然视之,把自己的私利置于人民群众利益之上,不是慎用而是玩弄人民给予的权力,假公济私、损公肥私、以权谋私,这不仅是道德品质的问题,而且是对权力的违法运用,是对国家和人民利益的剥夺,就要受到党纪国法的追究,党和人民就要收回这种权力。

习近平在2012年11月15日与中外记者见面会上深情地说:"人民是历史的创造者,群众是真正的英雄。人民群众是我们力量的源泉。我们深深知道,每个人的力量是有限的,但只要我们万众一心、众志成城,就没有克服不了的困难;每个人的工作时间是有限的,但全心全意为人民服务是无限的。责任重于泰山,事业任重道远。我们一定要始终与人民心心相印、与人民同甘共苦、与人民团结奋斗,夙夜在公,勤勉工作,努力向历史、向人民交出一份合格的答卷。"

只要你把感情回归到群众之中,把群众放在心中最高的位置,心甘情愿同群众打成一片,同群众一块吃苦,就没有克服不了的困难。

我们共产党人的一生,要把人民当成父母一样敬重、关爱,把"官位"当作为民谋福的岗位,把为人民谋幸福视为天职,乐于把整个身心乃至生命融入其中,砥砺为民之志,恪守为民之责,善谋富民之策,多办利民之事,让人民身受其惠,随时感受到公平和正义;先忧后乐,以身作则,敢于担当,奋斗拼搏,毫无保留地贡献聪明才智,为人民建功立业,直到生命的最后一息。这样的生命和人生才是最光荣、最绚丽的。正如马克思所说:"经验证明,能使大多数人得到幸福的人,他本身也是最幸福的。"

(六) 忠诚所感金石开

在中华民族的历史上,有一位用铮铮傲骨书写了传奇人生的人。他凭着一颗忠于汉室的心,手持出使时汉武帝亲手交给他的使节杖,牧羊北海边,面对冰天雪地,朔风凛冽,与冷月做伴,同孤寡为伍,渴饮冰雪,饥吞毡皮,寄身异国19年之久,后来回到中原时,那根节杖几乎成了一根光光的竹竿。他,就是让后人敬佩的苏武。

苏武的忠义精神真的是空前绝后、光耀万世,堪为千古志士的典范。"寄书元有雁,食雪不离羊。旄尽风霜节,心悬日月光。"面对李陵言其家庭之不幸,"老母终堂,生妻去帷",依旧不改其本色。正如李陵所言:"虽苦竹帛所载,丹青所画,何以过子卿。"

忠诚是领导者立身处世的根本,是具有良好从政道德的基础。《论语》提到"忠"这一道德规范共有15次。"天下至德,莫大乎忠"(《忠经》),即看人之大节,识官之大德,关键是看忠诚,把忠于信仰、忠于国家、忠于人民作为必备的政治品质和毕生操守。忠诚的领导者总是能得到人们永恒的认同、无比的敬意和由衷的喜爱。

关羽由一员武将而升为"王",升为"帝",其重要原因在于,关羽忠心耿耿、义薄云天。他忠于刘备,降汉不降曹,不留恋高官厚禄,千里走单骑,回归刘皇叔。他忠于朋友,一诺千金,患难与共,生死相随,感天动地。

在历史和现实的长廊里,我们看到了忠诚的神圣。历史是凝固的现实,现实又是流动的历史。忠诚,对于官员世界观、道德观、权力观的形成具有根本的影响,表现为强烈的发自内心的归属感,有心灵的寄托,对归属对象产生忠诚的情感,表现为对事业的执着追求。正如《诸葛亮集·后出师表》所言:"鞠躬尽瘁,死而后已。"——恭敬、谨慎,竭尽全力,至死不停。也正如陆游所说:"忠诚所感金石开,勉建功名垂竹帛。"——忠诚能够感动金石那样坚硬的东西,能勉励自己建功立业,名垂青史。

黄林华在《群众》杂志《忠诚之心人之大德》文章中,讲述了陈云故居的现场教学中,他心灵受到的震撼:1938年,33岁的陈云与19岁的于若木在延安结为伉俪。结婚那天,于对陈说:从今天开始,我就完全属于你了,你可不能骗我啊!在这以后漫长的人生岁月中,战乱与和平、得志与失意、操劳与赋闲、坎坷与辉煌,复杂而又固执地编织着陈云的一生。

但无论圆缺阴晴抑或风霜雪雨,陈云与于若木相濡以沫,终生如一。陈云弥留的时候,对于若木断断续续地吐出了四个字:"我——没——骗——你!"从这个细节中,我看到了这位革命家的一颗忠诚之心。它让我更加深刻地理解了在许多与党、国家、民族攸关的历史时刻,面对义与利、是与非时,陈云所做出的选择……一言以蔽之,"忠诚"而已焉!

忠诚是一种操守,是一种人格修养,更是一个人至高无上的品质,只有忠诚的人才会忠贞不渝、坦坦荡荡、光明磊落,才会不断提高、完善自己。忠诚是做人做事的基本立场,坦率诚信地与他人合作,真心实意地与他人相处,创造良好的可信的人际关系,可以给我们的工作和生活带来快乐。

忠诚彰显党政干部的官德、政德、美德。忠诚是一种政治品格,只有忠诚的人才会始终保持政治上的清醒和坚定,才会以党和人民的利益为重,不二其志,不讲条件,不求回报,真正做到忠于职守,尽心竭力地干好事业。如果你身边有非常敬业的人,那么你应该向他致敬,并支持他,呵护他,使他不受到伤害。

忠诚并非愚蠢,亦并非盲从,它是一种自我与社会的和谐发展,进而趋于完美的工作实践。在社会实践上,一条重要的用人原则就是使用那些既忠诚可靠又有才干和能力的人。只有怀有忠诚之心的人,才会为单位所重用,才会在同事和领导面前受到尊重和认可。

李嘉诚的看法很有见地:在用人上忠诚是第一位的,而能力最多也只能排到第二位。考察一个人,首先要考察他对于事业是否忠诚,这是首要的。

忠诚之付出是纯粹的,却会有很多回报,受益者还是你自己。你的忠诚增强了责任感,为你自己创造了好形象、好名声,使你拥有"无形资产",赢得了上级和同事的信任,让你的才华有一个施展的天地,会在自己的工作中创造出硕果,在科学发展中实现自己的人生价值。

(七)两个务必永铭心

大胜易骄傲,在中国封建社会几千年的兴衰更替史中,多少帝王将相、英雄豪杰都没能跳出这个历史"周期律",以致最终丧失政权。

1949年3月5日,中国共产党召开了七届二中全会。在这个历史转折关头,毛泽东语重心长地告诫全党同志,要预防"糖衣裹着炮弹的攻击","务必使同志们继续地保持谦虚、谨慎、不骄、不躁的作风,务必使同志们继续地保持艰苦奋斗的作风"。毛泽东强调的"两个务必",是党面临的全新的历史性课题。

进北京城前,毛泽东对身边工作人员进行艰苦奋斗教育。他多次讲要吸取李自成进北京的教训。一次他讲起"李自成进北京"的故事,说李自成领导农民起义,南征北战,好不容易才打进了北京城,于是就开始享受了,让人天天包饺子给他过年,后来吴三桂领兵打进来,李闯王抵挡不住,只做了18天皇帝就退出北京。

3月23日,毛泽东、朱德、刘少奇、周恩来等率中央机关和人民解放军总部人员离开西柏坡,乘汽车前往北平。临行前,毛泽东对周围的人说:同志们,我们就要进北平了。我们进北平,可不是李自成进北平,他们进了北平就变了。我们是共产党人进北平,是要继续革命,建设社会主义,直至实现共产主义。

行前,毛泽东只睡了四五个小时的觉,却精神矍铄。他兴奋地对周恩来说:"今天是进京的日子,不睡觉也高兴啊。今天是进京'赶考'嘛。进京'赶考'去,精神不好怎么行

观灯市里

呀?"周恩来笑着说:"我们应当都能考试及格,不要退回来。"毛泽东意味深长地说:"退回去就失败了。我们决不当李自成,我们都希望考个好成绩!"

毛泽东为什么特别强调决不当李自成呢?三百年前的那个甲申年,李自成进北京,因为没有戒骄戒躁,部分将领腐化,内部发生斗争,从而导致失败。共产党南征北战打了20多年,好不容易取得胜利,会不会重蹈覆辙?当然要吸取李自成的教训。

从西柏坡到北平,毛泽东称之为"赶考"。在毛泽东的率先垂范和谆谆教导下,大多数共产党人都考出了优异的成绩,当年毛泽东担心的李自成的悲剧没有重演,黄炎培提出的"周期律"现象没有在中国共产党人身上出现,这些都得益于"两个务必"。

一个充满生机的社会主义中国巍然屹立于世界东方,一幅异彩纷呈的现代化图景展现在神州大地。无论我国经济发展到什么水平、物质条件改善到什么程度,"两个务必"的好作风都不能丢! 只要我们在新的历史起点上,弘扬戒骄戒躁和艰苦奋斗、实干苦干的作风,反对铺张浪费,抵制享乐主义和奢靡之风,不尚空谈,顽强拼搏,勇于开拓,就一定能够实现中华民族的伟大复兴!

(八)担当未有息肩日

源于正义的事业、崇高的信念和凛然的正气的担当精神,蕴涵于心,外化于行。具有当仁不让的担当精神,忠诚履责、尽心尽责、勇于担责,不畏风险,是事业心和责任感的具体表现,体现了从政为官的大德,展现了执政为民的情怀,展示了人生价值的取向。

蒙尘天子还京国,欲坠江山赖柱臣。15世纪中叶,历史风云变幻。明英宗朱祁镇在太监王振的蛊惑下,率领五十万大军北征瓦剌,最后兵败土木堡,全军覆没,英宗皇帝被俘。瓦剌大军乘势进逼北京城,明王朝江山岌岌可危,京师震恐。

有的大臣提出迁都避敌,于谦力主不可,"言南迁者,可斩也"。遂拥立景帝,率军打胜了北京保卫战,救英宗生还,使局势转危为安。正是这种"粉身碎骨浑不怕"的担当精神,使一介文臣于谦拯民族于危难之中,挽救了大明王朝,使万千百姓免遭生灵涂炭,在惊涛狂澜中起到了中流砥柱的作用,成为明朝的军事家。"岳少保同于少保,南高峰共北高峰",人们把于谦和岳飞相提并论。

近些年来,领导干部中出现了精神懈怠、担当意识淡化、担当精神弱化、热衷于形式主义的现象。

有的领导干部不思进取，满足于做"太平官"，混字当头，凡事慢半拍，对上级安排的工作，讲困难一大堆，定措施不具体，多一事不如少一事，能推则推，得过且过；有的领导干部以我为尊，漠视群众，喝茶聊天，对基层反映的问题敷衍塞责，麻木不仁，拖着不办；有的因循守旧，思想僵化，不愿动脑筋，没有真知灼见和独到见解，缺少开拓和创新；不讲党性和原则，对待错误观点不敢驳斥，对待错误行为不敢批评，对待腐败现象不敢斗争，看关系、讲情面，宁伤原则，不伤感情，息事宁人，当好好先生，害怕得罪人，维持一团和气。

一些领导干部工作缩手缩脚，裹足不前，多一事不如少一事，得过且过，遇到矛盾不敢拍板而绕道走，碰到问题不知所措，明哲保身而未仗义执言，面对风险不敢闯，遇事推卸责任，畏惧繁杂困难而未尽职尽力，不敢迎难而上，缺少当机立断的果敢，以致贻误了处理矛盾的最佳时机，使矛盾不断积累甚至激化。

习近平在中央党校 2010 年秋季学期开学典礼上的讲话中指出："权力的行使与责任的担当紧密相连，有权必有责。看一个领导干部，很重要的是看有没有责任感，有没有担当精神。"

作为一个地区、一个单位的领导者、组织者和推动者，没有担当就是失职，就失去了引领者的本色和责任，就辜负了组织的信任和重托，就会让群众失望。

一代人只有怀抱"天下兴亡，匹夫有责"的崇高信念，秉承"士不可以不弘毅"的昂扬斗志，做好一代人的事情，尽好一代人的职责，才能无愧于历史，不负重托，不辱使命。

勇于担当，就是要弘扬以天下为己任的精神，勇挑重担、事不避难、敢于负责，做好自己的工作；打破陈规，敢于拍板，忠诚履职，尽心尽责，勇于担责，一抓到底。

（九）正气浩然鉴丹青

中华民族在漫长的历史进程中，历尽沧桑风雨，几经倾覆的磨难，然而一次又一次地衰而复兴，展现出强大的生命力和凝聚力，这在世界上是唯一的。之所以如此，有赖于我们民族崇尚正气。这种浩然之气，视正义如生命，不荡于富贵，不蹙于贫贱，不摇于威武，正是我们民族精神的核心内容。

一部中华文明史，就是正义战胜邪恶的历史，就是一首气壮山河的正气歌。是浩然之气培育、养成了我们民族的脊梁。"富贵不能淫，贫贱不能移，威武不能屈"，"丹可磨而不可夺其色，兰可燔而不可灭其馨"，道之所在，死生以之。这些穷不变节、难不易志的浩然正气，是中华民族千劫不灭、万难不屈、危而复安、弱而复强的重要因素，是我们优秀传统薪火相传的生动体现。正如 20 世纪的国学大师钱宾四所说："一部四千年中国史，正是一部浩气长存、正气磅礴的中国史，不断涌现正气人物、正气故事。故使中国屡仆屡起，屹然常在。"

历史上的志士仁人、民族英雄，从不为蜗角虚名和蝇头小利而苟且生活，不与庸俗同流，不为污秽熏染，而是为道德理想而献身，为正义事业、民族利益而捐躯。这样的价值转换，是由浩然正气的内在意蕴所决定的，又演化为中华民族的优良传统。鲁迅曾经说过："我们自古以来，就有埋头苦干的人，有拼命硬干的人，有为民请命的人，有舍身求法的人……这就是中国的脊梁。"他们不畏强暴，不怕艰险，推动着中国历史的发展。

"竹死不变节，花落有余香。"一代代英雄俊杰用生命演绎出的浩然正气，与日月同辉，成为中华民族思想宝库中熠熠生辉的珍品，在世世代代的人们心中永存。

中华民族自古以来崇尚正气，把正气视为民族的精神气质，视为立身立国的政治原则，认为正气关系着国家民族的存亡兴衰，将"立德、立功、立言、立节"视为"四不朽"，视为做人处世的道德规范。正气作为宝贵的传统伦理资源，在对中华民族精神的培养方面，有着不同寻常的意义。

源于正义的事业、凛然的正气"至大至刚"，表现出高洁、刚直、坦诚的品质，绝不与邪恶势力同流合污的英雄气概，成为生命中不可须臾离开的重要部分。

中国共产党人在争取民族独立、人民解放和社会主义胜利的斗争中，在中华民族走向全面复兴的伟大事业中，吸收了讲正气的民族传统精华，又赋予了新的时代内涵。

历史表明，中国共产党是中华民族的优秀代表，是民族精神和民族正气最优秀的继承者和发展者。中国共产党的领袖人物和她的优秀儿女们，为了救国救民，在战场上和刑场上都表现出前无古人的浩然正气。面对敌人的屠刀，夏明翰昂首不屈："砍头不要紧，只要主义真。杀了夏明翰，还有后来人！"

江竹筠于 1939 年加入中国共产党，1945 年与彭咏梧结婚，婚后负责中共重庆市委地下刊物《挺进报》的组织发行工作。1948 年 6 月 14 日，江竹筠在万县被捕，被关押于重庆军统渣滓洞监狱。

特务头子徐远举得知江竹筠是地下党的地委委员，对江竹筠软硬兼施，诱供、逼供，长达一个多月。

在审讯中，江竹筠斩钉截铁地回答说："上级的姓名、住址，我知道；下级的姓名、住址，我也知道。但这都是我们党的秘密，不能告诉你们！"

特务们用坐老虎凳等酷刑折磨江竹筠，但她仍然紧闭着嘴，什么也不说。一个特务高声叫道："拿竹签子来！"竹签子一根根地钉在江姐的指头里，鲜血淋淋。江竹筠几次昏死过去，但她意志坚如钢，毫不屈服，始终严守党的机密。

第二天早晨，两个特务拖着昏迷不醒的江姐，往女牢房走去。她熬受了一夜的折磨，流血过多，完全失去知觉。大家发现，她在遭受敌人严刑拷打的时候，因为忍痛，紧咬着牙关，连嘴唇都咬破了。

江竹筠宁死不屈的英雄事迹传遍了渣滓洞监狱。许多慰问信和诗从各个牢房秘密地传到女牢房来。全体难友献给江姐一首题为《灵魂颂》的小诗：

你是丹娘的化身，

你是苏菲娅的精灵，

不，你就是你，

你是中华儿女革命的典型。

江姐醒过来了，她请人代笔，给同志们回信："同志们太好了。这算不了什么！……毒刑拷打，那是太小的考验……竹签子是竹子做的，但是共产党员的意志是钢铁铸成的！"

共产党人的凛然正气惊天地泣鬼神，其气节与成就，超过了历史上任何阶级、个人和政治集团。

新中国成立以后，许多党员干部保持浩然正气，志节弥坚，仗义执言，表现出白雪风节和坚冰骨骼，成为我们时代的典范。

一个人有了浩然正气，就能无私忘我，行端影直，腰杆挺直，敢于碰硬。正气在整个国家和民族精神的培养中发挥着重大作用。

有了这种浩然正气，才能排除世俗的纷扰，才能见淤泥污秽而不染，视不义之财而不贪；说话才有底气，干事才有勇气，碰硬才有锐气，才能增添人格魅力，产生凝聚力和号召力；才能做到不畏强权，不怕压力，不虑"乌纱"，不顾安危。

实践证明，不抵制、打击歪风邪气，正气就弘扬不起来；正气不足，邪气就会上升。因

此，要把弘扬正气同抵制、打击歪风邪气结合起来，努力克服软弱、涣散的不良作风。在党内要尽快改变"不讲党性讲人情、不讲原则讲关系、不讲正气讲义气、不讲同志讲哥们儿"的坏作风。要坚持真理、坚持原则，敢于和歪风做斗争，在邪气面前要敢于碰硬，执行铁的纪律，做到是非清楚、赏罚分明。

党员领导干部要学习伟人、志士仁人的闪光思想和崇高风范，树立正确的世界观、权力观和事业观，追求高品位、高境界、有意义的人生。只有具备这样的思想根基，才能有正确的是非标准和有效的政治免疫力，保持政治上的清醒与坚定、精神上的健康与高尚，将善恶美丑、成破利害尽现眼底，才能矢志不渝、无怨无悔地为建设中国特色社会主义事业无私奉献，自觉抵御各种诱惑和腐蚀。

（十）大局意识不可缺

不谋全局者不足以谋一域，不谋长远者不足以谋一时。房玄龄是一位"不畏浮云遮望眼"的人，总能顾全大局。每当李世民打了胜仗之后，他手下的人都忙着收集奇珍异宝，只有房玄龄收罗人才，安排到秦王幕府之中。他广交谋臣猛将，随时准备为李世民所用。房玄龄十分清楚，帮李世民打天下，靠的是有本事的人。

顾全大局，把握好全局，谋划好大事，是我党的优良传统，是共产党人的政治品格，是领导干部必须具备的素质。

毛泽东说过："任何一级的首长，应当把自己注意的重心，放在那些对于他所指挥的全局来说最重要最有决定意义的问题或动作上，而不应放在其他的问题或动作上。"如果丢了这个去忙一些次要的问题，那就难免要吃亏了。

领导干部无论做什么工作，都要着眼于全局与长远，站在全局的高度去观察和处理问题，不可囿于局部和一时，不可只见树木，不见森林，这是战略思维的基本要求。照顾全局，首先要把全局作为考虑问题、研究问题、解决问题的出发点和落脚点。因为每一个母系统都是由若干个子系统组成的。一方面，没有子系统的优化，母系统就不会优化，就是空洞的；另一方面，离开母系统，子系统就失去了持续发展的保障。

党员领导干部的党性、官德强不强，突出地表现在思考、决策、处理问题能否从大局出发，考虑全面和长远，顾全大局，服从大局，对待问题做出快速反应和正确的决策，使整体的利益最大化。

对于工作一定要重视规律性、系统性、前瞻性的思考,重视想大事、谋全局。平时我们讲高瞻远瞩,就是站在全局的高度去观察和处理问题,立足现在又放眼未来。应当善于把局部问题放在整体中加以思考,不能只见树木不见森林;善于把当前问题放在过程中加以思考,不能急功近利、鼠目寸光。

全局搞好了,从根本上说有利于局部,全局利益是最高利益。当全局利益与局部利益不可兼得时,要以局部服从全局,而不计局部一时一地之得失。

要树立正确的政绩观。用统揽全局的眼光来谋划工作,在分析问题、处理问题时,做到"不畏浮云遮望眼",把问题放在大局、全局中去分析、比较和判断,牢牢把握工作中的重点,统筹兼顾,整合工作资源,把自己的一言一行同上级的要求、大政方针联系起来,带头模范执行上级的重大战略决策。

党员领导干部着眼于大局,着眼于长远,眼界要开阔,胸襟要宽阔,应视事业重如山,多考虑做事,少考虑做官,看个人得失淡如水;只有任劳任怨地做好工作的义务,而无向组织讨价还价的权利。如果摆不正个人和组织的关系、个人与大局的关系,太计较个人或局部的得失,就会得不偿失;个人的想法一旦实现不了,就对组织不满,怨天尤人,就会影响前途。

大局意识不可或缺。各司其职是要忠诚履职,不是各自为政。顾全大局这一鲜明政治要求,对于统一思想,凝聚力量,做好各项工作,具有重要意义。

(十一)寡欲清心原是福

有的人职位、收入都比普通人高得多,吃穿用也很滋润,令人羡慕,本来应当快乐并幸福着,却看起来很烦恼,脸上很少挂着开心的笑容;有的人本来该烦恼,却看起来很幸福。

人活在世上,有些东西应该得到,也能够得到;有些东西不该享有,也不能攫取。为人为官,只有清心寡欲,不让贪欲作怪,才是善待人生,才会健康、快乐、平安。

修身养性最好的办法就是减少各种欲望。如同孟子所言:"养心莫善于寡欲。"道家始祖老子认为,克服无止境的贪欲,就会避免羞辱。他说:"见素抱朴,少私寡欲。"他把"俭"作为为人处世的"三宝"之一。

龚自珍说:"不能胜寸心,安能胜苍穹?"如果连自己的心都抑制不住,还怎能战胜外物呢？太多贪欲绝不是好事,该放手时就放手,千万不要对此执迷太深。

人的欲望与生俱来,挥之不去,应把握好欲望的"度"。荀子有言:"欲不可去,求可节。"欲望不能一概去除,但对于过分之欲、各种贪欲的追求是可以节制的。"节"字如同"防"字,都是在强调对于欲望必须有理智地控制,千万不能失控,成为欲望的奴隶。太多贪欲绝不是好事,千万不要对此执迷太深,该放手时就放手。

在自己理想王国里,远离追名逐利的烦恼,修筑一个无形的"桃花源"吧,享受"采菊东篱下,悠然见南山"的美好人生,才会胸襟开阔,卸掉精神上的种种压力,才能轻松、潇洒地面对人生。

不贪不占,心地坦然,说话硬气,不惑不扰,受人尊敬。一旦察觉自己私心膨胀、正走向贪欲之邪路的时候,要赶紧设法转到正路上来,这样才能峰回路转,柳暗花明,转祸为福。

每个人都享有追求快乐的自由。只有满足于已拥有的,知足常乐,才能脱离不良欲望,得到幸福人生。福从德中来,有德才有福。廉洁体现品德,廉洁也是幸福。

贪得的人,身上富有了,内心却还不知足,如何是好？看来只有知足了。寓言家伊索说过:"向往虚构的利益,往往会丧失现在的幸福。"在官场上迷失自我,到头来名利双失,丢掉了幸福。

党员领导干部快乐工作、快乐生活,就必须从调整心态开始,保持平衡心态,崇尚简单,知足常乐,不要一味去攀比虚荣奢华,不要为贪欲而损坏自身形象,断送前程、连累家庭,辜负组织的多年培养。

知足的人或许不富裕,内心却快乐。"知",是感性到理性的飞跃;"足",既有物质方面的,也有精神方面的。知足,关键是可贵的"知"。不知足,是很容易的、自然的、下意识的;知足倒是不容易的、自觉的、勉为其难的。星云大师说:"知足是天下第一富。"知足贵在珍惜,珍惜自己所拥有的一切,经常感到满足,享受生活本身的幸福和快乐,才能在事业上一路走稳走好,这才是真正富有的人。

(十二)秉政长怀律己心

自制自律,管好自己,是对为政者最基本的要求,是加强思想磨炼、提高道德水平的阶梯。

诸葛亮走上政坛前，身在隆中"躬耕垄亩"，心系天下风云，立志像春秋时期齐国名相管仲和战国时期燕国名将乐毅那样，把自己的文韬武略献给统一天下的大业。

诸葛亮"受任于败军之际，奉命于危难之间"，在国家最困难的时候，尽心竭力担起国家重任，从未想过依仗功名享受荣华富贵。刘备对他非常信任。

后主继位之后，诸葛亮被封为"武乡侯"，后又兼任益州官，大大小小的政务都由他来决断。虽然诸葛亮位高权大，但是仍常怀自律之心。他给后主刘禅呈上奏表，诚恳地说："微臣的家在成都，有桑树八百棵、薄田十五亩，家人靠这些生活，已经足够。"这一点田产，以他的地位及权力，揆之于三国时期的许多达官显宦以搜刮民脂民膏增加私产为能事来说，就是相当廉洁和"不贪"的了。

在此之后的赏赐，他不是封存于官府，就是分赏给有功的部属。他向刘禅剖白心迹说："至于臣在外任职，吃的穿的，全由朝廷供奉，因此，臣不需要筹措营生的产业。有一天当臣过世之时，我也不会给家里留下多余的财物，而辜负朝廷的深恩与陛下的厚爱。"诸葛亮去世后，家里情况果然是如此。他的言行如一、廉洁奉公的思想作风，一直为当时及后世所称道。

康德提出"自律"原则，在西方伦理学史上产生了重大的影响。他认为"自律等于自由"。"自律原则是唯一的道德原则。"马克思和恩格斯因此而称赞康德是"道德领域内的思想巨人"。

自律是一个人善于控制和支配自己行动的自我调节能力。通常反映一个人对自己情感、情绪、愿望、习惯和爱好等心理方面的控制能力。但丁说过，测量一个人力量大小，应看他的自制力如何。

50、60、70等整岁生日，素来被人们视为重大吉日，多要举行庆贺活动。1943年12月26日，是毛泽东的50岁生日，但他没有同意做寿。

新中国成立以后，毛泽东依然恪守前言，反对奢侈浮华，力行勤俭节约。1953年8月，他在全国财经工作会议上，再次向全党尤其是高级干部郑重指出："一不做寿，做寿不会使人长寿，主要是把工作做好。二不送礼，至少党内不要送。三少敬酒，一定场合可以。四要少拍掌，不要禁，出于群众热情，不泼冷水。五不以人名做地名。六不要把中国同志与马、恩、列、斯并列。"

1973年12月26日，是毛泽东的80岁生日。有100多个国家的元首、政府首脑、马列主义政党及其领袖人物向毛泽东发来热情洋溢的贺电、贺信。然而,由于毛泽东不允许声张,几乎所有报刊、电台、电视台均未报道,后来仅在《参考消息》上透露出一点儿。毛泽东的"八十寿辰"又是在悄无声息中过去了。

自律的实质是以伦理道德为内在自省,是更高层面、更高要求的自我约束。自省自律,贵在自觉,朝着正确的方向努力,持之以恒,一以贯之。

一个我行我素的人,是难以在某一领域取得突破的。比尔·盖茨深刻地说:"我们唯一能控制的便是我们的头脑,如果我们不能控制它的话,别的力量就会来左右它了……"

市场经济条件下,经济利益突出,意识形态多维,价值取向多元,有的领导干部价值观发生扭曲,道德观出现滑坡,开始放纵他们本来紧张的生活:把用公款吃喝玩乐视为"工作需要",把纵欲放任看作是"享受生活",把党组织监督看作是"小题大做",甚至把上高级歌舞厅、包养情妇当成自己成就感的显摆。他们控制不了自己,不该拿的东西拿了,不该去的地方去了,久而久之,就会犯错误。一个人唯以情欲是依,悉一己好恶而行事,所得之快乐结算相抵之余,必然是得不偿失的。

思想道德是预防腐败的重要防线,而思想道德是靠人的自律来维系的。自律自治的过程是自我否定、自我调整、自我完善的过程,是官德养成的重要环节。

保持较高的道德水准,就要有较强的自律意识,常怀律己之心。一个不懂得律己的人,不可能成为一个道德高尚的人。

对于党员领导干部来说,时刻保持自律,就是严格地要求自己,经常地管好自己,自觉地限制自己,深刻地反省自己,不断地激励自己,保持君子本色,保持公仆形象,学习先进人物的事迹,以他们为榜样,时时鼓励、鞭策自己,树立正确的人生观、价值观,为官一任造福一方,控制不良欲望,抵制各种诱惑,为人民多办实事、办好事,是官德形成的内在要求,是官德意识高度自觉的表现,是党员干部必不可少的,是通向成功的必经之路。

(十三)骄躁恃权必覆车

《尚书》说:"如果自大自夸,即使有了美好的东西,也会丧失;炫耀自己的能力,就会失去自己的功劳。"骄傲、荒淫、矜持、自夸,必将以坏结果而结束。

越是聪明、越有才华,越要谦虚,切不可张狂。昂头走路时,莫忘低头看路。即使天时、地利、人和都具备时,即便职位较高、"仕途"顺畅时,也要谦虚,不与人争功,不与人争利。即使得志、受宠，仍要保持平静，以柔弱示人，回归到质朴状态。这是一种行为方式，又是一种生存智慧，是成事的切入点。

孙嘉淦于雍正年间任职(保定直隶总督)，为人至诚待人，正直清廉，忠言谏诤，驱邪扶正，受人敬慕。孙嘉淦很有官德修养功夫，他的"居官八约"，仅用42个字，概括了为官做人的八项基本原则："事君笃而不显；与人共而不骄；势避其所争；功藏于无名；事止于能去；言删其无用；以守独避人；以清费廉取。"

大意是：对国君忠诚而不自我炫耀；对同僚尊重而不自高自大；不争权夺势；不追逐功名；办事务实、善始善终；说话简明扼要；不结党营私；勤俭节约、艰苦奋斗以保持清正廉明。其中一些思想和做法对于当今如何为官、干事、做人，仍有借鉴意义。

长期执政容易使我们骄傲自满，滋生腐败变质的危险。正如胡锦涛所指出的："我们完全有理由为党和人民取得的一切成就而自豪，但我们没有丝毫理由因此而自满，我们决不能也决不会躺在过去的功劳簿上。"(2011年7月1日《在庆祝中国共产党成立90周年大会上的讲话》)

要消除借权力之威带来的强势心态，时时给自己泼泼冷水，切不可因强而骄，轻慢上级，侵凌同僚，冷待下属。要以宁静平和的心态与人相处，于不显不露中成就一番事业。当打开局面、政绩突出时，多想想别人打下的基础，组织给予的支持，群众付出的艰辛。

骄矜之人，往往表现为"官升脾气长""官大一级压死人"。古人云："谄上者必骄下，临下骄者必谄上。"骄矜之人常常为自己设立障碍。由于凭恃自己的才能和地位，瞧不起比自己低下的人，因而难以获得他人的好感，岂不是为自己制造了一些不必要的敌人，成为自己的绊脚石？

胜利时得意忘形，头脑发热，行为发狂，是最肤浅的情绪。人们常引用西方的那句名言："上帝要让你灭亡，先叫你发狂。"抑制得意的能力表现在，有了好事、取得成就时，不情绪化，不因一时的成功而忘乎所以。世界富豪、美国著名投资家沃伦·巴菲特在谈到自己成功的原因时说："我的成功并非源泉于高智商，最重要的是理性。"

骄狂、偏激是为人处世的大缺陷。那种狂妄自大、睥睨一切、好出人头地或自吹自擂的人，往往都是金玉其外、败絮其中的人，也是开始走向下坡之人。位高防权重，功大谨心浮，浮必骄，骄必狂，狂必败。明白了这个道理，就知道哪些该做，哪些不该做，如何取舍，就不会给自己招致失败和烦恼。

保持谦卑，是一种颇有哲理的处世之道。张良能够谦卑对待圯上老人，所以得《太公兵法》。杨时、游酢程门立雪，传为千秋美谈。

只有保持谦恭，才可能有学习机会；只有保持谦逊，才可能敞开心扉，坦诚地交换意见；只有保持谦卑，才可能避免傲慢与褊狭，从他人的角度看待事物，避免纠纷和争端。

过于自负，孤芳自赏，恃权、恃才傲物，"舍我其谁"，对别人好的见解漠然置之，表现为语言凌厉，要么以己之长、量人之短，要么不屑一顾、指责排斥，最后使自己成为孤家寡人。

有的领导干部骄横跋扈，被权力冲昏头脑，公开以党自居，说你反对我就是反对党。这种从政道德缺失，产生了不好的影响。

谦卑抱朴，力戒骄狂，是人生成功的要义。职务提升、位高权重者未必就是德韶才俊，屈居乡野、青衿终老者未必无德无才。职位高低不一定与品德、才华成正比。恃权、恃才傲物，目中无人，不管什么场合都要露脸，以为自己高人一等，是做人之大忌。以为自己比别人水平高，比别人才能强，到最后可能会成为不如别人、风光不再的无能之人。要摆正自己的位置，贵而不显，华而不炫。

荣耀和光彩使人快意，有时却暗藏着众矢所指，渗透着寒意。自足自满、矜高倨傲，是可怕的陷阱，这个陷阱是自己亲手挖掘的。陈毅说："九牛一毛莫自夸，骄傲自满必翻车，历览古今多少事，成由勤俭败由奢。"

所以，切莫骄慢于一时的成功，不要陶醉于一时的得意，保持一种谦卑情怀，有一种公仆意识，不可自恃特殊，总是平等待人，礼贤下士，总是兢兢业业，"只顾攀登莫问高"，这是处于优势地位之人所应有的从政道德修养。

罷幸番将

安禄山

唐玄宗

宠幸番将①

【历史背景】

　　唐玄宗李隆基(公元685年~公元762年),又称唐明皇,唐睿宗李旦第三子,母昭成窦皇后(窦德妃)。李隆基与太平公主合谋发动政变,杀死韦皇后,拥其父李旦即位,被立为太子。延和元年(公元712年),受禅即位,改年开元。唐玄宗二十七岁登上帝位,励精图治,任用贤能,虚心纳谏,发展生产,改革弊政,使唐朝的经济文化都出现了一个鼎盛的局面,历史上称这一时期为"开元盛世"。

　　但是,唐玄宗渐渐地也起了变化。他以为大功已成,逐渐丧失了进取心,骄傲怠惰,沉溺于享乐之中。正直大臣的忠谏他不愿听,却任用口蜜腹剑、两面三刀的李林甫等奸臣,终于导致安史之乱的发生,唐朝开始衰落。唐玄宗公元712年至公元756年在位,在位四十四年。

　　安史之乱是节度使安禄山和史思明发动的历时八年之久的叛乱。玄宗后期奸臣当道,政治腐败,为当时玄宗的宠臣、拥有大权、身兼平卢(今辽宁朝阳)、范阳(今北京)、河东(今山西太原西南)三镇节度使的安禄山乘虚而入。因为安禄山与奸相杨国忠不和,所以安禄山便以讨伐奸臣杨国忠为名,从范阳起兵。一路上各州县的守、令或逃跑或投降,或被擒拿杀戮,安禄山的目标直指洛阳,唐玄宗派遣大将封常清到洛阳招募兵马六万,但队伍未经训练,而叛军则都是训练有素的军队,唐军很快被叛军击败,洛阳失陷。封常清与驻屯陕州的大将高仙芝一起退守潼关。玄宗这个时候又听信宦官的诬词,杀死了高、封两人。起用告病还家的大将哥舒翰统兵赴潼关。次年正月,安禄山在洛阳称皇帝,自立大燕国,命令自己的部将史思明经略河北。唐大将郭子仪、李光弼率领朔方军出师河北,屡获胜利,挽回了战争的形势,但奸相杨国忠猜忌大将军哥舒翰,反对他关于据险坚守以等待敌军内变和由郭子仪、李光弼引兵北取范阳、攻打敌人巢穴的建议,逼迫哥舒翰发兵,结果惨败,潼关陷落,长安受到威胁。玄宗逃往成都,军队到达马嵬驿(今陕西兴平

西)之后就不肯再行进,要求诛杀奸相杨国忠和杨贵妃,于是玄宗被迫缢杀杨贵妃。后来安禄山被自己的儿子安庆绪所杀,部下史思明也投降唐军,后来史思明又再次造反和安庆绪遥相呼应,最后被郭子仪、李光弼等九节度使诛杀,从而结束了历时八年的叛乱。

【原文】

唐史纪:玄宗以番将范阳节度使安禄山②为御史大夫。禄山体肥,腹垂过膝。外若痴直,内实狡黠。上常指其腹曰:"胡儿,腹中何所有?"对曰:"更无余物,止有赤心耳。"上悦,容其出入禁中。上与杨贵妃同坐,禄山先拜妃。上问何故?曰:"胡人先母而后父。"上益悦之。常宴勤政楼,百官列坐,特为禄山于御座东间,设金鸡障,置榻,使坐其前,仍令卷帘,以示荣宠。

【张居正解】

唐史上记,玄宗宠一个胡人,叫作安禄山,用他做范阳节度使,使掌着一镇的兵马。又加他以御史大夫之职。那安禄山身体肥大,腹垂过膝。看他外面的模样,恰似个痴蠢直遂的人,而其心却奸狡慧黠。玄宗尝拍着他的肚子问说:"胡儿,你肚里有些什么?这等样大?"安禄山对说:"臣腹中更无他物,止有一点报国的赤心耳。"玄宗听说,甚喜,又容他出入宫禁。一日玄宗与杨贵妃同坐,禄山拜见,先拜杨贵妃,后拜玄宗。这是禄山知道玄宗宠幸杨贵妃,故意趋奉,以悦其心。及至玄宗问他:"何故如此?"他却对说:"我虏人的风俗,先母后父,固如此耳。"玄宗不知其诈,越发喜他。又一日在勤政楼上筵宴群臣,百官都两边侍坐。玄宗令于御座东间,张一副金鸡彩障,设一个座榻,命安禄山特坐于群臣之上,还令卷起帘子,使人看见,以彰其荣宠。

按史,禄山曾犯死罪。宰相张九龄③,谓其貌有反相,劝玄宗早除之。玄宗不惟不听,反加尊宠。其后禄山果反,致令乘舆播迁,中原版荡④,唐之天下几于沦亡。玄宗始悔之,晚矣。

语曰:非我族类,其心必异⑤。岂不信哉!

【注释】

①本篇出自姚汝能《安禄山事迹》卷上,并见《资治通鉴》卷215唐纪三十一,玄宗天宝六年。记述唐玄宗宠信番将安禄山、养虎遗患的故事。

②安禄山(? ~757):唐朝营州柳城奚族人。母嫁突厥人安延偃,改姓安,更名禄山。受玄宗宠信,官平卢、范阳、河东三镇节度使。天宝十四年冬在范阳起兵叛乱,先后攻陷洛阳、长安,称雄武皇帝,国号燕,建元圣武。后被其子庆绪杀死。

③张九龄(678~747):字子寿,唐韶州曲江(今广东韶关)人。开元二十一年(733)任中书侍郎同中书门下平章事。言事预见常有所应,玄宗生日,百官上寿,而九龄进《金镜录》,言古代兴废之道。安禄山讨契丹,败后,被捕入京师,九龄切谏不宜免禄山死,玄宗不听,放了他。

④版荡:又写作"板荡"。《诗经·大雅》中有《版》与《荡》二首诗,内容是讥刺周厉王无道,败坏国家。后以"版荡"指政局的变乱或社会动荡不安。

⑤非我族类,其心必异:见《左传·成公四年》。意为:不是我们同族的人,他们不会和我们一条心。

【译文】

唐玄宗曾提拔任用胡人将领,当时有一个在范阳、平卢兼河东地区任节度使的安禄山,这个人受到了唐玄宗的喜爱,被提拔做御史大夫。安禄山身体肥胖异常,他的肚皮尤其肥大,上面的赘肉垂下来可以盖住膝盖。他表面上一副愚直憨厚的样子,内心却十分阴险狡诈。有一次,唐玄宗指着安禄山的大肚笑着问他说:"你的肚皮那么大,我是真想知道它里面究竟都装的是些什么。"安禄山哈哈一笑,答道:"这里边没有其他东西,只有对陛下您的赤胆忠心啊!"唐玄宗听了,心里特别舒服,也就更加器重安禄山了,更允许他随便在宫中出出进进。有一天,唐玄宗与杨贵妃并坐在一起,安禄山进来之后首先给杨贵妃行礼,然后再拜见皇帝。唐玄宗问他为什么要这样做,他回答:"按照我们胡人的规矩,在拜见的时候本来就是要先拜母亲之后才要拜见父亲的。"安禄山这样解释,逗得唐玄宗哈哈大笑。玄宗常常在勤政横上设宴款待朝中的大臣。文武百官都是按照次序分东西两面坐着的,而唐玄宗偏偏下令在御座的东间专设一个坐榻,上面设一项金鸡彩色的帐子,让安禄山享受特殊的待遇,坐在其中,借以表明自己对他的宠爱。这样做还嫌不够,玄宗还特意嘱咐宫人将安禄山坐榻前的帘子高高挑起,以便整个宴会当中的人都能够看得清清楚楚,以此来显示安禄山受到的荣宠。

【评议】

唐玄宗后期政治走上了下坡路,首先就是任用了奸相李林甫和杨国忠两个小人,他们祸乱朝政,勾结党羽,诛杀并排斥忠良贤臣,致使统治昏暗,百姓痛苦无比。在这个故事当中,我们看到的是唐玄宗被小人的外表所迷惑,宠信小人,最终导致了悲剧的发生。"安史之乱"让玄宗从小人的甜言蜜语和温柔乡里惊醒,但是为时已晚。而且,即便是在这个时候,他仍不能够清醒分辨,听信宦官和奸相杨国忠的妖言,一错再错,最终耽误了战机。一度繁盛的大唐王朝就这样大厦将倾,再也找不到原来的繁荣气象。

【拓展阅读】

盛衰无常——唐玄宗李隆基

人物档案

所在朝代:唐朝

生卒年月:公元685~公元762年

在位时间:公元712~公元756年

人物简介:李隆基,睿宗第三子,善骑射,通音律、历象之学,多才多艺。公元712年登基,在位前期,不失为一个励精图治的皇帝,使国库丰盈,人民安乐。但后期重用李林甫、杨国忠等,到使政治腐败,"安史之乱"险些葬送唐朝江山。公元756年他让位其子李亨,公元762年死,时年77岁。

因功被封皇太子

李隆基从小就聪明伶俐,很得祖母武则天的喜爱,一岁半就被封为楚王。5岁时,武则天废唐睿宗,自立为皇帝,改国号为"周"。9 岁时,母亲窦氏即被武则天秘密处死。

公元 705 年,张柬之、桓彦范等大臣乘武则天身患重病之际,发动政变,迫使武则天将皇位传于唐中宗。

唐中宗即位之后,立韦后为皇后。韦后野心勃勃,也想和武则天一样掌控朝政。中宗软弱无能,政权渐渐落入韦后之手。但韦后并没有多少才能,她和女儿安乐公主以及武则天的侄儿武三思等人相互勾结、狼狈为奸,朝政腐败不堪。

公元 708 年,李隆基出任潞州(今山西长治)别驾,积极网罗人才,为以后发动政变做准备。不久,李隆基罢去潞州别驾之职,返回京城,他更是厚结禁军首领,暗地里结交各种有识之士,培养亲信党羽,等待发动政变时机。

公元 710 年,韦后毒死中宗后,立时年 16 岁的李重茂为帝,自己则临朝称制,掌握实权。李隆基乘此机会,发动政变,处死韦后、安乐公主及其党羽,迫使李重茂退位,拥立父亲李旦复位,李隆基因政变有功被封为皇太子。

因天象,隆基登皇位

在唐睿宗李旦的复位中,李隆基的妹妹太平公主也出了不少力。由于她善弄权术,议政处事能力甚至超过睿宗,逐渐掌握朝政大权,当时的 7 位宰相中,有 4 位是她的心腹同党。

为了更好地巩固自己的权势,太平公主想废除太子李隆基,另立一位软弱无能、老实听话的人为太子。她在李隆基身边安插了不少耳目,要他们暗中监视李隆基的行动,随时向她汇报。李隆基的一举一动,太平公主都了如指掌。她还在睿宗李旦面前搬弄是非,挑拨他们父子关系,没有主见的睿宗渐渐地对太子产生了怀疑。

这时又有人上言,说五日内有急兵入宫,睿宗召集大臣商议此事时,有人建议:"这一定是有人要离间陛下与太子的关系,如果陛下令太子监国,则君臣分定,谣言自然不攻自破。"睿宗觉得此言有理,遂于公元 711 年 2 月 2 日,命太子监国,由太子李隆基代行皇帝行使某些职权。

公元 712 年,天空出现彗星,太平公主指使亲信向睿宗说:"从天象的变化看,皇太子要当天子了。"这本来是想借此挑拨睿宗和太子、乘机除掉太子的,可事与愿违,弄假成真。睿宗当即决定让位给李隆基。

先发制人,除心腹之患

李隆基即位之后,太平公主的势力有增无减,他们甚至准备发动兵变攻打皇宫,处死玄宗。面对如此危急的情况,玄宗立即决定先发制人。

公元713年7月3日,玄宗指挥将士先处死太平公主的党羽,后赐公主自杀,这样就完全除去了心腹之患。事后,睿宗也完全交出权力,29岁的唐玄宗开始亲政。12月1日,大赦天下,改年号为"开元"。

为了巩固皇权,不再发生祸变,唐玄宗采纳姚崇的建议,将政变之臣贬到州郡任刺史,诸王也遭到外州;同时整顿禁军,重新组建北门四军,并设立由宦官高力士亲自指挥的飞龙禁军,保证皇帝的安全。

开元盛世

开元年间,唐玄宗励精图治,政治清明,经济繁荣,社会稳定,人民安居乐业,取得了唐朝继贞观之治之后的又一大治时期——"开元盛世"。

"开元盛世"的取得,与唐玄宗的努力是分不开的,他进行了一系列的政治整顿。

一、裁汰冗官,整顿吏治。针对当时官僚众多、国库开支庞大的现实,唐玄宗裁减冗官,对于闲散衙门,也进行精减,从而提高了办事效率。在此基础上,唐玄宗重视选拔一些有真才实学的人,他所任用的几位宰相,如姚崇、宋璟、韩休、张九龄等人,皆为当时杰出的人才。

对于地方官吏的选拔,唐玄宗也非常重视,开元四年(公元716年),他对吏部选用的县令亲自加以复试,黜退40多名不合格者,并追究吏部选人不当的责任,这就促进了吏治建设。

二、唐玄宗勇于纳谏,知错就改。玄宗曾派人到江南一带捕捉水鸟,有人上谏,认为这样做妨碍农作,"道路观者,岂不以陛下贱人贵鸟也"。唐玄宗听到如此尖锐的言辞,不仅不怪罪,反而予以奖励,并立即停止捕捉水鸟。韩休的直言敢谏更是独树一帜,以至于唐玄宗每次稍有过失,就担心被韩休知道后提意见。

有一次玄宗对镜闷闷不乐,有人乘机挑拨道:"韩休时常提意见,陛下您因而心情不开元年间,唐玄宗还采纳宰相宋璟的建议,恢复贞观年间曾实行过的谏官议政制度,鼓励他们直言进谏。这样不仅使下情得以顺利上传,而且防止和纠正了唐玄宗的不少过错。

三、抑制奢靡,提倡节俭。开元二年(公元714年),为了向大臣们表示决心,唐玄宗下令将内宫贮藏的一些珠玉锦绣等堆在殿庭前焚毁,规定后妃以下不得穿珠玉锦绣,全国上下不得采用珠玉、刻镂器玩、织造锦绣珠绳,违者杖一百。他还将皇宫里闲置的宫女遣送回家,禁止贵族骄奢纵欲,反对厚葬。在他的倡导之下,奢靡之风得到抑制,淳朴之风逐渐形成。

四、重视发展农业生产。为了增加劳动力,开元二年(公元714年),唐玄宗下令淘汰天下僧尼,强制还俗一万多人。

唐玄宗还重视兴修水利,完善关中平原的灌溉工程,拆毁影响水道的水硝,人民大获其利。开元三年、四年,山东、河南等地连年发生蝗灾,玄宗听从姚崇的建议,督促州县全力捕杀蝗虫,因而减轻了虫害。他还在河东道、关内道、河南道等地大兴屯田,垦田面积达500万亩,解决了军队粮食供应不足的问题。由于当时均田制逐渐被破坏,土地兼并和逃避现象严重,开元九年(公元721年),唐玄宗派宇文融为劝农使到各地检括逃户和籍外田。经过几年的努力,共括出逃户80余万,田地也括出几十万亩,这便大大增加了国家所控制的编户数目,有利于进一步发展农业生产,同时也增加了国家财税的收入。

开元盛世,社会物质文化高度繁荣,杜甫《忆昔》诗里赞颂道:"忆昔开元全盛日,小邑犹藏百家室。稻米流脂粟米白,公私仓廪俱丰实。九州道路无豺虎,远行不劳吉日出⋯⋯"

安史之乱

开元后期,玄宗在长期升平殷富的盛世中逐渐发生蜕变。

在政治上,他以为天下无复可忧,便深居后宫,怠问政事。

自开元二十二年起,奸臣李林甫专权达19年之久,宦官高力士亦日渐掌权;玄宗热衷于开边,对吐蕃、南诏、契丹不断发动战争,不仅恶化了民族关系,而且财政出现了极大的空虚,故而又任用聚敛之臣,对人民横征暴敛;同时还大量扩充边军,导致了军事布局上的外重内轻,中央集权被削弱;天宝二年后宠幸杨贵妃,放纵杨氏姐妹穷奢极欲,并一再受李林甫、杨国忠、安禄山等人的蒙蔽,终于酿成了"安史之乱"。

安禄山发动叛乱之后,直逼长安。唐玄宗于天宝十五年六月急忙率从官及杨贵妃等出长安西逃。行至马嵬驿(今陕西兴平西),禁军哗变,杀死杨国忠,逼唐玄宗缢死杨贵妃,后军情始定。此后,太子李亨率一部分禁军北趋灵武(今宁夏灵武西南),七月即位,改元"至德",就是后来的唐肃宗。李隆基率另一部分禁军南逃成都,后被尊为"上皇天帝"。

至德二年,玄宗由成都还长安,居兴庆宫。宦官李辅国曾因劝肃宗即位之功而深受肃宗宠信。"安史之乱"平定后,他因出身微贱,为玄宗左右所轻视,于是离间玄宗与肃宗的关系,迫使玄宗迁居太极宫甘露殿。

玄宗晚年忧郁寡欢,去世后葬于泰陵。

【镜鉴】

世有伯乐,然后有千里马

—— 管人用人必备的识人技巧

"世有伯乐,而后有千里马。"这句话精辟地道出了管理者能够识别人才的重要意义。企业的发展,人才起着决定性的作用,能够像伯乐识别千里马那样识别人才,是作为企业的领导者最应该具备的才能之一。要知道,只有你亲手发掘出来的人才,才能称得上是你的得力干将。

(一) 会识人才能会用人

东汉桓帝时期的郭泰是一个擅长识别人才的人,而且他不光善于发掘人才,也善于勉励人才,充分发挥人才的潜力。当时的东汉政府已经朝腐败的方向发展,淡泊名利的郭泰就更不想去做官了,只想周游郡县和诸侯国,做个自由自在、无拘无束的人。

有一次，郭泰去了陈留地区，正赶上天降大雨。他远远地瞧见当地的居民跑到一棵大树下避雨，这些人都很随意地坐着或者蹲在大树下，只有一个大约40岁的中年男子正襟危坐，很是庄重。郭泰凭感觉认定这人一定不是一般人，于是他热情地上前和那个人打招呼。从言谈中，郭泰得知这个中年男子名字叫作茅容，两人聊得十分投机，于是郭泰便成了茅容家的客人。

第二天，茅容家里杀鸡宰牛，郭泰以为茅容一家是要招待自己，没想到茅容将做好的饭菜分了一大半给自己年迈的母亲，将剩下的放到橱柜当中，依旧用普通的饭菜招待郭泰。

谁料，郭泰非但不以为忤，反而肃然起敬，恭恭敬敬地起身对茅容行礼，说道："先生果然德才出众，如果是我，一定会减少母亲的饭菜来热情地招待客人，但你却首先保证母亲的饮食。我对你十分敬重。"他鼓励茅容勤奋读书，并保持自己的品德，这样将来一定会有一番作为。

后来，果然就像郭泰所预料的那样，茅容成了一个德才出众的人，在当地极有口碑。

在一个企业中，最重要的资源莫过于人，尤其是人才。有的管理者不以为意，认为企业最重要的是客户。诚然，客户是企业利润的重要来源，但是，管理者要知道这一点：客户是需要靠人去发现、开发和维系的，如果没有企业中的"人"，客户是不会自己找上门来的。尤其是在这个竞争激烈、同类企业众多的时代和环境中更是如此，离开了人，企业恐怕就要关门大吉了。

"世有伯乐，而后有千里马。"这句话精辟地道出了管理者能够识别人才的重要意义。企业的发展，人才起着决定性的作用，能够像伯乐识别千里马那样识别人才，是作为企业的领导者最应该具备的才能之一，但是前提是，会识人才能会用人。

一位企业家曾说过："事业靠人才发展，人比资产更重要。"人才是推动企业稳步发展的重要力量，没有了充足的人才，企业很难实现跨越式的发展。

世界上有名的大企业无不是重视人才、善用人才的典范。比尔·盖茨曾这样感慨："如果把我们顶尖的20个人才挖走，那么，我告诉你，微软会变成一家无足轻重的公司。"从此话足可以看出微软对于人才的重视以及人才对于微软的重要性。

用人必先识人，知人方能善任。人才是公司进行发展的基础，公司的宏伟事业离不开人才的建设，这就要求管理人员必须学会慧眼识人，为公司招募到最合适的人才。管理者在选拔人才的时候，一定要全面、公正、客观地去了解人才，这样才能辨其长处。

一个企业要想在日益激烈的市场竞争中胜利而出，靠的就是人才。只有用对了人，企业才能获得成功。三国时期，诸葛亮虽然不会上战场领兵作战，但是善于出谋划策，更是善于识人和用人。所以，诸葛亮解救了蜀国日趋危亡的局面，并为三国鼎立局面的形成做出了贡献。

在湖北省有一个叫观音岭的地方，是重要的贡茶产地，在这个地方有一家新开的贡茶有限公司，公司的经理是一个叫顾之行的年轻人，顾之行公司里的茶叶品质都很好，但顾之行却发现公司缺少一个懂管理的人才，而且这个人才一定要对茶叶方面熟识。

有一天，朋友跟他说，他在武汉见过一个专门生产茶叶的厂长，这位厂长曾经把一个茶叶的小作坊经营到全国有名的大公司，不过这位厂长现在已经退休了。顾之行觉得这是个机会，于是他亲自登门拜访厂长，把他招来，让他做经理。

然而第一次登门拜访，厂长推脱自己年事已高拒绝了顾之行的邀请。就像是一盆冷水浇到了头上，顾之行怏怏地走了出去。从与厂长的交流中，顾之行知道这是自己期盼已久的人才。

顾之行决定要"三顾茅庐"请厂长这个"诸葛亮"出山。第二次，顾之行来的时候天公不作美，下着大雨，这一次顾之行得以和厂长促膝交谈，两人谈了一个多小时，但厂长还是没有答应他。但顾之行通过这两次的接触，更加确定了厂长就是自己要找的人才。

厂长的母亲生日的那天，顾之行买了一个很大的蛋糕，为厂长的母亲祝寿。老人家很喜欢顾之行，在得知顾之行的来意后，老人家说："看在这个孩子这么有诚意的分上，你就帮帮他吧，我身子骨还硬朗，不用你担心。"

原来厂长之所以不肯答应顾之行就是因为母亲年事已高，顾之行说："我的茶厂在山里，但我请你是做管理的，不需要你离开武汉。"厂长只好答应出山了。后来在厂长的管理下，顾之行的公司有了脱胎换骨的变化，销售额直线上升，成为全国知名的茶叶品牌。

管理者学会识人是一项非常重要的事情，慧眼识人、人尽其才是每位管理者都应该做到的事情。管理者要坚持学以致用，用人之长的原则。虽然世界上不存在全面的人才，也就是说，我们每一个人都是偏才，但最重要的就是从这些偏才中找到其闪光点，并人尽其用，充分发挥一个人的特长是十分重要的。

人才是企业的生命，没有人才，企业的生命也就终止了。领导识人要有伯乐之眼、霸王之胆，敢于开拓、善于发掘，能从一件不引人注意的小事或者一个小的细节上发现人才，这是一个管理人员必备的素质。

（二）英雄不问出处，识人别看出身

一个民营企业的销售经理曾讲过这样一件事情："我亲自带过一个员工，她相貌平平，而且只有高中学历，在公司的员工中，她是最平庸的一个。但是，她的工作态度很好，非常认真地向老员工学习，自己又努力去实践。我觉得她很有潜质，就提拔她当我的助理。她果然没有让我失望，进步非常快，已经是销售部的精英了。"

近些年来，职场上"重能力，轻学历"的呼声虽然甚嚣尘上，但受传统观念影响，很多管理者在选拔和任用人才的时候依然看重学历，认为学历高，能力自然也高。从某个角度来看，这种认识不无道理，学历高说明接受的教育程度高，同时也说明人家在学习的过程中是认真投入，并且是聪明智慧的。

但是，如果把学历和能力完全等同起来，认为一定成正比的话，那就有失偏颇了。有的企业管理者在选拔和任用人才时，不断在招聘条件上提高学历要求，从大专升至大本，如今，连大本也难入他们的法眼，只有研究生以上的学历，他们才会考虑任用。

实际上，这样的做法是很狭隘的，会让公司流失很多优秀的、能力出众的人才。作为管理者，应该将眼光放宽，唯才是举，才能网罗真正的人才。

古往今来，有很多先辈们在这方面的做法很值得现代"将帅"们借鉴，在此举一个元世祖忽必烈的例子。

元世祖忽必烈被公认为我国历史上的一代杰出帝王，因为他不仅打出了中国历史上最大的版图，而且在用人上也能慧眼识才、唯才是用。其中，让18岁的安童担任丞相就是一个例证。

安童是元初"开国四杰"之首木华黎的孙子，在他13岁那年，就倚仗着祖父的威名被"召入长宿卫，位上百僚之上"。

虽然身为名门子弟，但安童从不愿意倚靠祖辈的荫庇，而是和其他孩子一样勤奋学习。正是因为这样，胸怀大志的安童表现出了与众不同的成熟和稳重。

安童16岁时，元世祖与阿里不哥在争夺王位中获胜，一举率军拘捕了阿里不哥的党羽千余人，元世祖问安童："我想将这些人杀掉，以绝后患，你认为怎么样？"

安童却说："依臣之见，自古以来，人各为其主，他们跟随阿里不哥也是身不由己，这由不得他们选择。陛下现在刚刚登上王位，要是因为泄私愤而杀了这些人，那又怎么能让天下人诚心归附呢？"

一个16岁的少年竟然说出这样有见识的话来，元世祖惊讶地说："你年纪这么小，怎么知道这番道理呢？其实，我只是说说，我并不打算杀他们！"

一晃两年过去了，安童已经18岁了，元世祖一直细细地观察着安童，见他处世练达、办事果断、为人稳重、足智多谋，于是就决定破格提拔他为中书右丞相。

知道元世祖这一想法后，安童赶忙推辞道："虽然大元已经安定了三方，但江南还没有归属朝廷，臣年少资轻，恐怕四方会因此而轻视朝廷，还请陛下另请高明。"

但是，元世祖主意已定，毫不动摇，说："我已经考虑清楚了，你就不要再推脱了。"

用一个18岁的年轻人为丞相，在大一统的主朝中，是绝无仅有的。少年得志的安童，自然会招来不少人的忌妒，他们劝说元世祖不应该将实权交给一个小孩子。

元世祖语重心长地说："如果用人按资论辈，那我岂不是要等到安童三四十岁，甚至更老的时候才能提拔他？那时的安童可能已经锐气全无、才思迟钝，这将是对人才的扼杀。"

元五年，有几位权臣想削夺安童的实权，建议设尚书省让阿合马主持，而让安童居三公之位。

元世祖把这件事交给大臣们讨论，最后说："安童，国之柱石，若为三公，看似给了他权职，实际上是夺了安童的实权啊，这样的做法我不同意。"

自此之后，安童一直身居要职，直到49岁因病去世，为元世祖效力长达31年，为元初国家的稳定和繁荣做出了巨大的贡献。

正是因为没有遵循人们一以贯之的"按资排辈"，而是破格提拔，才使得安童在风华正茂之年为国效忠，元世祖的英明之举不得不让人敬佩！

然而时代发展至今，不少企业的管理者在选拔人才的时候却还会不自觉地按个人的外在因素综合出资历大小、辈分高低，再让所有人按"辈"就班，依此考虑。殊不知，这种做法会压制真正有才能的人，使组织出现僵化和凝固的情况，从而停止前进的步伐。古人曾指出："资格为用人之害。"只有唯才是用、不拘资历，才能得到真正的人才。

从这一点上讲，现代企业"将帅"们就有必要借鉴和学习一下古人了。作为管理者，忽必烈的唯才是用是很值得参考和学习的，不要只看一个人的外貌、学历等外在的东西，要深入了解其内涵，然后再判断其是否为人才。

"我劝天公重抖擞，不拘一格降人才。"古诗人龚自珍的呐喊，直至今日，依然为人们所震撼。作为"将帅"，在选拔和任用人才时，一定要将目光放在有能力且又能体现在成果上的人身上，即使他们没有较高的学历，也应该加以重用。而那些只会捧着高学历时刻不忘吹嘘一把，却没有什么能力和成果的人，则没必要在他们身上浪费精力了。

（三）相貌不是人才的"名片"

曾经有这样一个寓言：一只山羊初见一只斑豹，山羊很快就喜欢上了斑豹满身漂亮的斑纹，甚至忘记父母告诫自己不要以貌取人，只见山羊喜爱至极，竟忍不住向前抚摸斑纹，斑豹对这只送上门来的猎物毫不客气，将山羊吞食于腹。山羊临终前悲叹道："我真愚蠢，不该以貌取人。"

人不可貌相，海水不可斗量。通过相貌和表情来了解人，是识人的一种辅助手段。但是，管理者不能因下属的外表而迷了眼睛，应该由表及里，通过现象认清他们的本质，看准下属的"庐山真面目"。如果把它绝对化，把识人变成以貌取人，那就会错识人才，乃至失去人才。

晋代学者葛洪在《抱朴子·外篇》中深有感触地说，看一个人的外表是无法识察其本质的，凭一个人的相貌是不可衡量其能力的。有的人其貌不扬，甚至丑陋，但却是千古奇才；有的人虽然仪表堂堂，却是"金玉其外，败絮其中"的草包。倘若以貌取人，就会造成取者非才或才者非取的后果。

自古以来，"以貌取人"者就不乏其人，甚至很多君王也是如此。

三国鼎立时期，东吴的国君孙权是善识人才的明君。孙权一表人才，满腹经纶，很多人才都甘愿附在他的麾下，所以孙权的手下聚集了周瑜、鲁肃等大将。在孙权的带领下，东吴被治理得井然有序，呈现出一片生机勃勃的现象。但是，即使是这样的明君，在辨别人才的时候，也有失误的地方。

自从周瑜逝世之后，孙权的身边便缺少一个善谋的智者，这时鲁肃向孙权推荐了庞统。孙权很是期待能够有人代替周瑜，为他减轻压力。然而，当鲁肃带庞统前来拜见时，孙权看到庞统的长相后，却一口拒绝了鲁肃的推荐。原来庞统的相貌极为丑陋，浓眉掀鼻、黑面短髯,庞统本来也很自卑,但在诸葛亮的开导下决定出来建功立业。可没想到一出来,就遭到了孙权的"以貌取人"。

鲁肃悄悄地问孙权:"主公,你为什么这么快就拒绝任用庞统?这可不是你一向招揽人才的作风啊!"孙权回头看了一眼庞统说道:"你看他的长相,尚不及周瑜的1/10,怎么看都不像一个足智多谋的人,怎么能把周瑜的位置让给他呢?而且他在我看来不过就是一介莽夫。"

鲁肃打断孙权的话,提醒道:"主公,你错了,当年在赤壁大战的时候,若没有庞统连连献计,我们又怎能战胜曹操呢?"但孙权并没有采纳鲁肃的建议,最终还是让庞统走了。后来,庞统又去投奔刘备。最初刘备也是犯了和孙权一样的错误,认为庞统相貌奇特,不能重用,好在刘备的结义兄弟关羽、张飞一直在给庞统求情,关羽、张飞很欣赏庞统的满腹才华,刘备才答应任用庞统。

在刘备麾下,庞统的才能日益表现出来,对以后蜀国的成立和发展做出了很大的贡献。刘备对庞统的才华很是欣赏,甚至不禁自责道:"庞统是一位不可多得之才,可是因为我的愚钝,差点儿使得自己与他失之交臂。"

远在东吴的孙权听说庞统到刘备那儿后的所作所为,叹息着说:"我又失去了一个周瑜。"可他悔之晚矣。

作为一个企业的管理者,要想真正地识别出人才,就要进行全方位的审查,看其是否有与其职位相当的能力,是否有不可限量的前途,而不是单单靠着外貌来判断一个人的才能、智慧、学识。刚刚步入社会的年轻人,他们大多数尚未得志,所以没有多少机会在公开的场合说假话,他们的话,往往都是直抒胸臆的肺腑之言,表达出了他们的真实思想和情感。企业管理者应该学会识辨,如果凭着外貌来选人才,终究会导致人才被埋没,使企业受到损失。

在识别人才的过程中,有些管理者往往会被下属的外表和言辞所迷惑,委以重任,但经过时间的考证,发现事与愿违,在选人才上失误了。因此,不以貌取人是管理者必须掌握的识人原则。但是,如何练就这项本事呢?应该注意以下几点。

第一,看内在,看内涵

"察言观色"是每个企业管理者都该有的本事,管理者选用人才的时候,从一个人的行为上就能看出其追求的是什么。任何一个人,一旦进入了自己希望进入的角色,或多或少地会带着点"装扮相",只有那些真正的人才才会像一颗蒙尘的珍珠,看上去毫不起色,没有一点发光点,但是深入了解之后,就会发现他们的言行都比较质朴自然,拥有内涵。管理者如果能够一眼识别出英雄,不靠着装扮和外表来判断一个人的才能,那么企业的人才必定济济。

第二,看品质,看成长价值

一个人才除了自身的才华以外,首先需要有品质。联想创始人柳传志在选拔人才的时候先看品行,后看才能,选择与企业"同心同德"的人。一些年轻人才刚刚迈入职场,他们虽然处于成长发展阶段,但是与企业管理者交谈的时候,总是有一种"初生牛犊不怕虎""出淤泥而不染"的高贵品质。

其次是要注重人才的成长价值。一位善识人才的企业管理者就是"伯乐",他的任务就是要在"千里马"无处施展腿脚之时识别出他与一般马的不同之处,若是"千里马"早已在驰骋,显出英姿,又何须"伯乐"去识别呢?所以,在识别人才的时候要注重其后期的成长价值。

第三,实事求是

企业管理者在识别人才的时候,需要保持清醒的头脑,不能让自己的思想被别人给主导,要有自己的独特见解。对待早已成名的人才,不要跟在吹捧赞扬声的后面唱赞歌,应该要多听一些负面的消息和意见。对待还没有成名的人才,应该留心在意。

如果企业管理者在识别人才的时候学会以上4点,那么在实际工作中,可帮助企业找到真正的人才。

"将心比心"的道理谁都懂,不是每个人生来就拥有明星般的样貌,企业管理者不妨换位思考一下,假如自己在应聘的时候,别的老板因为外表而不重用自己,是否会觉得他人没有眼光呢?所以,在识别人才的时候,千万不要以貌取人,不让自己成为没有眼光的管理者,与真正的人才失之交臂。

(四)管理者要善于发现他人的长处

唐代柳宗元在文章中记录了发生在他生活中的一件事情,事情是这样的:有一个木匠出身的人,却连自家的家具坏了都修理不好,由此可以看出其锛凿锯刨的技能是很差的。可这位木匠说他能够造房子,柳宗元将信将疑。很久之后,柳宗元见到了这位木匠,

这时的木匠已经是建造房屋的总指挥,只见在木匠的领导下,众多工匠各自奋力做事,有条不紊、秩序井然,柳宗元大为惊叹。从这件事中,柳宗元明白了善于发现他人的长处才是一个管理者应该做到的事情。

柳宗元记载的这个故事,说明了对管理人员来说,能够善于发现他人的长处是一件很重要的事情,因此,管理者在选拔人才的时候,首先要考虑这个人有什么长处、能够胜任什么工作。如《水浒传》中的军师吴用就是善于发现他人长处的管理者,在他的眼中,即使是偷鸡摸狗成性的时迁,也多次被吴用委以重任,因为吴用发现了其特长——飞檐走壁的功夫。

虽然,俗话说:"金无足赤,人无完人。"就连大圣人孔子都有其自身的缺点,世上并不存在完美的人。事实上,人各有其短,亦各有其长。很多管理人员感叹手下无人才可用,也有的管理人员庆幸人人可用。其实用人之道,就在于发挥一个人的优势,避开劣势,扬长避短,让其长处能够得到最大化的发挥。

明朝时期,江苏太仓一代有个小有名气的画家叫作周元素。周元素有一个画童叫作阿留。

一天早上,周元素要出门,便交代阿留:"你留在家里看好门,要是谁来了,要记住他们的样子,等我回来的时候再告诉我。"

晚上,周元素回来后问阿留:"今天有人来找过我吗?"

"有,来了好几个呢!"阿留说道,他用手比画着继续说道,"第一个矮矮胖胖的,第二个高高瘦瘦的,第三个漂漂亮亮的,最后一个挂着根拐杖。"

周元素算是听明白了,于是笑着问道:"除了他们,还有没有其他人来过?"

阿留憨厚地摸摸自己的脑袋,嘿嘿笑着说道:"我担心人来多了会记不住,所以在挂着拐杖的老爷爷走后,我就把大门给闩上了,没再出去过,所以不知道有没有什么人再来过。"

周元素没再说什么,他向来是个宽厚的长者,所以也明白阿留,知道阿留的悟性不高,至少在记人方面毫无长处可言。不仅如此,在生活中,阿留也闹出了不少笑话。

有一次,周元素家中的一张床折了一条腿,他让阿留去树林里面找根合适的树杈,然后回来修床。阿留拿了一把斧头就出门了,在树林里面转了足足有大半天的工夫,结果还是两手空空地回来了。这时候,周元素和家人都在大厅里面,周元素就问阿留:"你怎么现在才回来？我们都等了你大半天了呢！"阿留不好意思,他非常认真地说道:"因为找不到一根合适的树杈,我在树林里面找了好久,所以浪费了大半天的时间。"

周元素不解了,他问道:"树林里面有那么多的树杈,怎么可能找不到呢？随便找到一个砍下来,不就行了吗？"

阿留伸开了自己的两个手指头,向上伸了伸,说道:"您不知道,树杈都是朝着上面长的,没有像床的腿那样朝下长的。"

周元素一家人听了,顿时笑得前仰后合。

阿留的确不聪明,但是他也有长处。周元素在写字、作画的时候,一定要阿留为他磨墨、调颜料。阿留在磨墨的时候会把墨磨得很浓,用他磨的墨写的字,在日光、灯光下可以反射出光泽。阿留对色彩的辨别力比一般人强许多,周元素需要什么样的颜色,阿留总是能恰到好处地调出来,不会出差错。周元素在写字画画的时候,阿留都在一边看着,周元素画花鸟,有时候阿留会和他说,花朵的颜色应该再重些,小鸟腰部的颜色可以再丰富些,周元素采纳阿留的建议后,效果往往好得多。

有一天,周元素在桌上铺开了一张纸,动手作画,阿留在一旁看得很专心,周元素朝着他开玩笑地说道:"你是不是也看出点儿什么名堂来了？你能画几笔吗？"

阿留竟然很认真地回答说:"这有什么难的！"周元素于是很大方地把手中的画笔交给了阿留。

只见阿留卷起了衣袖,看似认真地在纸上画起来,不一会儿,一幅出水芙蓉图就画好了。整幅画面是:小池塘内的水荡漾,一片小小的荷叶在微风中摇动,一只蜻蜓正准备在荷叶上停留,最后用杨万里的诗句写道:"小荷才露尖尖角,早有蜻蜓立上头。"

周元素拿起画来仔细看着,阿留画的的确是一幅好画,看上去意境开阔、构图匀称、浓淡相宜。如果不是周元素亲眼看到阿留作画的整个过程,他是怎么也不会相信这幅画是出自一个看起来傻乎乎的小画童之手。接着,周元素让阿留再画一幅,阿留点头答应,他沉思了一会儿,又很快地画出了一幅,那画面上是微风吹拂着一株才舒展开眉眼的柔柳,燕子斜着身子从天空掠过,向着柔柳飞过来。

虽然画面上只有一株柔柳、一只燕子,但是给人的感觉是暖暖的味道,让人感受到春天,感受到充满情趣的盎然生机。阿留的画笔法老到,布局合理,像出自一位老练的画家之手,让周元素暗自称赞。周元素把家人叫了出来,让他们看阿留作的画,阿留又画了一幅青鸟翠竹图。

周元素和其家人纷纷赞赏道："阿留真是心有灵犀一点通！"

"阿留真有灵气。"

阿留看着大家，只是傻傻地笑了。

周元素善识人之性、用人之长，使一个在别人眼中百无一用的小画童成了远近闻名的画家。

故事说到这里，无非是想表达每个人都有每个人的长处，而作为企业管理者就该有周元素那样善于识辨他人长处的本事。如果他只是留意生活中没有长处的阿留，只看到其短处，不见其长，又怎么能充分发挥他的才能？

之所以要全面认识一个人，就是为了发现其长处，识人的目的是在用人，管理人员的着眼点就应该放在一个人的长处上，善于发现他人的长处。著名的管理专家杜拉克曾经说过："一个聪明的经理审查候选人决不会首先看他的缺点，至关紧要的是要看他完成特定任务的能力。"

其实，任何人才都有其长必有其短，识别一个人长处的好处就在于可以扬长避短。将其安置在正确的岗位上，为公司的发展做出贡献。而一旦判断失误，将人安置在不正确的岗位上，可能会导致公司日常顺序的破坏，威胁公司的生产，甚至会为公司的发展带来灭顶之祸。所以，管理者首先要练好自身的管理功夫，修炼一双能够善于发现他人长处的眼睛。

（五）别让个人好恶成为评价人才的标准

武则天时期，大臣武三思曾经说过："凡与我为善者即为善人；与我为恶者即为恶人。"在官场中，武三思之所以全凭个人好恶识人，其主要原因在于私心作祟，其结果就是把一些不学无术的人弄进了朝廷，扰乱了朝廷的秩序。

在现今职场中，仍然不乏这样的管理者，有的管理者喜欢听恭维话，把善于逢迎的人当作人才；有的管理者则对小圈子比较感兴趣，于是把气味相投的人当作人才；有的管理者则喜欢比较"听话"的下属，把服从自己命令的人当作人才；有的管理者则比较看重个人恩怨，凡对自己有恩的人，总是想方设法委以重任，等等。

其实作为管理者，你身处的职场的规则才是你应该遵循的职场原则，而不应该掺杂个人好恶，甚至当个人好恶与职场规则发生冲突时，你应该以公司的利益为先。如果你依赖个人喜好来选择人才，试图破坏职场规则，那么则会给组织和自己带来损失。

唐高宗时期，大臣卢承庆就是这样的管理者，有一次，卢承庆负责对官员进行政绩考核。这些被考核的官员大都是卢承庆不认识的人，在考核中，卢承庆几乎全都是以个人好恶来进行评估。

当时，被考核的人群中有名粮草督运官，有几次在运粮途中突遇风暴，粮食都被风吹走了，卢承庆便写下了"监运损粮考中下"的鉴定，谁知，这位督运官却是一副无所谓的样子，神态自若、脚步轻盈地走了出去。卢承庆见此，觉得这名官员好气质，于是将他召回，将评语改为"非力所能及考中中"。

然而，这位督运官仍面不露喜色，也没有跟卢承庆说声感谢的话。这位官员只是在粮库做事的，对政绩毫不在乎，本来人就不勤快，做事也很松懈懒散，恰好粮草督办缺一名主管，便暂时将他做了替补。卢承庆事实上也是办事、为官很没有原则的人，喜欢感情用事。二人一番详谈，就成了彼此的"好友"。于是，卢承庆索性大笔一挥，将评语改为"宠辱不惊考上"。

在官场中，像卢承庆这样以个人喜好和感情用事的做法，根本就不可能反映下属的真实绩效，也就失去了所谓的公平公正的原则，这样的管理者一般也不会在这个位置上做很长时间，不久后，卢承庆就因为被人揭发而降官。

由于人与人之间的经验、教育情况、人生观和世界观、家庭背景等因素的不同而导致人与人之间存在着很大的差异，而很多人就是在固定的环境中形成对事物的看法，就会形成一种深深扎根于心里的思维方式和处世方式，也就是我们所说的"偏见"，这样的管理人员一般会依据个人意愿和个人的理解在内心里给对方做出评价。

在识人的时候，管理者不应该以个人的喜好为原则，实施所谓的"顺我者昌，逆我者亡"，其实这都是对工作一种不负责的表现，我们在选拔人才的时候首先要以公司岗位需要的人才作为判断标准，而不去考察这个人符不符合自己的"口味"。春秋战国时期，管仲就是一位善于识人的伯乐，从他不断地向齐桓公推荐人才就可以得知。

据《管子·大匡》记载，齐僖公生有公子纠与公子小白。齐僖公委派鲍叔牙辅佐小白，鲍叔牙个人不是很喜欢小白的为人，于是在家称病不出。鲍叔牙是朝廷位高权重的人，他称病在家，对朝廷的秩序产生了很大的影响。

在主公的要求下,管仲和召忽去看望鲍叔牙,质问他为什么不上朝,鲍叔牙诚恳地说:"古人曾言:知子莫若父,知臣莫若君。现在国君觉得我老了,能力不够了,让我辅佐小白,就是很好的证明。"召忽说:"如果你仍然不愿意复出,我可以跟君王说你病重,那么君王一定会免去你的职责。"鲍叔牙觉得是个好主意,十分认可。

但管仲却反对,他说:"不行。位高权重的人本来任务就够繁忙,你这一称病,不知道积累多少军政要务需要你处理,你不应该贪图安逸,将来继承君位的,还不知道是哪位公子呢,你还是早点儿复出吧。"

召忽说:"继承君位的应该是小白吧。"

管仲却说:"不对,虽然国人因为厌恶公子纠的母亲而厌恶公子纠,反而同情小白没有母亲。公子纠虽然是长子,但其品质过于败坏,前途如何还不好说。但可以肯定的是,将来当国君的除了纠,就是小白,只有这两种选择。小白为人比较低调,也没有足够的小聪明,性子也很急,很少有人能够理解小白。但如果是纠为君王,也会一事无成,到时候如果你鲍叔牙不出来安定国家,还有谁呢?"

召忽说:"如果在百年之后,国君去世,另立的国君却不是我所拥护的人,就是能够得到天下,我也不想活着。"

管仲说:"我作为百姓的儿子,君主的臣子,岂能放之江山而不顾?又岂能为了纠而牺牲?除非国家破、宗庙灭、祭祀绝,只有这样,我才去死。不是这3件事,我就要活下来。我活着对这个国家有利,我死了则是国家的损失。"

鲍叔牙说:"我应该怎么做?"管仲说:"你明早照常上朝就是了。"鲍叔牙答应了,在以后的日子尽心尽力地辅佐小白。

在小白还没有即位之前,管仲就看出小白在将来有可能被立为君主。在这一点上,管仲要比鲍叔牙、召忽更善于识别人才。

到后来,小白果然即位成了齐桓公,在鲍叔、管仲等人的护送下安全由鲁国返回齐国。在小白回国之前,鲁国国君曾经问齐国施伯对小白的看法,施伯说:"臣闻齐君惕而亟骄,虽得贤,庸必能用之乎?"意思就是齐桓公性急而骄傲,虽然有贤才辅助他,小白会不会用还是一回事呢?正因为这个评论,鲁国国君才把管仲放回了齐国,从而成就了齐桓公的春秋霸业。

上面是两种识人的方法:施伯识人流于表面,只因齐桓公"惕而亟骄"而否定了齐桓公。而管仲相比则识人比较全面，他说："吾君惕，其智多诲，姑少胥其自及也。"意思就是说，虽然齐桓公性急，但在经历更多的事情后，终究会有悔悟的一天。事实证明，管仲是正确的。

这两种识人的方法告诉我们，识人不能只看表面，不能以自己的好恶为评判的原则，作为管理者，一旦参与了个人的主观意识来识人，就会很难全面地认识一个人。

作为管理人员，你要记住，工作是工作，不要把个人感情或者喜好掺杂到工作中，这是一个职场人士具备的常识。如果选拔人才以自己的好恶为主，合乎自己心意者就是人才，不合乎自己心意者就是庸才，那么管理者就会陷入了糖衣炮弹中，必将会造成不良的后果。

所以，选贤用能，就必须保证选拔的公平公正，把个人感情和好恶全都抛开，以公司的利益为主，按照公司的岗位要求选择合理的人才，并以实践加以检验，这样才能选拔到真正的人才。

（六）德才兼备才是真人才

一位企业家在选择、录用员工的时候，用的方式很是耐人寻味，企业提出的第一个问题是：是否孝顺双亲？

在这位企业家看来，不孝顺的人就没有好的品德。没有品德的人，即便再有才能，也不能得到信任和录用，所以他们公司在选人的时候，首先看重的是德行。

当代企业发展的关键就在于人才，人才就好比是企业的发动机，少了它，什么都运行不了。作为企业的领导者，一定切记，用人一定要用德才兼备的人才，决不能让小人进入企业的核心层，即使这个小人身上有很多他人难以超越的才能。

人才是任何一个团队和任何一家企业发展的根本，和其他方面比起来，人才才是企业发展的第一要素，是推动企业发展的最强大力量，也是企业必须紧紧抓住、努力开发的最核心资源。然而，现实生活中是什么景象呢？很多企业并不缺能力高、学历高的人，甚至有的企业精英荟萃，可是让人迷惑的是，在这样的企业或者团队里，却面临着发展动力不足的困境，甚至有的还惨遭淘汰。

仔细挖掘其中的原因，我们会发现，在这样的企业中虽然能力高、学历高的人不稀缺，但是他们大多缺乏诸如忠诚、敬业、服从、正直、诚信等优良品德，而一个优秀的员工是必然要具备这些品质的。试想，一个公司员工人品普遍低下，企业充满重重矛盾、钩心斗角、尔虞我诈、损公肥私，又怎能发展壮大呢？

在用人唯德这一点上，晚清著名军事家、政治家曾国藩就有一双能够看清手下人的眼睛。

曾国藩提出的"德"，含义十分广泛，包括忠诚、踏实、正直、勇敢等。他一再强调，要"于纯朴中选拔人才，才可以蒸蒸日上"，他所说的"纯朴"，指的就是朴实、诚实等优秀品质。他曾经指出："德"，就要能够在政治上忠于自己的信仰与事业，并心甘情愿地为这个信仰和事业竭尽全力；在生活作风上，要能够质朴实在、吃苦耐劳；在精神面貌上，要能够有坚韧不拔的顽强精神。

一天午后，曾国藩的府第来了3个年轻人，但是曾国藩没有立刻就接见他们，而是将他们"晒"了一段时间，故意让他们在大厅中等待，直到黄昏，曾国藩才出来见他们3人。

经过一番了解，曾国藩知道了这3人都是他的学生李鸿章举荐过来的，希望曾国藩能够重用他们，为大清朝做出一番业绩。而曾国藩有意迟迟不见他们。就是想对他们3个人进行一番考察，来了解3人。

他在暗处观察他们的一举一动，发现3人有不同的举动：第一个人在屋子内四处观望，第二个人老老实实地坐在椅子上，第三个人一直站在门口，静静地看着天际流云。时间久了，前两个人露出不满的神色，第三个却一如既往，十分平静地观赏周围的景色。

这一切让曾国藩对他们有了一个大致的了解，随后便走到大厅，和他们交谈了起来。经过一番谈话，曾国藩对他们又有了新的看法：不住地观察屋子中摆设的年轻人，说起话来滔滔不绝；那个一直坐着的人，一言不发；四处欣赏风景的人，是不发言则已，只要一出口，都是些惊人的言论，见解十分之高，偶尔还会出言顶撞他。到天色渐晚之后，他们就起身告辞了。

等到他们离开之后，曾国藩对他们职位的安排心里有了数，结果让人很是意外：那个敢于出言顶撞自己的人被派往军前效力；那个沉默寡言的人负责管理粮草；而那个说话滔滔不绝的年轻人，则被安排了一个闲职。

对曾国藩的安排，众人十分不解，就来问他原因。曾国藩解释说："那个和我聊得来的年轻人，在大厅等我的时候，就在四处打量屋里的摆设，以此揣测我的喜好。大家等久了，只有他抱怨最深，但见了我之后，却对我十分恭敬，可见此人是一个表里不一的人物，所以不能委以重任。而那个沉默寡言的人，虽然对我唯唯诺诺，全没半分魄力，但性格沉稳，正好可以用来管理钱粮。而那个敢于出言顶撞我的人，我让他等了那么久，他却毫无怨言，甚至还有心情观赏天际浮云，可见他的淡定从容，有大将之风。同时，面对我这样的高官，他还能不卑不亢地提出自己独到的见解，可见道德高尚，是罕见的人才，我当然要提拔他。"

事实证明，曾国藩的眼光是十分独到的，被他提拔的这个年轻人，就是后来赫赫有名的台湾首任巡抚刘铭传。

曾国藩在用人上能够意识到识才、选才、用才的相互作用。对一个人才的任用，首先懂得识别，进而根据对人才的了解进行甄选人才，最后再任用人才，将他们分配到适合他们工作的岗位上。

曾国藩识才、用才的标准是以德为首，他的做法值得当今每一个企业管理者借鉴。作为企业的管理者，在选用人才的时候，就要学习曾国藩这种"先重德，再重才"的原则。假如，企业的管理人仅仅重视员工的才能，却忽视了员工的品德，只会给企业造成不可估量的损失。

意大利著名诗人但丁曾经留下过一句流传千古的至理名言："一个人如果知识不全的话，可以用优良的道德品质去弥补，而一个道德不全的人，却无法用知识面去弥补。"才能的缺失可以通过后天的学习、努力、他人的教育来提升，但是道德的低劣，不论是怎样都无法弥补，因为对于一个人的管理，要是在心中根深蒂固的话，就很难改变了。所以，企业的管理者在选用人才时，不要一味地重视才能。

(七) 请任用那些有信用的人

小王是一家教育培训机构的老师，工作已有两年，因为厌烦公司的种种制度，于是想再换一家单位。因为他有研究生的学历，并且也有工作经验，于是很快就被天津某教委直属教学研究部门看中，前期月薪为 3000 元，两个月后上班，小王高兴地签下了聘约。

这两个月的时间，小王来到北京游玩，同时顺便到几所大学询问招聘教师的情况。非常凑巧，北京正有一所大学需要小王这个专业的研究生，月薪可达 4000 元，并且提供教师宿舍等。面对这样的优厚待遇，在进行一番权衡比较后，小王动了毁约的心思。第二天，小王给天津那家教学研究部门打去电话，说自己不想去干了，并愿意交纳违约金，天津这边回复说没什么意见。

然而，正当小王高兴地到北京这所大学签约时，人事处长看完他的求职信后，当即将其个人资料输进了人事管理档案。处长通过联网查看小王的档案后，立刻对小王说学校不能录用他。小王急了，就问原因，原来天津那家单位也将小王的签约情况输进了档案。处长说，你在那边签了两天就毁约，我们学校不会录用随意毁约的人。

这个时候，小王才感到后悔，然而这又能怪谁呢？只能怨自己太重待遇，随便毁约，忽视了信用，以致得到了这样的苦果。

宋朝周敦颐说："诚者，圣人之本，百行之源也。"那么，一个公司如果缺乏具有信用的员工，那么这个公司的发展将会举步维艰。所以，在现实生活中，员工的信用问题越来越引起领导的重视。作为管理人员，在辨别人才、应用人才的时候，那些有信用的人是个不错的选择。

一般来说，失信于人的人不仅显示其品行不端、人格卑贱，而且还是一种自毁前途的做法，虽然在短期内，失信者或许得到了一定的利益，但从长远看来，只是一种不顾长远的近视行为，最终只会搬石头砸自己的脚。试想，一个对自己的亲人都不诚信的人，让管理人员如何去相信他？做人之道，靠的就是诚笃守信、取信于人。在与人交往时，如果一个人说话算话、诚实守信，那么其他方面的缺点可以选择忽视，当然这只是一些不会危及根源的缺点，反之，如果失去了信用这个屏障，那么就没人愿意与他们共事和打交道。

海上花文化传媒公司是某地区最大的文化公司，公司的待遇福利制度非常完善，因此很受人才的青睐，每年都有很多人才慕名前来，海上花每年要招聘大概100多人，通常要从几百人甚至上千人中才能选出一个合适的员工。海上花员工的招聘标准除了知识、才能等方面，还格外重视员工的性格，如是否喜欢与人打交道，最重要的是员工的诚信问题。

作为当地最大的文化传媒公司，海上花很注重自身的品牌建设，树立起诚信、进取、健康的公司形象，因此海上花非常注重员工和客户之间的沟通能力以及员工间的团队精神，更重要的一点就是员工的诚信问题，这也是海上花在选择员工的时候最重要的原则。其实判断一个人有没有诚信是很难的，在面试中的表现可能与现实生活有着很大的差别，这种抽象化的标准是很难测验的，但在以后的工作当中，只要发现员工有不诚信的地方，如学历造假、做事不诚实，等等，都不会留用的，所以海上花无论是在行业内还是行业外都是遵循信用的模范。

同时，对于留用的员工，海上花还会对其进行专门的培训，主要是对员工进行古典教育，如关于信用的课程，指导员工如何快速地融入公司的文化中，让员工深刻地理解信用的重要性。有些管理人员往往也要参加这样的培训。

对公司来说，诚信分为内部诚信和外部诚信，内部诚信是指员工与员工之间，或者员工与管理人员之间形成的一种有信用的氛围，这样才会在公司内部形成一种凝聚力，增加彼此的信任和合作，使公司呈现向上的氛围。外部诚信则是指公司在市场中的信用程度，很明显，一个有信用的公司更容易获得合作方的认可，从而促使公司更快地发展。

员工是企业发展的基础，所以对管理人员来说，要任用那些有信用的人，信用是一个人最基本的品质，有信用的员工可以为公司的发展带来新的活力。一个公司的管理人员可以为公司设计非常完善、全面的规章制度，但员工的执行、贯彻的力度是值得深思的一个问题。对于没有信用的员工来说，那些制度只不过是一纸空文，因此要想真正实现公司井然有序的局面还须依靠有信用的员工，所以在招聘人才的时候，管理人员要善于发现那些有信用的人，相信他们，如果这些人符合公司的岗位需求，无疑是很好的人才，这样的人才是公司需要的，也能够为公司带来丰厚的效益。

很明显，当一个人失去信用的时候，就不再有人愿意与之共事，那么他在公司的发展也就变得前途渺茫。同样对公司来说，如果缺乏诚信，发展将会步步维艰。所以为了公司的长远发展，管理人员在选拔人才的时候，尽量任用那些有信用的人吧，这样的人才会给人一种放心的感觉。

(八) 在员工中发现可造之才

一家机械厂有一位年纪很轻的工程师，不光有学识、有学历，而且工作经验丰富，善于学习，很多先进的工作理念都是通过他引入公司的。尽管他在员工当中很有威望，但是他却常常在工作当众顶撞公司的领导。好在他们工厂的厂长颇有胸怀，对这位年轻、有主见的工程师十分欣赏，于是就力排众议，让他成为车间主任。

在这个年纪轻轻的工程师的领导下，车间的生产效益足足提高了一倍。后来，他又对这个车间的生产工具进行了改革，让车间的产量翻了好几番，成绩极为瞩目。

每个大企业当中都有很多员工,但是企业管理者还是感叹自己手底下没有可以利用的人才。其实,并非企业当中没有人才,而是很多人才被埋没在企业当中。因此,在员工中发现可塑之才,并进一步对其进行培养,成为企业管理者所必备的能力之一。

　　当今社会竞争激烈,企业之间的竞争,说白了就是人才之间的竞争。人才对企业发展的作用就像是千里良驹对万里之路,可以帮助你纵横商场。正因为如此,优秀的人才也就成为众多企业争相招聘的对象。为了得到人才,很多企业管理者大费心机,甚至不惜到其他公司当中"挖墙脚"。

　　但是,与其耗时耗力、大费周章地从冗杂的人员当中挑选人才,为什么不能换个角度思考,从手底下现有的员工当中挑选一些可以"挑大梁"的人才予以塑造,让他们成为企业的发展新动力呢?

　　松下电器公司曾经专门建立了一家中尾纪念研究所,目的就是为了纪念公司的副董事长中尾哲二郎。最初的时候,中尾哲二郎只是松下公司当中一个默默无闻的小职员,是松下幸之助在巡视车间时偶然发现的,松下幸之助觉得中尾哲二郎身上有很多别人没有的优点,认为他是一个可塑之才。

　　当时的日本正值关东大地震后的经济复苏时期,松下电器为了公司的发展,花费大量的金钱来招聘人才。开始的时候,中尾哲二郎只是在一家分公司做事情,是一名极为普通的操作工,该厂的厂长龟田从没有重用过他。

　　一天,松下幸之助到这家分厂考察,正巧见到中尾哲二郎正在勤奋地工作,便忍不住问他:"你在这里做了多久的活?"中尾哲二郎头也不抬,说道:"大概十个多月吧。请原谅我先生,不是我没有礼貌,而是我现在不能离开我的视线,我的工作,必须要一次性地装夹好,才算利索。"

　　松下幸之助听到他的回答,心里十分感动,离开的时候,他跟这个分厂的厂长龟田说道:"你手底下那个叫作中尾哲二郎的人是一个很不错的员工,我看他操作机械十分熟练。"龟田却十分不屑地说道:"那个家伙,说的话很多,连我的话也都不听,有时候甚至和我大吵大闹,他能有什么真才实学呢?"松下幸之助莞尔一笑,说道:"既然你不喜欢这个员工,将他交给我怎么样呢?"

　　就这样,中尾哲二郎被松下幸之助带走了,后来因为他的优秀表现,很快就被松下幸之助多次提升,最后甚至升到了公司副董事长的位子。

一个目光锐利的企业领导者，应该能够及时地从员工的行为上看到他身上存在的闪亮点，那些闪亮的地方，就是员工的可造之处。这就和松下幸之助慧眼识英雄，大胆提拔、任用中尾哲二郎一样。很多的企业领导人抱怨手底下没有可以任用的人才，实际上是自己没能及时任用优秀员工。

战国的田镜，被燕王任命为宰相。田镜十分有政治才能，在他的治理之下，燕国的国力达到了鼎盛局面。而在这之前，他是鲁哀公手底下的侍从，郁郁不得志。是什么让他成为燕国的国相，而没有帮助鲁国强盛起来呢？这当中的原因是因为鲁哀公。田镜在鲁国的时候，虽然一直勤勤恳恳，却得不到鲁哀公的重用。没办法，为了更好地发展，田镜只好向鲁哀公请辞。

鲁哀公十分不解，问他："你在我手底下不是一直做得很好嘛？为何突然要走呢？"田镜回答说："一只做事情十分勤恳、头顶红冠的大公鸡，每一天都在按时报晓，时刻不曾松懈。如果遇上强敌，它就会将自己的生死置之度外，扑上去和它缠斗。可是，对这样工作勤奋、忠诚的公鸡，它的主人却整天看不到。"鲁哀公不明白他的意思，田镜就进一步将话题挑明："现在真正有才华的人就在你面前，你却不能重用，反而花费大量的人力、物力去寻找有才华的人，我只能说是在浪费时间而已。现在我决定了，我不要再压抑自己了，我要用我的才华去实现我的梦想。"说完，他就离开了。

后来，田镜辗转到了北方的燕国，被燕王赏识，予以重任，终于帮助燕国实现了富国强兵的任务，而鲁国却始终还是一个偏安一隅的小国。

一个企业需要的是那些能够帮助公司取得真正业绩的人才，但更多的企业领导者就像案例中的鲁哀公一样，明明手底下有能用的人才，却还是费心费力、花更多的时间和代价到其他地方去找人才。这就值得当今社会每一个企业领导人借鉴，学会从现有的人力资源中找到可以任用的人才。另外，从各种角度来看，从自己手底下的员工当中找到可塑之才，对公司来说好处多多。

首先，因为这样的员工熟悉公司的情况、了解公司的业务流程，所以工作效率很高。其次，他们常年待在公司的基层，知道公司具体存在的情况，这对解决公司发展中的问题很有经验。所以，企业的管理者一定要善待自己手底下的员工，任用他们当中的人才帮助自己管理公司。这既为自己增添了可用之才，减轻了公司的财政负担，又可以为企业的发展创造出意想不到的效益。

在热播剧《步步惊心》中，八阿哥在八福晋死了之后感叹："这些年来我一直在找明珠，可是明珠明明就在我身边，我却没有好好珍惜……"企业的管理者该反思，是不是因为自己一味地想要去找公司以外的人才，而忽视了手底下员工身上的亮点呢？

敛财侈费^①

【历史背景】

唐玄宗在位44年，在他统治的前期，社会安定，经济繁荣，唐朝进入全盛时期，开创了开元盛世，富了几代人。这与他励精图治，崇尚节俭、善用人才是分不开的。可惜，唐玄宗晚年一改年轻时的作风，过起了荒淫奢侈的生活，终日歌舞升平，挥霍无度，不理朝政。花费越来越多，宫中的钱粮逐渐的不够使用。于是，江淮租庸使韦坚、户部郎中王鉷，以朝廷用财紧急为名，争相去聚敛民财，取悦于皇上。这种荒淫的生活加速了唐朝由盛转衰的速度。

【原文】

唐史纪：玄宗在位久，用度日侈，常赋不足以供。于是江淮租庸使韦坚^②，户部郎中王鉷^③，竞为聚敛以悦上意。韦坚引浐水为潭，以聚江淮运船，上幸望春楼观之。坚以新船数百艘，载四方珍货。陕城尉崔成甫，着锦半臂、绿衫、红袙首，居前船，唱"得宝歌"^④；使美妇百人，盛饰而和之，上喜，为之置宴，竟日而罢。鉷于岁贡额外进钱帛百亿万，另贮于内库，以供宫中赏赐。上以国用丰衍，故视金帛如粪壤，赏赐无极，海内骚然。

【张居正解】

唐史记，玄宗初年，惜财俭用，及在位日久，荒淫无度，费用日侈。年例钱粮不够使用。于是江淮租庸使韦坚，户部郎中王铁，窥见朝廷上用财紧急，争去科敛民财，取悦于上。一日各处转运船只，都到了京城，韦坚要显他的才干，遂引浐水为潭，把江淮一带的运船都会集潭内，请玄宗御望春楼观看，又把新船数百只，装载着四方的珍宝货物；叫陕城县的一个县尉，名崔成甫，身穿着锦半臂、绿衫，头上裹着红袙，在前面船上唱《得宝歌》，使美妇女百十人，浓妆盛饰，齐声唱而和之。玄宗见了大喜。就在望春楼上，摆设筵宴，尽日而摆。王鉷又于年例之外，进献钱帛到百亿万。另收在内库里，专供应宫中赏赐。玄宗不知韦坚、王鉷原是剥削百姓的骨髓，以供上用，只说天下钱财，这等丰富，用之不尽，把金帛看得如粪土一般，赏赐无有纪极。自是，民不聊生，而海内骚然变乱矣。

夫天地生财，只有此数。在官者多，则在民者寡矣。自古奸臣要迎合上意，往往倡为生财之说，其实只是设法巧取民财，横征暴敛。由是杼柚空虚，闾阎萧索，以致民穷盗起，瓦解土崩。虽有善者，亦无如之何矣。

玄宗初年，焚锦销金，崇尚俭德，开元之治，庶几三代。及在位日久，侈念一生，奸邪承之；聚财纵欲，遂成安史之乱。

率此观之，治乱兴亡之判，只在一念奢俭之间而已。可不戒哉！可不畏哉！

【注释】

①本篇出自（《旧唐书·韦坚传》《旧唐书·王鉷传》），并见《资治通鉴》卷215唐纪三十一玄宗天宝二年。记述唐玄宗为了自己游幸奢侈浪费搜刮民财的故事。

②韦坚（？~764）：字子金，唐京兆万年（今陕西西安）人。初任长安令，后擢为陕郡太守、水陆运使。在咸阳附近壅渭为堰，作一与渭水平行之渠，因而便利漕运。在禁苑东建望春楼，楼下凿一广运潭以通漕运。二年乃成，坚令洛、汴等地小舟三百，各陈本地特产，集于潭中，请玄宗登楼观看。因而得官、受封。

③王鉷（？~752）：唐太原祁县（今山西祁县东南）人。初为监察御史，擢户部郎中。将搜刮百姓及地方官吏所得上贡，岁进亿万，以供玄宗挥霍，升为御史大夫兼京兆尹。

④得宝歌：开元二十九年（741）报称有宝符在陕州桃林县发现，以为殊祥，改桃林为灵宝县。当韦坚筑潭成功，在此次欢聚中，陕县尉崔成甫，根据一首民歌重新填词，唱道："得宝弘农野，弘农得宝耶，潭里舟船闹，扬州铜器多，三郎（唐玄宗）当殿坐，听唱得宝歌。"

【译文】

唐代史书上记载：唐玄宗在位日久，耗费一天比一天奢侈。正常的贡赋不够开支，于是江淮租庸使韦坚，户部郎中王铁，便搜刮聚敛民财以取悦玄宗。韦坚引来浐水修筑了水潭，以便聚集江淮等地的运船，玄宗登上望春楼观看，韦坚用新船数百艘运载着四方的珍宝财货。陕城尉崔成甫，他穿着锦衣偏袒，露出一只臂膀，绿色的衣衫，额头上扎着红色帛带，站在船头唱着《得宝歌》，有百名漂亮的女子，盛装美饰和着他的歌声。玄宗非常高兴，为此大宴群臣直到天很晚了才结束。王铁在每年贡赋常额之外，进献钱帛百亿万，另外贮藏在内库，以供应玄宗在宫中赏赐。玄宗以为国家财力丰富，用度丰裕，所以视金帛如粪土，赏赐没有限量，引起国内动荡不安。

【评议】

唐玄宗在位期间唐朝国力强盛，史称"开元盛世"。但是，盛世租赋虽多，而挥霍起来没有限量，仍然用度不足。因此聚敛之臣，争相搜刮以固宠，这更助长奢侈之风。在民计枯竭、民不聊生之际，安禄山、史思明乘机叛乱，强盛的唐朝，立即衰落了。由丧俭德，尚奢侈，到宠信聚敛之臣，使民不聊生而积怨，终致国家衰乱。唐玄宗的这种符合逻辑的堕落，给我们的启示是：富裕起来后，仍要保持俭德，爱惜民力。保持俭德，才能节欲，不致富而无德，恶性循环，重蹈败亡之路。

【镜鉴】

一、奢侈浪费之风的严重性

根据媒体的报道和一些社会风气来看，浪费奢侈之风在部分领导干部和群众中非常盛行，主要表现在以下几方面来看。

（一）吃的浪费

根据有关媒体报道的数据显示，中国人每年浪费的粮食价值高达两千亿元，每年被倒掉的食物相当于两亿多人一年的口粮。现在全世界100多个国家，人口过亿的才十几个，我们倒掉的可能是某个国家全体国民整年的口粮。想想这个浪费有多惊人。

曾经有人针对北京一部分大学餐后的剩饭剩菜做过调查,如果按全国在校大学生计算,仅仅是我们国家的大学生每年倒掉的粮食相当于1000万人一年的食物。

有专家曾经统计,我们国家一般的饭馆,甚至在家庭里面,有10%的粮食都浪费了。可能大家觉得这个10%的浪费不是很严重,才10%,90%我们都把它吃掉了。但是如果我们把这个数字放大,从国家层面来考虑,这个数字就非常的庞大。我们全国有三十几个省,意味着我们有三个省的粮食都浪费了,这是多么大的一个数量。

反过来,我们再来看我国的贫困人口。根据国务院扶贫开发领导小组2011年统计的数据,我国还有1.28亿贫困人口,占全国人口的1/10。如果我们把这个浪费掉的10%的粮食供给贫困人口,完全就能够养活这些人。如果从全世界范围内来讲,全球的饥饿人口还有10亿人。在非洲有不少人因为没有粮食吃而饿死。当我们想到还有人因为吃不上饭失去生命的时候,我们怎么能够不珍惜生活的点点滴滴。否则就像古人在诗里讲的:"朱门酒肉臭,路有冻死骨。"

记得我小时候读过《悯农》这首诗:"锄禾日当午,汗滴禾下土,谁知盘中餐,粒粒皆辛苦。"我小的时候曾经去稻田里面拾过稻穗。那个时候我们家里的粮食产量不高,田比较少,每年到了青黄不接的时候,还需要借粮食,所以就对粮食特别珍重。但是到城里之后,发现很多人或者是因为好面子,或者是因为味道不好,总之,不知道浪费了多少粮食。

(二)穿的浪费

除了吃的浪费,现代人衣服的浪费也非常惊人。2013年2月3日的《工人日报》报道,在一些小区,很多七八成新的衣服都会被当成垃圾扔掉。此外,有统计显示,在英国,女性一年衣服的浪费是10亿英镑,我们国家没有这方面的统计,估计这个数字也不会很低。

(三)住的浪费

现在全球都提倡低碳经济。人类耗费资源最多的就是建筑,尤其是现在,现代建筑比古人的建筑更浪费资源。古人用泥土烧砖,或者建木房子,房子一般都能用上百年,甚至上千年。即使是废弃不用,这些土石木头也不会对自然环境造成污染。现在我们看到不少房子使用几十年就把它推倒,而且现在是大量盖房,造成了很多城市房子很多,但是实际入住率并不高,有的地方甚至出现了所谓的"鬼城"。这也是一种很大的资源浪费。

这方方面面的浪费,看似小事,却关系到我们家庭的兴旺、国家的兴亡。人无俭不立,家无俭不旺,党无俭必败,国无俭必亡。从我国的历史来看,一个国家社会风气是勤俭还是奢侈,往往和国家的盛衰有着密切的联系。

二、勤俭节约与治国的关系

人过分地追求住宽敞的房子,穿漂亮、名牌的衣服,吃美味佳肴,这种奢侈之风一旦兴起,不仅会极大地浪费社会的资源。更大的危害就是会让我们的国家,甚至民族走向灭亡。中国历史上每一个朝代到了末期,往往都是因为奢侈之风盛行。

我们都知道勤俭节约是一种美德。但是很少有人想过,如果不勤俭节约,后果会有多严重?会影响到一个国家的兴衰吗?这样讲是不是有点危言耸听,言过其实?我们不妨来看看历史给我们的教训。

(一)勤俭是治国之本,奢侈是亡国之因

在《韩非子》里面记载到,过去商纣王用象箸而箕子怖。箕子是商纣王的叔叔,商纣王用象牙做的筷子吃饭的时候,箕子感到很恐慌,因为他从这一点就知道这个国家很快就要灭亡了。纣王用象牙做的筷子吃饭,碗肯定得用玉碗,吃的食物肯定是山珍海味。讲究吃,也会讲究车马宫殿。在上位的君主追求奢侈,整个国家就会出现奢靡之风,这个政权就非常危险。果然,后来商朝很快就亡国了。

在《群书治要》里面,有很多地方都提醒为君者,如果不节俭,就会导致国家灭亡。在《晋书》里面就讲到:"三代之兴,无不抑损情欲;三季之衰,无不肆其侈靡。"夏商周三代之所以能够兴盛,都是因为这些开国的圣王,商汤文武周公,他们懂得抑制自己的欲望。节制欲望,也就是要以苦为师。圣人不追求物欲的享受,而凡人往往只追求物欲的享受。要知道,追求物欲,欲望是没法满足的,贪心反而会无形地扩大。贪心一起,得不到就会有嗔恚,得到了就有贪爱。最后他不是占有了物,而是物占有了他。夏商周三代的衰亡,就是由于君主讲求奢侈,追求奢靡,所以导致了灭亡。

唐太宗很明白这一点,知道"勤俭是治国之本,奢侈是亡国之因。"他曾经在贞观四年的时候讲过一段话,他讲:"崇饰宫宇,游赏池台,帝王之所欲,百姓之所不欲。帝王所欲者放逸,百姓所不欲者劳弊。劳弊之事,诚不可施于百姓。"你想把宫殿盖好,追求享受,这是帝王想要做的事情。但这是百姓不愿意的。在上位的领导者奢侈浪费,他挥霍的钱财都是百姓的赋税。政府大兴土木,赋税自然就会增加,百姓就会受苦。所以治国的第一件事就是在上位的领导要能够节制自己的欲望。

我们看历史上秦始皇,他为了满足自己的私欲建阿房宫,导致百姓怨怒,结果秦朝很快被推翻。同样,隋朝隋炀帝亡国也是因为奢侈。

所以魏征多次向太宗谏言讲到:"上之所好,下必有甚,竞为无限,遂至灭亡。"唐太宗深知这一点,因此他在位的时候特别提倡节俭,他曾经想要造宫殿,但是看到古代这些亡国之君的教训就放弃这个念头。因此贞观年间,民风淳朴,农业丰收,没有饥寒,社会经济非常发达。

在上位的人喜欢什么,在下位的可能就会愈演愈烈。这在现在生活中就有体会,这种现象就非常明显。比如说过去农村非常俭朴,但是自从有了电视,看到电视里面城里人的奢华生活,农村很多人也纷纷效法。在我们老家,其实水质非常好,按道理说根本用不上饮水机,而且一年四季气温也非常适宜,也用不上电冰箱。但是很多人就是因为看到城市的生活,看到电视里的宣传,把这些家电都买回去。事实上派不上多大用场,完全是浪费资源。

无论是一个家,还是一个国,要想富裕并不难。《大学》上讲:"生财有大道。生之者众,食之者寡,为之者疾,用之者舒,则财恒足矣。"也就是说,从事生产的人要多,享用的人要少。生产得要快,用度要慢,这样的话,财富就恒足了。总结起来就是"勤俭"二字。也就是我们常常讲的开源和节流,勤就是开源,俭就是节流。富国之道根本在此,经营一个企业、一个单位、一个家庭根本也是如此。

在《群书治要》的《政要论》里面讲到:"历观有家有国,其得之也,莫不阶于俭约;其失之也,莫不由于奢侈。俭者节欲,奢者放情。放情者危,节欲者安。"意思是,历朝历代无论是国家还是家族,能够兴盛,往往都是由于能够节约。家道衰败,国家灭亡,也都是因为奢侈。一个人能够勤俭,能够节约,就是因为他能够节制自己的欲望。奢侈的人,往往是放纵自己的欲望,一个人一旦放纵自己的欲望,就非常危险。我们一旦被欲望所掌控,自己就不能掌控自己。所以《礼记》上讲:"乐不可极,欲不可纵。"佛家讲"财色名食睡"是"五毒"。如果我们天天念着这五毒,得不到就会有烦恼,得到了就会更加贪婪。我们被烦恼掌控,心就不能安定。心不定就没有智慧,就会犯下种种过失。

《三国志》里面还讲到:"意日奢,情日至;吏日欺,民日离。"我们念念想着奢侈,欲望就会一天一天增长。在上位的领导,一旦奢侈,往往就会欺侮压榨百姓,贪污国家的钱财。这样的话,百姓的日子就会越来越苦,对社会就会有更多的抱怨,民心就会离散。所以勤俭节约,看似件小事,其实关系到国家的危亡,关系到家庭的兴衰,不可轻视。

(二)明君贤主都是勤俭节约的榜样

我们看历史上这些古圣先王,每一位都是勤俭节约的榜样。

在《群书治要·史记》里面就讲到,尧帝的房子只有三尺高,堂下的土阶只有三层,夏天穿葛布衣,冬天穿鹿皮裘,生活非常节俭。他贵为天子,身为帝王,富而不骄,贵而不舒。富是他广有四海,但是他没有奢侈之心;贵是他在天子之位,身处尊贵,但是没有一点傲慢之心。

在《群书治要·政要论》里面讲到:"尧舜之居,土阶三等,夏日衣葛,冬日鹿裘;禹卑宫室,而菲饮食。"《论语》里面夫子讲:"大禹卑宫室而菲饮食。"他的宫室非常低矮,饮食非常简单。尧舜禹三位圣王都是勤俭节约的榜样。

为什么要勤俭节约呢?因为人的欲望是无穷的,欲海难填。如果欲望不节制,而是无限膨胀,但自然资源有限,这样发展到最后就是世界末日。

在《政要论》里面讲到:"夫人生而有情,情发而为欲。物见于外,情动于中。物之感人也无穷,而情之所欲也无极,是物至而人化也。人化也者,灭天理矣。夫欲至无极,以寻难穷之物,虽有贤圣之姿,鲜不衰败。故修身治国也,要莫大于节欲。"就是讲,人生来就会对外界事物产生感情,产生感情就会发展为欲望。我们看到好多东西,看到漂亮的物品,我们就会产生喜欢,喜欢之后就想拥有。所以人只要接触到外界的事物内心就会产生情感。外在这些事物对人的情感的影响是没有止境的。而这个情感产生之后把我们的这个欲望牵引出来。所以一旦我们被外物控制了我们的欲望,我们内心这个本性本善就会变成贪婪的习性。我们的本性被习性所覆盖,真心、本善就迷失了,贪嗔痴三毒烦恼就出现了。我们看到任何东西,喜欢的就想拥有,讨厌的就想远离,喜欢就生贪爱,讨厌就生嗔恨，有贪和嗔，这叫愚痴。人的欲望是没有止境的，因为人的欲望没有止境，外物也就不可能满足我们的欲望，我们一旦向外去寻求，纵然我们有成圣成贤的资质也很难不中途而废。有很多人都是如此，有很好的根基，由于受到财色的诱惑，最终反而把过去的节操给丢掉了。

生活中不难发现有这样的人，一开始生活在清寒的家庭，一旦有了一点地位，有了财富，生活奢侈浪费，奢靡之心一起，很快就走向失败。所以修身治国，最重要的是节制我们的欲望。《大学》里面讲："欲正其心者，先诚其意；欲诚其意者，先致其知；致知在格物。"格物是什么？格是格斗，物是物欲。就是节制我们的欲望。我们要修好身就是要自己格物，放下我们的欲望。要治好国自己先要把身修好。自己把身修好，也要教天下人都来修身。修身就是要从格物做起。格物首先是要戒除奢侈，回归到勤俭上来。这是修身之本、齐家之本、治国之本。

在上位的人能够勤俭，节制自己的欲望，尤其是政府能够节省开支，那百姓的负担就轻。所以在《政要论》里面讲到："此数帝者（就是讲尧舜禹这几位圣王），非其情之不好，乃节俭之至也。"并不是说他们从情感上来讲不喜欢这些好的东西，而是因为他们节俭到了极点。因为他们节俭，百姓负担就少。"故其所取民赋也薄，而使民力也寡；其育物也广，而兴利也厚。"每一个政府官员，他自己没有劳作，没有下地种田，没有晒太阳淋雨，他们吃的粮食从哪里来，他们的一切的开销从哪里来，都是来自百姓的供养。所以一个人，尤其是吃国家俸禄的人，我们的父母祖上或许就是来自农村；我们用的每一分钱，吃的每一粒饭都是百姓从地里辛辛苦苦种出来的；我们接受百姓的供养，我们有什么资格去浪费。更不用说贪污和腐败。古圣贤王明白这个道理，所以自己身居天子之位，能够勤俭节约。这样一来，养育的百姓就很多，节约的钱财可以兴办利民的事业。所以，"故家给人足，国积饶而群术也以，仁义兴而四海安。"这样的话家家户户丰衣足食，国家就富了。全国仁义之风兴起，天下就会安宁了。所以夫子讲："以约失之者鲜矣。"因为俭约而产生过失，败家亡国，这样的人是非常少见的。

我们看历史上凡是有作为的君王，没有不强调勤俭节约的。

汉朝"文景之治"的开创者汉文帝就是一位非常勤俭的帝王。汉朝是在秦朝以后，离春秋战国很近，那个时候是乱世。乱世最重要一个特征就是人人背本趋末。本是农业，末是工商业。从事农业的人很少，从事工商业的人很多。工商业是争利，人人争利，孟子讲:"上下交争利,其国危矣。"因为争利就会有竞争,竞争发展到下一步就是斗争,斗争再升级就是战争。现在的战争一旦爆发就是世界末日。这是中国古人重农抑商的一个重要原因。

汉文帝在位的时候,自己非常节俭,念念想到天下的百姓。当时他有一个臣子,叫作贾谊,《群书治要·汉书》里面节录了"贾谊传",也节录了他的《新书》。当时贾谊给他上奏讲到:"管子曰,仓廪实知礼节。民不足而可治者,自古及今,未之尝闻。"百姓有饭吃了你跟他讲礼节才行得通,百姓饭都没得吃,你想把天下治好,自古到今从来没有过。"古之人曰:'一夫不耕,或受之饥,一女不织,或受之寒。'生之有时,而用之无度,则物力必屈。"中国古代是农耕社会,如果有一个人不耕作就会有人挨饿。有一个女子不织布就会有人受寒。生产物品、生产粮食都有时限,不是你想什么时候生产都行,你要按照四时来劳作。你必须要春天播种,夏天耕耘,秋天才会有收获。如果生产有限度,而使用无限度,物力就会穷竭。现在世界各国都大力发展经济,对粮食问题不够重视,因此早就有学者指出,未来世界最大的危机就是粮食危机,这是值得我们深为忧虑的。

中国古人早就看到这一点,中国历朝历代明主治国,摆在第一位的绝对是农业,而不是工商业。因为农业是根本,人必须要吃饭。中国古人讲士农工商,士是读书人,为官的人。他念念想到的是全天下人,为天下人谋福利,推动圣贤的教化,所以最受尊崇。第二是农民,农民生产粮食,供养全社会,他的功劳最大。没有农民种地,没有粮食,靠什么养活百姓?所以农民摆在第二。工人,古代的工人制作器具,不是追求好看,而是重在实用。商人是放在最后,因为商人是争利。

贾谊讲道:"古之治天下,至纤至悉也,故其蓄积足恃。"古人治理天下是非常细致周密的,在《群书治要·周书》里面就讲到,一个国家如果没有3年的粮食的积蓄,这个叫不足。一个国家有9年的粮食储备才叫丰足。现在全世界有几个国家有9年的粮食储备?要知道一旦遇到天灾人祸,没有粮食储备,这个社会就会动乱。中国历朝历代每一个王朝的灭亡,都是到最后百姓没饭吃,被逼造反,国家政权土崩瓦解。可见,重视农业是维护社会稳定,政权稳固的最重要的基石。古圣先王明白这一点,"故其蓄积足恃",国家有很多的粮食储备,所以社会安定。

贾谊还讲到:"今背本而趋末,食者甚众,是天下之大残也。"就是轻视农业而重视工商业,而天下吃饭的人很多,这是天下的大灾难。因为什么?一旦遇到不好的年景,就有可能引发饥荒,就可能会饿死不少人。"淫佚之俗,日日之长,是天下之大贼也。"淫是过分,佚是奢侈,奢侈浪费的风气一天比一天厉害,这是天下最大的残害。为什么?人追求奢侈,骄奢淫逸,必然就不愿意干活,只求享受,不愿劳作。追求奢侈导致从事工商业的人多,生产的都是一些华而不实的东西,比如现在的奢侈品卖得很贵,放在家里不能当饭吃,大量的钱财就这样白白浪费了。这种奢侈之风发展到最后就是败家亡国。

我们不要以为勤俭是件小事情,追求享受一下好象没有大碍,要知道这种追求享受、奢侈浪费的风气一起来,灾祸离你就不远了。贾谊讲:"残贼公行,莫之或止,生之者甚少,而靡之者甚多,天下财产,何得不蹶哉!"这种奢侈浪费的风俗风行于天下,不能够得到有效的遏制。这样一来,生产的人很少,耗费的人很多,国家的财物怎么可能不缺乏?"世之有饥穰,天之行也,禹、汤被之矣。即不幸有方二三千里之旱,国胡以相恤?"就是世上有荒年和丰年,这是自然规律,即使是夏禹商汤都会遇到。史书里面记载道,商汤在位的时候曾经有连续七年干旱不下雨,非常厉害。即使是圣王也难免会遇到这样的年景,如果有大面积的干旱、饥荒,国家怎么救济?所以粮食储备太重要了。"夫积贮者,天下之大命也,苟粟多而财有余,何为而不成?"就是财资充裕,做什么事不成功?要想粮食多,财富充裕,最重要就是注重节俭。

汉文帝就做了一个很好的榜样,他在位23年,他的宫室,衣服、车子都没有增加。曾经有一年,他想修一个露台,把工匠找来,算了一下要花费百两黄金。他想到这一百两黄金要花费十户中等人家的财产。他自己舍不得。最后这个露台他也没有建。他平时穿的衣服都是非常普通的,而且要求他的皇后穿戴也很节俭。他死了之后主张薄葬,不要很多的陪祭品,崇尚节俭。所以历史上对汉文帝这种节俭作风特别赞誉。

皇帝如此,我们再看皇后,历史上凡是贤明的皇后往往也都是非常的节俭。一个家要想家庭过得殷实,这个女子就要懂得理财。古人常讲:"王化出自闺门,家利始于女贞。"就是说女子对国家社会风俗的重要性。

在《群书治要》里面就讲到:"天下之害,莫甚于女饰。"对天下最大的危害就是女人的饰品。我们现在的奢侈品,最多的就是卖给女性的,生活中,女性奢侈浪费体现得比较明显。

《群书治要》里面就曾经节录了东汉汉明帝的马皇后的故事。马皇后是著名的伏波将军马援的小女儿,她做了皇后之后,非常谦和恭敬,她能够读圣贤书籍,穿衣服非常朴实,裙子都没有花边,因此受到后宫里面妃子们的赞叹。东汉汉明帝的时候,社会也是非常的安定,这里面也有皇后的功劳。可见每一个盛世,确实都是因为有贤德的君主,而且盛世的君王往往都提倡勤俭节约。

（三）勤俭节约是治国之基

一个家族要能够传家久远,往往也是因为提倡勤俭。反过来讲,如果国家衰亡,家族衰落,也往往是因为奢侈浪费。

例如夏桀就是因为奢侈而亡国,他当时造的喝酒的酒池子里面都能够划船,奢侈荒淫无度到极点。商朝也是如此,前面我们讲过,商纣王亡国,也是因为奢侈。春秋时期,鲁庄公也是因奢侈而亡国。

《群书治要·新语》里面讲,鲁庄公一年之中三个季节都是大搞土木工程,而且规定山川林木、草地湖泊都要有利税,跟百姓争夺捕鱼耕种打柴的资源。自己的宫殿是雕梁画栋,特别奢侈华丽。对百姓征的税非常高,收 20% 的税。而且即使这样还不能够满足他的不断的需求。这样整个国家资财都耗费在骄奢淫逸里面。最后国家财用窘迫,百姓衣食不足,被邻国讨伐。贤臣都离开他了,奸佞之人混在宫里面,他儿子被杀,最后国家遇到危险。

在《群书治要·三国志》里面讲到,魏明帝有一位臣子叫杨阜,当时魏明帝大修宫殿,也是开始兴起奢靡之风,杨阜给魏明帝上奏折,他在奏折里面就讲到:"诚宜思齐往古圣贤之善治,总观季世放荡之恶政。所谓善治者,务俭约、重民力也;所谓恶政者,从心恣欲、触情而发也。唯陛下稽古,世代之初所以明赫,及季世所以衰弱,至于泯灭,近览汉末之变,足以动心诫惧矣。"这是杨阜劝诫魏明帝,要效法古圣贤王的善治。善治的核心是什么?就是要简约,尊重民意。要总结末世放荡的恶政。历朝历代末世衰败,原因往往是君主从心恣欲,追求骄奢淫逸。所以他劝魏明帝要效法古人。告诉他为什么历朝历代一开始能够显赫、兴盛,到了末代就会落,甚至灭亡。往往就是一开始勤俭,后来变得骄奢。我们看现在社会上很多家族,他的家族兴盛往往是因为勤俭持家,然后家才富有。但是中国有句俗话讲:"富不过三代。"因为什么?他的后代子孙生活在富有之家,不懂得创业的艰难,骄奢淫逸,家很快就败掉了。杨阜劝魏明帝要总结、吸取汉朝末年的教训。汉朝末年,像东汉桓帝、灵帝的时候,就是盛行奢侈之风,整个社会背本趋末,骄奢淫逸,汉朝就灭亡了。所以,要想国家兴盛,一定要提倡勤俭节约,这是治国之基。

（四）民奢应之以俭，骄淫者统之以理

在《群书治要》里面讲到："夫南面之君，乃百姓之所取法则者也，举措动作，不可以失法度。"也就是说，当领导的人，是百姓效法的对象，一个国家是国家领导人，一个地方是地方的一把手，一个企业是企业的老总，一个家庭就是父母，一举一动都要符合道德伦理。如果一个家庭父母很奢侈，子女肯定跟着奢华。如果父母勤俭，子女也会秉承这种家风。所以治国之道和齐家之道是完全相通的。国家领导人就好象我们一个大家庭的家长，他这个大家长做得好，"其身正，不令而行，其身不正，虽令不从。"所以讲："故上之化下，由风之靡草也。"在上位的领导教化下面的民众，就好象风吹靡草一样，风往哪边吹，草就往哪边倒。

接下来讲到："王者尚武于朝，则农夫缮甲兵于田。"领导者如果崇尚武力，百姓就会在田间修缮兵器。领导怎么做百姓就会怎么样效法。所以："故君子之御下也，民奢应之以俭，骄淫者统之以理。未有上仁而下贼、让行而争路者也。故孔子曰：移风易俗。岂家至人视之哉？亦先之于身而已矣。"意思是，真正的君子治理政事，他来做领导，如果百姓兴起奢华之风，就要提倡节俭。如果百姓骄淫，骄是骄慢、傲慢，淫是过分，也就是不守礼，就要提倡道德伦理。伦理道德是做人的基本准则，如果没有道德伦理，社会经济再发达，人们生活照样会很苦——精神上的痛苦。所以要提倡道德伦理，要学习伦理道德。如果在上位的领导人有仁慈之心，在下位的人也会受到影响的。百姓就不会去贼害他人了，他也会有爱心。在上位提倡礼让，百姓不会互相争斗，也会能够懂得礼让。

一个社会之所以兴盛，往往是因为节俭，之所以衰败，往往是因为奢侈之风盛行。在《群书治要·汉书》的《贡禹传》里面就讲到："自成、康以来，几且千岁，欲为治者甚众，然而太平不复兴者，何也？以其舍法度而任私意，奢侈行而仁义废也。"成、康就讲周朝的成康盛世。从那个时候到贡禹所处的时候，差不多也有 1000 多年的历史。想要平治天下的君王很多，当君主的都想把国家治好。但是太平盛世并没有到来，周朝以后，后来就是乱世了，到了东周就是乱世，春秋战国到秦朝，这都是乱世。乱世的根本原因就是"舍法度而任私意。"不按照古圣先王治国的常道来施政，自己想怎么干就怎么干。大兴奢侈之风，道德伦理没有了，这是太平不复兴的根本原因。所以当时贡禹劝诫帝王汉元帝。劝他要"正己以先下，选贤以自辅。"端正自己，给百姓们做榜样。要选拔贤能的人才来辅佐自己。"开进忠正，致诛奸臣，远放谄佞。"要让忠诚正直的人进入朝廷，要诛杀放逐奸佞之臣,流放谄媚逢迎的佞臣。"放出园陵之女,罢倡乐,绝郑声。"要把陵园中的女子放出来,这是过去帝王去世之后,他的那些妃子可能都要去守陵,被幽禁在那里。要罢黜倡乐,这是歌舞之乐,绝郑声,郑声是乱世之音,容易挑拨起人的情欲。

接着讲到:"去甲乙之帐,退伪薄之物,修节俭之化";这个甲乙之帐就是用宝气樟树做的,专门供天子休闲用的蚊帐。退伪薄之物,退是退回去,可能有很多人给君子进献这种礼物,凡是轻薄,不符合礼法,动摇人情志的物品要把它退回去,要"修节俭之风。驱天下之民,皆归于农",让天下老百姓都要去回归农业。"如此不懈,则三王可侔,五帝可及。"如果一直都能这样做,就能回归到夏商周三代时候的盛世,能够比得上上古时期的五帝。这是贡禹给汉元帝的建言。

可惜这个建言汉元帝没有全部听从,汉朝因此而逐渐衰落了。可见,君主如果不贤明,没有圣君出世,虽然有贤臣,这个盛世也很难到来。

狂愚覆辙

便殿击球①

【历史背景】

唐敬宗李湛即位时年仅16岁,过着养尊处优的生活,此时,正是贪玩的年龄。即位之后再也没有人管束的他时常玩兴大发,今天在中和殿举办马球比赛,明天在飞龙院举办马球比赛,比赛完了不管输赢,丰厚赏赐参赛人员,然后四处游宴,歌舞伴奏,把一座繁花锦簇的皇宫变成了娱乐场。唐敬宗天天这样不分昼夜地玩耍,使得他早上无法上朝,这一下可苦了那些早朝的百官,大家都在紫宸门外列班等待,那些年老患病的官员站得头晕眼花,常常大叫一声白眼一翻,当场就晕了过去。即使谏官们在御座前的红色台阶上把头磕得山响,血流满面,苦苦哀求敬宗明天早点起床,他也充耳不闻,仍然我行我素。

敬宗是一位马球高手,又善手搏,观赏摔跤、拔河、龙舟竞渡之类的游戏从来都是乐此不疲。他还专门豢养了一批力士,昼夜不离左右。他不仅要各地选拔力士进献,而且还出资万贯给内园招募,很舍得在这些力士身上花钱。他还喜欢自己去捕狐狸,一个月内上朝理政不超过三次,朝中大臣很少能够见到他,最终他被忤逆之人杀死,年仅18岁。

【原文】

唐史纪:敬宗②初即位,即游戏无度,幸内殿击球、奏乐。赏赐左右乐人,不可胜纪。又召募力士,昼夜不离侧。好自捕狐狸。视朝月不再三。大臣罕得进见。

【张居正解】

唐史上纪,敬宗初即帝位,那时他先帝梓宫还在殡,通不知哀思,只好游戏。没些樽节,常幸各内殿,与宦官刘克明等打球,又命乐工奏乐、鼓吹、喧闹,全无居丧之礼。赏赐那左右近侍及乐工,泛滥不可尽记。又把钱去雇募有力的人,跟随左右,日夜不离。好自家去捕捉狐狸，以为戏乐。每月视朝还没有三次。大臣不得进见。政事都荒废了。其后竟遭弑逆之祸。

历史上载敬宗所行，也有几件好事，本是个聪明之主，只为幼年不曾学问，被群小引诱，遂至于此。可悲也哉！

【注释】

①本篇出自《资治通鉴》卷 243 唐纪五十九,宝历二年。记述唐敬宗初即位时,游戏无度,不理朝政的故事。

②敬宗(809~826):是唐朝第 14 代皇帝。唐穆宗长子,名李湛。即位时年仅 16 岁,在位仅 2 年。可他却游乐无度,荒于政事,还信佛修庙,宝历二年(826)1 月,夜猎还宫,先击球,后饮酒,酒酣,入室更衣时被宦官谋害。死时,年仅 18 岁。

【译文】

唐朝历史上记载,唐敬宗初即位,就不顾一切地游戏玩乐,到内殿击球、奏乐。对哄他高兴的左右及乐人,赏赐无法计算。还召募一些大力士,昼夜都不离开身边。喜欢自己去捕狐狸。一个月内上朝理政不超过三次。朝中大臣很少能够见到他。

【评议】

晚唐时期,朝中大权被宦官把持,他们专门挑选那些沉溺于嬉戏游乐、奢侈昏庸的皇帝,以便从中操纵政权。而宦官集团之间的矛盾斗争,又常使这些昏庸的君主,轻而易举地被杀掉、被废掉。唐敬宗就是在这样的政治环境中被造就出来的。他在位其间,连年水旱灾荒不断,民不聊生,可他却仍然游宴于骊山,玩赏于东都,击球于内殿,即使在他死的那天,他仍然沉溺在夜猎、击球、酣饮三种游戏享乐之中,如此游乐怎么有好结果呢?

常言说:福祸无门,唯人所招。唐敬宗的下场,完全是咎由自取。

艰苦奋斗明鉴

（一）百川归海思禹功

艰苦奋斗、苦干实干，是中华民族之魂的组成部分，是我们不可须臾离开的宝贵精神财富，是克服困难、战胜风险的思想基础和精神动力。继承和发扬大禹治水的精神，是我们艰苦奋斗、苦干实干的力量源泉，是建设中国特色社会主义事业的不竭动力。

尧的时代，洪水滔天，淹没高地，百姓忧惧。尧派禹的父亲鲧治理洪水，9年不成，于是任用舜，舜推荐禹治水。夏禹，姓姒，名文命，相传为黄帝的玄孙，颛顼的孙子，鲧之子。

大禹治水，是中华民族上古时代震撼世界的伟大工程。他奉舜帝之命，重整旗鼓，乘风破浪，忠义撑天，大智大勇，肝脑涂地，日夜奔波，风餐露宿，于三山五岳之间，领导人民开山修渠，疏通江河，栉风沐雨，劳神焦思，救百姓于水患危难之中。

他为了治水，四处奔波，曾3次路过自己的家门，都没有进去看看。有一次，他妻子涂山氏生下儿子启，正在哇哇地哭。大禹从门外经过，他多想看看自己的妻子和刚刚生下的儿子啊！可是他一想到任务的艰巨，害怕耽误工作，只向家中那茅屋看了几眼，狠了狠心，就匆匆奔向那被水淹没的河滩。

据史记载：大禹治水寻河追溯到积石州（今贵德）的积石峡（今龙羊峡），相传看到河海一体，即黄河水流放青海湖，湖水上涨，浸淹周边危及河湟，于是大禹专程到"昆仑之丘"与博学多才的西王母商量。大禹在西王母帮助下，拯救了环湖地区和河湟地区，残山深水，绝处逢生，人寿年丰。

大禹用了13年的时间，终于根治了水患，昔日咆哮的河水平缓地向东流去，昔日被淹没的山陵露出新绿……他又尽力垦兴农田，赈济饥荒，因此深得民心。

大禹外出治水期间，有一年春天，他的女儿在路上闻到一股香味，便找到了一个叫仪狄的人家里。原来仪狄会用果品、粮食酿酒。后来，大禹疏通了9条河回来，他的女儿把

仪狄送的酒献给大禹喝,想讨父亲的欢心。大禹觉得味道可口,喝了好几碗,不一会儿就喝醉了,昏昏沉沉地睡了两天。

大禹酒醒之后,猛然觉得酒喝多了会误事,断言:"后世必有以酒亡其国者!"于是,他下了戒酒令,不准人们再酿酒。这便是中国历史上的第一道戒酒令。

大禹制服了洪水,威望明显提高,舜便把部落首领的位置禅让给他。大禹受禅为帝后,成为夏朝的奠基者,实行善政养民,保持着尧舜以来的高尚情操和优良作风。

中华大地多有大禹的遗迹和传闻。居住在"昆山之丘""炎山"脚下(今哈城)的父老,在城内修筑了"禹王庙",祭祀大禹的卓著功勋。现在浙江绍兴还有大禹陵。

大禹艰苦奋斗的精神成为千古美谈。宋代苏辙描述了大禹治水患的功绩:"娶妇山中不肯留,会朝山下万诸侯。古人辛苦今谁信,只见清淮入海流。"毛泽东对大禹治水的历史记载颇有兴趣。在延安时期,面对国民党的封锁,他号召边区军民学习大禹的苦干实干精神。

大禹接受虞舜的嘱托,以民众利益为己任,在治水过程中所表现出的不畏艰险、艰苦奋斗、吃苦耐劳、公而忘私、不屈不挠的可贵精神和丰功伟绩,数千年来被后世的人民传颂不息,也唯独大禹,不仅被夏、商、周三代所缅怀赞颂,而且得到春秋战国时诸子百家的一致肯定。

大禹治水的成功,使民众的生命、财产和耕地、山林免于被洪水卷走,对于形成统一的九州起到了重要作用,还给后人留下宝贵的精神财富。尤其是大禹"三过家门而不入"的"舍小家为大家"的公而忘私精神,已内化为中华民族精神的重要组成部分。在治水过程中,大禹生子启,也没时间去看望,禹说:"启呱呱而泣,予弗子,惟荒度土功。"(《益稷》)他劳而忘身,率先垂范,始终奋战在治水第一线。《庄子·天下》载:"禹亲自操橐耜",顶风冒雨,不避寒暑,"腓无胈,胫无毛,沐甚雨,栉疾风,置万国。禹大圣也,而形劳天下也如此"。

中国共产党人历来注重向历史学习,向实践学习,强调实干,注重落实,反对空谈。事业靠脚踏实地干,不是靠玩虚招、耍嘴皮。胡锦涛曾指出:"加强党性修养,树立和弘扬优良作风,关键是要坚持求真务实、真抓实干。"积极投身于发展中国特色社会主义伟大实践是各级领导干部增强党性、改进作风、砥砺意志、增长才干的正确途径。还是那句老话:不干,半点马克思主义也没有。

实现中华民族的伟大复兴，是一个漫长的历史过程，需要多少代人前赴后继的艰苦努力，尤为需要一种艰苦奋斗的精神，这个好传统、好作风不能丢。如果我们丢掉了艰苦奋斗的政治本色，纸上谈兵，只说不干，夸夸其谈，工作漂浮，热衷于形式主义、表面文章，讲排场、比阔气，奢侈浪费，放纵享乐主义和奢靡之风，那就势必严重脱离群众，损害党的声誉和威望，势必动摇党的执政地位。

马克思说："为了实现思想，就需要有实践力量的人。"实现中华民族伟大复兴，需要我们每一个人都成为"有实践力量的人"，需要时时以实干求实效，事事以实效论英雄。让我们铭记基本国情，勿忘"两个务必"，牢固树立过紧日子的观念，勤俭办一切事业，以优良作风带领群众迎难而上、锐意改革、共克时艰，一步一个脚印地去实现华夏儿女的"中国梦"！

（二）风雪挺立松柏姿

"大雪压青松，青松挺且直。要知松高洁，待到雪化时。"陈毅这首诗，赞颂了不畏艰难、坚忍不拔、宁折不弯、愈挫弥坚的意志品质。

意志品质是人生中最宝贵的东西，比天资聪明更为重要。人的一生很不容易，要经历风风雨雨，谁能事事一帆风顺、万事如意？遇到意想不到的艰难、不同程度的困厄、大大小小的失败，就要不移志向，不失勇气，从容面对，咬牙坚持。这种经历和体验的积淀，将是一生受用不尽的无价之宝。

人的意志品质并不是先天就有的，不是每个人必然会有的，却是人人都可以获得的，关键在于把精力集中到所追求的目标上，在艰难困苦中磨炼和养成。《周易》有言："天行健，君子以自强不息。"孟子说过："天将降大任于斯人也，必先苦其心志，劳其筋骨，饿其体肤，空乏其身，行拂乱其所为，所以动心忍性，增益其所不能。"

一个人只有在苦难岁月、恶劣环境、复杂斗争、重大挫折中，屡仆屡起、屡败屡战、不屈不挠，才能逐渐磨炼和培养出意志品质。宝剑锋从磨砺出。卓越的领导者都曾经历过残酷的身心考验，记载着那些在挫折和逆境中英勇不屈的英雄传奇。

"白手起家"的刘备屯兵新野，兵微将寡，屡战屡败，东奔西逃。当时曹操已雄踞中原，并有"挟天子以令诸侯"的政治优势。孙权据有江东，历经三世，统治亦固若金汤。刘备一直寄人篱下，急切渴望贤良辅佐。

诸葛亮于孩提之际，即逢战乱，辗转流寓，耕读隆中，历经忧患，迭遭困厄。他未出山之前，就慨然有澄清寰宇拯世济民之志，以"管（仲）乐（毅）自比"。公元207年冬天，27岁的诸葛亮在危难之际，随刘备出山。

诸葛亮面对重重艰难毫不气馁，出使江东游说孙权，联孙抗曹，打胜了赤壁之战，形成了三国鼎立。刘备因孙权袭杀关羽、夺占荆州而起兵东征，导致惨败，蜀汉政权面临危机。刘备去世后，诸葛亮独撑危局，与吴国重修旧好，平定南中叛乱，使蜀中大治。他多次誓师北伐，愈挫愈勇，直至以身殉志。诸葛亮打江山27年，54岁逝世，最终未能统一中国，但他那种坚忍不拔、百折不回的意志品质，让人由衷敬佩。

受过许多磨难的苏轼说过："古之立大事者，不唯有超世之才，亦必有坚忍不拔之志。"这句话说得太好了。有些人渴望成功却没有成功，并不是没有才干，也并非没有机会，而是缺乏坚忍不拔的意志品质。历史上许多人的积弱、失败，并非愚不可及，而是做事缺少长期无悔的追求、卧薪尝胆的毅力和锲而不舍的恒心。

苏轼一生清白，绝无机心，不玩权术，历经坎坷，遭受了无数次的毁谤和挫折。经过"乌台诗案"，他大难不死，按说他应变得圆滑些，至少会保护自己，做上几年太平官。但他仍然保持直率和疾恶如仇的品格，仍是从容不迫地存活于宦海，很快陷入新旧两党的攻击之中。

北宋统治阶级内部的剧烈政治斗争，造成他的悲剧遭遇。当时新旧两党斗争得很厉害，他身处政治夹缝之中，一生仕途特别不顺，多次被贬官，道路非常坎坷。这是他一生悲剧命运的根本原因。

苏轼被贬谪到海南儋州时，环境更加恶劣，毒蛇猛兽出入，吃穿住行都成了问题，再加上小儿子苏遁病逝，爱妾朝云死亡，但他依然没有被物质和精神上的双重苦难击倒，仍能以旷达的态度处世。徽宗时，苏轼遇赦北归。回顾谪居海南以来独自在荒岛上磨难的经历，他说："九死南荒吾不恨，兹游奇绝冠平生。"他在荒岛上九死而不悔，视为人生中的一次特别旅行，可见其坚韧达观。

英国道德家斯迈尔斯有一句至理名言："一个没有原则和没有意志的人，就像一艘没有舵和罗盘的船一般，他会随着风的变化而随时改变自己的方向。"人生既有风平浪静，也有惊涛骇浪；既有长风破浪，也有礁石险滩，只有那些不畏艰难困苦、意志非凡的人，才能到达洒满光辉的理想彼岸。

(三)开拓进取论荆公

王安石(公元 1021~1086 年),21 岁考中进士。曾任鄞县(今浙江省宁波鄞州区)知县,勤奋敬业,执法严明,公正无私,为百姓办了很多好事。

王安石来鄞县不久发现,前几任县官不关心水利建设,结果百姓只能看天吃饭。于是他在农闲的时候,积极组织百姓疏通河道、修建堤坝,妥善地解决了百姓的缺水难题,促进了当地农业的发展。他还实行了青苗法,在青黄不接的时候,把官府的粮食低息借给百姓。这套办法既帮助百姓度过了饥荒,又让政府得到了可观的收益。

王安石在地方和中央官场转了一大圈,积累了从政经验,也体验了宋王朝积贫积弱的状况。

中国历史上的改革,大都由于形势急迫,无法维持下去,才被迫搞起来的。北宋的弊端是冗官太多,机构臃肿,有的官员还没结婚,未来的儿子已经定下了官职。仁宗时期,范仲淹企图淘汰冗官,因得罪人太多而失败;不断扩充军队的数量,军费开支占政府财政收入的六分之五;土地兼并现象严重,富豪隐瞒土地,导致财政收入锐减,加剧了政府的财政危机。

公元 1069 年,宋神宗任命王安石为参知政事(副宰相),第二年又任命王安石为宰相。从此在全国范围内展开了长达 16 年的变法。

王安石变法的宗旨,宽优的是乡村那些贫民,抑损的是仕宦、兼并之人及豪绅,其目的是富国强兵。整个改革主要是从理财和整军这两个方面展开的,进而波及经济、军事、教育、文化等多个领域。主要内容有均输法、青苗法、免役法、市易法、保甲法、保马法、将兵法、科举新法。就变法效果来看,朝廷财富急剧增加,要新建 52 座仓库来存放王安石因变法所得的钱粮绸绢。北宋财政收支扭亏为盈。

感慨于斯,本书作者诗曰:

> 论说伟峻一高雄,傲骨赤心擎胜毹。
>
> 睿智改革旨富国,只缘明举重身行。
>
> 岂因荆棘拦前路,屡立政功让晋升。
>
> 纵有两回罢相事,勋名不亚史姬公!

梁启超认为,尧舜禹之后,王安石是唯一完人,还说王安石走在欧美前面,最先发明社会主义,是全世界社会主义的鼻祖。

王安石因变法被列宁称为"11 世纪的改革家",他的人品也令人仰慕。他贵为宰相,生活却非常俭朴,不贪财、不好色。

王安石进京当官,其妻吴氏为他买一妾,该妾的丈夫因押运粮船时粮食翻进水中,赔偿不起而将妻卖到荆公家。王安石让下属找来该妾的丈夫,给了他赔偿损失的钱,让他领着妻子回家过日子。

他在江宁隐居的时候,居住的只是茅舍,连院墙都没有。外出时,他经常骑着自己买的小毛驴。连攻击过他的许多政敌也不得不承认他拥有高尚的德行!

(四)朱德扁担昭后人

1928 年 4 月底,朱德、陈毅率领一部分南昌起义和湘南暴动的队伍,来到井冈山,和毛泽东领导的秋收起义部队胜利会师。国民党把井冈山革命根据地视为眼中钉、肉中刺,妄图用断绝粮食物资的办法,把红军饿死、冻死、困死在井冈山上。

红军官兵每人每天 5 分钱的伙食费也难以为继,一日三餐大多是糙米饭、南瓜汤,有时还吃野菜;严冬已到,战士们仍然穿着单衣。为了打破敌人的封锁,挑粮上山便成了红军的一项经常性的工作。

井冈山革命根据地地处罗霄山脉中段,周围 500 里都是崇山峻岭,地势十分险要。那年,朱德已经 40 多岁了。他头戴斗笠,脚穿草鞋,挑着满满一担粮,同年轻的战士们一道走着。宁冈茅坪到井冈山上的茨坪有 60 多里山路,峰险路陡很难走。加之敌人还经常在途中伏击设卡,因此挑粮十分危险。那时,朱德经常在晚上和毛泽东研究敌情和作战方案,休息时间很少。

这天,朱德像往日一样精神饱满,穿着一身灰布军装,背着斗笠,扎着腰带,打着绑腿,穿着草鞋下山去。他的两只箩筐装得满满的,走起路来十分稳健利落。

战士们从心眼里敬佩朱军长,但又心疼他,累坏了怎么办?大家一商量,就把他的扁担藏了起来。

朱德没了扁担,心里很着急,他让警卫员到老乡那儿买了一根碗口粗的毛竹,自己动手,连夜做起了扁担。月光下,他破开竹子,熟练地削、刮、锯,一会儿就把一面黄一面白的半片竹子,做成了一根扁担。为防止战士们再藏他的扁担,就在上面刻了"朱德记"3

个大字。

第二天，三星未落，挑粮的队伍又出发了。战士们看到朱军长仍然走在山路上，满脸是汗，军装湿透了，扁担压得弯弯的，感动不已。

从此，朱德的扁担的故事传开了。井冈山军民为了永远纪念朱德这种身先士卒、艰苦奋斗的精神，专门编了一首歌赞颂他："朱德挑谷上坳，粮食绝对可靠，大家齐心协力，粉碎敌人'围剿'。"

"朱德的扁担"，见证了朱德与战士们同甘共苦的情怀，鼓舞了大家的斗志和战胜困难的决心，这是革命胜利的保证之一。有位诗人曾写下这样的诗句：朱德"肩上挑着一根著名的扁担，一头为我党挑来雄兵百万，一头为人民挑走三座大山"。

（五）艰难磨砺蕴成功

挫折和磨炼是宝，使人在摸爬滚打中锻炼意志，越挫越勇，义无反顾，从挫折中激发出生存的力量。挫折和磨炼是钢，能使人不衰，越战越奋，取得跨越性的成功，谱写人生难忘的奋飞之歌。

越是艰苦的环境，越能考验人、磨炼人。"艰难困苦，玉汝于成"。"人可以被消灭，但不能被打败！"经历磨炼，坚忍不拔，方成大器。

1934年10月，主力红军从江西瑞金中央苏区转移，开始长征。项英和陈毅率部在敌人重点围攻下从中央苏区突围，在粤赣边坚持了3年艰苦卓绝的游击战，多次往返穿越梅岭。

1936年冬，陈毅旧部陈海叛变，引诱陈毅等同志下山。陈毅不知是计，一大早来到县城，发现了危险，幸遇群众报告陈海叛变，于是在一妇女的帮助下撤回梅岭，躲进树丛，避开敌人的搜捕。

当敌人得知山上有游击队的重要负责人时，便调集了4个营的兵力，把梅岭围困了20多天。陈毅以伤病之身伏丛莽间，粮食断绝了，他们就吃野菜、嚼野果充饥……敌人因搜捕不到，恼羞成怒，放火烧山。《梅岭三章》便是陈毅被困梅山，自料难免牺牲的情况下，默吟出带有绝笔性质的诗篇：

　　　　断头今日意如何？
　　　　创业艰难百战多。

此去泉台招旧部，

旌旗十万斩阎罗。

南国烽烟正十年，

此头须向国门悬。

后死诸君多努力，

捷报飞来当纸钱。

投身革命即为家，

血雨腥风应有涯。

取义成仁今日事，

人间遍种自由花。

临危而斗志弥坚的豪迈胸怀跃然纸上，展现了共产党人视死如归、正气凛然。一天夜里，陈毅带领大家，终于冲出了敌人的包围圈，转移到南雄县的原始森林中去了。

在陈毅的一生中，有20多年是在铁马金戈的枪林弹雨中度过，而赣南的3年游击战，正如他说的那样，"是我在革命斗争中所经历的最艰苦最困难的阶段"。《梅岭三章》可以说是反映这一历史阶段的具有代表性的杰作。

撑起成功的金杯，方知沧桑历练之可贵。亚美尼亚谚语说："苦难是人生的老师。"要想具备纯金般光彩照人的品格，必定经过烈火的锻炼；要想成就与众不同的伟业政绩，必须先经历艰难险阻之磨难。

遭挫折而不气馁，居贫穷而志不改，处危难而志弥坚，遇险阻而甘若饴，卓越功绩的基础奠于斯，百世流芳的荣耀肇于斯。

做一名卓越的领导干部不仅在于智商较高、才能出众，更需要有坚忍不拔、刚毅奋进的意志品质。意志品质是一个人的心理素质，是蕴藏于心、执着于信仰的力量，是保持自身的奋斗能力和战胜无所作为思想、成大事、立大业的保证。一个人持久的意志力越强，就越能义无反顾地向着既定目标前行，成功的概率就越大。

"再长的隧道也有出口，再黑的夜晚也有天亮的时候！"越到后来越要坚持，不因穷厄而退，自强不息，至死方休，不因艰险而挫。柏拉图有句名言："成功的唯一秘诀，是坚持到最后一分钟。"经得起挫折和失败，忍辱负重，卧薪尝胆，这是小到完成任务、大到成就事业的要诀。

邓小平的一生曾经 3 次被打倒,然而他能够成功地实现"三落三起"的奇迹,而且一次比一次更辉煌,令世人惊叹和佩服。当他受到错误打击、处于逆境的时候,从不消沉,总是无私无畏,不屈不挠,沉着坚韧,对党和人民无限坚贞,对我们事业的未来抱乐观态度。西方媒体称:"邓小平是一位打不倒的小个子。"邓小平曾经风趣地对一位美国影视明星说:如果对政治上东山再起的人设立奥林匹克奖的话,我可能有资格获得奖牌。

艰苦环境的经历,对一个人的成长是一种财富,也可以说是给予了你成长的条件和机遇。不经过风雨的洗礼,就难见靓丽的彩虹;缺乏挫折的考验,哪有辉煌的人生?我们应当衷心感谢挫折和逆境,它使我们磨炼出坚强的意志,将我们的生命演绎得波澜起伏,跌宕有致。

(六)吾爱公仆焦裕禄

焦裕禄是新中国成立后优秀党员干部的代表,被赞誉为"党的好干部""人民的好公仆"。1943 年秋,他给地主当长工。1946 年 1 月在本村参加中国共产党。不久,他又正式参加了本县区武装部的工作,在当地领导民兵,坚持游击战争。后来又调到山东渤海地区参加过土地改革复查工作,曾担任组长。

解放战争后期,焦裕禄随军离开山东,到了河南,分配到尉氏县工作,担任过副区长、区长、区委副书记等职。

1953 年 6 月,焦裕禄响应党的号召,调到洛阳矿山机器制造厂参加工业建设,担任过车间主任、科长。1962 年 6 月,为了加强农村工作,焦裕禄又调回尉氏县,任县委书记处书记。

焦裕禄一生始终保持着艰苦奋斗的工作作风,坚持实事求是、群众路线的领导方法,同全县干部和群众一起,与深重的自然灾害进行顽强斗争,用自己的实际行动铸就了爱民亲民、艰苦奋斗、科学求实、迎难而上、无私奉献的"焦裕禄精神"。

兰考县地处豫东黄河故道,是个饱受风沙、盐碱、内涝之害的老灾区。1962 年 12 月,焦裕禄被调到兰考县担任县委书记,兰考大地正遭受内涝、风沙、盐碱三害,兰考农民食不果腹、衣难御寒。

为改变当地的贫困面貌,他抽调 20 名干部、老农和技术员,组成一支三结合的"三害"调查队,在全县展开了大规模的追洪水、查风口、探流沙的调查研究工作。他拖着患有慢性肝病的身体,用一年多时间跑遍了全县 120 多个大队,几乎跑遍了全县的沟沟坎坎。在掌握了大量的第一手资料后,他以重病之躯,率领兰考人民战天斗地,夙兴夜寐地为兰考人民奔波操劳,带领全县人民治理"三害"。

风沙最大的时候,他带头清查风口,探流沙;雨水泛滥的时候,他带头蹚着齐腰深的洪水,查看洪水走势;大雪铺天盖地的时候,他带头慰问贫苦百姓,给他们送去粮食和财物。他经常钻进农民的草庵、牛棚,同农民同吃同住同劳动。

他心里装着全县的干部群众,却唯独没有自己。他经常会肝部痛得直不起腰、骑不了车,此时他就用手或是硬物顶住肝部继续工作,直到支持不住被强行送进医院。

焦裕禄虽然长期患有肝病,家里人口又多,生活上比较困难,但是却始终拒绝接受国家的救济。他首先想到的是老百姓的困难,想要把钱用到改善兰考人民生活的事业上去。他经常教育自己的子女生活要节俭,穿着要朴素。有一次,他发现大儿子去看戏了,就问大儿子戏票是哪里来的。大儿子说买票的人知道他是焦书记的儿子就没有要他买票。他听了之后非常生气,马上把全家集合起来教育了一顿,然后让大儿子马上把票钱还给戏院。不仅如此,他还专门起草了一个《干部十不准》的文件,规定任何干部不准搞特殊化。

焦裕禄是艰苦朴素的典范。他的办公桌和文件柜都是原兰考县委建立时买的,不少地方都有破损,只是简单修了一下继续使用。他穿的衣服鞋袜缝了又缝、补了又补,总也舍不得换。他的爱人生气不给他补,他就自己动手补。他吃的是窝窝头、小咸菜。有一次,儿子要吃肉,他一气之下打了孩子,之后耐心地告诉孩子,有窝头吃就很不错了,多少人连这还吃不上。在下乡救灾的艰苦奔波中,他自备干粮,和群众一起战洪水、探流沙、查风口。他坚持生活在人民群众之中,和大家同甘共苦。哪里最艰苦,哪里就有他的身影。

1964 年 5 月 14 日,焦裕禄被肝癌夺去生命,年仅 42 岁。临终前,他对组织的唯一要求就是将自己的遗体运回兰考,埋在沙丘上,死了也要看着后人把风沙治好。

在兰考焦裕禄纪念馆,陈列着焦裕禄用过的各种什物,特别引人注目的是一床被褥,被子上有 42 个补丁,褥子上有 36 个补丁。当年,同志们曾劝他换床新的,焦裕禄说:"我的被子破了,是需更换新的,但应该看到,灾区的群众比我更需要。其实,我这床被褥还算好的了,比我要饭时披着麻包片,住在房檐底下避雪强多啦!"

郭沫若诗云:"吾爱焦裕禄,毛公好学生。利人如不及,忘我若无情。"焦裕禄念念不忘人民群众,念念不忘国家和党交给自己的工作,为老百姓付出了全部精力和生命,不愧为优秀的共产党人。

习近平在兰考视察时说:"焦裕禄精神不仅影响着你们,而且影响了几代人……焦裕禄同志是一个很高很高的标杆,我们要见贤思齐。"

焦裕禄精神内涵丰富,有着强烈的公仆意识,和群众同甘共苦,一心为公,一心为民,从重重困难中闯出希望之路。重温党的优秀干部的可歌事迹,我们不难发现,党员领导干部都能像焦裕禄那样,始终不渝地坚持群众路线,一心一意为群众谋幸福,党就具有了强大生命力,就没有战胜不了的困难,就能永远立于不败之地。

(七)壮美人生杨善洲

杨善洲,1951 年 5 月参加工作,1952 年 11 月入党,曾任保山地委书记,1988 年退休。杨善洲一辈子坚守共产党人的信仰与使命,始终保持着昂扬奋斗的精神,几十年如一日带头艰苦创业,把党和群众的利益放在第一位。

共产党的哲学就是艰苦奋斗的哲学。杨善洲很少待在机关,大部分时间都在乡下跑。他穿着朴素,下乡随身携带锄头,不时出现在田间地头,帮助农民干农活,碰到插秧就插秧,碰到收稻就收稻,脸色黧黑,双手粗糙。碰上饭点,老百姓吃什么,他吃什么,吃完结账。群众觉得他没有"官架子",亲切地称他为"草帽书记"。

他担任县、地领导时,常年住在 10 多平方米的小屋里,一张木桌、一张木板、一副草席;穿的总是一身发了白的中山装,夏天草鞋,冬天胶鞋。

1980 年 10 月 23 日,胡耀邦来保山地委,却不见了地委书记杨善洲。原来,当时一切保密。省委只是让他待命,不要外出。当时正值小麦播种,杨善洲在办公室待不住,就去了板桥公社的田间,给农民做插秧示范,卷着裤腿一起干。总书记来了,地委工作人员赶紧去田里叫他,他才赶回来,到宿舍换了件他最好的中山装。他满身泥土的样子让胡耀邦亲眼看到了,亲切地对他说:"像你这样朴实的地委书记不多了!"

为解决群众温饱,他亲自试验并示范推广"三岔九垄"插秧法,至今还沿用这个方法。他还推动了"坡地改梯田",改籼稻为粳稻等试验田。1978 年至 1981 年保山的水稻单产在全省排第一，保山获得"滇西粮仓"的美誉。

艰苦奋斗，要不怕艰苦、敢于吃苦，更要顽强拼搏、敢于奋斗。杨善洲说："如果说共产党人有职业病，这个病就是'自讨苦吃'。""共产党员不要躲在机关里做盆景，要到人民群众中去当雪松。"他担任地委书记近20年，"身"入群众埋头苦干不张扬，始终与人民群众同甘苦。在他的日历上几乎没有节假日，加班加点对他来说是家常便饭，每天工作十几个小时，再苦再累仍然有使不完的劲。

他担任地县领导干部30余载，清廉履职，淡泊名利，没用手中权力谋取一点儿私利，直到退休也没有能力盖像样的房子，蜗居陋室，豁达乐观。他经常掏钱帮助贫困群众，工作几十年积蓄不足万元。甘为清贫，一心为民，这是何等无私而崇高的情怀！

1988年退休的第三天，他不是颐养天年，享受含饴弄孙、儿孙绕膝的天伦之乐，而是主动放弃城市优越的生活条件，带着老伴和15名职工扎根大亮山，恪守"给家乡办一两件事"的诺言，自讨苦吃，历尽艰辛，义务植树造林。

他领着大家搭起来的40多间油毛毡棚，即是大家的栖身处。没有树苗和肥料，就自己到街上捡果核、拾畜粪。1992年，大亮山林场盖起第一间砖瓦房，他让给了新来的技术员。他在四面透风漏雨的油毛毡棚，一住就是9年，最后一个从油毛毡棚里搬出来，落下了风湿病和支气管炎。

"风吹石头跑"的恶劣环境，吹不灭杨善洲的决心："栽下一棵树，山就会绿一小块，栽下几棵树，就会绿一片。我就不信这山绿不起来。"

有一次，他在山上用砍刀修理树杈，栽到青苔上滑倒了，左腿粉碎性骨折。很多人都想，老书记可以留在山下好好休息了。可半年后，他拄着拐棍，又走进了大亮山。他对人们说，干革命要干到脚直眼闭。

杨善洲是大亮山林场的主要创办人，却坚持不从林场领取报酬。最初的几年，林场每月给他补贴70元伙食费，后来调到100元。林场多次要给他一个月500元的补助，他总是一句话顶回来："我上山是来种树的，要那么多钱干什么？"

杨善洲带领大家植树造林22年，大亮山林场人工林面积达5.6万亩。他将价值超过3亿元的林场，无偿移交给国家。他说："过日子，吃处有个锅，睡处有个'窝'就行了。"

荒山披上绿装，县政府奖励他10万元，他当场回绝。经再三劝说，他接下了保山市委市政府奖励的20万元，捐出16万元用于公益事业，仅余4万元留给他一生愧疚的老伴。

一位诗人写道,有的人活着,他已经死了;有的人死了,他却活着。无愧于共产党员和领导干部称号的杨善洲,他的模范事迹和崇高风范感人至深,他在后人的追忆中延续生命。

当地的民谣唱出了群众对他的敬重:"杨善洲,杨善洲,老牛拉车不回头,当官一场手空空,退休又钻山沟沟;二十多年绿荒山,拼了老命建林场,创造资产几个亿,分文不取乐悠悠……"

(八) 不玩虚招唯务实

艰苦奋斗的工作作风突出地表现为"务实"二字。务实,就是实事求是,苦干实干,重在落实,取得成效。

老一辈革命家陈云,是实事求是、不尚空谈的楷模。赵朴初曾盛赞陈云当家理财的本领:"唯实以求,珠落还起。加减乘除,反复对比。运筹帷幄,决胜千里。老谋深算,国之所倚。"

陈云从他几十年的实践经验中总结出来的 15 字箴言:"不唯上、不唯书、只唯实,交换、比较、反复",概括提出了充满唯物辩证法的领导原则和工作方法。

他在处理每一个问题的时候,总要进行认真周密的调查研究,对没有调查研究的事情,很少发表意见。每逢要做出重要决策时,他总是要做大量的实际调查,听取多方面的意见。在苏区,他对政治、经济、军事工作进行调查研究,积极纠正"左"的错误。在延安,他围绕党的建设做了大量调查研究,对党的发展壮大做出了突出贡献。他要求各级领导干部必须吃透两头,一方面对政治路线要有正确的了解;另一方面对具体情况要有切实的了解。而要对具体情况有切实的了解,就必须重视调查研究,使我们的计划"建立在客观可能的基础上","做到主观与客观的一致"。陈云认为,作为领导者,如果只谈路线,不了解具体情况,是空谈;而只谈具体情况,不了解路线,是盲目。要克服上级只谈路线,下级只谈具体工作的缺点。

陈云是对我国经济建设做出巨大贡献的党和国家主要领导人之一。他以"不唯上、不唯书、只唯实"的方法,对市场供求情况、副食品产销情况,对公粮征收、统购统销等情况做调查,掌握了大量第一手资料,解决了经济建设中的一系列复杂问题,被国内外经济专家誉为解决经济疑难问题的能手。毛泽东充分肯定陈云实事求是调查研究的精神,给予了很高评价。

袁隆平1953年毕业于西南农学院农学系。1960年,我们国家出现了严重的自然灾害,袁隆平也经历了饥饿的痛苦。他决心尽快培育出水稻新品种,让粮食大幅度增产,战胜饥饿。"外国没有搞成功的,中国人不一定就不能成功"。

袁隆平迈开双腿,走进了水稻的莽莽绿海,去寻找这从未见过,而且中外资料没见过报道的水稻雄性不育株。1969年冬,袁隆平和他的助手们带着五株"希望之苗"繁殖出来的种子,到云南元江山城去搞加速繁殖,遇到了地震,他们的住地震级达5级以上。但种子已浸种催芽,必须播种育秧,否则又将毁于一旦。当时人们恐慌,云南的同志劝他们赶快离开。在保生命还是要种子的抉择中,他们选择了要种子。他们在水泥球场上搭个窝棚住宿,照样播种插秧、观察记录,直到完成南繁任务。

袁隆平又经过多年磨难,闯过了"五关"(提高雄性不育率关、三系配套关、育性稳定关、杂交优势关、繁殖制种关),到1974年配制种子成功。1975年冬,国务院做出了迅速扩大试种和大量推广杂交水稻的决定,1976年定点示范208万亩,到1988年全国杂交稻面积1.94亿亩,占水稻面积的39.6%,而总产量占18.5%。10年全国累计种植杂交稻面积12.56亿亩,累计增产稻谷1000亿公斤以上,增加总产值280亿元。

20世纪70年代末80年代初,全国推行"家庭联产承包制"。华西村人多地少,工业已起步,分还是不分?老书记吴仁宝和华西村选择了不分,将500亩粮田交给30名种粮能手承包,大多数劳动力转移到工业上。党的十五大以后,苏南乡镇企业发展进入新阶段,有关部门明确提出"抓大放小",华西人再一次坚持实事求是,一手"抓大放小",一手"抓大扶小",有时候还"抓小放大"。

1985年,吴仁宝为华西制定了新的规划,提出"苦战三年,实现三化、三园、亿元村"的奋斗目标:绿化,美化,净化;远看华西像林园,近看华西像公园,细看华西农民生活在幸福乐园。

为了实现宏伟规划,吴仁宝带领全村100多名党员干部,来到南京雨花台烈士陵园搞了一次艰苦奋斗教育。他们冒雨肃立,举行宣誓:"有难同当,有福共享,苦战三年,目标一亿。"当时吴仁宝和大伙都激动得流下了眼泪。回村后,80名承包者立下了军令状,结果苦干不到三年,实现了目标。

要做到务实,还需要有无私的品格和无畏的勇气,不为个人或小集团利害关系左右,旗帜鲜明地表明自己的立场和态度,坚持说真话、出实招,办实事,为党和人民的事业而奋斗。

实干兴邦,空谈误国,"一步实际行动胜过一打纲领",这是被历史和现实证明了的真理。共产党人真抓实干,埋头苦干,务求实效,才能凝聚人心,兑现承诺,树立形象,我们的事业才能兴旺发达。

(九)奋斗实现中国梦

"实现中华民族伟大复兴是一项光荣而艰巨的事业,需要一代又一代中国人共同为之努力。空谈误国,实干兴邦。"——2012 年 11 月 29 日,习近平在参观《复兴之路》展览时的这一论述,传递出新一届中央领导集体的坚强信心和决心,指出了中华民族伟大复兴的实现途径。

艰苦奋斗的精神,指的是人的精神状态,道德情操,工作毅力,埋头苦干,折射的是一种奋发向上的人生态度,一种锐意进取的精神状态,一种愈战愈勇的革命意志。

艰苦奋斗的精神是我们的立身之本、创业之魂、成事之基。过分优裕的生活,往往会使人缺乏进取心,缺乏克服困难的意志力。相反,艰苦奋斗则可以磨炼意志、陶冶情操,增强人的责任感、进取心。艰苦是一种困难的条件、恶劣的环境和无情的挑战,奋斗则是一种不惜憔悴自身的拼搏和敢为人先的超越。

一个缺乏艰苦奋斗精神的国家是没有前途的国家,一个没有艰苦奋斗精神的民族是没有希望的民族。历史上,大凡政权兴起的时候,大都要经过多年的艰苦奋斗,而最终的败亡则常常是和统治阶级骄奢淫逸、穷奢极欲的作风有关。古罗马曾是地跨欧亚非的强盛帝国,但当它达到鼎盛之后,腐化奢靡之风日盛,最终难逃民族分裂和崩溃的命运。

即使是革命者,在取得革命的胜利后,如果不注意保持艰苦奋斗的优良作风,革命精神就很容易消退,就很容易在反动势力的反扑中迅速走向失败。

我们党之所以能够由弱小而壮大,一次次从困境中奋起,带领人民推翻三座大山,在废墟上建立新中国,一个重要法宝,就是在革命和建设中培育和弘扬了艰苦奋斗的优良作风。耐得住艰苦,才能奋力拼搏。"艰难困苦,玉汝于成。"艰苦奋斗才能获得成功。艰苦奋斗精神闪耀着晔然的光芒,给我们以无穷的力量,激励我们真抓实干、顽强进取、百折不挠,战胜艰难险阻,走向胜利和辉煌。

艰苦奋斗是毛泽东大力提倡的优良作风,是我党克服困难、战胜敌人的重要法宝,是保持党与人民群众血肉联系的重要基础。在战争年代艰苦岁月,革命前辈正是靠着坚强意志去战胜环境的恶劣、物质的贫乏和敌人的凶顽,表现出敢于斗争、敢于牺牲的精神。毛泽东指出:"我们长征路上过草地,根本没有房子,就那么睡,朱总司令走了40天草地,也是那么睡,都过来了。我们的部队,没有粮食,就吃树皮、树叶。"

新中国成立后,面对国际反动势力对我国全面封锁,国内一穷二白、百废待兴的局面,毛泽东向全党提出了"勤俭建国"的方针。

新中国成立60多年,我们走过了外国人往往要几百年才能走完的路,给中国带来了几百年所没有的沧桑巨变,谱写了中国5000年历史最为辉煌的奋斗史诗,可以说是靠艰苦奋斗成就伟业的。正是由于一代代人的埋头苦干和接力奋斗,中华民族的伟大复兴才展现出如此光明的前景,伟大的"中国梦"才越来越接近现实。

艰苦奋斗是保持党的纯洁性的基本要求,是我们心灵上的"防腐剂",是战胜诱惑的"护身符"。保持和发扬艰苦奋斗、真抓实干精神,是共产党人的崇高思想的表现,它集中地反映在共产党人对待党的事业、对待困难、对待物质生活的态度上,可以使人的思想道德达到公而忘私、淡泊名利、吃苦在前、享乐在后的境界,就能够抵御资产阶级腐朽思想的侵蚀,永远保持共产党人的政治本色和战斗风格。

2012年2月7日《人民日报》报道,据统计,从新中国成立至今,我国出台的相关禁令多达上百项。相关部门对于公款吃喝消费的规定越来越细,但"言之谆谆,听之藐藐",吃喝之风还没有收敛。

我们必须改变忙碌于应酬、穿梭于会议,讲排场比阔气,花钱大手大脚等不良作风,更不能放纵欲望、贪恋享乐、"尽情潇洒",肆意挥霍公家的钱财。

改进作风,最根本的是要坚持和发扬艰苦奋斗的精神。改革发展稳定的任务很重,领导干部的工作责任很大。邓小平曾号召"我们的党员、干部,特别是高级干部,一定要努力恢复延安的光荣传统,努力学习周恩来等同志的榜样,在艰苦创业方面起模范作用"。

艰苦奋斗、真抓实干,是我们党历久弥新的本色,折射出一种坚忍不拔的务实作风,显示出巨大作用和深刻的政治意义。艰苦奋斗是走向民族复兴的强大精神力量,对抵御各种腐朽思想的侵蚀、保持共产党人永不变质具有重大意义。弘扬艰苦奋斗的作风,不是权宜之计,越是改革开放和发展社会主义市场经济,越要弘扬艰苦奋斗的作风,不怕困难、百折不挠、终生奋斗。

宠信伶人 [①]

【历史背景】

　　后唐庄宗就是历史上的李存勖，应州人，小名亚子，李克用的长子。自幼喜欢骑马射箭，胆识过人，有谋略，李克用特别宠爱这个儿子。他从年少的时候就跟随父亲对敌作战，十分勇敢。在他十一岁的时候和父亲到长安向唐朝廷报功，唐昭宗看到之后对他给予了赏赐和夸奖。成人后的李存勖身体魁伟，略通《春秋》，作战很是勇敢，特别喜欢音声、歌舞、俳优之戏。在那个军阀混战的年代，占据河东的李克用经常受到河南的朱全忠（也就是朱温）的围困与限制，兵力不足，管辖的区域很狭小，对于这些事情李克用很气愤也很悲观，天天无精打采。李存勖看到之后就劝说自己的父亲："朱全忠仰仗着自己的武力强大，肆意地蚕食周围的地区，目的就是要篡夺皇帝的位置，这些行为都是他自己在找寻死路。我们现在千万不可灰心丧气，我们要做的应该是积蓄力量，等待时机才对。"李克用听了儿子的话，觉得很有道理，于是他开始重新振作起来，与朱全忠对抗。后来李克用因为生病去世了，李存勖继承了晋王位。办完丧事，他就想了个计策捕杀了想要夺位的叔父李克宁。后来潞州被围困，李存勖认为潞州是河东的屏障，如果不能把握潞州这个地方就会对河东产生不利，于是率军去解除潞州的围困，他从晋阳出发，直接攻取了上党，趁着当时的大雾天气突袭围困潞州的梁军，获得了全面的胜利。李存勖用兵如此之神，就连朱全忠都觉得惊叹，并赞赏地说："生子当如李亚子，克用为不亡矣！至如吾儿，豚犬耳！"在战场上，在称帝前，李存勖冒死陷阵，英勇有为；在政治上，在登基后，李存勖却是盲人瞎马，愚蠢妄为。他很喜欢看戏、演戏。所以那些唱歌跳舞演杂戏的艺人们就尤其得到他的垂青，平日里宫廷中围在他身边的也多是这些人。玩得兴起时，李存勖还常常面涂粉墨，穿上戏装，进入"戏班子"之中，和艺人们一起要笑。他宠幸一位刘夫人，为了博得刘夫人的欢心，他什么都敢演，什么都敢说，卖呆出丑无法形容。和那些艺人一样，庄宗也要有"艺名"，于是他给自己取名为"李天下"。这样，每日里朝廷宫阙上下，来来往往的艺人们张口闭口"李天下""李天下"地胡叫。庄宗听之任之，习以为常。有一天，他上台演戏，兴之所至他连呼了两声"李天下"。一个叫敬新磨的艺人走上前来，"啪"地打了他一个大嘴巴。周围的人都大惊失色，庄宗本人也目瞪口呆，敬新磨嬉笑着解释道："理（李）天下的，只有你一个人；你连叫两声，那个理（李）天下的是什么人呢？"庄宗听了这强词夺理的解释之辞，竟然很高兴，还赏赐了扇他耳光的敬新磨！

艺人们得到皇上的宠幸，便开始为所欲为，而那些文臣武将们却倒霉了。不少艺人拨弄是非，造谣生事，专门说朝臣们的坏话，庄宗大多是偏听偏信，滥施惩罚。更有甚者，庄宗竟还派出艺人做耳目，去刺探臣僚们的言行；许多身经百战的功臣做不到的大官，有的艺人却一夜间官居权要。这样，群臣愤嫉于内，诸将怨惧于外，庄宗渐渐地走到众叛亲离的火山口了。

庄宗李存勖是以沉溺于玩乐而误国的，所以他最后也落得个和那些乐器共焚的下场。这真是"君以此始，必以此终"。想当初，他经历百战以取天下，是何等英武；一旦天下已定则玩物丧志、纵乐亡身，这留给世人的教训不是太深刻了吗！

【原文】

五代史纪：后唐庄宗[②]，幼善音律，故伶人多有宠，常侍左右。庄宗有时自傅粉墨，与优人共戏于庭，以悦刘夫人。优人常名之曰：李天下。诸伶出入宫掖，侮弄缙绅。庄宗信其谗，疏忌宿将，诸将叛之。庄宗为乱兵所弑。侍臣敛庑下乐器，聚其尸而焚之。

【张居正解】

五代史记，后唐庄宗自小时，就精通音律，因此教坊乐工多得宠幸，常随侍左右。那时宫中刘夫人有宠，庄宗有时自家涂抹粉墨扮乐工的模样，与众乐工共戏于庭前，以悦刘夫人，使她欢笑，其无耻如此。诸乐工每倚恃庄宗宠爱，通不知上下之分，只叫庄宗做"李天下"。因而出入宫禁，侮弄缙绅士大夫，无些忌惮。又谗谮诸有功大将。庄宗听信其言，渐渐疏忌诸将，所以群臣愤嫉于内，诸将怨惧于外，共奉李嗣源以叛。庄宗中流矢而殂。侍臣取廊下陈设的乐器，堆在庄宗尸上，举火焚之。庄宗平生好音乐、宠优伶，及其死也，与乐器俱焚，所谓君以此始，必以此终者也。

夫庄宗初年,艰难百战,以取天下,是何等英武。一旦天下已定,志满气骄,遂致身弑国亡,贻笑千古。兴亡之机,可畏也哉!

【注释】

①本篇出自《资治通鉴》卷271后唐纪1,同光元年(923)。内容叙述五代后唐庄宗与伶人共戏于庭,进而宠信他们,危及天下的故事。

②后唐庄宗:名李存勖(885~926),西突厥沙陀人,李克用的长子。公元908年李克用病死,李存勖继位为晋王,当时年仅24岁。开始与朱温争天下。征战中,他身先士卒,攻城掠地,自立为皇帝(923),建立后唐,是为庄宗。重用宦官,宠信伶人,称帝仅四年,部将反抗,众叛亲离,被乱军流矢射死,年仅43岁。

【译文】

唐庄宗自幼就通晓音乐,能够自己谱曲。所以,伶人们大多得到了他格外的恩宠,经常侍奉在皇帝的左右。唐庄宗有的时候还亲自化装,涂抹脂粉,打扮成伶人一般的模样,和他们一起在宫廷里演戏取悦在旁边观看的刘夫人。这些伶人就把他叫作"李天下"。这些伶人因为受到皇帝的宠爱,肆意出入宫廷,还侮辱官员和其他的正派儒士。他们在唐庄宗的身边向其进谗言,说一些有功劳的大臣的坏话。结果导致唐庄宗疏远了有功的大臣,将领们只好起兵反抗,唐庄宗众叛亲离,最后被叛乱的士兵杀死,而这些他平时宠爱的伶人们,只是把他平时喜爱的宫中的那些乐器搜集到了他的身边,与唐庄宗的尸体一起焚烧掉了。

【评议】

后唐庄宗李存勖在历史上曾经也是一个有为的皇帝,而且文武全才,精通音律,可以说不但武功盖世,谋略与智慧过人,而且多才多艺。他曾经指挥军队,消灭了后梁,统一了黄河流域,也是一位战功赫赫的勇将。但是到他称帝之后,就好像是变了一个人,从前的聪慧全无,重用宦官,宠信伶人。据说,后唐庄宗听信了宦官的妖言采纳美女来充实后

宫,派这些伶人前去操办,致使当时天下骚乱。古人常说近朱者赤,近墨者黑,这个后唐庄宗皇帝正是在这一点上犯了大忌,他在即位后亲近的都是一些最低贱的人,这些人非但不会对他的统治产生好的引导,相反还以自身的局限或缺点影响了他,使他将自己的人生和社稷都当作了演出的戏。中国历史上的各代明君都告诫自己一定要远离小人,偏偏这个后唐庄宗熟读诗书却不懂这个道理,最终走上了身死国灭的道路。

【拓展阅读】

后唐庄宗李存勖

后唐庄宗李存勖,沙陀族人,是唐河东节度使李克用长子。他自幼随着李克用南征北讨,立下无数战功。李克用死后,他袭晋王位,后领兵统一河北,消灭梁朝,建立后唐,是为后唐庄宗。庄宗在位期间宠信伶人,排斥功臣宿将,引起众臣的不满。同光四年(公元926年),洛阳兵变,庄宗于乱军中被杀,终年42岁。

李存勖自幼喜欢骑马射箭,胆识过人,十来岁的时候就跟随父亲李克用南征北战,戎马疆场。11岁的时候,李存勖与父亲到长安向唐廷报功。唐昭宗见到了英气勃勃的少年李存勖后,极为高兴,赏赐给他翡翠玉盘等珍宝,还抚摸着他的背说:"这个孩子与众不同,将来定能成为国之栋梁,"并对众臣说,"此子可亚其父。"因此,李存勖又有"李亚子"之称。

后梁开平二年(公元908年),李克用病亡。临终前,他嘱咐年仅24岁的儿子李存勖要完成三件大事:一是讨伐背叛盟约的刘仁恭,攻克幽州(今北京一带);二是征讨契丹,解除北方边境的威胁;第三件大事就是要消灭世敌后梁朱温。李存勖将三支箭供奉在祠堂里。以后,每当临战征伐的时候,就派人取出,带着上阵,打了胜仗后,又送回祠堂,表示完成了任务。李克用死后,李存勖袭晋王位。当此之时,河东内忧外患,局势不稳。一方面,后梁大军频频发起攻势,河北诸镇多纷纷归附,河东重镇潞州(今山西长治)被梁军围攻了一年之久,岌岌可危。而另一方面,在晋内部,也是人心浮动,李存勖的叔父李克宁掌握兵马大权,密谋逼其让位。李存勖深知,攘外必先安内,于是在替父办完丧事后,就以迅雷不及掩耳之势,设计捕杀了李克宁,夺回了河东兵马大权。

随后，他亲率大军，马不停蹄地赶赴潞州战场。乘大雾迷漫，李存勖以奇兵突袭，突入敌军营垒，斩其统帅符道昭，梁军死亡万余人，丢弃的粮草、器械堆积如山。潞州之战，不仅巩固了河东的边防，而且向南可以威胁后梁的统治中心河南地区。朱温听到潞州军败的消息后，大惊失色，感叹地说："生子当如李亚子，我那些儿子简直如同猪狗！"

李存勖消除了内忧外患，并没有因此而放松下来。他清楚地认识到，和南方强大的后梁相比，自己的势力还很弱小，若要完成父亲的遗命，消灭后梁，必须增强自己的实力，还应有一支战必胜、攻必克的虎狼之师。于是，在回到晋阳之后，他就开始整顿吏治，罢免了一大批贪官污吏，任用有识之士为官；减轻农民的赋税，鼓励生产，尽量地与民休养生息。继而整顿军纪，规定违反军令者一律斩首，又裁汰军中老弱，选其精锐，日夜操练，从而将散漫的沙陀兵训练成一支战无不胜的精锐之师。没过几年，晋地实力大增，这为他之后战争的胜利奠定了基础。

后梁乾化元年（公元911年），燕王刘仁恭之子刘守光称帝，国号大燕。李存勖示之以弱，遣使祝贺。刘守光志骄意满，以为李存勖惧燕，就派兵侵犯晋土。李存勖早有征伐燕国之心，只是没有借口，于是趁机派大将周德威讨伐燕国，连克燕地。次年三月，朱温趁晋攻燕之际，率领50万大军侵入河东。李存勖挥军迎击，大败梁军，斩杀敌人无数。自此一役后，战略主动权转移到晋军一方。后梁乾化三年（公元913年）十一月，李存勖率军攻破号称拥甲30万的幽州，擒获刘守光和已经被他囚禁快一年的父亲刘仁恭，后燕灭亡。李存勖斩刘仁恭，以他的首级祭父亲李克用。

后梁龙德元年（公元921年），李存勖率领10万晋军，在幽州大破号称30万的契丹骑兵。次年，李存勖领军与契丹再次决战于望都（今河北望都县），李存勖以800骑突破契丹的重重包围。之后趁夜间大雪，奇袭契丹，大获全胜，将耶律阿保机赶回了北方。

经过十余年的征战，晋军地扩千里，兵增十万。后梁龙德三年（公元923年），晋王李存勖在魏州称帝，国号大唐，改元同光。同年，李存勖召见了归降不久的后梁将领康延寿，采纳了他的灭梁大计，以李嗣源为先锋，自己随后亲率大军渡过黄河，以摧枯拉朽之势，攻克后梁国都汴梁（今河南开封）。朱温早死，其子末帝朱友贞自尽。后梁遂亡。而后李存勖移师西进，定都于洛阳，建立起当时较为强大的唐帝国。

李存勖在战场上勇猛无敌，但是在治国上却显得昏庸愚昧。在他攻灭大梁之后，他骄傲自矜，闭口不谈将士功劳，而全部归之于己，他说天下是他用十指取得的，从而抹杀了众将的战功。他猜忌那些有功之臣，反而宠信、重用那些没有丝毫战功的宦官、伶人。

李存勖自幼喜欢听歌、唱戏、演戏，豢养了一批伶人。戎马倥偬的岁月里，他没有多少时间来进行娱乐。定都洛阳之后，这些伶人立即得到了他的重用。李存勖不光喜欢看伶人表演，自己也常常粉墨登场，上台表演，并给自己取了个艺名叫"李天下"。有一次，他上台演戏，也许是觉得好玩，就自己大叫了两声"李天下"，有个伶人上去打了他几下耳光，周围的人都吓出了一身冷汗，李存勖自己也被打得莫名其妙。那个打耳光的伶人却笑嘻嘻地说："理（理和李同音）天下只有皇帝一个人，你喊了两声，还有一个是谁呢，难道能有两个人来治理天下？"唐庄宗听他一说，才知道是跟他开玩笑，不但不生气，还给了他不少赏赐。伶人受到皇帝宠幸，越发变得飞扬跋扈，不光自由出入宫中和皇帝嬉闹在一起，还百般侮辱戏弄朝臣，群臣敢怒而不敢言。有的朝官和藩镇为了求他们在皇帝面前美言几句，还争着送礼巴结。李存勖还用伶人做耳目，去刺探群臣的言行，凡是有不满他的统治的，一律或贬或杀。在众伶人中，最得李存勖宠信的人是景进。李存勖想知道宫外之事就问景进。景进专门替庄宗刺探外面的情况，由此大进谗言，干预朝政。他说谁不好，谁就会倒霉。所以，官员们见了景进都格外害怕。

为了满足其荒淫的生活，李存勖还命令景进到民间选秀女，以充实后宫。景进到了那里，就在那里大肆搜刮，连当地军士的妻女都不放过，抢来的女子马车装不下了，就用牛车。后来，到了魏州（今河北大名一带），他们竟然抢走了驻防将士们的妻女1000多人。魏州将士降唐以来，屡立大功，在灭梁的战争中也出力很多。现在天子不思抚恤，反而夺人妻女，使得他们心理愤恨不平，有了起兵反叛之意。

李存勖重用宦官伶人，奸佞当权，功臣宿将多遭猜忌，许多敢于诤谏的名臣良将先后被冤杀。枢密使郭崇韬原是灭梁的功臣，曾多次进谏，使得李存勖非常不快。后来，郭崇韬领军灭蜀建立大功，但伶人进谗言说，郭崇韬聚财谋反，李存勖便借机杀了他。不久，李存勖又听信伶人景进的谗言，冤杀了功臣朱友谦一家。这样，朝廷中的功臣们都颇感心寒，尤其是军中将士怨气更大。

同光四年（公元926）二月，魏州守军拥戴指挥使赵在礼发动兵变，李存勖忙派大将李嗣源率领大军前去镇压。到了魏州城下后，朝廷大军就发生兵乱，与魏州军兵合一处，共推李嗣源为主，拥兵造反。李存勖闻讯大惊，急召诸道军马入京勤王，同时自己亲率一军赶赴汴梁，企图在汴梁抵抗李嗣源大军。为了笼络军心，他还拿出府库的金帛赏赐给洛阳将士。将士们领了赏赐,还骂道:"我们的妻子儿女,都已经饿死了,还要这金帛何用?"行军到中牟县时,听说李嗣源已进入汴京,李存勖知道大势已去,急忙率军返回洛阳,路上兵士逃走大半。

四月,李存勖听闻李嗣源大军逼近汜水关(河南荥阳汜水镇),遂决定亲自率军去扼守。没想到,大军还没有出发,军中的指挥使郭从谦发动兵变。郭从谦本是个伶人,认大将郭崇韬为叔父。郭崇韬被李存勖冤杀后,郭从谦恨恨不平,一直伺机复仇。郭从谦率领着叛乱的士兵乱砍乱杀,火烧兴教门,趁火势杀入宫内,京城陷入混战。混乱中,李存勖为被流箭射中,不久便气绝身亡。左右纷纷逃散,一个叫作善友的伶人心肠不坏,怕李存勖的尸体会遭到叛兵的肢解、踩蹯,遂用许多乐器覆盖其身,点火将尸体焚毁。李嗣源攻入洛阳后,派人从灰烬中找到了李存勖的一些零星尸骨,葬于雍陵。

【镜鉴】

一、逸乐常与祸双行

闯王进京的教训,在历史上留下了深刻的一页。李自成于 1645 年 9 月牺牲,年仅 39 岁。人们说他打江山用了 18 年(实际上 16 年),进城当了皇帝 18 天。

李自成是个平民英雄,意志坚强,领导农民起义军以星火燎原之势迅速发展到百万之师,建立了大顺政权,随后又指挥百万大军以摧枯拉朽之势,横扫大半个中国,推翻了腐朽的明王朝,确实让人惊叹。

令人痛心的是,他攻入北京城后,支撑了一个多月即迅速败亡,由大胜转为大败。这种夺得了天下却又迅速失去政权的结局,在历史上极为罕见。究竟是哪些错误,导致他的惨痛失败呢?

据说,李自成犯了字讳,"闯"字是"马"入"门"中,只是过客,不能做主人,所以李自成只能进北京,却不能主宰北京。其实,李自成不是犯了字讳,而主要是因胜而骄,尽情享乐。

李自成在夺取政权之前待人处事,审时度势,各方面比较谨慎。然而,起义军推翻了明王朝,崇祯帝在北京煤山自尽,经得起枪林弹雨考验的李自成,在巨大的成功面前,没有看到内忧外患，迅速滋长了骄傲自满、盲目乐观、麻痹轻敌、不思进取的思想和作风，犯了导致失败的严重错误。"其兴也浡焉，其亡也忽焉。"他没走出胜即骄傲、盲目喜悦、胜即变质的怪圈。

豪华尽出成功后，逸乐安知与祸双。胜利使义军的许多将士忘乎所以，缺乏忧患意识，很快变得骄奢淫逸、腐化堕落起来。李自成原本"不好酒色"，也开始蓄养美女，沉迷声色，饮酒为乐。军中官兵从上到下花天酒地，贪图享乐。大堆的金银珠宝使他们眼花缭乱，革命精神迅速丧失，追赃变成了分赃，军纪败坏，掠夺民财，强占民女，竟然忘记了手握重兵的吴三桂，更忘记了在关外虎视眈眈、彪悍骁勇的清军。百姓认为大顺还不如大明，一股反对大顺政权的潮流迅速掀起。

大将刘宗敏所忙的是拶挟降官，搜刮赃款，严刑杀人。刘宗敏收拷的大小官僚有一两千人，其他将领收拷的官吏又不知多少人。刘宗敏制造夹棍5000副散发各营，夹人无不骨碎。由于打击面过宽，促使更多的人反对新政权。起义亡明霸业红，骄奢淫逸弃前功。

他们不但没有想到防备关外的清军，更有甚者，刘宗敏还霸占了明朝镇守山海关的大将吴三桂的小妾陈圆圆，致使吴三桂"冲天一怒为红颜"，愤而降清。

据《平吴录》和《吴三桂请兵始末》记载，吴三桂本来准备投靠闯王李自成，而且已经接受了李自成送去的4万两银子，可大军行至滦州时，听说别人占了他的美人，有何面目存活于人世？为了爱妾陈圆圆，不顾民族大义，无法信任李自成了，当即退回山海关，并且联络满清多尔衮，引清兵入关进攻李自成，充当消灭李自成起义军和明朝残余力量的急先锋。

军纪不严、军心涣散、令行不畅，是李自成兵败山海关、痛失大顺政权的又一重要原因。进京初，李自成曾下令不许扰民，但军队进城后很快失去控制，在40多天里，几十万大军驻屯京城，烧杀抢掠，尽情享乐，往昔严明的军纪荡然无存，起义军的战斗力迅速丧失。

李自成令刘宗敏出兵，但刘等人竟因耽于声色，以诸般借口予以拒绝。李自成等人在京城享乐了一个月，才仓皇出征。李自成无视吴三桂的力量，是因为过于迷信自己军事上的强大。对完全可以笼络利用的吴三桂，不予理睬则罢，还逼他跳墙。这与他缺乏政治上的远见和不珍惜人才有关。这样的政权怎能不失败呢？

一场大规模的农民起义经历了十六七年,在胜利已经到手的情况下失败了,败得太快太惨。英雄末路,凄然如斯,令人扼腕长叹!

二、奢侈淫逸必覆舟

"历览前贤国与家,成由勤俭破由奢。何须琥珀方为枕,岂得真珠始是车。"这是李商隐纵观古代君主治国的经验教训,所得出的警示箴言,往往因勤俭而成功,因奢侈而破败。可以说,历代王朝的覆灭与当权者在生活上的奢侈腐化是分不开的。

奢侈淫逸的腐败之表现,既有高潮,也有低谷,呈现出周期规律。大致来说,一个王朝在建立之初,政治比较清明,君臣相对廉洁,有一批正直廉洁无私的官员,腐败问题并不严重;经过几代人之后,官场变得昏暗,腐败多多;到王朝行将崩溃之时,奸臣借机窃权,中正鲜少,腐败问题常态化,大到王公,小到吏卒,上贪下也贪,大贪小也贪,你贪我也贪,而且视为正常,不知羞耻,不可遏止,相互攀比,相互"借鉴",相互勾结,相互倾轧,奢侈浮华,荒淫无道,弄得民怨沸腾、人心尽失之时,王朝末日就来临了。

康熙、雍正至乾隆三朝(公元1662~1795年)历百余年。清王朝也曾出现过"康乾盛世",是指康熙中年经雍正至乾隆中年约70年间社会稳定发展、臻于鼎盛时期。然而,当政者逐渐贪图享乐和留恋于声色犬马。而奢侈必然导致贪婪,骄傲必然走向懈怠,最终因贪婪而腐化,因懈怠而落后,从18世纪中后期起走上衰落的穷途末路。

愈演愈烈的贪污腐败之风,刮得英勇无敌、剽悍善战的八旗子弟,倚仗自己享有的种种特权,日渐萎靡腐败,文恬武嬉,锐气尽消,很快蜕变成一批只会提笼架鸟之人,成为挥金如土、战则必败的败家子;也使原来简洁高效的官场变得官无不贪、吏无不恶,文治武功俱废。清王朝因而衰败懈怠、落后挨打,最后在外国侵略和内部变乱中彻底覆亡。

乾隆在位时间长达60年(公元1736~1795年),是一位志大才也大的皇帝,在文治和武功方面都有突出的功绩,对于统一的多民族国家形成,功不可没。乾隆后期,清朝政治脱离了康、雍以来的发展轨道,走上了下坡路。乾隆晚年好大喜功,追求虚名,荒于理政,是造成这种局面的重要原因。

晚年的乾隆昏聩倦怠,放弃了文治武功和积极的进取精神,因富而奢、因盛而骄,对各地官员进奏的公文奏折感到厌烦,朝政和各地事务都普遍废弛,大清的统治犹如江河日下。奢侈必然导致贪婪,贪婪必然导致腐化,骄傲必然走向懈怠,懈怠必然走向落后,很快滑向衰落。

随着经济繁荣和财力充裕，奢靡腐败之风重新抬头并愈来愈甚。乾隆六巡江南，游山玩水，每次出巡的随员都在 2500 人左右，船队千余艘，沿途接驾送驾，每出入省境大规模赐宴、进贡上奉、大兴土木，豪华与排场空前，奢侈浪费已达到登峰造极的地步。

由于乾隆带了头，上行下效，大小官吏借接驾和其他机会，讲排场、比阔气、奢侈淫靡、摊捐派差、贪污受贿、敲诈勒索的歪风邪气愈演愈烈，国家岂有不衰之理？公元 1784 年，乾隆帝喜得玄孙载锡，群臣纷纷祝贺五世同堂，乾隆赏赐、设宴、任意挥霍。

乾隆听不进劝阻他到处巡游的意见。他第 4 次南巡到达杭州，居然在深夜里换上便服登岸寻花问柳。皇后哭劝，被他遣回北京。

乾隆好虚荣，讲排场，和珅就陪伴乾隆巡幸江南、游览避暑山庄等胜地，且不惜重金大兴土木，扩建圆明园、避暑山庄。乾隆咳嗽之时，和珅还肉麻地捧上痰盂。据当年英国使者马噶尔尼观察的结论是，乾隆对自己儿子的爱护，远不如对和珅的宠幸。

乾隆自称"文治武功十全老人"。他不加追究和珅贪腐营私的事情，怠政的直接恶果是和珅专权，随之而来的便是吏治腐败、贪污成风。政治的极端黑暗、腐败，还带来了全国各地的冤狱不断，整个社会气氛处于恐怖之中，貌似强盛的清王朝潜伏着社会变乱和衰落覆亡的巨大危机。

康熙、雍正含辛茹苦积累的"家底"很快被消耗殆尽。公元 1795 年，乾隆把宝座禅让给儿子嘉庆，丢给他一个烂摊子……

中国历史上一个个王朝的覆灭，一顶顶王冠落地，都与当时为政者奢侈淫逸、失去民心有很大关系。

苏联共产党在革命年代和社会主义建设初期，其奋斗之艰苦、成就之伟大都是举世目睹的。苏联共产党执政了 74 年，何以在一夜之间，不动一枪一炮发生了剧变呢？一个重要原因是党内追求享乐的风气慢慢滋长起来，以致背离群众，最后丧失政权。

习近平在十八届中共中央政治局第一次集体学习时强调："近年来，一些国家因长期积累的矛盾导致民怨载道、社会动荡、政权垮台，其中贪污腐败就是一个很重要的原因。大量事实告诉我们，腐败问题越演越烈，最终必然会亡党亡国！我们要警醒啊！"

党员领导干部一定要抵制金钱、美色以及其他物质利益的诱惑，决不能沉迷于花天酒地、奢侈腐化的生活，永远和群众同甘共苦，不负重托，不辱使命。

三、和珅贪纵毁身家

习染贪纵实是人生的败笔，是毁灭的根源。从政者要抵制官欲、权欲，抑制物欲、钱欲，还要限制生理上的某些欲望，心不动于利禄之诱，目不眩于五色之惑。否则，哪一种欲望过度都会出问题。贪纵使人玩物丧志，贪纵使人寡廉鲜耻，贪纵使人丧失理智，贪纵使人卑鄙龌龊，贪纵使人身败名裂。

康乾盛世犹如落日余晖走向没落。清朝的大贪官和珅，23 岁时被任命为三等侍卫（正五品）。27 岁时，爬上了军机大臣的高位。和珅利用乾隆的宠信，结党专权，贪污受贿，导致清廷的腐败之风蔓延。大小官吏奢靡成风，营私舞弊，贿赂公行。军队也开始腐化，武备废弛。不论八旗还是绿营，都不勤操练，荒于武事，战斗力严重下降。存在了两千年的封建制已经不可挽回地衰败了。

和珅是年迈昏庸的乾隆营造的专制制度下的"怪胎"。和珅聚敛财富的主要方式是任用官员索取贿银，为满足乾隆奢侈生活追求而巧立名目、广开财路，聚敛的财富富可敌国，贪污索贿闻名于史，在历代文武大臣中首屈一指。

和珅钻营乾隆的门路，下边官吏则钻营和珅的门路：获取私利，升官发财；在危机时刻躲避灾难，谋求自保。

据查抄和珅家产清单计算，他的财产总数达 8 亿两之巨，竟比国家 10 年收入的总和还要多。法国的暴君路易十四的私产也不过两千余万，仅相当于这位大清帝国宰相的1/40。

和珅因在狱中，写了不少感怀之诗。其中有对往昔岁月的眷恋和"聪明反被聪明误"的慨叹，以及对失去自由、度日如年的极度痛苦。如《狱中对月》："……室暗难挨晓，墙高不见春；星辰环冷月，缧绁泣孤臣。对景伤前事，怀才误此身；余生料无几，空负九重仁。"他错把"怀才"看成"误此身"的原因，可谓没有悟透人生，更没有"世事洞明"了，没有懂得违法乃是其痛苦的真正原因，尤其可悲。

廉则兴，贪则衰，这是几千年历史留给后人的一条遗训，我们应当切记不忘。有的领导干部有一种侥幸心理，认为少拿一点儿，没人会发现，贪污受贿的手段比较隐蔽，不能被发现。尽管一段时间里不会被发现，但是，纪检监察等部门和检察机关的人员，并没有睡大觉哦，随着逐年加大办案力度，贪污受贿等腐败行为迟早会败露！

好好的一个人，受过良好教育的人，一个原本有才华的领导干部，案发前还围绕着鲜花、掌声，伴随着得志的优越环境，怎么突然间就成为失去自由的阶下囚了呢？

如果说，科学技术是第一生产力，那么，贪污腐败就是第一杀伤力。即使是非常优秀、前途很"亮"的领导干部，一旦落入贪腐的陷阱，便有了永远填不满的贪欲，变得判若两人，面目可憎，变得不可理喻。什么原则、制度、党纪、国法，什么官德、人格、廉耻，竟然都会被抛至九霄云外，最后把自己毁灭。古往今来，一个个惨痛的教训，响彻于历史的回音壁，鸣响于现实的警世钟。

贪婪侥幸一阵子，坐牢后悔一辈子！贪污受贿，让一名党培养多年、为事业奋斗多年的人锒铛入狱，让本值得回忆的人生留下无尽的痛苦、深深的遗憾。一个人成为贪官，付出的代价实在是太大了，实在划不来，非常不值得。

贪污受贿时胆大妄为，事过之后又胆战心惊，怕昔日的风光一去不返，更怕法律的无情制裁。这样忧心忡忡，精神上往往承受不了，容易大病一场。一旦受到党纪政纪的惩治，轻者警告、降职，重者开除党籍、开除公职，步履蹒跚锒铛入狱，断送自己前程，丧失多方面自由，声名狼藉，没脸见人，而且在经济上赔本、不合算，毁掉个人一生的清白，连累了家属子女。家中老人、妻儿痛心疾首，伤心流泪。

某些领导干部曾经积极工作过，获得过殊荣，一旦仕途遇挫、权力骤失，认为自己含辛茹苦奋斗多年，贡献很大而回报很小，心里就会感到不平衡，于是膨胀的贪心、贼心、狠心，悄悄地摧垮了原来就脆弱的思想道德防线，"仕途不通奔钱途"的想法，寄情于物质弥补，得意于"情场"，补偿于"赌场"，这种情况成为很多贪官堕落的共同曲线。温州市原市长陈某的腐化堕落，就是在其被免去市长职务，调往省国际信托投资公司任总经理时，内心感到莫大失落，萌生了不谋仕途奔"钱途"的想法，最终他"奔"进了法庭、监狱。

贪婪是诱使掌权者走向悬崖的恶魔。一些党员领导干部面对物质利益的诱惑，面对资本主义腐朽思想和生活方式的侵蚀败下阵来，贪婪所获得的情感体验，使腐败分子的贪欲逐渐膨胀，把权力视为满足个人私欲的工具，大搞权钱交易，最后走向腐败堕落。

贿随权集，堕随权至。贪污贿赂型犯罪案件起诉书和判决中，频繁出现一个词汇："利用职务之便。"一些领导干部见利忘义，权钱交易，权色交易。原黑龙江绥化地委书记马某借干部调整之机，向260多人卖官，疯狂敛财2000多万元。

想问题做事情，常自警自律，明知可为才为之，切不可明知不可为而为之。在权力问题上把握不住自己,把握不好自己,碰壁摔跤,甚至落入陷阱,走上犯罪之路,则是迟早的事。

四、慈禧奢侈终祸国

慈禧于公元 1852 年入宫,时年 18 岁,封为兰贵人,成为太子的一名侍婢。咸丰即位后,立了孝贞皇后为后,受到咸丰宠爱的慈禧生下皇子载淳,被封为懿贵妃,地位仅次于皇后。咸丰死后,她以垂帘听政的名义,掌握着清室大权。

公元 1885 年,镇南关大捷震惊中外,法国侵略军一败涂地,慈禧却下令停战、撤兵,爱国官兵非常气愤。

过寿和修园,是慈禧的嗜好。公元 1894 年,60 岁的慈禧大权独揽,为所欲为决定花费白银 1 万万两(清廷一年半的国库收入,可增建 10 支"北洋舰队"),修建颐和园。

公元 1889 年,19 岁的光绪皇帝已经完婚。慈禧不能再继续独揽朝政了。她始终牢牢地掌握着国家大事的裁定权,重要事情都要亲自听取大臣奏议,重要奏章和咨文都要亲自阅定,即使不在养心殿上,光绪皇帝的一举一动也都在她的严密监视之下。

公元 1894 年 10 月慈禧"60 大寿庆典"进入高潮时,日军攻占大连,大肆烧杀抢掠。前方军情告急,后方库帑空虚,全国舆论大哗,要求停办寿典移作军费的呼声甚高。至公元 1894 年 11 月,历时两年的庆典活动基本就绪。全部庆典费用高达白银 500 多万两。而此时慈禧的投降卖国路线,导致了中日甲午战争的失败,签订了丧权辱国的中日《马关条约》。条约规定,中国需向日本赔款 2 亿两白银,同时将台湾、澎湖列岛、辽东半岛都割让给日本。从此中国进入一个半封建半殖民地社会。

历史上,统治者们因贪欲而损名败德,乃至亡国。一些为政者也多因贪婪而乐此不疲。看来,追求奢侈的人欲望多,不知克制自己,因此会贪婪成性,放纵自己走邪道,玩乐到了极限,招致祸患,悲哀随之而来,就像秋风扫落叶一样。

财富是身外之物,官位是暂时的,都不会与人们相伴到永远。古往今来,无论是君王,还是权贵,谁能把金银珠宝永久地保存在自己手中呢?都没有。有的人即使把自己与珠宝埋葬在一起,以为可以永久享受,结果被偷盗一空,甚至尸骨被弃之荒野。

慈禧贪得无厌,结果却适得其反。据盗墓贼孙殿英说,棺盖一掀开,珍珠就有四升,红、蓝宝石 2200 块。满棺珍珠宝贝大放异彩,夺去了手电筒的亮光。这些旷世奇珍,非但没有给慈禧以冥福,反而招致了抛尸之祸。

欲而不贪,是做人为官立身之本,极为重要。古今中外许多典型案例反复昭示人们:贪婪很可怕,一旦沾上了,便难逃它无休无止的纠缠。贪婪很可悲,它将你已拥有的东西毁于一旦。因此,为政者当淡泊权力和利禄,莫为满足贪欲而求不义之财。

"其嗜欲深者,其天机浅。"(庄子)食、色、其他的金钱物质享用,都是"嗜欲"。一个人如果欲望太多,他就缺少智慧与灵性,就会蒙受损失。因此,应努力做到去嗜欲以养心,寡酒色以清心,诵古训以警心,悟至理以明心。

五、权色交易陷阱深

美色、权位、钱财,都是"双刃剑",既能迷惑人,也能腐蚀人。倘若处理不好,很优秀的人才也会变坏。

君不见,有的干部经不起权力的诱惑,低眉折腰事权贵,跑官、买官、卖官,成为权力的牺牲品;君不见,有的官员贪恋女色,沉湎于灯红酒绿之中,拜倒在石榴裙下;君不见,有的贪官财迷心窍,攫取不义之财,拿金钱买刑期。

马克思说过,历史上常有惊人的相似之处。就拿夏朝末年的妹喜、商朝末年的妲己、西周末年的褒姒来说吧,都长得天生丽质,而且都不爱微笑。据说她们都有严重的忧郁症。这可不是她们没成为中国古代"四大美女"的原因。当然也不应称其为"三个亡国妖女"。美貌之倾国倾城,总不是罪过吧?罪过在那些男人们沉迷美色!

占有多个女性,不仅满足不了贪得无厌的性需求,更会伤害自己的身心。明代一些帝王面对后宫美女如云,扭腰送胯飞媚眼,丰乳肥臀哆音调,大施淫威,占尽春色,只登基几个月就命丧黄泉。明正德皇帝朱厚照建"豹房"日夜行乐,31岁即暴死于豹房,并无后代。

英国高尔斯华绥说:"对美色的倾倒和渴望占有对方,并不是爱。"偷情的男人所要追求的是刺激,但失去理性的刺激,该是一种自贱吧!有一个70岁的老头子,每天从菜场捡回一些烂菜叶子。他原本是一家国企的领导,因为和3个女人有过不良关系,被开除公职,老婆和三个儿女始终对他不肯相认,他落得个如今的茕茕晚年。

对党员领导干部而言,生活作风绝不是小事!许许多多贪官的毁灭证明了这样的论断。一些党员领导干部走上腐败犯罪的道路,大多是从生活作风不检点开始的。而许多贪官的情妇直接扮演着贪官犯罪的同谋和催化剂的角色。

贵州省遵义地区原副专员唐某，这位北京大学经济系毕业的高才生、能说会写精明干练的风流"唐才子"，忘掉了做人的尊严和起码的廉耻，在酒足饭饱之后走进另一个天地，掉进了陈某设计的"桃色陷阱"。他自此一发而不可收，多次接受异性按摩并与之发生关系，在半年内嫖娼狎妓16次之多。

在近年来查处的腐败事件中，倒下的腐败官员几乎都有生活作风问题，这已经不是"极少数"或"个别现象"了，90%的人有婚外情、"包二奶"、嫖娼行为，追求享受，人格沦丧，下场可耻，没有脸面见世人。

性丑闻背后牵连出受贿案。生活作风问题背后都要付出较多的钱财，而腐败可以为生活腐化提供这些钱财。一个官员的工资收入是有限的，如果要奢华、挥霍、搞情人的话，就需要大笔的资金，必然要攫取不义之财，权钱交易、权色交易也就是必然之举了。

领导干部的生活作风问题已成为全社会关注的一大焦点，已经引起人民群众的极大不满，威胁了社会的和谐稳定。

人民论坛曾发起《党政领导干部应谨防哪些诱惑》的调查，调查结果显示，"美色诱惑和性贿赂"列"党政领导干部应谨防哪些诱惑"之首，其他的如"年节送礼送红包""吃喝玩乐拉拢感情"紧随其后。

厦门远华案中，有的贪官包养起情妇来，"捡到篮子里的都是菜"，有的则在情妇"含金量"上下功夫，硬是把诸多名流揽入怀中。一个个、一批批落马贪官以权买色的违法犯罪，其教训是极为深刻的：领导干部手中有权力，很容易招来诱惑和腐蚀；愈是改革开放，愈是发展市场经济，这种诱惑和腐蚀就愈是突出和严重。当面对各种手段的美色诱惑时，党员领导干部一定要保持清醒头脑，控制得住自己，管得住自己；一定要防微杜渐，在所谓小节问题上慎之又慎，做到不越"雷池"，不闯"禁区"，绝不把公权变私权，不把职权变特权，时时处处带头模范遵守党纪国法。

淫色之祸并不止于淫色本身。贪色和滥用权力往往是联系在一起的。某些贪官大搞权权交易、权钱交易、权色交易，简直到了利令智昏、利欲熏心、胆大包天、无法无天的地步。

权力这个"圣物"有很大的诱惑力，在人类历史上有多少英雄为它而折腰，有多少豪杰被它诱惑而醉生梦死；现在又有多少人为它而朝思暮想，夜不成寐。这些人为攫取权力而耗费心血,权力一旦到手,处理不好则会以权代法,谋取私利,权色交易,就会被权力所毁。

成克杰的腐败堕落,就是从生活腐化、迷恋女色开始的。1992年上半年,成克杰会见一位台湾客商。这位年逾花甲的商人,带着一位20来岁的美貌佳人。成克杰的心里就像打翻了五味瓶,思来想去,也决定找一个"地下夫人"。于是,成克杰拜倒在李平的石榴裙下,变成了疯狂敛财的贪官,最终走上一条不归之路。

"二平绊倒两高官",和平绊倒了陈希同,李平绊倒了成克杰,李嘉廷也因女人跌了一大跤。李嘉廷的罪行中,贪色是主要标志之一。当时的媒体登载了他栽倒在徐某石榴裙下。徐某提什么要求李嘉廷都答应。有了李的批条,徐某轻而易举就能从银行弄出钱来。

中国人民大学发布的《官员形象危机2012报告》称,"二奶翻脸"俨然成了反腐利器。从2012年的情况来看,经网络曝光影响较大的官员不雅事件达10多起,并且11月、12月的数量呈"井喷"态势,两个月内就有6起之多。而另据统计,在被查处的贪官中,95%都有情妇,腐败的领导干部中60%以上与"包二奶"有关。(2013年1月9日《华商报》)

情感相连是表象,权色交易是本质。贪官为了猎色,不惜滥用手中的权力。有的女人看你有权又贪色,盯着所觊觎已久的目标,寻找时机,送色上门,挑逗你的欲望,使尽浑身解数,或欲擒故纵,或主动出击,以此达到其目的:换来可观的"经济效益",而受损的是国家与人民的利益。

有的不法分子策划实施了"桃色陷阱"。根据弄到的通讯录,某女子给政府官员发送手机短信,自称是某公司员工,曾与其在饭局上见过面。如果有官员回复短信,她就会用言词或自己的照片挑逗引诱这些官员。经过一段时间的交流,她就和一些官员到高档的酒店喝茶、闲聊、吃饭,等到"关系到位"后,双方就会相约到酒店开房。开房时,该女子随身携带的包里已经装好了针孔摄像机,上床的整个过程都被偷拍了下来。"引诱—偷拍—捉奸",尽管这是个很老套的招数,却有多名重庆官员落到这个陷阱中去。据重庆市政府新闻办官方微博2013年1月25日通报,重庆市委已对被敲诈违纪人员予以免职,并将根据调查情况依法依纪严肃处理。

《环球时报》2013年1月28日评论指出,重庆10名党政干部、国有企业负责人(9名厅局级,1名处级)因卷入不雅视频丑闻被免职,加上雷政富,一共11人。这件事暴露了中国吏治在官员道德领域的突出漏洞,也暴露了社会上行为规范的惊人缺失。两者相互作用,导致双向的违纪和犯罪如此容易地一拍即合,一个无良老板的粗陋策划就像网鱼虾一样兜住一群地方高官,上演了所有剧中人无一例外都是丑角、善良和正义被抛向天边的无耻一幕。

深圳市罗湖区原公安局长安某因受贿罪被判有期徒刑 15 年。为了满足自己的色欲,她多次以出外考察的名义,指定年轻英俊的男警员单独跟随她外出,其间向英俊下属做出性暗示,引诱他们为自己服务。如顺其要求,回单位后迅速提拔和重用;不给自己提供服务的下属,则升职无望,理由是"有待磨炼"。

从美色与贪官的关系和相互作用看,大体有几种类型:以色谋权、贪钱买色、色助官贪、色相贿赂、色逼官贪等。色鬼型贪官为了玩弄女色而敛钱,或者敛钱去买色,包养情妇,或掉进"桃色陷阱"而被敲诈,结局都是很惨的,而且导致权力变质、官员身败名裂、社会风气败坏、国有资产流失,确实值得警惕啊!

六、万恶之源是贪婪

拒腐防变,力克贪欲,永葆清正廉洁,已成为立身做人、执政为官的重要课题。

贪婪的人因物欲不能满足而忧伤,表现在攫取金钱时的不仁不义,在攫得金钱后的纵欲无度。倘若一个人处处以"足"为目标不懈追求,那么他所得到的结果将是永远的不足。猛兽易伏,人心难降。一个人欲望太多,就缺少智慧与灵性,心中无良知,容易使人堕落,导致目中无法纪,有权在手就拼命纳贿敛财,就会蒙受损失。俗话说:"高飞之鸟,死于贪食;深水之鱼,亡于诱饵。"

有些腐败官员很勤政,在位时做过不少利国利民之事,后来因为贪腐而落马,头上的光环因腐败而黯然失色。这深刻地昭示官员干部:为官者必须以清廉为本。

贪欲是腐败之根,是祸患之源。君不见,拥有多处豪宅,成捆藏匿现金,只能让贪官们多了一份贪婪,多了一份提心吊胆,多了一份罪恶。贪欲到头来,多占有的失去了,原有的也没守住,成为阶下囚而身陷囹圄,妻离子散、家破人亡。贪欲已成为腐败高发的源泉,危及党风和廉政建设。

一个人之所以不清廉,乃至于违犯礼义,做出种种不合乎道德的事,一个重要原因在于不知羞耻,一副道貌岸然的样子,不得不让人感叹这些人的脸皮之厚,出人意料。

　　从一些单位近几年发生的案件情况看，尽管各级党政组织三令五申，但贪污、受贿等案件仍然时有发生，其中犯罪败露落马的官员违法违纪凸显，比例较高，具有以下两个新特点、新动向：

　　大要案增加。大要案：贪污受贿1万元以上谓之大案，副处级以上干部违法犯罪即为要案。近几年大要案增加，包括不少身居要职的高官违法犯罪。原海军副司令王守业，贪污受贿过亿，情妇一大群。套用一句古语："成也权力，败也权力。"

　　贪权又贪色。二者是一对"孪生姐妹"。所谓贪钱买色，为色贪钱，色助官贪，"包二奶"、养情妇、色相贿赂，即"美色伴贪官"现象。查处的领导干部受贿案中，多数人都有情妇，权色交易已发展到严重的地步。原铁道部部长刘志军的情妇超过两位数。已被判处死刑的杭州市原副市长许迈永被称为"许三多"（钱多、房多、女人多）。

　　贪是万恶之首，贪是断命之根。大贪特贪，就会把自己送上法庭、监狱、刑场，自掘一条不归之路。

　　"世人如何不心安，只因放纵欲望船。"贪欲是永难填满的无底洞，金钱多了还要更多，美色占了还要再占，权位高了还要更高，贪得无厌将使私壑永难填满。

　　有人曾作《不知足》打油诗讽刺贪婪之人："终日奔波只为饥，才方一饱又思衣；衣食都足还不满，又想金屋藏娇妻；娶得美妻生下子，又恨缺少田和地；买得田园多广阔，又觉无船缺马骑；槽头拴满骡和马，又叹无官被人欺；县丞主簿还嫌小，又想朝中穿紫衣。如让世人心满足，除在南柯一梦里……"

　　贪婪是导致领导干部道德沦丧、腐化堕落的思想根源。贪则昏，不谙事理，不讲情感，徒生烦恼，失去理智；贪则偏，只知其一，不知其二，以偏概全；贪则失节，不讲礼义廉耻；贪是隐形杀手……

　　贪婪的人最愚蠢，眼前只有私利，一叶障目。贪婪的人最怯懦，他总是怕失去自己的私利。贪婪是欲火、是魔道。贪欲遮住了双眼，执迷而不悟，就无法看到危险所在。贪欲往往会使人用多种手段去追逐，一心想着的是"拿来"，不择手段地掠取、占有，已有的尊严、恪守的原则、追求的理想，在贪欲面前垮掉。

　　贪污腐败、奢侈浪费，是事业成功的大敌，是惹事招祸的首因。荀悦《申鉴》认为，统治阶级自身的腐败是国家衰亡的又一致命根源；"私政行"是致命的"亡国之风"。要扭转国家日趋衰落的局面，必须惩治腐败。

掌权民为本，位尊国更重。廉洁自律公仆情，两袖拂清风！我们一定要经常思虑自己的责任，靠党性来调解自己的欲望，保持清廉本色，远离职务犯罪，不辱党和人民赋予的神圣使命。

无数事实证明，做人清廉，就会赢来吉祥，获得幸福，兴家兴中华，一生高尚；过分贪婪，将金钱的数目当作"幸福指数"，将权力的大小视为彰显幸福的标尺，擅权谋私，贪污受贿，非但不会感到幸福，还会自轻自贱，走向犯罪，身败名裂。

七、财色俱贪埋祸根

人来到世间时，犹如清澈的泉水，皎洁的皓月，只是被贪欲、愤恨染污，而呈现出善恶美丑等种种表象。

《淮南子·齐俗》云："日月欲明，浮云盖之；河水欲清，沙石秽之；人情欲平，嗜欲害之。"意思是太阳月亮希望光芒四射，可是飘浮的云层遮盖了它；江河的水希望清澈澄净，可是泥沙乱石污浊了它；人的性情希望平淡节制，可是嗜好欲望损害了它。

天下最大的过错是迷恋于贪，贪得无厌。这种过度的欲望使人目光短浅，给人带来烦恼，带来灾祸。

我们党员干部队伍总体上是好的，但也应看到，在新形势新任务新要求下，一些党员干部的品行和能力素质有缺陷，经不起权力、地位的考验。贪污腐败的领导干部大都有一个苦难的童年，奋斗的青年，上升的中年，悲惨的晚年。

许多事实说明，懂得满足，不贪不占，就不会受到屈辱；懂得适可而止，就不会遇见危险，才能保持平安和幸福。一味贪婪，想得到更多的东西，结果已有的东西也失去了。

"呕心勤政万次少，贪赃枉法半回多。"过多的贪欲不会得到幸福，得到的只能是遗憾和怨恨。贪欲能使人从平静的理性状态变得疯狂。心在贪时最蛮横，人在狠时最大胆。一些贪官私欲膨胀，为了满足自己的权欲和金钱欲，为所欲为，把尊严、良心抛之脑后，把道德、法规踩在脚下，到了一发而不可收的地步。贪欲不遏制，好比顺着山坡滚石头一样，不可收拾。正如挪威弗罗希所言："贪婪的人，必定会葬身在用自己毕生索取的金钱而垒起的坟墓中。"

外面的世界很精彩，吸引人、诱惑人的东西很多。领导干部要自觉遏制住自己的一些欲望，既要抵制官欲、权欲，不眼热权势显赫，又要抵制物欲、钱欲，不奢望金银成堆，还要抵制生理上的某些欲望。欲望过度，会出问题。

宋代陈襄在《州县提纲》中，描述某些官员由奢入贪的过程："夫平昔奢侈之人，一旦窘乏，必不能堪。窥窃之心，由是而起。猾吏弥缝其意，双从而饵之。"于是，走向贪黩也就成了势所必至之事。他郑重告诫说："一陷贪墨，终身不可洗濯。故可饥、可寒、可杀、可戮，独不可一毫妄取。苟有一毫妄取，虽有奇才异能，终不能以善其后。"

一个人过于追求享受和奢华，就要付出精神上的代价。生命在永不知足的心态的驱赶下，不择手段地掠取、占有，道德谴责感、对法律的恐惧感同时相伴而生，使生命的质量大打折扣，并不是善待人生，即使生活富足也毫无幸福可言。

君不见，有些贪官，一有人出事，就寝食不安，深恐把他也说出来；警车笛声鸣叫，便心惊肉跳，真是草木皆兵；半夜一觉醒来，后半宿就睡不着了。你真的贪了，那么你的精神生命必然要受到创伤。

西方一个司法精神病学家搞了个贪官健康状况调查，发现贪官健康状况都不好，寿命都短，突出特点是心脑血管病比较普遍。经常心惊肉跳，怎么能健康呢？

发财与做官是人们所希望得到的，但是，绝不能不择手段地去追求金钱和地位而心安理得。"贪蛇勇行，必忘其尾。"当贪官在贪污受贿的道路上，一味"勇行""只恨聚无多"的时候，确实是忘记了身后的退路，自以为神不知、鬼不觉。然而当他们醒悟的时候，面对的是恢恢法网和高墙铁窗，一切悔之晚矣！

权力迎合贪欲，权力被熏染上了铜臭，从而异化和失控，结果用权力的"双刃剑"砍倒自己。许多案件告诫我们：志莫移，志移身必斜；眼莫花，眼花心必乱；意莫贪，意贪德必失；手莫伸，伸手必被捉！

八、奢侈之风当痛刹

奢侈，是对自己私欲的极端放纵——不惜花费大量钱财追求过分享受。奢侈相对于节俭而言。有人说，奢侈是毒化社会风气的腐蚀剂，是危害社会进步的海洛因。此话不无道理。

无数事实证明，从布衣人到为政者，谁"居安思危，戒奢以俭"，谁的日子就好过些，谁奢侈下去，谁早晚会成为狗屁不如的败家子，而官位高者奢侈无度，就会成为社会的大蠹，将是害莫大焉。

翻阅史书，有些君主在战乱之后能坐稳江山，保持一个阶段繁荣，大都与其行俭德、戒奢侈有直接关系；而许多王朝走向衰落，重要原因则是君主们骄奢无度。如慈禧就不是个玩意儿，仅一顿早餐竟有小菜一百多种，于是出现了各种名扬天下的贡酒、面、贡果……腐败到了令人发指、无以复加的地步，跟着而来的便是覆亡。由此观之，"成由勤俭破由奢"，此乃镜鉴古今的铁则。

近几年，各地狠刹公款吃喝、坐高级豪华车等奢侈风，取得了一些成效，然而还不尽如人意。一些市县的宾馆、饭店和娱乐场所，时常可以看到官员的身影。单位之间、上下级之间相互请吃请喝，你来我往，大部分用的是公款。某县有多家单位和部门在"新月楼"餐馆欠账吃喝，拖欠餐款高达80多万元。"新月楼"不堪重负，一纸诉状将欠款大户告上法庭。

那些弥漫金银气的大酒店，筵席上——天上飞的，海里游的，地下种的，家中养的，经过炒、煎、炖、溜、爆、烩，几乎应有尽有。有些筵席不言自明是公款宴请，几乎每桌美食佳肴都吃不了，不少鱼、肉被白白扔掉。呜呼！公家的汗毛真比工薪阶层的腰杆还粗。在企业食堂、招待所宴请，虽不像大酒店灯红之下的酒绿那么"气派"，然而吃得好而剩得多常有，吃得好而盘子光不常有。

一个德国人在武汉应某厂之宴请，有点"不识抬举"地惊呼："中国人的宴请浪费太大！"前不久从德国考察回来的人也如是说：德国是个富国，但人家宴请标准是吃好又吃了——菜盘上看不到或极少有剩的东西——他们说菜饭也是"资源"，怎么能浪费呢！看来，那个德国人的"惊呼"不是在"整景"，而我们的某些消费观念和做法，不是应当来一番反思和变化吗？

艰苦奋斗、勤俭节约是中华民族的传统美德，是我们党一贯倡导的优良作风，是防止腐败的思想保障。胡锦涛提出"八荣八耻"，就有"以艰苦奋斗为荣，以骄奢淫逸为耻"。

在有的人看来，艰苦奋斗、勤俭节约是战争年代和艰苦岁月提出的特殊要求，现在条件和环境改变了，再提倡这个就不合时宜了；有的人认为，吃点、喝点、玩点都是小事，没必要看得那么重、要求那么严；有些领导干部艰苦奋斗、勤俭节约意识淡化，讲排场、比阔气，挥霍浪费，有的公款一顿饭吃上个万八千的，习以为常；纵情高消费娱乐场所，出手阔绰，甚至比富斗富、一掷千金，"一顿饭一头牛，屁股下面一座楼"。

有的领导干部用公款大吃大喝，吃了甲鱼要鱼翅，吃了鱼翅要燕窝，一桌下来要几千元,甚至上万元。京郊某养猪专业户,从城里拉饭店的泔水喂猪,发现猪不吃食。找来兽医一看,原来是猪食槽里鸡鸭鱼肉和海鲜太油腻了。这个小侧面,折射出吃喝浪费之惊人。

不少地方、部门和单位在生产经营活动中管理粗放、不计成本,对铺张浪费不以为然,在接待活动、承办会议中花钱大手大脚、互相攀比,挥霍浪费。奢侈之风盛行,不仅损害了国家,也损害了党的形象,不仅导致勤俭美德的沦丧,而且导致腐败。

有的领导干部见钱眼开、见利忘义,骄奢淫逸,追求感官刺激,拈花惹草,包养情妇。为了支撑享乐的奢侈性,贪官们循环往复于"敛财—享乐—再敛财—再享乐",以至于陷入这个"魔圈"而不能自拔。

共产党人如果以奢为荣,轻则败坏党和政府的形象,影响党群关系,重则有可能葬送江山社稷。党员领导干部要认真落实党的十八大精神和新一届中央领导的一系列要求,在党内大兴艰苦奋斗、勤俭节约的风气。

对于奢侈淫逸等腐败行为,要予以纪律约束和及时惩罚。对于那些道德败坏、奢侈挥霍公款、追求享乐的党员干部,对于权色交易、包养情妇的党员干部,对于那些热衷于公款吃喝玩乐和旅游的党员干部,必须坚决果断地按照党纪政纪条规给予降职和撤职等处分。

九、消除攀比与贤齐

西方有句格言:怀着爱心吃菜,胜过怀着恨吃牛肉。生活中的许多麻烦源于害人害己的心理失衡,盲目与别人攀比,忘了享受自己的生活,不愿接受别人的监督,知法犯法。

攀比在心理学上被界定为中性略偏阴性的心理特征。攀比心理,是指不顾自己的具体情况和条件,盲目与别人比,产生偏差时出现的负面情绪,虚荣动机增强,甚至产生极端的心理障碍和行为。

成都市政协原副主席周学文因受贿罪被法院判处死缓。他在忏悔书中写道:"在平时与一些老板的交往中,我看到他们腰缠万贯、挥金如土,过着纸醉金迷、灯红酒绿的生活,心理开始失衡,欲望开始膨胀。论知识、能力和水平,我不比他们差,可挣的钱却与他们不可同日而语。特别是看到有些老板是在得到自己的帮助与支持后才如此气派,我的心态就更加不平衡,从而导致错误思想的产生。有了那'第一次'后,我产生了错觉:我没钱,但是我有权,我给你帮助,你感谢我有何不妥?我还认为这是一种'潜规则'、一种社会风气。现在想来,我当时是在心里为自己的违法犯罪行为寻求自我安慰。"

有的领导干部工作不够务实,看别人被提拔了,时有抱怨声,三五年没得到提拔就有失落感,放松了自我要求;有的领导干部挟公款出入娱乐场所,或借考察之名游山玩水。少数领导干部在公务接待、公务用车、办公用品上相互攀比,讲派头、摆阔气。有的贫困地区的少数领导干部却争先恐后地坐上了崭新的中高档轿车,干部消费向老板们看齐已成普遍现象,攀比风盛行。

一些领导干部出现了理想迷茫、道德缺失、享乐主义、拜金主义、极端个人主义抬头,出现了不顾客观条件,盲目攀比之风,把骄奢淫逸行为视为一种"荣耀"。少数领导干部为了"应酬",时常出出进进酒店,大肆挥霍公款,吃喝的档次较高,菜肴的花样翻新,为喝得过瘾而感到满足。有的领导干部利用婚丧嫁娶、工作调动等大摆宴席、大讲排场,借机敛财。有的领导干部为了炫耀自己的地位和富有,或出于满足享受欲望而斗富摆阔,讲究高档,追求名牌。

有的领导干部不是比抱负、比能力、比工作、比奉献,而是和同事比职务,和个体老板比金钱,比来比去比扁自己,体会不到幸福。这种攀比心理在消极颓废、骄奢淫逸、追求享乐、走向腐败过程中,起到了初始动力和催化剂的作用,结果丧失道德底线,丧失共产党人的基本原则,坠入腐化堕落的深渊。

在名利面前不能盲目攀比,不能有任何侥幸心理,不能生出非分之念,不做超越法纪之事,自觉做到学法、懂法、知法、守法。

在道德修养、思想境界上,我们应当同古代圣贤、志士仁人比,同老一辈革命家比,同当代先进楷模雷锋、焦裕禄、孔繁森、郑培民、杨善洲、郭明义比,在比较中看到自己的不足,找到自身的差距,树立正确的世界观、权力观和利益观。

上清道會

宋徽宗

上清道会^①

【历史背景】

宋徽宗(公元1082年—公元1135年)之所以当上皇帝完全是一件出乎意料的事情,因为按照次序算起他是宋神宗的第十一个儿子,根本就没有当皇帝的资格,但是哥哥宋哲宗死后,宋神宗的夫人向太后极力地推荐他,大概是因为以前的皇帝都力主改革,而向太后跟她婆婆高太后一样都是比较保守的,都不赞同改革派。正好宋徽宗在即位之前只知道诗词书画,从来就没有过问政治,正是因为这个原因,他反而得到了向太后的垂青,后来为了显示自己的决定是有所根据的,向太后引用了宋神宗的话"端王(后来的宋徽宗)有福寿,且仁孝,不同诸王"。但是也有人说宋徽宗轻佻是不能够做皇帝的,但都被向太后回绝了,就这样赵佶意外地做起了皇帝。

在位期间,宋徽宗重用蔡京、童贯、高俅、杨戬等奸臣主持朝政,大肆搜刮民财,穷奢极侈,荒淫无度。建立专供皇室享用的物品造作局。又四处搜刮奇花异石,用船运至开封,称为"花石纲",以营造延福宫和艮岳。他信奉道教,自称"教主道君皇帝",大建宫观,并设道官二十六阶,发给道士俸禄。在位期间,爆发方腊、宋江等人领导的民变。宣和二年(公元1120年),遣使与金朝订立盟约,夹攻辽国。宣和七年,金军南下攻宋。他传位赵桓(钦宗),自称太上皇。靖康二年(公元1127年),他与钦宗一同被金兵俘虏,后被押往北边囚禁,死于五国城(今黑龙江依兰)。在位二十五年。其治国无能,但艺术才能颇高。书法称"瘦金体",传世画作有《芙蓉锦鸡》《池塘晚秋》等,并能诗词。

宋徽宗还尊信道教,大建宫观,自称教主道君皇帝,并经常请道士看相算命。宋徽宗赵佶身为君主,却一意孤行,沉迷于邪说之中,做出了那么多的荒唐事。后来,金兵攻打北宋,把徽宗抓走。他在寒冷的五国城里,被关押了八年,终于孤寂愤恚地死去。

【原文】

宋史纪：徽宗幸上清宝箓宫②，设千道会，且令士庶入听林灵素③讲经。帝为设幄其侧。灵素据高座，使人于下再拜请问，然所言无殊绝者，时时杂以滑稽媟语，上下为大哄笑，无复君臣之礼。又令吏民诣宫，授神霄秘箓④。道箓院⑤上章，册帝为教主道君皇帝。

【张居正解】

宋史上记，徽宗崇尚道教，曾替道士林灵素盖一座宫，叫作上清宝箓宫。徽宗每临幸其地，便设大斋醮⑥，但来的，既与斋饭，又与衬⑦，施钱三百，叫作千道会。且令士民都入宫，听林灵素讲道经。徽宗设御幄于其旁，着灵素在正面坐着高座，使人于下再拜请问。灵素所讲的，却只寻常，无奇异处。时或杂以诙谐亵狎的言语，上下哄然大笑。无复君臣严肃之礼。又令官民人等，都到这宝箓宫里传授他神霄秘箓，盖假神其术，言受此箓，可获再生富贵也。道箓院官因上表章，册号徽宗作教主道君皇帝。

夫徽宗为亿兆之君师，乃弃正从邪，屈体于异流，猥杂于凡庶，甚至亲受道号，甘为矫诬。自昔人主溺于道教至此极矣。卒有北狩之祸，身死五国城，彼所谓三清天尊者，何不一救之欤？

【注释】

①本篇出自《宋史·本纪·徽宗三》，并见卷462《方技传·林灵素》，内容叙述宋徽宗崇道术，做教主道君皇帝的故事。

②上清宝箓宫：是宋徽宗为道士林灵素所建的宫观。进行设醮讲经。

③林灵素：宋朝温州人。少依佛门为僧，常受其师笞骂，后改从道教。以方术获宋徽宗宠信。徽宗赐号通真达灵先生、金门羽客玄妙先生。

④神霄：道家把最高的天，叫神霄。

⑤道箓院：宋代掌管道教事务的官署。

⑥斋醮：道教设坛祭祷的一种仪式。即供斋醮神，借以求福免灾。

⑦衬:施舍。

【译文】

宋代史书上记载:宋徽宗临幸上清宝箓宫,在那里设置千道会,并且令士人百姓都来听林灵素讲道经。徽宗在讲坛一侧设有的御幄旁听。而林灵素却高高在上据正座,让人们在座下一再地向他礼拜请问。可是他讲的道经没有任何新鲜内容,只是常常用滑稽轻佻的言语,引得上上下下哄堂大笑,不再有君臣庄严的礼仪。又令官吏民众到上清宝箓宫,请林灵素授以神霄秘箓。道箓院上奏章,册封宋徽宗为教王道君皇帝。

【评议】

宰相章淳曾说宋徽宗"生性轻佻,不可以君天下"。历史对这个评价给予了最真实的回答。宋徽宗统治时期,大兴土木,为的就是要满足自己的私欲,不理政事,任用奸人,肆意搜刮百姓,终于将宋朝的江山断送了。在我们刚刚看到的故事中主要记述的是他崇信道教,经常被一些道士的胡言乱语蒙蔽,还大肆地为这些骗人的道士修建奢侈的道观,更为可笑的是还要将自己封为"道君皇帝",对道士进行分封等级,并给予俸禄,这在历史上都是绝无仅有的。皇帝身为万民之主享有当时最高的权力,一些奸佞的小人为了自己的荣华富贵,就想尽办法来逢迎讨好他们,圣明的君主对于这样的人抵御起来还颇费些功夫的,一旦昏庸的君主遇到了这样的人,就认为是自己找到了知音,并对这些祸国殃民的败类大加赞赏,故事中的宋徽宗就是一个愚蠢的昏君,可见金帝封他的"昏德侯"称号也是名副其实的啊。这样的皇帝对上对不住自己的祖宗江山,对下也愧对黎民百姓。虽然宋徽宗为中国艺术的发展做出了贡献,但是身为君主就应该将自己分内的事情做好,治理好自己的国家,使自己的百姓安居乐业才是真正的事业啊!

【拓展阅读】

徽宗赵佶

宋徽宗名叫赵佶,是神宗的第十一子,哲宗之弟,宋王朝的第八位皇帝。他承兄继位，却放浪轻佻，重用奸佞；他雅好艺术，才学卓绝，可惜为政昏庸无能。最后徽宗成了宋朝历史上第一个死在异邦的皇帝，也是第一个没有葬入大宋皇陵的国君。

皇帝风流　佞臣乱政

赵佶，生于元丰五年（1082年），是神宗与陈美人之子。因他生得健壮，所以神宗赐名为"佶"，意思是健壮的驷马，取自《诗经·小雅》中"四牡既佶，既佶且闲"句。赵佶的母亲陈美人，出身平民，为人端庄颖悟。她对神宗很有感情，神宗驾崩不久，她也忧郁而终，此时赵佶年仅4岁。赵佶虽然父母早亡，但身为皇室子弟，自幼还是受到了良好的教育。他生性聪慧，不喜欢学习正统的儒家经典，却对丹青、笔砚、骑射、蹴鞠，甚至豢养禽兽、莳弄花草等都很感兴趣，尤其在书画方面，他有着过人的天赋。他自创的"瘦金体"，运笔飘忽快捷，笔迹瘦劲而又不失其肉，锋芒毕露，是一种别有风韵的字体。

赵佶先被封为宁国公，授为镇宁节度使。哲宗即位后，他又晋升为遂宁郡王。绍圣三年（1096年），赵佶又晋封为端王。不过他可不是一个行为端正的人，相反，他轻佻放浪，并结识了一大群臭味相投的纨绔子弟。他的密友王诜，是英宗之女魏国大长公主的驸马，此人风流好色，家中姬妾成群，还经常出入青楼妓馆，公主根本管不住他。赵佶跟着王诜学到了不少恶习。他称帝后的大奸臣高俅，就是王诜引荐的，因为高俅蹴鞠踢得好，后来成了赵佶的宠臣。赵佶在外面风流快活，在宫中却很守规矩，他尤其对神宗的皇后、现在的向太后，非常恭敬，天天都去请安问候。这样向太后自然钟爱赵佶超过其他诸毛。元符三年（1100年）正月，哲宗病逝，无子继位，端王赵佶就在向太后的大力支持下登上了皇帝宝座，即宋徽宗，次年改元建中靖国。

徽宗称帝时已经19岁了。虽然向太后认为他聪明伶俐、孝顺有礼，但是大臣们对他的风流放浪都有所闻。为了稳固大宋的江山，宰相章惇等人就奏请太后摄政，不过向太后是个很安分的人，没有前朝高太后那样的野心，就说皇帝年纪不小了，不应再由母后干政。徽宗对向太后拥立自己本就十分感激，于是也恳请太后摄政，向太后只好答应下来。在太后的帮助下，徽宗即位初期朝政十分平稳，他逐渐赢得了朝中各派官员的广泛支持。向太后的确没有一点权力野心，她听政6个月后就还政退隐了。徽宗为了让大臣们对自己放心，就做出了许多浪子回头的举动。他退还了百姓王怀献上的玉器，又放走了豢养的珍禽异兽，在生活上戒奢尚俭；他下诏求直言，虚心纳谏，在政治上励精图治。不过徽宗只是装装样子,很快就露出了本性。

建中靖国元年(1101年)正月,向太后病逝。没过多久,大奸佞蔡京就被徽宗召回京城,担任翰林学士承旨。蔡京,是徽宗时的几大奸贼之首。他是个才华横溢的饱学之士,对书画极其擅长,不过他更擅长的则是投机钻营、逢迎拍马。在哲宗前期,高太后掌权,重用保守派司马光等人废除新法,蔡京就靠支持司马光获得了重用;哲宗亲政后,蔡京又力挺变法派,并讨好哲宗的宠妃刘氏,即后来的刘皇后,继续获得重用。不过蔡京的名声实在不佳,徽宗即位后,蔡京就被众臣弹劾,罢了官职,闲居杭州。徽宗喜好书画,他即位后不久,就派宦官童贯下江南搜寻书画奇珍。童贯也是徽宗时期的一大奸佞,蔡京就是靠着笼络童贯,重新回到朝中。蔡京既有才学又会谄媚,很快就得到了徽宗的器重,于崇宁元年(1102年)七月被任命为宰相。徽宗在位25年,蔡京就做了24年宰相,其间虽然三次遭罢免,但都是很快就官复原职,可见徽宗对这个马屁精的宠信。

除了蔡京、王诜、高俅、童贯外,徽宗宠信的还有王黼、朱勔、梁师成等,这些人无一不是善于谄媚的奸佞之徒。其中蔡京、蔡攸、高俅、杨戬、李邦彦和李邦昌六人,是徽宗一朝有名的"六贼"。这些人得势后,就结党营私,将那些正直的官员统统排挤迫害出朝廷,此后朝中小人横行,宋王朝就迅速腐败混乱下去了。

天子好奢　沉湎女色

俗话说,上有所好,下必甚焉。徽宗的爱好放在普通人身上,他只不过是一个富贵风流的才子闲人,可惜他偏偏是皇帝,这样就成了百姓的巨大灾难。

徽宗曾言:"太平无事多欢乐。"他的帝王生涯也的确是在奢靡享受中度过的。蔡京和儿子蔡攸都是马屁精,父子二人也时常奉劝徽宗及时行乐。蔡京还为徽宗想出了一个口号,叫作"丰亨豫大",意思是富足隆盛的太平安乐景象。徽宗为了丰亨豫大,就把朝廷、宫室以及各种场面都搞得富丽堂皇的。王朝的衰亡总是起于帝王的荒淫奢靡、大兴土木,宋朝到了徽宗时期就是这样。

为了粉饰太平,徽宗营建了新延福宫。这座华丽的宫殿由5个小区组成,称为"延福五位",政和四年(1114年)竣工。为了装点新宫,徽宗命人四处搜寻奇花异石,用船运至开封,称为"花石纲"。除此之外,宫殿中的象牙、犀角、金银、玉器、藤竹、织绣等物,无不精美绝伦。徽宗爱书画,所以他费尽苦心搜罗前代的书法、名画、彝器、砚墨等,为了得到一件珍品，他甚至不惜任何代价。徽宗的旨意自然由蔡京等人去执行，他们就乘机恃强凌弱，并大肆搜刮民脂民膏，搅得全国百姓都不得安宁。

徽宗对百姓的苦难根本不关心，他的心思都集中在自己的心爱之物上。凭着帝王的权威，他收集的奇珍异宝不计其数，尤其是书画，件件均为精品。书法中有晋二王的《破羌帖》《洛神帖》，还有不少唐代颜、欧、虞、褚、薛、李白、白居易等人的墨宝，仅颜真卿的真迹就有800多幅。丹青名画中还有三国时期曹不兴的《元女授黄帝兵府图》、曹髦的《卞庄子刺虎图》等。徽宗收藏甚丰，与那些附庸风雅的收藏家不同，他是真的懂收藏，也潜心研究如何收藏。他对当朝的书画名士都特别钟爱，对他们的文人习气也非常尊重。其中著名书法家米芾，好书画成痴，不理世俗礼法，人称"米颠"。徽宗对他特别欣赏，将宫中专门设立的御前书画所交由他掌管。张择端所绘的歌颂太平盛世的历史长卷《清明上河图》，就完成于徽宗时期，徽宗也是这幅传世名画的第一个收藏者。

徽宗除了大兴土木，迷恋收藏外，还十分信奉道教，迷恋成仙之术。他自称"教主道君皇帝"，在全国大建道观，还设道官26阶，给道士们发俸禄。北宋神宗驾崩时，宋朝的财富相当于当时世界的百分之七十。哲宗一朝，并没有做多少劳财伤民的事。可徽宗穷奢极欲，竟然将这些巨额的财富花个精光。徽宗时期，朝政混乱，贪官污吏横行，苦不堪言的百姓纷纷揭竿而起，其中就包括后来小说名著《水浒传》中提到的梁山好汉宋江、安徽方腊等人。

朝政不稳，社会动荡不安，徽宗还是不操心。他生性放浪，又正值盛年，对女色十分迷恋。他17岁大婚，娶了德州刺史王藻之女，后来顺理成章的册立王氏为皇后。王皇后恭俭端庄，不善狐媚争宠之术，根本不得徽宗的欢心。徽宗宠爱的郑氏，原是向太后宫中的侍女，既貌美聪慧又善解人意。徽宗与郑氏二人吟诗作对，很有才子佳人的浓情蜜意。徽宗写了不少情词艳曲赐给郑氏，这些作品都流传到了宫外。大观二年（1108年），王皇后去世。政和元年（1111年），郑氏就入主中宫了。除了郑皇后，徽宗还宠爱大小刘贵妃、乔贵妃、韦贵妃等人。大刘贵妃出身寒微，却生得貌美如花，迷得徽宗魂不守舍。不料大刘贵妃在大观三年（1109年）秋就香消玉殒了，徽宗为此失落了很长时间。小刘贵妃也出身低微，父亲是个酒保。她不仅像大刘贵妃一样国色天香，而且擅长烹饪，又会装扮，很能迎合徽宗，因此专宠一时。徽宗宠爱的各位美人都千娇百媚，不过美人总会迟暮，所以徽宗很快就寻找新欢了。他后来最宠爱的美人却不是宫中的妃嫔，而是京城名妓李师师。徽宗自从得知李师师的艳名后,就经常微服溜出皇宫,去妓馆寻欢。虽然他行踪隐秘,但天子浪迹青楼之事还是在大臣百姓中传开了。

靖康之耻　帝王成囚

徽宗花天酒地、胡作非为之时,奸臣们也趁势鱼肉百姓,卖官鬻爵。蔡京、童贯等人个个捞得钵满盆盈。他们的奢华放纵,丝毫不逊于徽宗。在宋人罗大经所著的《鹤林玉露》中载有这样一件事:有一士大夫买了一个小妾,小妾乃是太师蔡京府上包子厨中的厨娘。一日,士大夫让小妾做包子,小妾却说不会。士大夫怒道:"你既是包子厨中人,为何不能做包子?"小妾答道:"妾身只是包子厨中切葱丝的。"由此可见蔡京府上的奢华。据载,蔡京将贪污的财物藏在他位于杭州的豪华别墅里,不料财物太多,别墅装满后,还剩余了40多担金银宝货,就寄藏在浙江海盐的亲戚家,亲戚都沾光成了当地首富。

就在徽宗日日快活行乐时,宋王朝已经陷入了内忧外患之中。国内农民起义不断,徽宗屡屡派兵镇压,也不见成效。在对外关系上,自崇宁二年(1103年)起,徽宗在蔡京的建议下,派童贯领兵对西夏发动了一连串的进攻。宋军多次取胜,攻占了许多地盘,西夏朝廷也低声下气地奉表谢罪。这是宋朝与西夏交战以来的第一次大胜利,徽宗为此很自得,同时他也被胜利冲昏了头脑,雄心勃勃地打算收回被辽人占据多年的燕云十六州。

宋夏战事停止后,徽宗就与女真建立的金朝联兵讨伐辽国。宋宣和四年(1122年)十二月,金主完颜阿骨打领兵占领燕京,向宋朝索取了100万贯的"燕京代税钱"后,于次年才将已经劫掠一空的燕云诸州还给宋朝。宋朝为了几座空城,付出了惨重的代价。而辽国被灭后,金国又将矛头转向了宋朝。

宣和七年(1125年)十月,羽翼已丰的金国正式大举入侵宋朝。金兵分东西两路,东路军由斡离不率领,从平州(今河北卢龙)攻打燕山;西路军由粘罕率领,从大同进攻太原,两军计划在汴京会师。金兵进军神速,东路军先后攻占了檀州(今北京密云)、蓟州(今天津蓟县),而北宋将领郭药师降敌,这样东路金兵不战而入燕山,继续南下。西路军于十二月初连克朔州(今山西朔县)、武州(今山西神池)、代州(今山西代县)等地,十二月十八日,开始围攻太原。

宋军失利的警报频频传入京城,徽宗吓得心惊肉跳,寝食难安。他再也无心享乐了,但他又不敢担起抗金的大任,就有了逃跑的打算。为了顺利逃跑,他于十二月二十三日将帝位禅让给儿子赵桓。第二天,赵桓即位,即宋钦宗。靖康元年(1126年)正月,退居龙德宫的太上皇徽宗就扔下儿子,仓皇逃往镇江。二月,金兵缴获巨额财物后,从汴京退走,赵桓接连派人请徽宗回京。直到四月,徽宗才磨磨蹭蹭地回到汴京,仍居住在龙德宫。同年十一月,金兵卷土重来。闰十一月二十五日,汴京陷落。皇室宗亲都成了俘虏,徽宗倾尽大半生心血收藏的珍品也被劫掠毁坏一空了。靖康二年(1127年)二月,金朝废掉了宋徽宗和宋钦宗两个皇帝,并将宋王朝的皇亲宗室、大臣和宫人等数千人押往金国。止二事史称"靖康之耻"或"靖康之变"。

靖康之变后,徽宗的第九子赵构逃到南京(今河南商丘)称帝,即宋高宗,史称南宋。而被俘的徽宗等人,于同年十月,被押送到大定府(今辽宁宁城西)。第二年七月,又被押送到金国都城上京会宁府(今黑龙江哈尔滨市阿城区南)。没过多久,徽宗与钦宗等宋朝君臣宗亲共计900多人又被押往韩州,金朝拨给他们十五顷土地,让他们自食其力。

徽宗在被俘之后就受尽了屈辱,金太宗还封他为"昏德公"加以羞辱。徽宗曾写过一首小诗表达自己凄凉的心境:

彻夜西风撼破扉,萧条孤馆一灯微。

家山回首三千里,目断山南无雁飞。

在金朝苟且偷生的几年里,每逢丧祭节令,徽宗都会得到金人赏赐的财物酒食,不过他每次都必须写一封谢表。这些谢表后来被金人集成一册,拿到边境与南宋贸易的榷场去卖,一直卖了四五十年。这样徽宗也被宋朝臣民痛骂了几十年。

南宋绍兴五年(1135年)四月,受尽折磨的徽宗病死在金朝五国城(今黑龙江伊兰北),终年54岁。他去世的消息直到绍兴七年(1137年)九月,才传到南宋。宋高宗赵构追谥他为"显孝皇帝",庙号"徽宗"。绍兴十二年(1142年)八月,徽宗的棺材才从金朝运到南宋京都临安(今杭州),随后葬于永佑陵(今浙江绍兴东南35里处)。宋徽宗在位25年,宠信奸佞,玩物丧志,最后落得国亡被俘,惨死于异乡。他的惊世才华令后人叹服,他的昏庸无能也令世人扼腕。曾经繁盛一时的北宋王朝到他这里就灭亡了,之后建立的南宋王朝苟且偷安于江南一隅,堪称中国历史上最软弱的王朝。

一、夏桀荒淫倾社稷

历史风云细品鉴，兴衰成败自有因。历史上历朝历代的灭亡，除了当时的外部原因外，几乎都是腐败由内起，祸乱由内作；秦汉隋唐、宋元明清，莫不如此，夏朝堪称第一个先例。

夏朝是中国历史上第一个奴隶制国家，建立于公元前 21 世纪，由禹的儿子启建立，从启至桀共传 14 代、17 个王，约有 472 年。夏王朝在少康及其子予时期，发展最为显著，呈现崛起和中兴的景象，大约从第 14 个王孔甲起，逐渐走上了衰亡之路。到了夏桀的时代，已是风雨飘摇。

夏桀人高马大，体力超群，有胆有识，能空手打败老虎，曾潜入水中征服蛟龙。只可惜，他把聪明才智用到了享乐和暴虐上。

夏桀自负勇武，发兵征讨有施国，眼看着有施国的城池就要被攻下了。有施国王为了求和，便把多年积攒的珍宝取出，又从民间挑选出许多美女，一起进贡给夏桀。面貌美于嫦娥的妹喜，令夏桀满心欢喜，便当即下令撤军。

夏桀立妹喜为妃，宠爱无比，与妹喜昼夜为欢，把打仗的事抛到了九霄云外。每天日午而起，以为天才刚刚亮。新妃梳妆后即饮宴，饮宴必定歌舞。夏桀喜欢把娇小的妹喜放在自己膝盖上，像把玩一件精美柔软的乐器。

半个月之后，外面击鼓奏事者日多。夏桀只好上朝，命武士尽斩告奇冤异枉的人，以免惊圣驾；命左右将大鼓刺破，再不设鼓。

为了讨得美人欢心，夏桀下令征集国内最优良的工匠，搜刮民脂民膏，修建华丽的宫殿。这座宫殿是当时京城的最高建筑，金碧辉煌，宏伟壮观。他每日和妹喜在宫殿里听歌、赏舞、喝酒、嬉戏。大臣们要报告事情，一律被挡在宫外。

妹喜有一种奇怪癖好，爱听撕绢帛的声音。夏桀令百姓进献精美的绢帛，让宫女们一一撕裂，让妹喜听。当时丝绸业刚刚兴起，破坏这种稀有昂贵的物品，无异于暴殄天物。

夏桀不知稼穑艰难，不念民间疾苦，只知沉醉于人生享乐。夏桀还突发异想，在宫苑边深挖大池，倾满了美酒。舞女们在酒湖四周载歌载舞。酒池大得可以划船，一起喝酒的人掉进酒池里都不知道。

夏桀还逼迫百姓去打仗、服劳役；实施严刑酷法，对奴隶的镇压变本加厉。夏王朝的统治处于风雨飘摇之中。

有位贤臣关龙逄，为人刚直不阿，多次向夏桀劝谏，指出陛下过于奢侈，随意杀人，已失去人心，天下会大乱。只有赶快改正过错，才能挽回人心。夏桀总是不听。关龙逄见劝谏无效，就画了一幅古代帝王勤俭从政情况的"皇图"进宫，按图向夏桀讲述，最后劝他说："……如不及时改过，国家会很快灭亡的！"夏桀却认为他是在用从前帝王的事迹影射辱骂自己，即令人将皇图烧毁，将关龙逄推出斩首。

有人引见伊尹给夏桀，伊尹以尧舜的仁政来劝说夏桀，夏桀却听不进去。伊尹目睹了夏朝的黑暗和腐朽，便选择了离开，后来成了商汤的有力助手。

从此，正直忠贞之士再不敢进谏良言了，而夏桀听得到的都是宵小佞臣们的谄媚谗言。

夏桀还自命不凡，自诩为太阳。百姓们恨透了他。当时流传一句民谣："时日曷丧？予及汝皆亡！"（你这暴君何时灭亡？我们宁愿跟你同归于尽！）

就在百姓无路可走、渴望暴君灭亡的时候，有一个叫商的诸侯国发展壮大起来。商的国君叫汤，以仁义治国。夏桀听说商汤比自己贤良，很有威望，担心自己地位不保，就把商汤抓来，囚禁在夏台。商汤的大臣伊尹心急如焚，派使者向夏桀呈献一队美女和金银财宝，于是夏桀就把商汤放了。

商汤看到夏桀十分腐败，夏王朝日益衰落，回国后训练军队，准备粮草，击败夏桀的盟国后，直逼夏都，兵临城下。夏桀这才慌忙调集军队迎战。商、夏两军在鸣条展开决战。

由于夏桀平时作恶多端，夏军将军都不肯为其卖命，因而遭到惨败。夏桀慌不择履，携着妹喜及珍宝逃走，一直逃到南巢。汤的大军追到那里，将夏桀生擒活捉，把他流放到南巢。夏桀在放逐地不到 3 年就郁郁而死。夏朝就这样消失在历史的瓦砾和烟尘之中。

"大禹辛勤造夏邦，子孙何苦事淫荒。国亡不悔生平罪，翻悔当时不杀汤。"王十朋的《桀》写得简洁凝练，深入浅出，令人品味！

夏王朝,中国历史上第一个奴隶制国家,为什么灭亡了呢?主要原因是夏桀骄奢淫逸、失掉民心。正如孟子所说:"桀纣之失天下也,失其民也;失其民者,失其心也。得天下有道,得其民,斯得天下矣;得其民有道,得其心,斯得民矣!"

汉代荀悦在《申鉴》中说:君子用三面"镜子"来审视自己:以史为镜,求得训诫;以人为镜,求得贤德;以铜为镜,求得明晰。夏朝衰亡,是因为没有记取大禹的警戒。因此君子经常做的事就是审视自己,莫因骄奢淫逸失掉民心而倾覆社稷。

二、败亡之渐奢靡始

一部二十四史,其兴也浡焉,其亡也忽焉,不乏骄奢淫逸,斗志衰退,以至于亡国亡身的成例。

商纣王继位之初,是一个颇有作为的君主,尚能励精图治,功劳很大。他曾御驾亲征,率军对落后的东夷地区进行了一场长期的战争,屡次苦战,终获全胜。商纣王平定东夷,开发中原和东南一带,是有功劳的。他本应大有作为,但他的聪明才智却没用对地方。

纣王的叔父箕子,有识人的睿智和敏感,能从细微之处觉察到人的变化。有一天,纣王说他不喜欢用粗陋的餐具了,让属下给他做一副贵重的象牙筷子,引起箕子的深深忧虑。箕子由此事推断纣王今后必然要用犀玉酒杯,必然想到远方的奇珍异宝,必然不会再吃粗粮饭,不愿穿粗布衣裳,逐渐奢侈淫逸。于是箕子多次给纣王提意见,希望他不要追求奢侈淫逸的享受,向他提出治理国家的主张和办法。

可是,纣王没有接受劝告,强迫成千上万的奴隶,花费7年时间在朝歌建造一座新的宫殿——鹿台,比夏桀留下的瑶台还要富丽堂皇,朝歌远近的景物尽收眼底,还修建了许多离宫别馆。

"酿酒为池肉作林,深宫长夜恣荒淫。"纣王让男女裸身相逐其间,作奇技淫巧以悦之,观北里之舞,听靡靡之音,尽情享受。为满足奢侈享受的需要,纣王昏庸无道,残酷压榨平民和奴隶,做出许多残忍毒辣的暴行,结果走上毁灭的不归路。

奢侈享乐既是消极颓废的表现,也是腐败现象产生和蔓延的温床。奢侈享乐是多发病灶,能滋生多种"疾病"。陷入奢侈享乐之泥潭,最终会革掉自己的命,是在败家、败国。

司马光认为,唐明皇不幸的晚年也是因奢侈而招致的,"明皇恃其承平,不思后患,殚耳目之玩,穷声伎之巧,自谓帝王富贵皆不我如,欲使前莫能及,后无以逾,非徒娱己,亦以夸人。岂知大盗在旁,已有觊觎之心,卒致銮舆播越,生民涂炭。乃知人君崇华靡以示人,适足为大盗之招也"。

明代宋濂说得好:"非俭无以养廉,非廉无以养德。"意为只有俭朴才能保持廉洁,只有廉洁的人才能具有高尚的道德。我们要牢记"奢靡之始,危亡之渐"的古训,不要丢掉艰苦奋斗的传统美德,反对奢侈浪费之风,以两袖清风养一身正气。

近些年,有些领导干部对待工作玩虚招、不务实;利用职权挥霍公家的钱财,吃喝之风愈演愈烈,那么多的钱都给吃掉了;把贪污、受贿来的不义之财大肆挥霍,生活上骄奢淫逸、贪污腐化,热衷于灯红酒绿,觥筹交错;借婚丧嫁娶、生日乔迁巧立名目,大量敛财。

这些问题,从其道德根源来说,既有封建等级特权道德观念的影响,也有官僚主义、享乐主义、拜金主义等腐朽落后思想的侵蚀。如不自醒,任其发展下去,挥金如土、奢侈享乐,贪财好色,终究是要自食苦果的。

三、石崇奢靡致沉身

历史上,有不少为政者因为一味奢侈享乐而走下坡路,甚至短命早亡。欧阳修所谓"忧劳可以兴国,逸豫可以亡身",为智者哲言。

西晋结束了东汉末年以来近百年的战乱分裂局面,却在52年后亡国。一个重要原因,就是上层统治者完全沉湎在荒淫无度的生活里,肆无忌惮地挥霍、骄奢淫逸,整个社会充满了奢靡、腐败之风。石崇富甲天下、财色俱贪、狂傲斗富,是西晋王朝奢靡、腐朽、败亡之风的缩影。

石崇,西晋开国功臣石苞之子,因朝中有佞臣贾谧做靠山,历任散骑常侍、荆州刺史等职,称霸一方。曾远劫商客,盗挖坟墓,贩卖人口,无所不用其极,致财富不计其数,室宇富丽,修筑别墅,名曰"金谷园"。贵戚、官僚竞相奢侈,喜欢比富,成为风尚。

石崇为了显示自己豪富,常常要美女为客人劝酒,如客人饮酒不尽,则叫左右将美女斩杀。王恺是晋武帝司马炎的舅舅。他仰仗权势,为所欲为,在生活上更是奢华无度。石崇却要与他争豪比富。王恺出门,用紫丝布做成40里长的步障,石崇就用锦缎做成50里的步障以敌之。王恺用红石蜡泥墙,石崇就用香料泥墙……

晋武帝赐给王恺一株珊瑚树,高2尺许,世所罕比。王恺十分得意地将珊瑚树拿到石崇面前炫耀,不料石崇竟用铁如意击去,把珊瑚树砸了个粉碎。

王恺很生气、很惋惜,以为石崇是出于妒忌所致,因而声色俱厉地斥责石崇。谁料石崇却漫不经心地说道:"这没有什么大惊小怪的,我现在就还给你。"随即命人搬出自家珍藏的各式各样的珊瑚树,其中高三四尺的就有六七株,条干绝俗,光彩照人。王恺见后,惘然失意,知道自己又输了。

石崇家的厕所十分讲究,有两个衣着艳丽的婢女侍列于旁,而且金谷园蓄养的歌妓、婢人多达百人,穿戴十分华丽。其中一位叫绿珠,美艳无比,又擅长吹笛子,备受石崇宠爱。

公元300年,"八王之乱"之一的赵王司马伦专擅朝政,石崇的外甥欧阳建与司马伦有矛盾。其部将孙秀(与石崇有宿怨)暗慕绿珠,几番索取。石崇万般无奈,让他的十几个婢妾出来,任孙秀挑选,就是不愿给绿珠。

孙秀索取绿珠未遂,乃力劝司马伦杀掉石崇。于是派甲士前去假传圣旨逮捕石崇。石崇知道事情不好,就对绿珠说:"我今天为你而得罪了孙秀。"

"楼前甲士纷如雪,正是花飞玉碎时。"绿珠流着眼泪,看着石崇说:"我只有在您面前以死相报了。"说完纵身跳下高楼,顿时气绝身亡。石崇想拉却来不及拉住。

石崇被押解至东市处斩时,仰天长叹:"你们这些人是为了贪我的家财呀!"执刑的人揶揄说:"你既然知道万贯家财是祸根,你因财被害,何不早些将财产分一点给别人呢?"

石崇无语可答,后悔莫及。全家15人全都被杀死,而他的全部珠宝、货物、田宅以及800名家仆,也都被没收。

石崇"饱暖思淫欲",贪财好色,骄奢淫逸,竞奢斗富,结果不言而喻:要么为正义所讨,要么为同伙所嫉,要么在争斗中遭诛,终究致祸,别无他途。

其实,每个人享受的财富是很有限的。庄子说:"鹪鹩巢林,不过一枝;鼹鼠饮河,仅图饱腹。"何必过于敛积财富,为何不知适可而止?宋代诗人刘克庄的《石崇》说:"金谷觞豪友,珠楼拥艳姬。南交来处悖,东市悔何追。"

无独有偶,北魏有个河间王元琛,家里用玉做井栏、用金子做吊水的罐子。他家里金银、水晶、玛瑙制成的奇妙东西太多了,堆满了珠宝、丝绸,还有很多歌女、舞女、名马。他居然骄横地对别人说:"不恨我不见石崇,恨石崇不见我!"正是这个元琛,后来在河阴之役,随元氏贵族被歼灭,身家豪富尽成空,原先的住宅也变成了佛寺。

四、昏君身陷胭脂井

南北朝是中国历史上又一次大割据时期,许多达官显贵苟且偷安,奢侈享乐,花天酒地,歌吟艳词,极少关心政务。到了陈朝,这种陋习尤甚。柏杨说:"陈帝国是南北朝唯一没有出过暴君的政权,但他最后一任皇帝陈叔宝,却是名声最响亮的昏君之一。"

陈叔宝是南朝最荒唐的亡国皇帝,是个"不爱江山爱美人"的反面典型。他亡国的一个重要原因,就是不理朝政,酷好声色。

"三惑昏昏中紫宸,万机抛却醉临春。"他宠爱后宫里的张贵妃、孔贵嫔两位美人,每日与她们饮酒作乐,自夕达旦,极尽奢华,把纲纪抛在一边。一批奸人掌握了军国要务,增收各种名目的杂税,供陈后主挥霍消遣,使其更沉湎于浮华享乐之中。

歌妓出身的张丽华,容华端丽,光彩溢目,且聪慧过人,善解人意,还懂得狐媚之术,把陈后主迷得神魂颠倒。陈后主沉湎其美色,常带着张贵妃上朝,把她抱在膝盖上听政,无精打采地裁决国家大事。

起初张丽华只执掌内事,后来便开始干预外政。王公大臣如不听从内旨,便遭张丽华训斥。因此江东小朝廷,不知有陈叔宝,但知张丽华。

陈后主为讨嫔妃欢喜,于公元 584 年在皇宫光昭殿前,又建"临春""结绮""望仙"三座楼阁,高耸入云,极尽奢华,宛如人间仙境;珍奇玩物数不胜计,古今未见。从此,陈后主不再亲理朝政,天天与嫔妃在三阁中轮流取乐,专喜声色,耽于诗酒。这些曲子的内容都是形容张贵妃、孔贵嫔的美丽容色的,其词句多格调低下,淫秽轻薄。

陈后主喜欢文饰,恶闻过失,"斩直言之客,灭无罪之家"。秘书监傅縡上奏章说:"陛下顷来酒色过度,不虔郊庙之神,专媚淫昏之鬼;小人在侧,宦竖弄权……恐东南王气,自斯而尽。"后主大怒,将他赐死狱中。从此,直臣皆缄口噤声,后主则更加骄奢淫逸。

公元 588 年 12 月,正当陈后主带着他的文臣、宠妃浅斟低唱,细讴《玉树后庭花》之时,隋文帝杨坚派遣的大军,已向江南进军。消息传入南陈,陈后主自恃长江天险,轻狂地说:"江南王气在此,何以为忧?陈自立国以后,没有人能打败我们。"他的宠臣孔范也跟着说,隋兵又不长翅膀,难道能飞得过来!根本不做拒敌部署,每日仍饮宴歌舞,赋诗取乐不止。

当隋军攻入建康城后,陈朝军队乱成一团,兵找不到将,将找不到兵;文武大臣都跑光了,只知迷于歌舞、不懂用兵之道的陈后主,手足无措,急得抱头痛哭,拉着张、孔二妃,跳进后庭景阳殿前的枯井中躲藏,被隋军俘获。由于井口太小,3 人一齐挤上,张丽华的胭脂被擦在井口,从此人们把这口枯井叫作"胭脂井"。

有人不齿于陈叔宝祸国、自取其辱的行为,把它叫作"耻辱井"。正是:"仓皇益见多情处,同穴甘心赴井中。"陈后主一时的欢笑变成了永久的哭泣,成为天下人的笑柄。江山已改姓,美人犹在怀。

最后到了亡国之时,都城歌女们仍然唱着陈叔宝所做的《玉树后庭花》:"丽宇芳林对高阁,新妆艳质本倾城。映户凝娇乍不进,出惟含态笑相迎。妖姬脸似花含露,玉树流光照后庭。"正所谓:商女不知亡国恨,隔江唱醉后庭花。至此,陈后主在位 8 年,南朝最后一个朝代陈朝灭亡。《玉树后庭花》可谓亡国之音。

中国自公元 316 年西晋灭亡起,经过长达 270 多年的分裂局面,才重新获得统一。

唐代徐夤七律《陈》,揭示了陈后主"三惑昏昏""万机抛却"的荒唐废政,以及他的侍臣面临"兵戈半渡"犹在饮酒作乐的麻木不仁,以示亡国之必然;描述了陈亡之后,后主的狼狈情态和可悲结局:"三惑昏昏中紫宸,万机抛却醉临春。书中不礼隋文帝,井底常携张贵嫔。玉树歌声移入哭,金陵天子化为臣。兵戈半渡前江水,狎客犹闻争酒巡。"

"生于忧患,死于安乐。"一个人如果一味地追求感官享受,没有了艰苦奋斗的精神,他的人生绝不会是健康的。爱因斯坦说:"照亮我的道路,并且不断地给我新的勇气去愉快地正视生活的理想,是善、美和真。我从来不把安逸和快乐看作生活目的本身——这种伦理基础,我叫它猪栏的理想。"

成由勤俭,败由奢侈。历史和现实都一再表明,人若都以享乐为人生目的,就必然各自为己,不惜把自身快乐建立在别人的痛苦之上,导致极端个人主义、利己主义泛滥,整个社会就会成为一盘散沙,没有凝聚力,中华民族的伟大复兴就是空谈。失去了忧患意识,一味贪图享乐,沉湎于烟柳繁华地、温柔富贵乡,花天酒地、奢侈无度而不改弦更张,不仅是千金散尽不复来,而且使人意志消沉,就会成为败家子,倾家荡产,成为社会的大蠹,既会败己、败家,也可败国,真是害莫大焉。

奢侈淫逸大多是与政治上的腐败腐朽交织在一起的。为政者一旦尽情淫乐,就会不理政事。荒淫好色者必然奢侈无度。奢侈淫逸是危险的东西,能熏黑你的灵魂,能毒害你的情操,能把你引入歧途。奢侈淫逸是多发病灶,能滋生多种"疾病"。陷入奢侈淫逸

五、纵欲奢靡败之征

晋武帝司马炎,晋朝的开国君主,在位执政 26 年,当时的社会蔓延一种奢侈腐化的风气。在东吴平定之后,晋武帝日益怠于政事,大肆挥霍,沉湎于女色。公元 273 年,他竟然下诏公卿以下的子女备六宫,任何人不许嫁娶,后宫妃妾达 1 万人。

他经常坐着羊拉的车,任其所行后宫,羊到哪里停下,他就到哪个宫女屋里亲幸。宫女为求得亲幸,争相以竹叶插户,诱引羊停住。元代陈普诗云:"杳杳香车转掖庭,夕阳亭上北风腥。纷纷羊羖趋河洛,为见深宫竹叶青。"

由于晋武帝恣意女色,生活腐化,怠于政事,致使外戚杨俊和他的弟弟乘机揽权。晋武帝去世后,出现了"八王之乱",使西晋的统一局面变为昙花一现,这个教训值得后人警示。

隋炀帝为太子时,曾嘲笑陈叔宝过于昏庸。一旦他做了皇帝,就忘了前车之鉴,重蹈陈后主的覆辙——奢侈荒淫,去贤用佞,口诵尧、舜之言,而身为桀、纣之行。

隋炀帝奢侈腐败,役使民力过度,"天下死于役,而家伤于财",使老百姓筋疲力尽,走投无路,只有起义。

公元 617 年,隋炀帝决定再一次下江都,有个大臣规劝他不要去了。隋炀帝根本听不进去,带领禁卫军 10 万人,大船数千艘。浩浩荡荡来到江都。他自知末日来临,大肆进行挥霍,生活荒淫无度。他对妻子萧后说:"外面的起义队伍蓬勃兴起,他们要推翻我。我要像陈后主那样在末日来临之际,饮酒作乐,决不停止。"

"玉玺不缘归日再,锦帆应是到天涯。"如果不是李渊灭亡了隋朝,杨广的游乐船将走遍天涯海角,会给人民造成更大的灾难。

隋炀帝造龙舟,贪图酒色,挥霍着隋文帝创造的大隋基业,最终江山易主。公元 618 年,隋炀帝在大起义的风暴中,被部将宇文化及所杀,隋王朝亦土崩瓦解,成了短命王朝。

晚唐诗人罗隐曾作《炀帝陵》嘲讽说:"入郭登桥出郭船,红楼日日柳年年。君王忍把平陈业,只博雷塘数亩田。"

唐玄宗李隆基即位时,励精图治,重用姚崇等贤人,革新政治,出现了"开元盛世"。令人惋惜的是,唐玄宗认为天下太平了,被盛世的辉煌所陶醉,渐渐失去了开元初年励精图治的作风,丧失了奋发进取的精神,日益骄奢,懒于政事,寄情于声色犬马,不顾国计民生。

公元736年,宠妃武惠病死,51岁的玄宗整天闷闷不乐,虽然宫中红颜数千、宫女4万,却没有中意者。他失去精神的支柱,开始寻找美女知音和红颜知己。

这时候,高力士为唐玄宗推荐了杨玉环。杨玉环本是玄宗所宠爱的武惠妃生的儿子寿王李瑁的妃子,是个天生丽质、以肌体丰腴著称的美人儿,而且通音律,能歌善舞。

公元745年,61岁的唐玄宗册封27岁的杨玉环为贵妃,对她恩宠备至到了极点,礼数同皇后一样,日夜陶醉,称赞她是自己的"解语之花"。

从此他不理朝政,终日沉湎于酒色当中,荒淫无度。为了讨杨贵妃的欢心,唐玄宗让700多人给她织锦刺绣。杨贵妃每次骑马,都是大宦官高力士亲自驾鞍执鞭。杨玉环喜欢吃荔枝,唐玄宗就派人骑马奔跑几千里,把荔枝送到宫中。"一骑红尘妃子笑,无人知是荔枝来。"唐人的诗句是当时情景的真实写照。

司马光将崇俭戒奢视为治国之道。他认为唐明皇不幸的晚年也是因奢侈而招致的。波斯著名诗人萨迪说:"世人往往如此,当他们不懂得生活价值的时候,就会羡慕虚荣的显赫、浮世的荣华和纵情的逸乐,最终便是跌在蜜里的苍蝇,永难自拔。"应该珍惜拥有,享受属于自己的那份幸福。

领导干部的行为往往是社会的风向标,奢侈浪费对社会风尚起着导向作用,会诱使一些人为了奢侈浪费而不择手段,进而危及社会文明进步。近些年,有些领导干部因为精神颓废,沉溺于歌舞升平之中,甚至以挥金如土、骄奢淫逸为荣,奢侈享乐,导致腐化堕落、贪污受贿,受到党纪政纪的追究。这些惨痛的教训,当铭记于心。

六、陈友谅惨败溯源

奢侈严重会导致淫乱,淫乱常常伴随着奢侈。宋代邵雍《奢侈吟》云:"侈不可极,奢不可穷,极则有祸,穷则有凶。"——奢侈浪费不能太过分,太过分就会招来祸患和灾难。

公元1356年3月,朱元璋攻占南京,形成陈友谅、朱元璋、张士诚三股武装势力并立的局势。朱元璋"论兵强莫如友谅,论财富莫如士诚",实力最为弱小。

陈友谅,湖北沔阳人,渔家出身,少年聪慧,能文能武,元末南方红巾军领袖,公元1353年自立汉王。自此,他志骄意满,自恃兵力最强、"老子天下第一",不把劲敌朱元璋放在眼里,认为击溃朱元璋、扫灭群雄、夺取天下易如反掌,急匆匆称帝封妃,造宫享乐,

追求奢侈腐化的生活。他在后庭蓄养了数百个年轻美貌的女子，供自己玩赏。还用黄金雕龙刻凤造成龙床，与爱妃享用，"皆锦衣玉食，用极奢侈"。他还建了一座"娱鹿山庄"，将百鹿披彩缎，颈套各色花环，命妙龄佳丽骑鹿追逐相嬉，其驾驭之妙者，必获汉王厚赏。时谚有云："拼死争城夺地，不如骑鹿献戏！"

随着陈友谅的腐化，他的汉政权"上下骄矜，法令纵弛"。军队的纪律也逐渐败坏，有的将官攫取珍宝，公开带着士兵"发冢行劫"。

后来，朱元璋与陈友谅大战于鄱阳湖，汉军60万全军覆没，陈友谅败死。朱元璋意味深长地说："友谅被淫乐奢靡迷了心窍，只知观丽人逐鹿散心，却放松了与我逐鹿中原的大事，浑浑噩噩，寻欢作乐，焉有不败之理乎？""珠玉不是宝，节俭才是宝。凡是兴建均应俭朴，何必雕琢奇巧而耗尽天下之力呢？"朱元璋见了陈友谅用过的镂金床后气愤地说："一张床便如此穷奢极侈，陈氏父子何以不亡！"

消灭了陈友谅之后，朱元璋挥师东进。张士诚当时拥有最雄厚的财力。他造宫殿王府，建富丽堂皇的景云楼、齐云楼、香桐馆、芳惠馆，作为金屋藏娇、寻欢作乐之所，日夜以歌舞自娱。部将竞相效尤。张士诚之弟张士信拥有妻妾数百人，个个珠金玉翠，衣饰华丽。一次宴会，要花费上千石米。由于生活上的骄奢淫逸，张士诚集团逐渐丧失进取心，政治上也极腐败，军事上更不是朱元璋的对手。公元1367年9月，朱军攻占平江（今苏州），张士诚自缢而死（另一说其被朱元璋乱棍打死）。

陈友谅和张士诚为何最后遭到惨败的结局？因为朱元璋有高水平的军师刘伯温出谋划策，有朱升深谋远虑的指点，更因为朱元璋与陈友谅、张士诚不同，他胸怀夺取天下的远大目标，兢兢业业，克勤克慎，"敦崇俭朴，犹恐习奢"。

当元朝的降臣张昶，指使手下人给朱元璋上书，劝他"及时行乐"时，他立即警觉起来，认为此人是想扮演赵高的角色，下令将其处死。江西行省送来缴获的一张陈友谅用的镂金床，他下令砸毁，说："此与七宝溺器何异！"朱元璋不仅自己力行俭朴，而且要求各个衙门的官吏和所有的将官，都要勤俭节约，尽量减少不必要的开支；在军事上，整顿纪律，严格训练。经过几年的努力，发展和巩固了江南根据地，兵力和财力迅速壮大，胜利是必然的。

《明史·张士诚传》说："士诚为人外迟重寡言，似有器量，而实无远图……士诚渐奢纵，怠于政事……上下嬉娱，以至灭亡。"张士诚因奢侈腐化而败亡后，代王泽写下《姑苏感事》，诗云："睥睨金汤徒自固，仓皇玉石竟俱焚。"

应奉花石①

【历史背景】

　　宋徽宗的享乐几乎是腐朽至极的。奸臣童贯为了讨好这位皇帝，可以说得上是"鞠躬尽瘁"了，为了满足宋徽宗享乐的追求，就在苏州、杭州两地专门征用几千名工匠，每天制作出不同样式的象牙、牛角、金银、竹藤的雕刻或织绣品，来供他玩赏。而这些所耗费的材料，都是他手下的奸臣从百姓家中搜刮抢夺来的。即使是世界上最美丽的东西，对于宋徽宗这样的浪荡子来说，也还是有腻烦的时候，于是他又想找一些奇草、怪石来。当时的大奸臣蔡京、童贯为了讨得宋徽宗的高兴，派了一个不务正业的朱勔在苏州办了一个"应奉局"，到处寻找花石。朱勔还特意在自己的手下养了一批差官，专门负责这件事。只要知道了谁家里有块石块或者花木因为稍微漂亮一点的，就会派人到人家的家里，然后用黄封条一贴，说算是进贡皇帝的东西，并要求百姓一定要认真保管。如果损坏了就要接受惩罚，轻的罚款，重的抓进监牢。有的人家被征的花木高大，不方便搬运，他手下的人就会拆掉那家人的房子、墙，直到把那东西拿到手里才算罢休。他们无恶不作，将百姓弄得卖儿鬻女、倾家荡产。人民在此残害之下，痛苦不堪，终于在江南爆发了方腊起义，在山东爆发了宋江起义。而徽宗赵佶却不知悔改，派兵对起义农民进行了血腥镇压。

　　嘉花名木及奇石异礁，是对社稷没有丝毫好处的。而宋徽宗赵佶却对其喜好不已。为了私欲，他舍弃国家之大义，耗尽了人民的血汗，用尽了国力民财，一点也不懂得体恤老百姓，终于落得个金人入侵，汴京沦陷，自己被抓的下场。

【原文】

　　宋史纪：徽宗性好花石。朱冲②密取浙中珍异以进。帝嘉之，岁岁增盛，舳舻相衔于淮、汴，号"花石纲③"。又置应奉局于苏州，命冲子勔④总其事，于是搜岩剔薮，幽隐不遗。

凡士庶之家，一石一木，稍堪玩者，即领健卒入其家，用黄柸覆之，指为御物。及发行，必撤屋抉墙以出。斫山辇石，程督惨刻。虽在江湖不测之渊，百计取之，必得乃止。民预是役者，多破产或卖子女以供其需。

【张居正解】

宋史上记，徽宗性喜花石。苏州有人叫作朱冲，闻知朝廷要花石，就密求浙江地方奇异的花石进献。徽宗喜它，因此年年加添，所贡渐盛。淮、汴二河中，都是载运花石的船只，络绎不绝、首尾相接，叫作"花石纲"。又置个应奉局在苏州，命朱冲的儿子朱勔总领其事。朱勔既奉朝命，专以购求花石为事。岩穴薮泽之中，通去搜索一遍，虽幽深隐僻去处，也无不到。凡士庶人家里，有一块石，有一棵树，稍稍可玩的，朱勔就领健卒数十人，直入其家，用黄柸子遮盖了，就指说此是朝廷御用之物，着他看守。及发行时，必撤开房屋，抉破墙壁以出。如山上有奇石，就令人凿山以取之，用车搬运。催督工程，极其惨刻。虽生于江湖不测之渊，他也千方百计以取之，务要得了才止。百姓们为这差使重累，多破荡家产，又有鬻卖子女以供其费者。

夫花石之玩，何益于事，而徽宗乃好之不已。至于上耗国用，下竭民力，曾不知恤，遂使邦本动摇，强虏内犯，身死沙漠，家族播迁，岂不愚哉！

【注释】

①本篇出自《宋史·朱勔传》，参见宋赵彦卫《云麓漫钞》卷七，叙述宋徽宗大造"万岁山"，派朱勔置应奉局，承办"花石纲"，耗资巨大，民怨沸腾的故事。

②朱冲：北宋商人，宋徽宗时奸臣朱勔的父亲，因进献珍玩讨得宋徽宗欢心。

③花石纲：宋徽宗在东京（今河南开封）造寿山艮岳，即"万岁山"，崇宁四年派朱勔置应奉局，搜刮江南奇花异石，使民怨沸腾。当时运花石的船队，不断往来于淮汴之间，号称"花石纲"。纲，是说成帮结队地运输货物。

④朱勔（1075~1126）：宋朝苏州人。是宋末"六贼"之一。他掌管苏州应奉局期间，大肆搜刮。服役者往往家破人亡，荼毒东南达二十年。方腊起义，声讨花石纲所造成的罪恶，要杀掉朱勔，朝廷被迫罢了他的官。后被宋钦宗杀死。

应奉花石

【译文】

宋徽宗生性喜欢各种各样的奇花怪石。朱冲得知后，便秘密地把浙江的珍异花石进献给徽宗。徽宗大为赞赏，品玩着那精巧的花石，爱不释手。这样，进奉的花石越来越多，花石从江浙一带千里迢迢地运到开封。运花石的船只，络绎不绝，首尾相接，将宽阔的大运河和汴河都给占满了。每年几乎都是这样的，似乎这样的运送已经形成了传统，当时被称为"花石纲"。为了满足皇帝的喜好又在苏州专门设立了搜集转运花石的苏杭应奉局，让朱冲的儿子朱勔负责总领此事。借着皇帝的名义，朱勔派出了大批人马在各处搜寻奇花异草怪石。可以说，东南产花石的地方，都被朱勔手下的人搜寻遍了。这些人极尽所能，为的就是讨得皇帝的欢心，上山攀岩，下水摸礁，甚至连沼泽地里都探了个遍。江南许多士人或者平常百姓家里，只要有一块可以赏玩的东西，哪怕就是一块石头或者一棵树，一棵小草，朱勔就要依仗皇威为借口，带着人冲进人家家里，用黄布往上一盖，公然宣称：这木石是朝廷皇家所使用的，是供天子所享用的。等到"花石纲"启程的时候，朱勔一帮人就把人家的房屋推倒，把围墙拆掉，把花石从人家家里运出。掘山剃景，推车运石，督促工程到了极其苛刻的程度。哪怕就是在深不可见的江湖底下有那么一块可以赏玩的石头，也要不遗余力地取上来，不得到手决不罢休。如果老百姓摊上这种苦役，大多破产，或是被迫卖儿卖女，以满足他们的需要。

【评议】

皇帝作为一国之君，他的爱好可以说牵动了整个国家的上上下下，即使是最微不足道的嗜好，也可能会导致普通百姓的倾家荡产，因为总有那么一批人会专门做一些讨皇帝好的事，一般的时候我们都把这样的人叫作小人，他们为了得到君王的欢心以取得私利，就会以各种各样的方式借着某个口号大肆地剥削人民。皇帝似乎认为自己的爱好没有什么可以烦劳百姓的，或许即使烦劳的也不会去思考会对百姓造成什么样的结果，只是顾着自己高兴。宋徽宗的一系列奢侈行为导致了百姓民不聊生，所以许多百姓为了自己能够活命掀起了起义，其中比较著名的起义就是方腊起义和宋江起义。皇帝因为自己的小小嗜好，有时候就是因为自己的不谨慎，被艰险的小人利用，就会使得百姓身处水深

火热之中,国家陷入危亡的境地,而自己也会因为这个丧失掉江山和性命。作为一朝君主,在这样的事情上而国破家亡,是多么的愚蠢啊!

一、勤俭节约才能"高而不危"

勤俭节约对国家兴盛非常重要。同样,对领导干部来说,也是一种非常重要的修身功夫。古人曾经说:"唯俭可以养廉,唯勤可以生明。"一个领导干部要做到勤政清廉,就一定要保持勤俭节约的生活作风。

(一)领导者节俭才能"高而不危"

作为领导干部,要想"高而不危,长守富贵",就要从勤俭节约做起,不能够铺张浪费,追求奢华的生活,这是第一条。第二条是"富贵盈溢,难保善终。"即使你在高位,如果你骄奢淫逸,很难得到善终。中国历史上这样的事实非常多。第三是教育子女要克勤克俭。《群书治要》里面节录了不少王公大臣们对自己子女的告诫。教育子女,最根本的要从勤俭做起。这也是古人讲的:"勤俭乃齐家之本。"

《孝经》诸侯章上讲到:"在上不骄,高而不危;制节谨度,满而不溢。高而不危,所以长守贵也;满而不溢,所以长守富也。富贵不离其身,然后能保其社稷,而和其民人。盖诸侯之孝也。"诸侯应该如何尽孝道?第一要在上不骄。过去的诸侯是诸侯国的国君,在现在来讲就是各地方的领导干部。领导干部,尤其是高级领导干部,处在万人之上,现在很多地方一个县长,一个县委书记就管辖几十万百姓,这是身居高位。身居高位,能够不骄慢,不自高自大,就不会有倾覆的危险。"制节谨度,满而不溢。"制节就是讲费用要约俭,就是要勤俭节约。谨度是讲要奉行国家的法律制度,人守法,不会骄逸,你就能做到"满而不溢"。你有资财,但是不会把钱乱用。我们现在有的领导,他本身日常需要的开支很少,加上自己政府给他的待遇,收入并不低。为什么有的人还要贪污受贿,根本原因就是不能做到"制节谨度",而是追求奢华。所以他的收入满足不了追求奢侈生活的欲望,才会贪污腐败。但是一旦东窗事发,不仅失掉这个职位,还要被判刑。落得个身败名裂的下场在高位的人，还容易产生骄慢之心，一个人一旦有骄慢之心，往往就是灾祸的开始。《周易》上讲到："天道亏盈而益谦，地道变盈而流谦，鬼神害盈而福谦，人道恶盈而好谦。"一个人，谦卑才会有福，骄慢就会有灾祸，所以能够不骄慢才能够长守富贵。因此《孝经》里讲："高而不危，所以长守贵也，满而不溢，所以长守富也。""满而不溢"，就是自己哪怕有再多的钱财，但是绝对不会奢华，这样才能够长守富贵。

很多有钱人都非常节约。例如美国投资大王巴菲特，他一生就非常节俭，到现在还是住在过去的老房子里。"富贵不离其身"，富贵就是富能够做到不奢华，能够勤俭。贵是有很高的地位，处在高位，但是谦虚而不骄慢，能够时时刻刻如此，你才能够得到长久的富贵。所以叫"富贵不离其身。然后能保其社稷"，你在上位能够长守富贵，才能够安定社稷。就现在来讲，就是一个地方领导，他能够做到勤俭，能够做到谦虚，他才能够把这个地方发展好。"而和其民人"就是能够和百姓和谐相处。现在有的地方官民矛盾特别突出，根源在哪里？就是我们有一部分领导干部不能做到"制节谨度、满而不溢"，反而是骄奢淫逸。导致干群矛盾日益增加，甚至出现群体事件。这都和个别地方领导不能够勤俭、不能够谦虚，不能做到在上不骄、制节谨度有很大的关系。

在高位的领导，要做到谦虚礼敬、勤俭节约，非常不容易。人往往是处在富贵之位就会生起骄奢淫逸之心。古人早就看明白了这一点。在《尚书》里面就讲到："位弗期骄，禄弗期侈；恭俭惟德，无载尔伪。"就是处在高贵之位不能够骄纵，俸禄很多，不能奢侈。因为古人有言："贵不于骄期，而骄自至。"身居高位，即使不想着骄慢，但是不知不觉就有了这种骄慢的心。"富不与侈期，而侈自来。骄侈以行己，所以速亡也。"很多富贵人，往往无形中就染上这种奢侈的习气。像现在有的企业家、商人，有了钱之后，不去学习圣贤教化，而追求骄奢淫逸，一旦骄慢奢侈的风一起，就会迅速走向败亡。"恭俭惟德"，恭是恭敬，俭是勤俭，恭敬勤俭这才是真正的美德。"无载尔伪"，就是不要有那些尔诈的行为。要做到恭敬节俭，通过这个来树立自己的德行。一个是要勤，一个是要俭，就是《尚书》里面讲的"克勤于邦，克俭于家"。克勤于邦，就是为国奉献，为单位奉献要勤劳，工作要努力。克俭于家，就是在家中生活，开支生活要节俭。这样的例子，历史上很多。我们从《群书治要》里面节录几例。

季文子的故事，记载在《史记》里面。季文子是鲁国的宰相，他非常俭朴，妻妾都不穿丝绸的衣服，马都是吃草，不吃粮食。他有一位同僚，叫仲孙忌，就劝他，跟他讲，你是鲁国的上卿，你妻妾不穿丝绸，马也不吃粮食，别人还以为你是吝啬呢。你这种做法会让我们国家不光彩。这是一般人常有的想法。觉得勤俭好像没面子。季文子就讲，我认为不是这样，我看到我们国家很多人还穿着粗布衣服，吃素菜。所以我作为上卿不敢奢侈。而且我听说君子要靠自己高尚的品德为国家争光，没有说靠妻妾和马为国争光的。真正的德是什么？自己有所得，也要让他人有所得。这才能叫作有德。

在《群书治要》里面还节录了晏子的故事，晏子当时是齐景公的宰相，有一次他去上朝，他坐的是破车，马也很瘦。齐景公看到这个情形就说："先生，你的俸禄很少吗？为什么乘这么不好的车。"因为晏子是宰相，应该收入不低。但是他的车马都是非常节俭，齐景公也是关心他。退朝之后他就让另外一个臣子梁丘据给晏子送来一辆大车和四匹马。梁丘据送了好几次，晏子都不肯接受。齐景公很不高兴，就把晏子叫进宫来，跟他讲，你要是不接受我送你的车马，以后我也不乘坐车马了。按照古礼，君王送东西给臣子，臣子屡次拒绝，是不符合礼的。但是晏子这么做有他的理由。晏子回答说："国君，你让我监督百官"，"所以我就节制自己的衣服饮食，为齐国人做一个表率。尽管我现在车马都很朴素，我现在还是担心人民百姓会奢侈浪费。不会顾及自己的行为是不是得当。你作为君主可以乘坐四匹马的大车，我作为臣子，如果也乘四匹马的大车，那百姓当中如果有不讲道义，衣食奢侈，不考虑自己行为是不是得当的人，这些人我就无法禁止了。"因为在上位的宰相你自己不能做到，你怎么能要求别人呢？

在《群书治要·后汉书》里面曾经节录了第五伦的传记。第五伦曾经做过太守，相当于今天的市长，他身居高位，应该俸禄很优厚，但是从来不骄奢，生活非常节俭。他做太守的时候，还亲自割草喂马，他的妻子亲自下厨房烧火做饭。他每次领到俸禄，除了自己一家使用之外，把钱送给那些贫穷的人。有人看到第五伦非常廉洁勤俭，不徇私情，就非常好奇，问他，你到底有没有私心。第五伦非常坦率，他就讲：曾经有人给我送过千里马，被我拒绝了。虽然拒绝了，但是每次朝廷上我们三公推举人才的时候，我心里总是想到这个人，但是自始至终我都没有举荐他；他还讲到："我的侄子生病了，我一夜之间去看他10次，回来之后我才能安稳地睡觉，我儿子生病了，虽然没有去探望，但是我整夜都无法入睡。像这样，难道说我没有私心吗？"

晋朝的陶侃，在《群书治要·晋书》里面有节录他的故事，他也是一位非常勤俭节约的官员。他从县吏一直做到荆、江两州的刺史，而且掌管其他六个州的军事，位高权重。

但是他为官几十年，一直保持勤俭节约的作风。陶侃年少的时候，家境非常贫寒，他父亲生病，全家靠母亲一个人纺纱织布维持生活。为了培养他，他妈妈真是付出了全部的心血。后来他16岁就在县里谋得了一个小职位，按现在讲当公务员了，他就给家里寄回去一坛咸鱼，当时人很喜欢吃的，他母亲没有吃，把这个咸鱼给他退回去了，而且写信批评他，不应该贪私。这让陶侃非常受教育。所以古人常常讲，母教乃天下太平之本。你看那些清正廉洁的官员，他往往是受到自己父母的影响，尤其是母亲的影响。正是因为他母亲的影响，陶侃一生都清廉正直。他有一年在荆州刺史的任上，因为战备需要一批战船，他就到现场去督导，发现大量剩余的竹头和木屑到处都是，他觉得很可惜，就要人把这些木屑、竹头都收起来，不能丢掉。结果没几天，这个木屑和竹头就堆成了小山，大家感到很纳闷，这个东西也没什么用，把它收起来干什么？到了春节前两天，突然天降大雪，第二天这个雪就化了，衙门面前到处都是水。过去初一要搞集会，大家共贺新年。到时候所有的人、车马都会来，一定会把衙门弄得脏乱不堪。下属们不知道怎么办了。这时陶侃就说了，你就把那些木屑垫上来。这个时候没有用的木屑就派上了用场。还有那些竹块，后来在陶侃去世以后，当时东晋的大将桓温讨伐蜀，发现少了很多装船用的竹钉，于是就把陶侃生前下令保存的这些竹头全部派上用场了。

治理一个地方和居家过生活没有两样。古人讲："修身齐家治国平天下。"诸葛亮先生在他的《诫子书》里讲到："静以修身.俭以养德。"一个人能够勤俭，这就是在涵养德行啊！历史上凡是勤俭的官员，往往家风很好，《易经》里讲："积善之家，必有余庆。"一个家有好的家风，他的后代往往都很好。陶侃的后代出来一个非常著名的文学家，叫陶渊明。历史上还有很多勤俭的官员家风都很好，后代都很好。像宋朝的司马光、范仲淹，清朝的陈弘谋、曾国藩，这些都是典范。

（二）富贵盈溢，难保善终

孟子讲："富贵不能淫。"淫就是过分了。处在富贵之人，一旦骄奢淫逸，就会给自己，甚至给家人带来灾祸。

《群书治要·尚书》里面就讲到："世禄之家，鲜克由礼。以荡凌德，实悖天道。弊化奢丽，万世同流。兹殷庶士，骄淫矜侉，将由恶终，闲之惟艰"。"世禄之家"就是世代享受俸禄的人家，按俗话讲，就是吃国家俸禄的家族，很少能够遵循礼法的。富贵之家，如果不懂得积德，往往会出现不肖子孙。"我爸是李刚"的事件中，这个领导干部的儿子之所以违法乱纪，往往就是因为骄奢淫逸。现在不仅是不遵循礼法，而且是不遵循国家的法律。"以荡凌德，实悖天道。"因为享有俸禄，不用劳动，生来就处在富贵的生活环境里面，不知道生活的艰辛。所以这种人继承祖业，往往会以放荡陵邈有德，欺凌守德者，欺负老实人。这种做法是什么？违背天道，扰乱天道，扰乱社会秩序。"弊化奢丽，万世同流"，不良的世俗，追求奢侈华丽，世世代代都如此。今天，我们看到有不少有钱人家的子女、有些领导干部的子女，追求奢华的很多。这和古代都是一样的。所以讲"万世同流"，相隔一万年也是如此。因为人往往都有追求骄奢淫逸的习性。为什么会如此？就是把本性迷失了，没有受过好的教育。《三字经》上讲："人之初，性本善，性相近，习相远。"人的本性里面没有骄奢淫逸，往往是后天受到这种影响。第一是受到家人的影响，家人不能以身作则。第二是受到社会的影响。现在也有不少人出身贫寒之家，后来发达之后追求骄奢淫逸的生活，原因就是受到社会的影响。司马光讲："由俭入奢易，由奢返俭难。"一旦过上骄奢淫逸的生活，重新过清苦的生活就不容易了。"兹殷庶士，骄淫矜侉，将由恶终，闲之维艰"，这是讲殷朝，殷商这些士人，商纣王和他的那些奸佞的臣子，骄奢淫逸，大家竞相炫耀。势必因为这种恶习泛滥成灾，自取灭亡。最终会给自己带来灾祸。商朝灭亡就是因为兴起奢华之风。每一个朝代灭亡大多是如此。所以为君者骄奢淫逸就会有灭国的危险，为臣者骄奢淫逸就会有灭身的危险。

在《群书治要·晋书》里面有一段节录的是秦秀曾经向晋武帝进谏一事，当年晋武帝有一个大臣叫何曾，非常奢侈，他家厨房做的佳肴比皇家的还要好。每次举办宫廷的盛筵，何曾都不吃。因为皇家宫廷里面做的饭菜还不如自己家的饭菜味美。而且皇帝也不恼怒，对他特别的相信，甚至特许他带自家的厨师烹制菜肴。有一个成语叫"日食万钱"，就是讲他。他特别讲究菜肴的味道，每天用于吃的钱超过万金，你想想他奢侈到了何等程度。当时就有人弹劾他奢侈无度。秦秀弹劾他，讲他虽然非常孝敬父母，但是他这个人生性骄慢，生活奢侈，不守规矩，朝廷内外对他议论都很多。这里面曾经引用《左传》里面的话讲到："俭，德之恭也，侈，恶之大也。"节俭是德行里面中最美好的德行。真正的有德之人，都是非常节俭的。"侈，恶之大也。"奢侈，是恶行里面最严重的。你看任何一个贪官污吏，没有一个不奢侈的。历史上的石崇、和绅，现在这些腐败大案里面的官员，生活往往都是非常奢侈的。当时秦秀进谏，上书谈到对何曾要给他一个什么样的谥号？古人去世以后都有谥号，盖棺论定，评议一个人一生的功绩。秦秀讲，名实不符叫"缪"，仗势胡作非为叫"丑",何曾的谥号应该叫缪丑公。何曾虽然自己身居高位,但是他这种骄奢淫逸的家风影响到他的子孙,他家两代以后家道就衰落了,后代生活十分艰难。按老百姓的话说,这就是一个人把祖宗留的福都享尽了,福享尽之后就会祸延子孙,也就是《周易》上说的,"积不善之家,必有余殃。"

同样是在晋朝,还有一个臭名昭著的人物叫石崇。此人也是骄奢淫逸到顶点。在《世说新语》里面就讲到,石崇的厕所修得特别华丽,他准备各种香水香膏给客人洗手抹脸,而且厕所里边还有十几个女仆恭立伺候,打扮得特别漂亮。客人上完厕所以后,这些婢女都要把客人身上原来的衣服脱下待奉他们换上新的衣服,凡是在石崇家里上了厕所衣服就不能再穿了。当时很多客人都不好意思在他们家里上厕所。其中有一个叫刘寔的官员,年轻时候家里很穷,这个人非常勤俭,不管是骑马还是徒步外出,到任何一个地方歇息都不劳累主人,砍柴挑水都是自己动手。有一次他去石崇家里拜访,上厕所,发现石崇的厕所里还有蚊帐、有垫子、有褥子,特别讲究,还有婢女捧着香袋。他就急忙退出来了,吓得跟石崇讲,我错跑到你的内室去了。石崇讲那是厕所。刘寔就讲,我享受不了这个。于是就到别的地方去上厕所去了。这是其中一个例子。石崇奢侈的例子还有很多。结果他的下场非常惨,56岁时就被赐死了,当时他因为有一位爱妾,叫绿珠,被赵王司马伦的大将孙秀看中了,孙秀就加害石崇,把他全家都杀死了,财产全部查抄。石崇虽然是被别人杀死的,要知道,《太上感应篇》里面讲:"祸福无门,唯人自召"。石崇不得善终,根源就是自己骄奢淫逸。《论语》里面讲:"不义而富且贵,于我如浮云。"通过不义的手段得到富贵,对于我来讲好象就像浮云一样。《太上感应篇》里讲:"取非义之财者,譬如漏脯救饥,鸩酒止渴,非不暂饱,死亦及之。"石崇就是如此。历史上这样的例子还有很多。尤其是身居高位的人,贪污敛财,最终都没有好结果。

为什么人会取非义之财,根源就是有贪欲,就是有骄奢淫逸的心。所以无论是有钱,还有没钱,一定要懂得节俭。无论是我们的收入高和低,都得如此。尤其是领导干部,一个真正关心百姓疾苦,真正爱民如子的干部,怎么可能会追求奢华?即使是用自己的收入,没有贪污受贿,但是穿金戴银,这种做法也不能够给百姓做表率,更不能够给自己子女做表率。而且一旦养成这种贪欲,人家知道你这个毛病了,就会给你送这些东西。有不少官员就是因为收受这种奢侈品,最后锒铛入狱。

汉朝时"杨震四知"的故事广为人知,杨震有一个学生深更半夜给他去送黄金,这个学生讲,深更半夜没人知道。杨震告诉他,天知地知,你知我知,怎么能说没有人知道。

杨震为官非常清贫,人家问他你拿什么给子孙,你应该给你的子孙后代留点遗产,留点财产。杨震就讲,我留给他们的财产就是他们是一个清官的后代,这不是很好吗?后来杨震的儿子、孙子都位至三公。所以,真正有智慧的人不给子孙留财产,而是教导他们克勤克俭。

(三)教育子弟要克勤克俭

在历史上凡是有德行的官员,能够留下盛名的官员,大多教育子弟要克勤克俭。

第一个例子就是周公告诫他的儿子伯禽。周公的儿子伯禽当时被周成王封到鲁国,去做鲁国的国君。周公就告诫他,你去鲁国之后不能够骄慢,你不要认为你是鲁国国君,就对人骄慢。他跟伯禽讲道,"我文王之子、武王之弟、今王之叔父也,又相天子,吾于天下不轻矣。然尝一沐而三捉发,一食而三吐哺,犹恐失天下之士。"我是文王的儿子、武王的弟弟,现在天子成王的叔叔,而且又辅佐天子。我的位置在天下来讲不算是轻的了,但是我在洗头的时候,还几次握着头发去见客。几次吃饭的时候吐出口中的食物去接待人,还恐怕漏掉天下的贤士。周公是圣人,周公待人都如此谦卑,我们还有什么值得傲慢的呢?

周公告诫他的儿子伯禽:"吾闻之曰:'德行广大,而守以恭者荣。'",有高尚的道德品行,能够坚持恭谨的人才会有荣耀。"土地博裕,而守以俭者安"。土地很富饶,能够节俭的人才会安乐。好比我们经营企业的,企业经营很大,家里很富裕。但是能够节俭你才会安乐。如果一个人欲望很多,即使他再富裕,他还是贫穷的。西方有一句话讲到,一个真正富有的人,不是他拥有很多,而且他需要得很少,这是真正的富有。"禄位尊盛,而守以卑者贵。"禄位就是俸禄和爵位,处在高位,收入很丰,但是能够坚持谦卑才会真正尊贵。"人众兵强,而守以畏者圣。"兵员多,武器精良,能够时时保持敬畏之心才能够获胜。"聪明睿智,而守以愚者益",虽然很有智慧,但是要保持愚拙才能够会受益。老子讲,大智若愚。真正有智慧的人他不会表现自己很有智慧。而凡人常常是自己没有什么智慧,还以为自己很有能耐。"博闻多记,而守以浅者广。"能够博闻强记,要保持浅陋的态度,你的知识才能更加广。就是我们常常讲的,一个越是有知识的人才会越觉得自己知识缺乏。"此六守者,皆谦德也。"这六种操守都是什么?都是谦德。这是周公对他儿子的告诫。他讲到,"贵为天子,富有四海,德不谦者,失天下亡其身,桀纣是也,可不慎乎?"夏桀商纣都是因为不能够谦虚,所以身灭国亡。《周易》六十四卦,唯独谦卦六爻皆戒。所以,"大足以守天下,中足以守国家,小足以守其身,谦之谓也。"无论是君主还是臣子,还是普通百姓,都要有谦德,才能够守住我们的身,守住我们的家,保有天下。这是周公对他儿子的告诫,教他要勤俭,要谦虚。

在《群书治要·后汉书》里面有节录樊宏的传记。樊宏是光武帝的舅舅。他虽然身处高位,但是非常小心谨慎,而且告诫他的儿子:"富贵盈溢,未有能终者。吾非不喜荣势也。天道恶满而好谦。前代贵戚,皆明戒也。保身全己,岂不乐哉?"一个人富贵到顶点,很少有能够善终的。所以他讲,我不是不喜欢荣华富贵。你看历史上这些贵戚,一旦骄奢淫逸都没有好下场,我们要以历史为教训,我们要勤俭、谦虚,才能够保全性命,全身而退。这不就是很好吗?所以真正有智慧的人,懂得节欲,不会追求欲望。

《群书治要·三国志》里面有一个故事,讲的是中山恭王曹衮。他是曹操的儿子,魏文帝曹丕的异母弟。曹衮很有德行,虽然是亲王,但是生活非常节俭,他还要求自己的妻妾要懂得纺纱织布,学普通妇女做的事情。他在病重的时候,对继承他王位的儿子(当时他儿子还很小)讲到:"汝幼少,未闻义方,早为人君,但知乐,不知苦,必将以骄奢为失也。"就是说你还小,不懂得为人之道,你这么早就成为王爷,只知道乐,不知道苦,必定会因为骄奢而造成过失。接着告诉儿子应该如何做,第一是,"接大臣,务以礼,虽非大臣,老者犹宜答拜",就是对待大臣一定要遵循礼仪,即使不是大臣,对于年长的人要行跪拜礼,答谢人家,这是讲要敬老。第二是,"事兄以敬,恤弟以慈。兄弟有不良之行,当造膝谏之。谏之不从,流涕喻之。喻之不改,乃白其母。若犹不改,当以奏闻,并辞国土。"这是对兄长要敬,对弟弟要慈,兄弟如果有不好的行为,应该要促膝而谈,跟他们劝谏;劝谏不听,要流着眼泪给他们讲道理;跟他讲道理还不改,就要告诉他们父母;告诉父母他们还不改,就要上报天子,而且辞掉封地。"与其守宠罹祸,不若贫贱全身也。"与其因为受到恩宠而遭到灾祸,不如过贫贱的生活,而能够保全性命。历史上很多人争权夺势、争权夺利,夺来夺去夺到最后都是灾祸。还不如普通百姓过一种平常的生活,虽然清贫,但是一生能够平平安安。清朝曾国藩就跟他的弟弟讲:"吾细思凡天下官宦之家,多只一代享用便尽,其子孙始而骄佚,继而流荡,终而沟壑,能庆延一二代者鲜矣。"官宦之家,家道往往很容易就衰落了,原因就是子孙不能够节俭。"商贾之家,勤俭者能延续三四代。"商人的家庭,如果能够勤俭能够延续几代。但是我们看现在这个商贾之家也是如此,真正能够延续几代的也不多。俗话讲"富不过三代"。因为家里富有之后往往骄奢淫逸。"耕读之家,俭朴者能延五六代。孝友之家则可以绵延十代八代。"我们要想家道传久远,要靠耕读,要多劳作,要讲孝悌。曾国藩给家里定了一条家规,"家勤则兴,人勤则健;能勤能俭,永不贫贱。"一个人如果勤劳家道就会兴旺,而且身体会好。你看有不少官员,领导干部,往往会出现三高,血糖、血脂、血压高,这种病很多。就是因为劳动少,生活天天吃山珍海味,天天大鱼大肉,把身体搞坏了。虽然收入高,但是生活未必快乐。真正有智慧的人知道人生该怎么做。曾国藩先生给他弟弟的家书里面就讲到,希望他弟弟,"于俭字上加一番工夫,用一番苦心,不特家常用度宜俭,即修造公费,周济人情,亦须有一俭字"。就是时时刻刻要勤俭。曾国藩家族长盛不衰,和他的勤俭持家是分不开的。

人人都希望自己的家道能够传家久远。要想自己好、家道好、儿女好,一定要在勤俭上下功夫。努力做到勤俭持家、勤俭为政、勤俭治国。

二、勤俭节约对治家的重要性

前面我们谈到勤俭节约对治国、对领导干部的重要性。我们再来谈谈勤俭对我们平常人、普通百姓修身齐家的重要性。

（一）勤俭是持家之本

《格言联璧》里面讲到,"勤俭为持家之本。"《大学》里面讲:"身修然后家齐,家齐然后国治。"我们要想治国平天下,首先要齐家,要修身。修身则要懂得勤俭。诸葛亮在《诫子文》中讲到:"静以修身,俭以养德。"勤俭能涵养我们的德行。我们看任何一个有德之人,必定是有勤俭的作风,懂得积福惜福。

《周易》里讲:"君子以俭德避难,不可荣以禄。"也就是说一个真正修道的君子他会勤俭节约。这样能避开危险和灾难。俭德就是降低自己的欲望,节制自己的欲望,没有贪心,不追求高官厚禄,不追求荣华富贵,你就不会有灾祸。老子讲:"金玉满堂,莫之能守。富贵而骄,还自遗咎。"你有很多财宝,你未必能守得住。财富太多了会让我们自己身体受累。因为有了财富、有了地位必然就会产生骄慢心,一个人有骄慢心,高高在上,就会有灾祸。《孝经》里面讲得好,"在上不骄,高而不危。"在上位一旦有了骄慢心就会很危险。要戒除骄慢心,首先在于节制欲望,节制欲望就是落实在勤俭上。《道德经》里面讲:"五色令人目盲,五音令人耳聋,五味令人口爽,驰骋田猎,令人心发狂,难得之货令人行妨。"一个人贪淫好色,喜爱美色就会有伤我们的精神,失去正知正见。喜欢繁复的音乐,耳朵就听不明白自己内心真的在想什么。人们常常讲,耳聪目明,真正的聪明是什么。老子讲,"知人者智,自知者明。"一个人内心清静,没有烦恼,不会被外界的欲望所遮蔽,能够听到人的心声,看事物能够很长远,才叫聪明。五味就是追求美食,追求美食令人口爽,这个爽是妄的意思,人追求美味,口中往往都虚妄,就会有失于道。尤其是饮食,和人的身体健康有很大关系。如果一个人天天吃肉食,喜欢各种美食,我们在生活中就常看到这样的人,总觉得这个不好吃那个不好吃,点菜就是一件犯愁的事。食素的人很简单,每天吃青菜,味道很香。所以追求美味,这个味觉就没有了,吃什么都不香。驰骋田猎,让人心发狂,很多人打猎最终都没有好的结局。在《朱子治家格言》里面就讲到,"勿贪口腹而恣杀牲禽",不能为了贪自己的口腹之欲而随意杀害众生。这里的"驰骋田猎",当然不只是打猎,也包括一切刺激性的娱乐活动,对身心都是非常有害的。"难得之货令人行妨。"难得之货就是珍奇难得的物品,就是我们现在讲的奢侈品,这样的物品会让人行为失常。因为这会勾起人们心中贪婪的欲望。念念想要得到这些奇异之货,会使人自身受辱。据媒体报道,有一个年轻人想要得到一部"苹果"手机,甚至去把自己的肾卖了。还有的把父母给的学费拿去买手机,真是令人心痛。究其缘由就是因为内心起了贪欲,不懂得勤俭,这是人生灾祸的根源。孔子在《论语》里面也讲到,"以约失之者鲜矣。"一个人骄奢就会淫逸,就会遭来灾祸。如果能够勤俭节约,就会没有忧患。因为什么?他的欲望很少、需要的很少,没有贪心。汉字当中,"贪"字跟"贫"字多么接近,有贪心的人其实就是贫穷之人啊!我们常常说一个人很富足,富足是什么?真正的富就是知足,就是知足常乐。如果有贪心了,就离贫穷不远了,也就永远得不到快乐。所以人一定要节制自己的欲望。

(二)天下之福,莫大于无欲

在《群书治要·傅子》里面就讲到,"天下之福,莫大于无欲;天下之祸,莫大于不知足。"一个人真正有福,最大的福是什么?没有欲望,内心清静。人到无求品自高时,外在没有什么要求的,德行自然就日日增进。人最大的灾祸就是不知足。俗话说得好,"人心不足蛇吞象"。"无欲则无求,无求则所以成其俭也。"没有欲望他就没有贪求,没有贪求他就能够养成节俭的作风。能够节俭就能够远离灾祸。如果不知足,"则物莫能盈其欲矣。莫能盈其欲,则虽有天下,所求无已、所欲无极矣。"一个人如果有贪心,那外物永远满足不了他的欲望。人的欲望是无穷的。不能满足自己的欲望，即使占有天下，他的贪求也不会停止。秦始皇想长生不老，让徐福去找长生不老药。长生不老药没有找到，秦朝却很快就灭亡了。所以一个人欲望无限大，即使拥有天下他这个贪欲也不会停止。但是一个国家的资源是有限的，百姓的能力也是有限的。就是《傅子》里面讲的，"海内之物不益，万民之力有尽。纵无已之求，以灭不益之物；逞无极之欲，而役无尽之力。此殷士所以倒戈于牧野，秦民所以不期而同叛。曲论之，好奢而不足者，岂非天下之大祸耶！"就是四海的物产不可能增多，百姓的劳作，百姓之力是有限的。如果我们放纵自己无休止地追求，耗尽了有限的物产，放任我们这种无尽的欲望，使用这种有限的劳力，这就是殷朝最后士卒倒戈响应，武王伐纣，最后殷商灭亡，秦朝百姓不约而同一起来反叛的原因。历史上，商朝、周朝都是因为追求奢侈而亡，奢侈是天下最大的祸害。人的欲望一膨胀，欲望无限地放大，物资有限，最后就导致竞争，竞争升级就是斗争，斗争再升级就是战争。世界不和谐的根源就在人心，在于人的自私自利的欲望无限地放大。我们的地球资源有限，科学家曾经讲到，如果人类不改变我们现在的行为模式，还是继续无限制地开发地球的资源，那么 50 年之后地球将不再适合人类居住。近年来，全球气候已经开始反常，全球温室效应特别明显。这个根源就是人心追求奢侈而导致的。不要以为勤俭节约是一件小事，从小来讲影响到每个家庭，从大来讲也影响到整个世界。所以无论是要平治天下还是要自己进德修业，都要培养勤俭的作风。

（三）勤俭持家，才能传家久远

在中国历史上有两篇著名的家训，一篇是诸葛亮写给他的儿子诸葛瞻的《诫子书》，还有一篇就是宋朝的司马光给他儿子司马康的《训俭示康》。这两篇家训都重点提到节俭。诸葛亮和司马光是宰相，都提倡家人要节俭。我们凭什么奢侈浪费、追求奢华？

一个人要想积德，就一定要节俭，要养成勤俭的作风。如果一个人穷奢极欲，就会败家亡身。诸葛亮给他儿子的《诫子书》讲到，

"夫君子之行，静以修身，俭以养德。非淡泊无以明志，非宁静无以致远。"君子要修身养德一定要守静。如果内心羡慕荣华富贵，这个心就静不下来，如果你有欲望你的心就静不下来。所以要想心静下来，一定要节俭，节俭就是降低自己的欲望。生活要简单，用节俭来养自己的德行。如果一个人生活非常奢华，德行不可能很高。即使有条件过很好的日子也要节俭，要以苦为师。淡泊是指生活要清淡，减少外缘，这个时候心清静，志

向就明，念念不忘自己的志向，修学就会很快速。"宁静致远"是讲只有心清静，才能够深谋远虑，才会有智慧。如果一个人奢侈，铺张浪费，追求物欲，他这个心不清静。心就不会清静，做出的各种决策就未必是有智慧的选择。一个人没有智慧，就一定会有灾祸。

诸葛亮作为蜀国的宰相，身居高位，但是非常勤俭，真正是鞠躬尽瘁死而后已，不为自己谋利益。他在去世前曾经给后主，就是给刘备的儿子上书讲到，他做官家里没有什么多余的钱财，他自己讲到成都的家有桑树800株，薄田15顷，子弟衣食，自有余饶。他曾经和刘备讲到，"若臣死之日，不使内有余帛，外有盈财，以负陛下。"就是我去世之后，家里家外不留多余的钱财，以辜负陛下的恩德。这是有智慧的人。能够把财富真正放下，要知道，他是一国的丞相，能够做到这一点，就是因为他有这种勤俭的作风。诸葛亮在出山之前，他在南阳隐居，种地，过着农民的日子。自己并不求发达富贵。为什么出来？是刘备"三顾茅庐"，被刘备这种爱贤之心感动了，才出来为刘备出谋划策，所以他"鞠躬尽瘁，死而后已。"这就是古人讲的，"士为知己者死"，报答刘备的知遇之恩。

同样，宋朝的司马光，很多人可能都知道《资治通鉴》，他一生用了19年组织编写这一部书，他也是宰相，宰相之家肯定是比较富贵的。但是他也是教他的儿子要力戒奢侈。他在《训俭示康》中，特别教育他儿子要勤俭。

他在文章里面讲到他自己，"众人皆以奢靡为荣，吾心独以俭素为美。"世间人都把奢侈的生活当作光荣，但是他内心把节俭朴素看作美德，而且一生奉行。他自己生活非常节俭纯朴。他"平生衣取蔽寒，食取充腹"。衣服能够避寒、有几件换洗就够了，饮食能够吃饱就行了，不追求山珍海味，不追求绫罗绸缎。生活非常简单。他常常教育他儿子，"食丰则生侈"，就是饮食非常丰盛，就会生起奢侈之心。"阔盛而生侈"，一个人追求饮食，追求排场，就会生起奢侈之心。

在这篇文章里面他还专门举了很多例子，比如说我们前面讲到西晋的何曾"日食万钱，至孙以骄溢倾家"，导致子孙因为骄溢而倾家荡产。宋朝的寇准，生活非常豪华奢侈，虽然一时享有盛名，但是他的子弟学习他的这种家风，结果后代都非常穷困。他在文章里面讲到，"侈则多欲。君子多欲则贪慕富贵，枉道速祸；小人多欲则多求妄用，败家丧身。"无论你是君子、小人，奢侈都不是一件好事。君子奢侈欲望就很大。生起欲望就追求富贵。追求富贵实际上就不是君子，"君子喻于义，小人喻于利"，小人追求利，见利忘义就会违背道德。违背道德灾祸就来了。小人欲望一多他就妄求，甚至用不合法的手段去求取，最终的结局就是败家亡身。

（四）由俭入奢易，由奢返俭难

司马光还讲到，"由俭入奢易，由奢返俭难。"很多人原本家也很穷，从小生活很苦，做生意发了财，当官收入提高了，生活开始奢侈。过上这种奢侈的生活之后，如果人生一旦出现变故，再过从前俭朴的生活就难了。

宋朝的时候，宋仁宗有一个宰相叫作张知白，他做了宰相，收入很丰厚，但是他的生活水平跟过去做地方小官时一样。有人就跟他讲了，你现在收入已经很多了，生活还这么俭朴。你这么做是不是装样子？是不是学"公孙布被"？"公孙布被"是讲汉武帝的时候，有一个宰相叫公孙弘，当时汲黯就批评他，你位在三公，俸禄很多，自己披着一个棉被，你这种做法是不是装表面功夫，为自己求一个节俭的美名？这个公孙弘也是特别有意思，他特别喜欢穿破旧衣服，提拔下属不看别的，看是不是穿旧衣服。因为他位在三公，很多人为讨好他，不敢买新衣服，都买旧衣服穿。这么做不是出自内心的，而是装样子。所以人家就批评张知白。张知白就非常感叹，他就讲，我现在的收入确实可以让家人过这种锦衣玉食的生活。但人的常情都是"由俭入奢易，由奢返俭难"。我不可能天天保持今天的收入，一旦哪天我的收入不如今天了，就不可能过奢侈的生活了。而我的家人已经习惯过奢侈的生活，如果这个收入没有了，要改过来不容易。所以我现在保持最低的标准，不管我在职不在职，哪怕我去世以后，家人保持这个标准，遇到变故也不会有问题。

张知白很有智慧，真的懂得为子孙考虑，即使有钱、有地位，也要保持这种节俭的生活。要知道，骄奢淫逸的结果一定是败家亡身。如果是在高位的领导，骄奢淫逸，不仅败家，还会亡国。有智慧的人一定懂得节约，比如宋朝的范仲淹，他从小父亲去世了，跟随母亲改嫁到朱家，长大以后朱家人就排斥他。他知道自己不是朱家人，姓范，他很有骨气，就离开了朱家。在跟母亲拜别时说，妈妈你等我10年，10年以后我考取了功名，衣锦还乡再接你去奉养。当时范仲淹就找了一个破旧的寺院努力读书，过那种"断齑划粥""闻鸡起舞"的生活。"断齑划粥"这个成语就是讲范仲淹读书的时候吃的东西很简单，每天煮一锅粥，粥冻了之后划一块吃，齑是野菜，把野菜腌成咸菜，切成条做粥，把粥和野菜拌在一起，这就是他每天的饮食。他有一个同学看他吃得这么简单，就想要帮他改善一下营养。有一天给他送了一桌酒席。过了一段时间他的朋友再去看他，发现这桌酒席原封未动，就问范仲淹，你难道不喜欢我送给你的酒菜，是不是我送的酒菜不好。范仲淹就讲，不是我不想吃你的饭菜，我是怕今天吃了你的饭菜，来日就吃不下我的齑粥了。这个道理就是古人的"由俭入奢易，由奢入俭难"。今天我吃你这一顿酒席很容易，但是明天我要回过头来再吃我的齑粥我就吃不下去了。范仲淹真的是以苦为师，以俭养德，真正有德行。所以他没有贪心，不贪求金钱。他在寺院读书读书的时候还发生过这样一件事，有一天他在寺院里的一棵大树下发现一大坛白银，要知道他是一个穷书生，看到这么多钱，会不会想这是不是老天爷慈悲，怜悯我，给我一些钱。但是，范仲淹看到之后丝毫没有动心，他把这坛白银埋在了树底下，没告诉任何人，就当没发生过一样。这个事情根本没有人知道。一直到范仲淹当了宰相，他当年读书那个寺院的人找他来化缘修寺院，范仲淹就对寺院来的人讲，你不必化缘了，你们寺院就有，那个大树底下，你们去挖吧，树底下就有一坛白银，足够修复寺院所用。这个寺院里的人回去，果然在树下挖出来一坛白银。范仲淹几十年前就见到了，但是他丝毫贪心都没有，真正有德行。

《中庸》上面讲到，"有大德者，必得其位。"范仲淹有这样的德行，才会有这么高的地位。

在《群书治要·文子》里面就讲到，"生而贵者骄，生而富者奢，故富贵不以明道自鉴，而能无为非者寡矣。"出生高贵的人生来就骄傲，有傲慢心。过去的王公大臣、皇家子弟都是如此，生来就富有的人就会容易染上奢靡之风。现在有钱人家的孩子，往往很容易就奢侈浪费。所以富贵之人，如果不学会勤俭，你要想不做错事，那真是太难了。古人还讲，"富贵学道难"。学道要吃苦，出身富贵的人，往往吃不了苦，所以富贵的人愿意学道的人少。因此，这个富贵就不能长久。中国古话讲"富不过三代"道理就在这里。富贵之后他易生起骄奢淫逸，生起骄奢淫逸，离灾祸就不远了。

《三国志》里面讲到，"不知足则失所欲。故知足之足，常足矣。览往事之成败，察将来之吉凶，未有干名要利，欲而不厌，而能保世持家、永全福禄者也。"这是讲要知足，要是不知足，有贪心，就会失去所需要的一切。有一个成语"螳螂捕蝉，黄雀在后"，《群书治要》就节录了这个故事，如果你贪求别的，最后连自己所拥有的都会失去。所以真正能够知足的富足才是长久的富足。所以古人讲"福在知足"。要学习古人的教诲，"览往事之成败，察将来之吉凶"，看看古往今来的事情，你就能够看清未来的吉凶。这个道理非常简单。你看历史，凡是败家，甚至是亡国的，起源都是因为奢侈。

（五）珍惜我们的福报

一个人追逐名利，贪得无厌，追名逐利，不能够知足，不能够自制，不能够节制欲望，要想使家族长久不衰，久享福禄，这是不可能的。福在什么？就在知足。你看"福"字很简单，一衣一口一田，一个衣字旁，有衣穿、有饭吃，这就是福。真正要享什么？要享清福，莫享洪福。过简单的生活，没有烦恼，这叫清福。所以要真正明白，不把福享尽，积福惜福，也就是勤俭节约，惜福远祸。

明朝时有一位读书人叫焦澹园，讲过这样一句话，"人生衣食财禄，皆有定数，当留有余不尽之意。故节约不贪，则可延寿；奢侈过求，受尽则终；未见暴殄之人得皓首也。"那些奢侈挥霍无度的人，到最后能够老年衣食丰足、福寿双全的非常少见。为什么会这样？就是他们先把福享尽了。福尽悲来。中国几千年有一个天道循环的规律，就是：富贵生奢侈，奢侈生贫贱，贫贱就生勤俭，勤俭生富贵，富贵又生贫贱，周而复始。很多人以为现在是工商社会，过去农业社会这个规律不适用了。其实不是这样的，不要以为我们现在经济很发达，我们就可以暴殄天物，浪费各种资源。要知道挥霍浪费，骄奢淫逸，就会造大量的恶，最终也一定要承受恶果。

我们要懂得惜福。人想求福，但什么是福，很多人却不知道，以为吃得好、穿得好就是福了。中国人常讲"五福临门"，五福是哪五福？第一是长寿，人没有寿命，什么都是假的。所以第一福是长寿。第二福是富贵，富贵不仅是你要有钱财，而且是心灵上富足，这才叫富。如果有贪心，你拥有得再多还是贫穷。第三是康宁，身体健康。很多人有钱，但晚年病魔缠身，钱再多，身体不好，那也很难受。康宁不仅指身体好，而且是内心安宁。实际上身心是一体的，内心清静，身体才能够健康。第四个是攸好德，就是你能修德行善，能够依道而行。什么叫修德，就是依伦理大道而行，落实五伦八德。第五是考终命，就是能得到善终，寿终正寝，在临终的时候没有病祸。古人讲，天不生无福之人，人来到这个世间，就有一定的福报，但是这个福报是有限的，要想人生幸福美满，就一定要懂得惜福、积福。要知道，人生的命运掌握在我们自己手里，如果我们读过《了凡四训》对这个原理就很清楚。《周易》上说："积善之家，必有余庆；积不善之家，必有余殃。"这个余庆是指留给子孙的，当然有余庆就有本庆，本庆是对自己。积善自己有福，积不善自己就有祸。所以积善首先要从惜福开始，穿衣吃饭这是我们生活中每天离不开的事情。人生活就要消耗自然资源，衣食一定要珍惜。《朱子治家格言》里面讲到："一粥一饭，当思来处

应奉花石

不易;半丝半缕,恒念物力维艰。"我们吃的每一粒饭来之都是不容易的。如果有在农村干过农活就知道,穿衣吃饭不是一件容易的事,是多少人劳动才能够让我们有饭吃、有衣穿。所以从小家里就教我们要勤俭,《朱子治家格言》这两句话,就是教我们勤俭。

在过去,有智慧的人都懂得这个道理。比如说汉朝的宰相萧何,他做宰相的时候,刘邦给了他很多封赏,他给子孙买田地,一般的人买田地都选择地理位置很好的。但是他却选择最偏僻的,别人都不要的田地给他的子孙。别人都不理解,他说:"后世贤,师吾俭;不贤,毋为势家所夺。"我的后人要是贤德的话,就会效法我的这种勤俭的做法,要是不贤能,买的这些田地都是偏僻的地方,也不至于被有权势的人看中抢夺而去。

当初刘邦打天下,分封了100多个功臣,各个都有封地,都给他们很多田产,过了100年,曾经有人想去了解这100个功臣的后代都是什么样的情况。结果这个调查让人非常惊讶,这一百多个功臣大部分后人都没落了,唯独只有几个人的后代很好,其中一个就是萧何,萧何的七世孙萧望之后来也做到了宰相。他的事迹在《群书治要》里面也有节录。这是真正有智慧的人。智者教子孙一定是要子孙勤俭。司马光讲得好:"积金以遗子孙,子孙未必能尽守;积书以遗子孙,子孙未必能尽读。不如积阴德于冥冥之中,以为子孙无穷之计。"所以,一个人留给子孙最重要的是什么? 积德。而俭正可以养德。

还有一个类似的故事。春秋时候的孙叔敖,曾经做过楚国的宰相,对楚国贡献很大。他的故事在《群书治要》里面也有节录。

当时楚王想给他封侯,但是他不要。正如《周易》里面讲的,"劳谦君子,有终,吉。"自己有功劳,很谦虚,不认为自己有功。楚王给封赏他也不要。他在临终的时候想到,他去世以后楚王一定会给他封赏。他就跟他儿子讲,我去世以后楚王一定会给我们家封地,如果你推脱不掉的话,就要"寝丘"这个地方。"寝丘"这个地方是楚国最为贫瘠的一块土地。孙叔敖去世以后,果然楚王要给他家一块封地,他儿子推辞不掉,就依照父亲的教诲,要了"寝丘"这个地方。后来过了几代,楚国其他的大夫家都被楚王以各种罪名杀了,收回了封地。只有孙叔敖家的"寝丘"之地保留下来。原因就是那个地太贫瘠了,没有人来争夺。所以他的子孙才会得到长久的平安。孙叔敖是有智慧之人,一般人知道想要好的,别人也想要。别人盯上你了,那你的灾祸就来了。所以《周易》里说,"君子以俭德避难"。尤其在富贵地位的人,更要牢记这一真理。

一个人处在富贵之中未必是件好事,尤其是为富不仁,不珍惜自己的福报,有福不仅不去周济别人，而且还浪费，不勤俭，不懂得做人，把自己的福享尽了，最后灾祸就来了。

（六）林则徐的一副对联和"十无益"

晚晴有位著名大臣林则徐，也特别教导他的子孙要勤俭。他曾经写过一副对联，上联是："子孙若如我，留钱做什么？贤而多财，则损其志。"下联："子孙不如我，留钱做什么？愚而多财，则增其过。"横批："不给子孙留钱。"这是有大智慧之人。他做官，真正是一位好官、清官。他曾经讲过，"苟利国家生死以，岂因祸福避趋之"。只要能够有利天下，有利国家，个人的福祸没有关系，自己受了委屈算不了什么。

除了这一副对联，他还给家人一则"十无益"的忠告。这十条忠告非常好。第一是，"父母不孝，奉神无益，"一个人不孝敬父母，你每天烧香拜佛神也不会保佑你，要知道"百善孝为先"。第二是"兄弟不和，交友无益。"你跟兄弟都不能相处好，你交的朋友也是酒肉朋友，肯定不是以道义相交，这样的朋友有害无益。第三是"存心不善，风水无益。"现在的人都相信风水，起屋、搬家都看风水。要知道，"福人居福地，福地福人居。"你心善，你周围的环境才会善，风水的根本在于什么？在于你的存心。第四条，"行止不端，读书无益。"内心不端正，行为举止不端正，还有自私自利，种种贪念，读再多的圣贤书也没有帮助。第五条，"心高气傲，博学无益。"《论语》里面讲到："虽有周公之才之美，使骄且吝，其余不足观也矣。"你再有才华，心高气傲，知识再多没有用处，真正越是有知识、有学问的人，他越是谦虚。第六条，"做事乖张，聪明无益。"做事要依照道义去做，如果违背道义，你有点小聪明，好象一时得便宜，最终还是自己吃亏。第七条，"时运不济，妄求无益。"就是你运势不好，你非要去做，不能够因时而动，妄求，事情就做不好，也就是说我们要随缘，而不能够攀缘，攀缘就是妄求。第八条是，"妄取人财，布施无益。"如果求得的财富是用非法的手段获得的，即使你拿这个钱去帮助别人，也不能够弥补道义上的缺失。这就教我们，"君子爱财，取之有道。"第九条是，"不惜元气，服药无益。"一个人要爱惜身体，不能经常熬夜、纵欲，暴饮暴食。如果你放纵欲望了，恣意妄为，你身体损耗非常严重，你吃再多的补药也补不了。第十条，"淫恶肆欲，阴骘无益。"一个人放纵欲望，为所欲为。他的祖先再好德也无济，迟早大祸都会临头。所以人要懂得修德。修德就是要从节俭开始，"俭以养德"，从减低我们的欲望做起，从格物做起。

（七）珍惜每一粒米、每一滴水

有一篇文章叫作《珍惜每一粒米、每一滴水》,写得非常好,在这里节录一部分和大家一起分享:

有句话说得好,浪费是极大的犯罪,在物资匮乏的年代,人们常提起这句话,但随着社会的发展和物质生活水平的提高,在人们的记忆里这句至理名言被逐渐淡忘,以致社会生活中的浪费现象比比皆是,尤其是生活中出现很多肆意浪费粮食的现象:在家庭中,剩下的饭菜被毫不吝惜地倒掉;在宾馆里、饭店中,许多未曾动过的高档饭菜被倾倒在垃圾桶中;尤其在用公款请客时,大量吃不完的饭菜被浪费的现象屡见不鲜。现在的年轻人很难理解父辈们生活的艰苦与节俭。生活富裕起来的人们对"浪费"这两个字很麻木,认为自己的生活好起来了,有钱浪费一点没关系。然而,浪费粮食的行为是对社会和自己极不负责任的行为。既对不起辛勤劳作的农民,也浪费了国家的资源,更削减了自己有限的福报,并造下了三涂的恶因。粮食是农民辛辛苦苦种出来的。"锄禾日当午,汗滴禾下土,谁知盘中餐,粒粒皆辛苦。"这首古诗对我们来说耳熟能详,几乎每个人从小就都会背诵,它勾画出农民头顶烈日、脸朝黄土背朝天在田里耕作的场景,它让我们明白了稼穑之艰难的道理。有一次,朋友们一起聚餐,在饭桌上,一位从小在城市长大、后从机关到农村挂职锻炼的朋友提醒大家说:我们一定要把饭吃完,千万不能剩。我在农村工作了一年,深深体会到农民耕作的不易。我们可以将吃不完的饭菜带回家。她说得很对,没有去过农村的人,对农民种粮的艰辛没有切身的体会。每一粒粮食都要经过春耕、夏长、秋收、冬藏的过程,都凝聚着农民的血汗,它不仅是农民的劳动果实,而且是国家的资源。实际上,我国现在还不富裕,在一些贫困地区还有将近 3000 万人尚未解决温饱问题。人皆有食,也并不是地球上每个公民都曾实现了的梦想。世界性缺粮的状况在相当长的时间内不会得到根本转变。因此,浪费一粒粮食是很可耻的行为。另外,节俭是中华民族传统的美德,古人说过,一粥一饭,当思来之不易;半丝半缕,恒念物力维艰。自古至今,中华民族都提倡节俭的生活,虽然现在生活条件好了,但这种节俭美德不能丢弃。浪费是一种贫贱的行为。一个人的高贵不在于他的富有,而在于他高尚的行为。许多外国人生活很富有,但生活上很节俭,从不浪费。他们说:珍惜上帝赐给食物,我们要感恩,不丢弃一粒米,浪费一滴水。

从佛学的角度说,浪费是削减福报的行为,为自己埋下了恶因。在现实生活中有许多人,并不珍惜一个馒头、一碗米饭、一张纸或一杯水,认为扔掉这么一点东西是区区小事。可是，我们今天浪费一点，明天浪费一点，一生积累下来就是不小的数目。

一次我与朋友聚会吃饭，一位从国外回来的朋友可能要显示自己的富裕，要了许多菜。我建议他少要一些，不能浪费。他说："我有钱不怕消福。"我说："有钱就可以暴殄天物吗？别忘了你是中国人，老祖宗没教我们有福就不怕消掉。"这样不珍惜福报的人，被惩罚的日子终将会来临。

在我们生活中有一种很普遍的可怕现象，就是公款请客吃喝。这种请客一般都不是量入为出、吃多少点多少饭菜，在通常的情况下，一桌子丰盛的饭菜大部分被剩下倒掉，造成了极大的浪费。

古人说：静以修身，俭以养德。节俭也是一种德分，不浪费就是为自己积德。经常浪费的人，德分流失得很快，在现实生活中，会遇到诸多不顺之事。我的一位朋友从外地到北京发展，仅五年就挣了 200 多万。正在公司蒸蒸日上的时候，却突然关张了。看这位朋友的日常生活习惯，就能断定此人无福。他不懂得浪费带来的因果，也不懂什么是惜福。吃饭剩下的半盆米饭，没有坏就被他全部倒掉，他一点都不心疼。他洗内衣要反复用清水冲洗十遍。他在本命年买了一套 1000 元的西服，只穿了一年就不喜欢了，把它丢进垃圾桶里。我问他："这么好的衣服不穿了，你为什么不给别人呢？"他表示丢掉好，扔掉旧衣服就是扔掉了倒霉气。我很不理解他的生活方式。这两年他的事业急速下滑，在我看来是因为他一直在消福。

为什么寺庙里的出家人吃饭时不敢浪费一粒米，吃过饭都用布把钵擦干净？因为他们受十方信众的供养，浪费一粒米大于须弥山。很可怕的因果啊！难道在家人浪费就不犯因果吗？同样减福报。

我经常看到许多人把水龙头开得很大，没完没了地冲洗，我真的为他们着急，即使不是自己家的水，也应该珍惜啊！

我们在家洗澡、洗衣服，可以把用过的水积攒下来用来冲厕所。我们可以把不穿的衣服寄给贫困山区的人们。总之，生活中的一切都不可任意浪费。我们要教育下一代，从自己做起，从珍惜一滴水、一粒米做起。

看了这篇文章，我们要懂得反思自己。想一想，我们每一天无形之中削减了自己多少的福报？如果一个国家的人都如此铺张浪费，那会削减的不仅是个人的福报，而且会削减国家之福。最终会带来灾难。这就是灾难的根源。所以我们要从自己做起，从珍惜一滴水、一粒米做起。一个人在小的时候要懂得惜福，在青年的时候要懂得培福，到中年的时候要懂得为人造福，到了晚年时候才能够真正享福。所以我们想要获得幸福圆满的人生，一定要从勤俭节约做起。

任用六贼

李彦
蔡京
宋徽宗
朱勔
童贯
梁师成
王黼

任用六贼①

【历史背景】

北宋末年，朝廷政治更加腐败，宋徽宗赵佶重用当时被人们斥为"六贼"的蔡京、王黼、童贯、梁师成、李彦和朱勔六个人。这六个得到恩宠的人把持着全国政治、经济、军事大权。"六贼"当政穷奢极欲，竭力搜刮民脂民膏供宋徽宗纵情享乐。宋神宗时期积累的一点财富，很快就被挥霍殆尽。由于宋徽宗对外屈辱投降，对内横征暴敛，使本来就很尖锐的阶级矛盾和民族矛盾更加激化，人民对"六贼""恨之入骨，欲食其肉"。老百姓盼望打倒"六贼"，推翻腐败的宋王朝。宣和二年十月初九，终于爆发了方腊领导的农民起义，起义虽然遭到了镇压，但是，却给了统治阶级以极大的打击，更令人惊讶的是，在金兵压境之时，宋徽宗也不作筹谋，还悠闲地当了太上皇，最后，与钦宗一道成为金人的俘虏，死于被囚之地五里城(今黑龙江依兰)。

【原文】

宋史纪：徽宗在位，承平日久，帑庾盈溢。蔡京②为相，始倡为"丰、亨、豫、大"之说③，劝上以太平为娱。上尝大宴，出五盏玉卮以示辅臣曰："此器似太华。"京曰："陛下当享天下之奉，区区玉器，何足计哉！"上曰："先帝作一小台，言者甚众。"京曰："事苟当理，人言不足畏也。"由是上心日侈，谏者俱不听。京又求羡财以助供费，广宫室以备游幸。兴延福宫、景龙江、艮岳等工役，海内骚然思乱，而京宠愈固，权震海内。是时梁师成④、李彦⑤，以聚敛幸，朱勔以花石幸，王黼⑥、童贯⑦，以开边幸。而京为之首。天下号为"六贼"⑧，终致靖康之祸。

【张居正解】

宋史上记，徽宗时，承祖宗累世太平，仓库钱粮充盈满溢。那时奸臣蔡京为相，只要保位固宠，乃倡为丰亨豫大之说，劝徽宗趁此太平，欢娱作乐。一日徽宗大宴群臣，将所用的玉盏玉厄示辅臣说："此器似太华美。"蔡京奏说："陛下贵为天子，当享天下的供奉，区区玉器，何足计较。"徽宗又说："先帝尝造一座小台，言官谏者甚众。"蔡京又奏说："凡事只管自己该做的，便是人言何足畏乎？"徽宗因此志意日侈，不听人言。蔡京又另外设法搜求羡余钱粮，以助供应；广造宫室，以备徽宗游观，起延福宫，凿景龙江，筑艮岳假山，皆穷极壮丽，所费以亿万计。天下百姓，困苦无聊，纷纷思乱，而徽宗不知，恣意游乐，宠任蔡京之心愈固，于是京之威权震于海内矣。那时，又有梁师成、李彦，因聚敛货财得宠；朱勔，因访求花石得宠；王黼、童贯，因与金人夹攻辽人，开拓边境得宠；这些不好的事，都是蔡京引诱开端。所以，天下叫这六个人做"六贼"，而蔡京实六贼之首。因此，海内穷苦，百姓离心，到靖康年间，金人入寇，京师不守，徽宗父子举家被虏北去。实宠任六贼之所致也。

自古奸臣要蔽主擅权，必先导其君以逸豫游乐之事，使其心志蛊惑，聪明壅蔽，然后可以盗窃威福，遂己之私。

观徽宗以玉器为华，是犹有戒奢畏谏之意，一闻蔡京之言，遂恣欲穷侈，酿祸基乱。嗟呼！此孔子所谓一言而丧邦者欤！大抵勉其君恭俭纳谏者，必忠臣也。言虽逆耳，而实利于行。导其君侈靡自是者，必奸臣也。言虽顺意，而其害无穷。人主能察于此，则太平可以长保矣。

【注释】

①本篇出自《宋史·蔡京传》，并见《宋史·陈东传》，叙述北宋末年以蔡京为首的六贼，利用宋徽宗的固宠，误国殃民，终致靖康之乱的故事。

②蔡京（1045～1126）：宋仙游（今福建省）人。字元长。熙宁三年进士。徽宗时，因童贯得为尚书右仆射，后为太师。以恢复王安石新法为名，四掌权柄，排斥异己，专以奢侈迎合帝意，广兴土木，工役浩繁。遍布党戚。金兵入侵，率全家南逃，为钦宗贬死。

③"丰、亨、豫、大"之说:《宋史·蔡京传》:"京倡为丰、亨、豫、大之说,视官爵财物如粪土。"《易经》,丰,富饶;豫,安乐;无所拥碍谓之亨,无所不容谓之大。形容富足隆盛的太平安乐景象。为宋徽宗的奢华制造理论根据。

④梁师成(？~1126):北宋末年的宦官,六贼之一。政和年间得徽宗宠信。善逢迎,凡御书号令皆出其手;常找人仿帝字伪造圣旨。善聚敛,受贿赂,卖官鬻爵。

⑤李彦(？~1126):北宋末年宦官,六贼之一。宣和三年(1121)主持"西城所",残酷霸占民田,有敢控诉者,加以重刑,致死者千万。运送贡物,劳民妨农。喜赏怒刑,福祸转手,因之得美官者甚众。钦宗即位,削官赐死,籍没其家。

⑥王黼(1079~1126):北宋末年奸臣,六贼之一。宣和二年(1120)代蔡京执政,不久设应奉局,自兼提领,搜刮四方水土珍奇物品,据为己有,天下财力被用来挥霍。

⑦童贯(1054~1126):北宋末宦官,六贼之一。性巧媚,因善迎合徽宗意图而获宠。徽宗以他为供奉官,在杭州搜方书画奇巧。助蔡入相,京则荐他在西北监军。使辽,邀赵良嗣归宋,遂开联金灭辽之计。

⑧六贼:北宋末年受宋徽宗宠信的六名权臣宦官:蔡京、梁师成、李彦、朱勔、王黼、童贯。太学生陈东等向皇帝上书,请诛六贼,因此得名。

【译文】

　　徽宗刚刚在位的最初几年,天下太平无事,一派繁华的景象,国库中的钱多得都已经腐烂了、粮仓里也都是满仓的粮食。宰相蔡京是一个奸佞的人,就提出了其所倡导的"丰亨豫大"之说,事实上就是劝说宋徽宗要趁着国家太平的时候,尽情享受大好的时光,把人间所有乐事都要享受个够。有一天,徽宗大摆宴席,与大臣们吃喝玩耍。在宴会期间,徽宗高高举起手中玲珑别透、价值连城的金玉装饰的酒杯给臣子们看,并问道:"我用的这杯子,是不是太豪华太奢侈了呢?"蔡京急忙上前劝说道:"陛下,您贵为天子之尊,天下的一切财物与宝藏可都是您的。所有的东西,都是供您来享用的。这么一个小小的玉杯,又有什么可以计较的呢,是没有必要考虑该不该用的啊。"徽宗听了这位奸相的话,心中很受用,但还是有所疑惑地说:"先帝在世的时候,曾经想要营建一座小小的台子供自己使用。但官民都认为不好,上谏批评先帝呢!"蔡京揣摩着徽宗的心理,又奏道:"做事情如果是符合事实的,就是有道理的,那么就应该坚持做下去,不要顾忌别人都说些什么。只要是正确的，别人说几句闲话，我们怕什么呢?"徽宗频频点头，表示赞同。从此，他就不再顾忌了，其欲望越来越高，花费也越来越大。忠良们的进谏之言已经完全听不进去了。蔡京越发得宠，然后就勾结党羽，窃取权力，极力地教唆皇帝奢华，使北宋王朝的统治日趋腐朽。他开始加倍剥削钱财，加重了百姓身上的负担，只为了能够讨好徽宗，以巩固自己的地位。他还为皇帝大力营造华美的宫室，建起了延福宫，还特意开掘了景龙江，筑起了艮岳假山等，国内民怨此起彼伏，农民起义发生，爆发了京东地区的宋江起义和东南地区的方腊起义。而徽宗对蔡京一伙奸党反倒更信任了。蔡京以自己的种种手段掌握了国家的大权，名声扬播天下。宦官梁师成、李彦因为帮助宋徽宗搜刮民财而受宠。朱勔因为长期帮助徽宗搜集奇花异石，受到了特别的宠信。王黼、童贯手握兵权，表面上是为了徽宗对外保卫边疆，事实上是借以显耀自己的军功，以获得徽宗的信任。这六个权臣做事，将古往今来的坏事都做绝了。所以，天下人痛恨他们到了极点，把他们斥为"六贼"，后来终于导致了靖康年间北宋的灭亡。

【评议】

自古以来奸臣要想蒙蔽君主，破坏政权，必定会先误导其大兴逸欲游乐之事，迷惑扰乱他的心志，使君王迷失自我，然后他们才可以盗窃威福满足自己的私利和欲望。刚开始时徽宗以玉器过于奢华，还是有一些戒奢畏谏的意思的，但是，一听到蔡京的荒谬言论，就放弃了对自我的要求和约束，最终造成了亡国之祸。

奸臣擅权，其首要条件就是要有一个昏庸无能的皇帝。但是，宋徽宗很聪明，也很有艺术才华。尽管史家说他不善于治国，却谁也无法否认他是个有多种成就的艺术家，留有许多传世佳作。这无疑给奸臣蒙骗他增加了难度。但是，凡人都有欲望，都有缺点、弱点，一群奸臣宠官整天研究他身上的欲望与弱点，终于打开了缺口。

试想，宋徽宗身边如果有魏徵那样的贤能，北宋王朝的结果以及宋徽宗本人的命运可能会完全不同。有"六贼"才会有历史上的宋徽宗;有魏徵，才有历史上的唐太宗。

孔子说过:"一言而丧邦"这句话的意思就是鼓励君主恭俭纳谏，亲近忠臣远离小人。贤臣的进谏虽然逆耳，但是，却益于江山社稷，而引导君主侈靡享受的那些人必定是奸臣。他们话语虽然好听，但危害无穷，宋徽宗任用六贼就是个深刻的教训呀。

【镜鉴】

一、领导者要掌握授权的艺术

在领导者的用人艺术中,一项很重要的内容就是如何科学有效地向下属进行授权。授权是领导者智慧与能力的延伸,是领导者有效地利用下属的能力、才干为自己的工作服务的重要方式。授权能够使领导者分身有术,从而拓展领导者的工作范围,提高领导者的工作业绩。

当然,授权是一项原则性很强的工作,必须慎重行事。其中,除了慎重地确定授权范围和授权大小之外,最重要的就是选好受权者,即选用德才兼备、具有潜能的人。

(一)授权是领导者高超的用人艺术

授权是领导者智慧和能力的扩展和延伸,是完成现代领导活动、实现既定领导目标的必要环节,也是培养、锻炼、提高下属领导力的重要途径。因此,领导者应当重视授权,掌握授权的方法与艺术。

1.授权是领导者成就事业的分身术

所谓授权,是指领导者委授下属一定的权力和责任,使下属在一定的监督下有相当的行动自主权。授权者对被授权者有指挥权、监督权;被授权者对授权者负有报告及完成任务之责。

授权有它的特定含义,它与代理职务不同。代理职务,是在一定时期内,委命某人代替某人的职务,代理者与被代理者是一种平级关系,不属于领导者向下属授权。授权也与助理不同,助理或秘书只帮助领导者办事,不承担任何责任,而领导者依然负担全责;而在授权中,被授权者应承担相应的责任。授权还与分工不同,分工是在一个领导班子内,由各个成员按其分工各负其责,彼此之间无隶属关系,而授权则表明授权者与被授权者之间是一种隶属关系。

授权是领导者成就事业的分身术。在领导过程中,合理的授权具有重要的意义。

①授权可以减轻领导者的负担,使其从繁琐的事务中解脱出来,集中时间、精力处理重大问题。

②授权可以调动下属的积极性,激发下属的工作热情,增强其责任心,使其认真负责地做好各项工作。

③授权可以密切上下级的关系,加强协作,团结共事;并且可以充分发挥下属的专长,弥补领导者自身的不足。

④授权可以加强组织的整体力量,增强组织的群体合力。领导者通过合理授权,既可以简化工作程序,防止权责不明,争功诿过,也可以改变领导者大权独揽的现象。

⑤授权还可以使下属有锻炼工作能力的机会,增长才干。

根据不同的划分标准,授权可分为以下不同的类型:

(1)明确性授权与含蓄性授权

根据授权范围的明确程度和方式,可分为明确性授权与含蓄性授权。

明确性授权,是指领导者通过正式的文件,为下属规定了具体明确的工作职责范围和决策权限。这种授权方式又称为正式授权,优点是稳定领导者与下属之间彼此的职权关系,以契约的形式避免领导职权的过度集中化;但不足之处是会影响领导工作的灵活性。

含蓄性授权,是指领导者并未给下属以具体明确的工作权限范围,但在实际的管理过程中,经常地让下属以自己的名义和权限从事管理活动。这种授权方式又称为非正式授权,优点是领导者可以灵活地掌握下属获得权限的时间和内容,也便于训练和考察潜在的领导者;但它的缺陷是容易造成组织制度和人际关系的混乱。

(2)积极的授权、惰性的授权与僵硬的授权

根据领导者对授权的态度,可分为积极的授权、惰性的授权和僵硬的授权。

积极的授权,是指领导者对充分信任并经过考评和慎重选拔的下属委以重任,鼓励下属在行使职权的过程中成熟起来,并逐步增加下属的领导责任和工作权限。这种授权的态度是理想的工作态度。

惰性的授权,是指领导者懒得自己处理纷乱繁琐的事务和管理工作,而把许多工作交给下属去处理。授权者往往缺乏对下属进行必要的监督和控制,形同放任自流。

僵硬的授权,是指领导者由于各种原因不得不违心地授权时,试图非常精确地划定

授权的范围。这种授权方式限制了下属的主动性、创造性和个人发展。

领导者要做到科学的授权，就需要对组织的权力结构进行整体考虑、全面规划，对哪些权力该保留、哪些权力该下授进行科学的设计。同时弄清被授权者的能力、积极性和兴趣，掌握被授权者对所要承担目标任务的理解程度。否则，授权就有落空的危险。在此基础上，把握好三个环节：一是分配工作任务，领导者要为被授权者清楚地描述他们所应从事的任务，这种任务要分配得非常明确，不致使被授权者在工作中相互推诿扯皮；二是授予权力，即授予被授权者完成相应职责而必需的权力和相应的支持，激发被授权者的责任感；三是监督检查，领导者要始终把握被授权者的工作结果与计划的偏差程度，发现走偏方向时，要及时提醒并给予指导和纠正。

2.授权是领导者能力的扩展和延伸

授权是领导者智慧和能力的扩展和延伸，它既是领导方法，又是领导艺术。授权是领导活动的客观要求，是完成现代领导活动、实现现代领导目标的必要措施。

作为领导者，他一定需要通过别人来进行工作，因为一个人的时间、知识和精力都是有限的，他不可能亲自去做每一件事情。即使领导者自己可以更好、更快地完成工作，但如果他想使工作更富有成效，就应当向下属授权。

不管哪一级领导者，只要他主持一个组织、一个部门的工作，他的主要精力、工作的主要方向都必须集中在战略运筹，即决策上；否则这个单位或部门就不会有大的发展变化，甚至会误入歧途。没有"目中无人""目中无事"的超脱，就没有正确的战略决策。现在我们许多领导者分不清也不分什么是战略运筹的事情，什么是战术操作的事情，往往把一些属于下级战术操作的"大事"拿到自己的日程上来。

忙于日常事务，什么事都不放心、什么机会都要出头露面、什么事都要过问的领导者，绝不是一个好领导者。他很可能只是一个怨天尤人、居功诿过的庸才，充其量不过是个"将才"，绝难当"帅才"，更难给组织带来根本的变化。

领导层次越高，就越要注重授权。一则领导者面临的事情多；二则领导者承担的责任大。因此，即便领导者不满意下属的工作，也必须下决心授权给下属。自然，这种授权以不危及全局为限。事业的成功，从来就不是领导者个人的功绩，他只能是一个代表人物，但许多当事者并不真正承认这一点。没有一个领导者能够不通过别人而获取成功。

美国前总统里根说："只要你决定的政策已在执行中，就不要去干涉它们。"另一位前总统罗斯福也说："一位最佳领导者，是一位知人善任者，而在下属甘心履行其职责时，领导者要有自我约束的力量，不插手干涉他们。"

通过授权而实现超脱是领导工作的一个重要原则，可惜许多领导者并没有真正懂得这个道理。他们总放心不下，总要亲自去做认为只有自己才能胜任的事情；或者这指指，那点点，以示在履行领导者的职责。须知这种在具体操作上把自己凌驾于下属之上的做法，至少是在破坏下属的情绪；而如果失去了明察事态的眼光，就会导致"盲人骑瞎马，夜半临深池"的可怕后果。自然，不干预不等于不闻不问，必须保持与下级畅通的信息沟通，以掌握情况，统筹全局。

3.授权有利于领导者进行目标分解

领导者不能只顾去做具体事务，而应当尽可能地帮助下属在各自能力限度范围内获得最大成果，指导下属以最有效的方式实现目标。只有这样，领导者才能"一脑变多脑"，使领导者的智慧和能力放大。

不愿授权和不会授权的领导者，将会给自己积聚愈来愈多的工作事务，使自己在日常琐碎的工作细节中越陷越深，甚至成为碌碌无为的事务主义者。由于个人的时间和精力有限，这种领导者最后不得不将工作分给别人一点。到此地步，有些事已一拖再拖，另一些事可能根本无暇顾及，而许多需要领导者处理的大事却被搁在一边；另外，下属的积极性也受到了压抑，甚至已经对工作失去了兴趣和主动性。所以，领导者贵在学会科学的授权，通过合理授权，使领导者重在管理，而非从事具体事务；重在战略，而非战术；重在统率，而非用兵。"分身之术"有利于领导者议大事、抓大事、居高临下，把握全局。

授权有利于目标分解。不同领导岗位和层次上的领导者必须实现的领导目标也有层次性。较低层次的领导者有较低层次的目标，较高层次的领导者有较高层次的目标；而较高层次的目标又往往是若干较低层次目标的总和，需要以若干较低层次目标的实现为前提。后者指挥的对象是低一级的领导者，是率"将"的；前者指挥的对象是群体成员，是带"兵"的。成功的领导者能最大限度地调动各方面力量，齐心协力地为实现领导目标奋斗。领导者将自己的部分权力授予下属，就是使用"分身之术"，使部分权力的责任由下属承担，亦即把自身领导活动的总目标分解为若干子目标，交由下属分担。这不仅有利于领导者从琐碎的日常事务中解脱出来，也有利于领导者加强宏观领导，增大领导活动的自由度和准确度。领导者处于指挥、监督别人工作的位置，其主要职责是协调若干人干好一件事或一系列事,统率其下属实现各个子目标从而达到总目标,即科学的指挥和合理的调度。

领导者合理授权,不仅有利于目标分解,最终实现总体目标,而且有助于锻炼和提高下属的才干,提高领导体系的总体水平,从而提高领导效率。领导者的合理授权使下属获得了实践机会和提高的条件。随着下属在实践中学得更多的真知,领导者可根据工作的需要授予下属更多的权力和责任。

4.领导者应当勇于授权,不怕失权

应该说,领导者要下属担当一定的职责,就要授予相应的权力。敢不敢授权,是衡量一个领导者用人艺术高低的重要标志。领导者大致都能了解授权的好处,但是他们却多半畏惧授权,主要是因为:担心下属做错事;担心下属工作表现得太好;担心丧失对下属的控制;不愿意放弃得心应手的工作;找不到适当的下属授权。

但这五个理由都难以成立,这是因为:

①固然下属难免做错事,但若领导者能给予适当的训练与培养,做错事的可能性必然减少。授权既然是一种在职训练,领导者自不能因怕下属做错事而不予训练,反而更应提供充分的训练机会以避免下属做错事。

②不可否认,有些领导者因担心下属锋芒太露或"声威震主"而不愿授权;但是从另一角度看,下属良好的工作表现可以反映领导者的知人善任与领导有方。

③只有领导力薄弱的领导者在授权之后才会丧失控制。在授权的时候,倘若领导者划定明确的授权范围、注意权责的相称并建立追踪制度,就不会担心丧失控制。

④基于惯性或惰性,许多领导者往往不愿将得心应手的工作授权给下属履行。另外,有许多领导者基于"自己做比费唇舌去教导下属做更省事"的理由而拒绝授权。这两类领导者的共同缺陷,即是将他们有限的时间与精力浪费在了他们本来可以不必理会的工作上。

⑤"找不到适当的下属授权",常被一些领导者当成不愿授权的借口。但领导者应该知道,任何下属都具有一定程度的可塑性,因此均可借授权予以塑造。就算真的找不到一位可以授权的下属,也仍是领导者的过失。

在授权过程中,下面两种情况要特别注意防止:

(1)不可把授权当成推卸责任的"挡箭牌"

现实中有些领导者不知"士卒犯罪,过及主帅"的道理,错误地认为授权后,事情自有被授权者全权负责,领导者便可高枕无忧了,这是非常错误的。须知,领导者在授权时必须彻底,但对于授权后下属所做的一切事情仍然要承担起责任。诸葛亮误用马谡致街亭失守,班师回来自上书引咎自责,请求贬官三级,以负"用人不当"的责任。诸葛亮这种严于律己、勇于承担责任的精神实在令人敬佩。

(2)不可以越级授权

领导者不可把中间层的权力直接授给下属,这样做,会造成中间领导层工作上的被动,扼杀他们的工作积极性,久而久之,会形成"中层板结"。如果出现中层领导不力的情况,领导者要采取机构调整或者人员任免的办法解决中层问题。

5.领导者授权的三个构成要素

领导者授权行为本身是由三种要素构成的:一是工作指派;二是权力授予;三是责任承担。

(1)工作指派

在授权过程中,工作的指派向来最为领导者所强调。不过,一般领导者在指派工作时,往往只能做到令下属获悉工作性质与工作范围,而未能令下属了解他所要求的工作成效。这一点可以被视为管理过程中的一大败笔。因为一旦下属对领导者所期待的工作成效不甚了解,则其工作成果肯定不够水准,即使超过水准,从人力资源有效运用的观点来看,也是不好的。但是,并非领导者分内的所有工作均能指派给下属履行。例如目标的确立、政策的研拟、下属的考核与奖惩等工作,都是领导者维持控制所不可缺少的。因此,它们均须领导者躬亲为之,而不得假手他人。

(2)权力授予

在指派工作的同时,领导者应对下属授予履行工作所需的权力。这就是"授权"两个字的由来。领导者所授予的权力应以下属刚好能够完成指派的工作为限度,倘若授予的权力超过执行工作需要,则可能导致下属滥用权力。

(3)责任承担

领导者对工作指派与授权后,仍然对下属所履行的工作的成效负责。这即是说,当下属无法做好指派的工作时,领导者将要承担其后果,因为前者的缺陷将被视同后者的缺陷。可是,有些领导者在下属无法做好指派的工作时,均企图将责任推卸在下属身上,这种做法显然是不对的。每一位领导者都应保持这样的一种态度:"权力固可授予,但责任却无可旁贷。"另一方面,为确保指派的工作顺利完成,领导者在授权的时候必须使获得权力的下属承担完成工作的责任;下属若无法圆满地执行任务,则授予权力的领导者将唯他是问。

(二)授权的原则、方法与策略

1.授权需要遵循原则,防范失误

领导者要想使授权收到应有的效果,就应当坚持一些基本的授权原则。这些原则主要有以下几个方面:

(1)合理合法的原则

通过合法的程序,在合理的范围内进行授权,是授权的基本原则。为此,领导者向其下属授权时,要明确授权的范围。拒绝授权,授权过少;无限授权,授权过多,都不利于实现组织的目标任务。此外,领导者不可将不属于自己权力范围内的事授给下属,否则会导致争权夺利,造成机构混乱。

(2)因事择人、视能授权的原则

这是授权的根本原则。一切以被授权者的品格好坏、才能大小和知识水平高低为依据。"因人设事""论资排辈""任人唯亲"必然会贻误大事。因此,授权之前,领导者应对下属进行严格的考察,力求将权力和责任委授给合适的人。如果工作必须,但一时又吃不准,可以采取"助理""代职"等方式进行岗位考察试用,日后再决定正式授权。

(3)逐级授权的原则

所谓"逐级",就是按照统一指挥的原则,下属只能接受一个领导者授予的职责和权力,不能同时接受几个领导者的同时授权;否则,就会造成隶属关系不清,使下属无所适从。领导者只能对直接的下属授权,绝不能越级授权;否则,就会造成各管理指挥层次权力的混乱,使管理层次和部门产生矛盾,也使中间层领导者陷入被动。

(4)权责对等的原则

即授予下属的权力必须对等于所分配的职责,使下属有足够的权力来完成分担的职责。这就要求领导者向下属明确所授的权力和职责,让他们知道自己拥有什么样的权力和应负的责任,使其在规定的范围内有最大限度的自主权。因为对于下属来说,职权是完成任务的权力,而职责则是完成任务的义务。只有权责相符,才能避免出现有责无权或有权无责或权责失衡等现象。

(5)授权留责的原则

这是指领导者按照规定的授权程序把一部分权力以及连带的责任委派给下属后,领导者自己仍应负有领导的责任。这是由于组织内部是自上而下地授权,职权是可以向下移动的,但领导者的责任是绝对的,不能转移的。分流的职责是由下属完成的,下属的工作是否能够达到预期标准的直接责任应由下属负责,但是分派者应负的领导责任是不能推卸的。

(6)相互信任的原则

授权是建立在领导者与下属之间互信的基础之上的。领导者应考虑所授之权与下属的能力和体力相适应,使之专长对口,兴趣相投,愉快胜任。授权之后,领导者还应积极支持、帮助下属,为他们创造良好的条件,放手让他们大胆地工作,决不能事事苛求,处处掣肘,时时责备。而下属应善于运用所授之权,积极、主动、创造性地开展工作。既要适时地向授权者汇报工作,赢得支持,又不要事事、时时都去干扰上级领导者。

(7)授权有度的原则

如果授权过分,就等于领导者放弃了权力;如果授权不足,领导者仍将被杂乱的事务所困扰,下属仍将事事被动,样样请示。一般地说,凡下属职责范围内的权力,都要归还给下属;对于那些虽属自己的工作范围,但下属也能办好或比自己办得更好的事情,也可以授权让他们去做。但领导者的核心权力是不能授予下级的。如有关全局的最后决策权、管理全局的集体指挥权、总的财政审批权、主要方面的人事任免权等,领导者都要牢牢地抓住不放。如果领导者把这些带全局性的主要权力也授给下属,那就将被"架空",领导系统也就失去了控制。小权集中,大权势必旁落;小权分散,大权才能集中;该集中的不集中是失职,该分散的不分散是包办。这就是领导权力问题上的辩证法。

2.抓大放小,拿捏好授权的分寸

如何分配好手中的权力,是任何领导者在权力运用中都无法回避的问题。领导者分配权力过程中要掌握一个基本原则,就是"大权独揽,小权分散"。

哪些是"大权",哪些是"小权"?对于这个问题,不同领导者在实际工作中往往认识不一致,而且掌握起来也不容易。有人可能把"大权"当成了"小权",走上放任的道路;

有人则可能把"小权"也看成"大权",走上了专权的道路。

"大权"和"小权"都是相对来说的,主要是相对于领导者所处的位置而言的。划定大权和小权的时候,首先要把权力囊括的范围确定下来才行。组织中的领导者,其大权和小权的划分差距是很大的。

从涉及的范围来考虑,关系全局的权力当然就是大权;仅仅关系某一个局部的权力,一般不能说是大权。

从权限的角度来考虑,下属不能解决而必须由上级来解决的问题,这应该是大权;如果下属自己能够解决或者下属自己解决得很好的,一般都不能算是大权。

从权力的性质来考虑,一般一个组织的权力有三个层次:一是决策权;二是运行权;三是执行权。

所谓大权,实际上主要是指决策权,还有就是对关键问题的把关性权力,具有"不可替代性"。人们常说,领导者要把握方向,把握大局。这样的权力是要独揽的,而其他的权力则要分散。分散其实也是独揽的条件。什么权都抓,往往什么权都抓不住。决策权应该是一个组织最高领导机构和最高领导者的权力,这是大权。

运行权是这个组织中层机构或中层领导者的权力,其中带有垄断性的,可能是大权;但大部分照章办事的正常运行的权力,对最高领导者来说是小权。执行权是基层干部或人员的权力,对中层领导者来说,关键性的操作可能是大权,但一般的日常操作则是小权;对最高领导者来说,这些当然更是小权了。

对一个组织的发展而言,最重要的是决策。所以领导者一定要抓住大权、用好大权,不要忙于琐碎事务而忘记自己最重要的决策任务。

3.授权需要因人而异,重在人尽其才

领导者根据个人的特点适当授权,这不仅可以大大提高领导者的工作效率,还可以促进团队的整体积极性,并减少内耗,使整个组织的管理工作事半功倍。

在一个较为完善的组织里,哪些人能够接受授权,应该是早已确定的、有一定规则的。作为领导者,如果违背这一规则而又无足够的理由,就可能伤害一些下属的感情。

(1)对得力人选的授权

在领导者授权的人选中,有两类人是最重要的,他们也常常被领导者称为"得力人选"。

①"法定"代理人。这个人不一定能力最强,但位置或资历仅次于领导者,一旦领导者不在,他应该能够充当维持局面的角色。领导者授权中,可向这类人分流工作,以荣誉性工作、维持性的工作为主,比如,出席一些不太重要的会议,接待一些不那么重要却非见不可的来访,在外出时可以操持一些日常性事务等。

②潜在"接班人"。他们不一定是代理人,但却极具资质和潜力。可让他们参与并为领导者分担一些重要工作的预案准备、前期铺垫及后期扫尾工作;有时,还可让他们独立地从事一些较重要的项目。从组织学角度来看,潜在接班人的最佳人数应为两人,以起到竞争和"备份"的作用。

(2)对不太听话的人的授权

这类人的特点是能耐不小,但狂妄自大,不太听话。对这种情况,彼得·德鲁克说过:"一个有成效的管理者应该懂得,下属得到薪酬是因为他能够完成工作而非能够取悦上级……一个完美无缺的人,实际上不过是个二流人才。才干越高的人,其缺点往往也越显著。"对这种人,领导者首先要多多委以重任,经常鼓励并与之沟通;但一旦犯了错误,应该严厉批评。

(3)对经常"坏事"的人的授权

这类下属特点是有一定的业务能力,但"成事不足、败事有余、毫不利人、专门利己",而且经常嫉贤妒能、煽风点火。对这种下属依然可委以一些较为重要的工作,但必须与之讲明将进行检查,并加强监督和批评;如有可能,应列出尽可能详细的项目检查要点清单,定期或突袭按项检查;也可考虑派"悟空"类人物代领导者侧面监督,但仅限于向领导者打"小报告",不宜直接介入其事。

(4)对平庸者的授权

平庸者的特点是踏实认真,任劳任怨。可将自己手中已做熟的"套路"类工作交给他,并每完成一项就大加鼓励,使之逐步树立自信,再逐渐增加工作的难度。

(5)对生手的授权

没有一个人不是从生手开始的。领导者不对生手进行培养,下属就永远也成不了"熟手"。

生手的优点在于热情高、胆量大、有闯劲,往往能够从新的角度提出和处理问题。如能适当委派工作,是发现人才苗子的一个非常重要的途径,并有提高士气之功效。对于生手,领导者应格外予以关照,给予鼓励,给予指导。

总之,授权要因人而异,重在"人尽其才",这样大家才会为着一个共同的目标而各尽其能。

4.在授权的同时要防止下属越权

下属的越权有三种不同情况:一是由于职责范围不甚明了,或只是写在纸上的明确,而在实践中模糊,因而无意地、不自觉地越权;二是由于对上级领导者有成见,或为了显示个人才能而有意地、不正当地越权;三是在非常情况下的越权。领导者要根据不同的越权情况采取不同的防止下属越权的方法。

(1)明确职责范围

权力是适应职务、责任而来的。职、权、责一致是领导工作的一个重要原则。只有职、权、责相统一,真正克服有责无职无权、有职有权无责、有职无权无责、无职无责有权等现象,才能有效地防止越权。这就要求领导者必须明确职责范围。

要明确职责范围,就要研究出若干办法,制定实施细则,根据已有的经验定位、定人、定责、定标、定权。除规定常规决策、指挥、组织、管理等工作的分工外,还要明确可能出现的非常规问题由谁来负责处理。

(2)严肃处理下属的越权行为

下属不能固执己见,各行是事,擅自做主,否则就会有意或无意地越权。对下属的越权,尤其是对有意的越权,应提高到目无组织、目无领导、本位主义和闹独立性的高度来认识和处理。

(3)深入下属中去

领导者在决策的基础上,在给下属部署任务、提出要求的同时,要深入基层,为下属完成任务创造必要的条件。领导者要为下属服务,支持、鼓励、指导、帮助下属,关心、爱护下属,为下属排忧解难,及时解决下属工作中难以解决的问题。如果不深入下属中去,不接近群众,高高在上,门难进、脸难看、事难办,就会助长下属"先斩后奏""干了再说"的越权行为。

(三)对被授权者要放心使用,放手使用

1.用人不疑,信任被授权者

每个人都有自信心和自尊心,被授权者尤是如此。他们往往都是领导者优秀的下属,都有成就感和荣誉感,有通过自己的努力去完成某项工作或某种事业的心情和愿望。因此,领导者应该充分信任他们。授权之后就应放手让他们在职权范围内独立地处理问题,让他们有职有权,创造性地做好工作。对他们的工作除了进行一些必要的领导和检查外,就不要再指手画脚、随意干涉了。无数事实证明,这是一项用人要诀和领导艺术。信任和尊重被授权者,可以给人以巨大的精神鼓舞,激发他们的事业心和责任感;而且只有信任他们,他们才会信任领导者,并产生一种向心力,使领导者和被授权者和谐一致地工作。相反,当被授权者的自尊心受到伤害时,他就会本能地产生一种离心力和强烈的情绪冲动,影响工作和同事关系。

授权与信任密切相关。一个领导者如果不相信被授权者,那么就很难授权给他们;即使授了权,也形同虚设。有的领导一方面授权于下属,一方面又不放心,一怕被授权者不能胜任,二怕他以后犯错误,三怕有才干的人不服管。具体表现为:越俎代庖,包办了下级的工作;越权指挥,给中层领导造成被动;甚至听信谗言,公开怀疑被授权者等等。凡此种种,都会挫伤被授权者的积极性,不利于被授权者进行创造性的工作。作为领导者,要想充分发挥被授权者工作的积极性和创造性,一方面要放权,使下级在一定范围内能自主决断;另一方面要设身处地为他们着想,勇于承担他们工作中的失误。不能出了成绩是领导有力,有了过失即下属无能。要言而有信,不能出尔反尔,言行不一,否则被授权者就会对领导者失去信任,领导者也会因此而丧失威信。古人云:"非得贤难,用之难;非用之难,任之难也。"领导者应该把目标、职务、权力、责任四位一体地分授给合适的下级,并充分地信任他们,放手让他们工作。这才是作为领导者所应有的风格。

2.让被授权者大胆地去做

如果被授权者的能力不能得到很好地发挥,那么无论是对组织还是对领导者来说,都是很可惜的事。要想真正地实现组织的不断发展壮大,领导者就必须学会授权,应给被授权者以施展才华的机会,放手让被授权者大胆地去做。

因此,一个领导者要学会真诚地对被授权者说:"你办事,我放心。"正确地利用被授权者的力量,能使工作顺利进展,也能减轻自己的负担,让被授权者因受到领导者的信任而更加积极地工作。

有的领导者可以轻而易举地获得成功;有的人虽然卖力地工作甚至赢得旁人的同

情,可是成绩并不见得理想,原因就在于能否巧妙地运用下属的力量。

一个人一旦被委以重任,必定会生出责任感,想运用自己的主意和方法去达成目标。所以身为一个领导者,只要能掌握大的方向,把握基本方针即可;至于细节问题,则让被授权下属放手去干。这样不仅个人的智慧得以自由发挥,而且下属还能感到领导者的信任,从而同心协力地工作,成效也会更加显著。

对于领导者而言,培养出有才干的下属是领导者的职责所在。然而,如果过于担心被授权者犯错误,于是事必躬亲;或是给予下属太多的限制,不让他们放手去做。那么,势必将耽搁许多真正具有才干的下属,使他们失去发挥才能的机会。

事实上,即使被授权者偶尔有错,只要过错并不严重,则不必太过在意,毕竟犯错误乃是成长的必经过程——尤其对于新的下属而言。

领导者应赋予被授权者更多的自由空间,并能原谅下属若干的过失,让下属亲身去尝试、去体验,使下属早日成长。

3.只需告诉目标,无须告诉手段

领导者授权之后,一般来说,对被授权下属所做的工作,只需决定个大概,其他细节部分则交给下属处理,不再过多地干涉,让下属有发挥能力的机会。

很多事只要把工作目标告诉被授权者就可以了,不必告诉手段。例如领导者让下属编制一套管理软件,只提要求就可以了,没必要告诉他使用哪种语言、怎么编。管理到一定程度就可以了,过度的管理反而会弄巧成拙。

①过度管理会妨碍下属积极性的发挥。本来解决问题的途径有100种,领导者的方法不见得是最好的,下属有一套好主意、好办法,但领导者早安排好了一切,也只有照办。这样,下属便失去参与和发挥潜能的机会,势必挫伤其积极性。时间一长,下属就会养成不动脑子、一切依赖领导者的"阿斗"作风。只有没有进取心的下属才喜欢这种领导者。一位心理学家说过:"对创造者来说,唯一最好的刺激是自由——有权决定做什么和怎么做。"领导者越俎代庖无异于一把心锁,锁住了人的想象力、创造力,锁住了积极性。

②过度管理不利于培养锻炼被授权者的实际工作能力。许多领导者不信任下属的能力,怕下属把事办糟了,左叮咛,右嘱咐。这不利于下属的成长锻炼和工作能力的提高,因为人不在大风大浪中摔打一番,是不会成熟提高的。一般来说,领导者的水平、工作能力要比下属高,指令也科学、合理。过细的指令能使下属少走许多弯路,可下属却感

受不到通向成功路上的荆棘坎坷。

③过度管理不利于双方间的相互信任，从而影响组织的活力与工作绩效。

因此，领导者在授权的同时，一定要充分放权，充分信任被授权者才行。

（四）学会"放风筝"，适度地跟踪控制

1.授权而不失控的方法

《韩非子》里有这样一则故事：

鲁国有个人叫阳虎，他经常说："君主如果圣明，当臣子的就会尽心效忠，不敢有二心；君主若是昏庸，臣子就会敷衍应酬，甚至心怀鬼胎，表面上虚与委蛇，然而暗中欺君而谋私利。"这番话触怒了鲁王，阳虎因此被驱逐出境。他跑到齐国，齐王对他不感兴趣；他又逃到赵国，赵王十分赏识他的才能，拜他为相。近臣向赵王劝谏说："听说阳虎私心颇重，怎能用这种人料理朝政？"赵王答道："阳虎或许会寻机谋私，但我会小心监视以防止他这样做，只要我拥有不被臣子篡权的力量，他岂能得遂所愿？"赵王在一定程度上控制着阳虎，使他不敢有所逾越；阳虎则在相位上施展自己的抱负和才能，终使赵国威震四方，称霸于诸侯。

领导者在授权的同时，还应对下属进行必要的控制。如何做到既授权又不失控制呢？下面几点颇为重要：

（1）评价授权风险

每次授权前，领导者都应评价它的风险。如果可能产生的危害大大超过可能带来的收益，那就不予授权。如果可能产生的问题是由领导者本身的原因所致的，则应主动校正自己的行为。当然，领导者不应一味地追求平稳保险。因为一般来说，任何一项授权的潜在收益都和潜在风险并存，且成正比例关系，风险越大，收益也越大。

（2）不干涉具体的做法

授权时应把重点放在要完成的工作内容上，无须告诉完成任务的方法或细节。这可由下属自己来发挥。

（3）进行合理的检查

检查的作用主要是为了指导、鼓励和控制。需要检查的内容有两方面：一方面是授权任务的复杂程度；另一方面是被授权下属的能力。领导者可以通过评价下属的成绩、

要求下属写进度报告、在关键时刻同下属进行研究讨论等方式来对其进行控制。

(4)尽量减少反向授权

下属将自己应该完成的工作推给领导者去做,叫作反向授权,或者叫倒授权。发生反向授权的原因一般是:下属不愿冒风险、怕挨批评、缺乏信心,或者由于领导者本身"来者不拒"。除去特殊情况,领导者不能允许反向授权。解决反向授权的最好办法是在同下属谈工作时,让其把困难想得多一些,细一些,必要时,领导者要帮助下属提出解决问题的方案。

2.掌握授权后的遥控艺术

授权遥控,是领导者必须掌握的一种十分重要的授权艺术。它的含义是:领导者授予下属一定的权力,并对下属的用权行为进行有效的监督和指导。授权遥控,关键在于以下两点:第一,正确授权;第二,授权后的监督和指导。

而要做到上述两点,领导者在运用这一艺术时,必须要注意以下几点:

(1)授权前做好必要的准备

在将下属放在某个工作岗位上或者交给下属某一项任务时,领导者必须首先想到,根据完成这些工作任务的需要,应该授予下属哪些权力,并且根据这些权力进一步规定相应的职责。

(2)授权时听听下属的要求

除此之外,领导者不妨再向下属多问一问:你还想得到哪些权力?只要下属提的要求是合理的,就应该尽量予以满足。

(3)注意授权的方式

授予下属权力的方式,不再是下属要一点,就给一点;或者领导者给一点,下属接一点。而是由领导者制定一整套科学合理的规章制度,将下属需要的责、权、利规范化、制度化。

(4)授权具有一定的弹性

授予下属的权力,既要保持相对稳定,不能根据领导者意志随意更改;又应根据形势的发展变化和完成工作任务的实际需要,适时做一些必要的调整。

(5)树立共同负责的观念

教育下属树立由上级和下级共同对工作负责的观念,从而上下拧成一股绳,更好地发挥下属的积极性和创造性。

（6）防范有害的权力被授出

在向下属授权时，最好事先检查一下，在这些授予下属的权力之中，是否混杂着少量有害的权力、多余的权力——当然不是只对领导者有害，而是也对下属自身有害，对实现管理目标有害。凡是有害的权力，必然是多余的权力。只要一经发现，就应该坚决将其剔除。

（7）鼓励下属大胆用权

在领导者向下属划定的权力范围内，应该鼓励下属大胆用权。这样做，将极大地激发下属的积极性和创造性。

（8）注意授权后的指导

授权行为一经完成，领导者唯一需要做的，就是对下属进行适时的指导，并对下属完成任务的情况进行最后核查。

所谓指导，应该是一种充满民主气氛的协商，而不是居高临下的命令。既然领导者为下属划定了用权范围，那么，在这一法定的用权范围内，下属就完全可以根据自己的判断来做出相应的管理决策。领导者必须记住这一点：除非遇到下属明显脱离正常轨道的特殊情况，否则，上级领导一般不宜再向下属下达强制性的命令。

（9）重视授权后的检查

应该检查下属用权方向是否正确、用权方法是否科学、是否存有越权现象等。

总之，授权遥控有一定的艺术。当领导者有朝一日发现：自己已经从繁忙琐碎的领导事务中挣脱出来，处于相对超脱的轻闲状态之中；自己始终对下属执行任务的进展情况了如指掌，成竹在胸；自己很少找下属了解情况，而通常由下属主动来向自己汇报工作；每当自己设法引导下属改正某一错误时，总能在融洽的协商气氛中，实现自己的预定目标；站在自己面前的下属，毫无战战兢兢、唯唯诺诺的奴才相，而是挺直腰板、充满朝气，敢于向自己要政策、要权力、要职责的自主人。倘若出现了上述情况，那么，领导者就完全可以心安理得地说：自己运用授权遥控谋略成功了。

3.对被授权者实施严格的考核监督

有制度，不执行，是为虚设；而有制度，无监督，也未必长久。所以，自古以来，历代帝王都十分重视对官吏的考核监督。

我国目前对国家公职人员的考核监督较之古代，在内容上更为广泛，在分工上更为细致，在作风上更为深入，在处理上更为清明。不仅有行政监督，还有法制监督、经济监督等；不仅考核思想作风，而且考核农业、工业建设以及社会治安、计划生育、教育文化等方面的工作业绩。就一个单位来说，考核与监督应尽可能详尽、深入。

任何监督考核，都必须注意"反馈面谈"问题。所谓"反馈面谈"，指考核人员在考核程序基本完成以后，反过来与被考核单位和被考核人员进行单独面谈。通常是考核人员在基本结束评定工作后，不立即把考核结果同被考核人员的实际待遇结合起来，而是与其开展面对面的恳谈，从中了解考核过程中未掌握和未弄清的情况，及时修正结果。这样，既可以使考核更加全面、结论更加准确、评价更加公正，还可以促使被考核组织或组织成员及时修正自己的行为，纠正自己的错误。

任何监督考核还必须注意适度问题。这种适度主要表现为以下三个方面：

（1）节奏适度

"监察不止，奸之府也。"任何监察考核，在正常情况下，都不可接踵而至，而应有节奏地进行，或一年一次，或两年一次，不可太过频繁。当然，在发生问题或特殊情况下亦可及时进行。

（2）时效适度

即任何制度的有效时间应视情况变化而定。过短，则"朝令夕改"，使人无所适从；过长，则制度僵化，与工作实践脱节。正确的做法，应视事情发展过程的重大变化、客观情况的重大变化而及时修订考核监督制度，正所谓"琴瑟不调整，甚者必解而更张之"。情况既变，制度难行，必得"解而更张"，进行变更。

（3）内容适度

一是考核监督制度的内容，既不可过细，也不可过粗。过细则"摇手触禁"，使人谨小慎微，不利于人的创造性的发挥；过粗则举措无所禁忌，必放任自流。二是内容应根据各单位、各岗位、各行业情况的不同而确定。

4.特殊情况下可以采取特殊办法

超脱是领导者授权给下属后的一个重要原则，但在一些特殊情况下，领导者又不能不介入被授权者的工作，否则就可能造成失误，甚至犯失职的错误。那么，在什么情况下需要介入被授权者的工作呢？

（1）发生了特殊性事件

有些事件发生得很突然，影响面大，力度强，又很敏感，处理不好会造成很严重的后果。在这种情况下，领导者视情况直接过问甚至越级指挥都是必需的。

（2）遇到了复杂又难以预测的重要工作

有些工作事关重大，或受各种客观条件的限制，无法弄清工作的环境和背景；或工作本身过于复杂，又没有足够手段去证实其科学性。在这种情况下，被授权者难以胜任，上级领导者就不能不介入进去，亲自过问。

（3）进入了特殊时期

当工作进程处在发生重大变化的阶段、领导者面临许多关系全局的重大问题时，只要有一件或一个环节处理不当，就可能造成巨大损失或失败。在这种情况下，领导者应亲自过问、亲自处理甚至亲自操作。

（4）出现了严重问题

某个局部出现严重问题，其自身已无力解决。这时，主管领导必须亲自前往处理或者委派工作组等全权解决。因为有时问题的分量重、影响面大，越级而亲自干预的情况也不少见。像工作组这种情况，在世界上也是很普遍的，美国电话电报公司前总裁吉宁就常派工作组全权处理严重事件。

（5）需要抓"点"示范

抓点带面，以求示范，推动全局。领导者亲自抓一个局部，自然要介入；但一般来说，不应该把点上负责人推开，由自己替代。这种介入应当只做点上负责人的参谋、助手，与其配合，共同做好工作。这可以避免领导者因不明情况而造成错误。

二、领导者如何统御与管理下属

在一个组织中，即使有再多的出色人才，领导者如果只知使用而不加以管理，也将是一盘散沙，难成合力。

要在领导工作中精于管理，领导者就要掌握统御的艺术。要以完善的制度约束下属，做到奖罚分明；要通过恰当的权力运用，对下属恩威并施。对一些另类下属，不妨采取一些特殊手段，使之服从领导与管理。

(一) 铁不打不硬，人不御则乱

1.统御是领导力的重要体现

统御是领导者最重要的职责之一。组织内成员的思想、个性、理想各异，如果任其自由发展，就形不成组织的合力。领导者只有善加统御，才能保证员工力往一处使，才能让组织在一个方向上走得更远。

领导者的统御能力直接关系领导者的工作效率、领导效能。统御力超强的优秀领导者，往往能够运筹帷幄，从全局上把握正确的方向；能够协调好各种关系，大胆创新、锐意改革，从而其领导业绩、领导效能也就十分突出。而那些统御力不佳的领导者往往把握不住工作全局，目标不明确，无法协调人际关系，从而使组织内部矛盾重重。

可见，领导统御能力在领导活动中具有重要的作用。具体来说，有以下几个方面：

（1）提高领导效能

具有较强领导统御能力的领导者，其战略策划能力、分析判断能力、决策能力都比他人更胜一筹，他能根据现实情况，全面、深入地分析主要问题，确定解决办法和组织发展目标。确立了工作方向和目标，就能抓好工作的关键，从而纲举目张，解决所有的问题。这样便可以以较少的人力、物力、财力，达到较好的预期效果，并提高领导效能。

而那些缺乏领导统御能力的领导者，往往在战略策划能力、分析判断能力、决策能力方面有所欠缺，找不到工作的关键，确定不了主攻目标。更有甚者，根本无法确立组织的发展方向，结果浪费了巨大的资源，反而达不到理想的工作效果。

（2）树立领导权威

超凡的统御能力是领导者树立领导权威的关键因素。能力素质差的领导者是难以树立其领导威望的。领导者往往在其领导过程中表现出高超的领导统御能力，向上可以得到上级的赏识和信任，对下能受到下属的拥护与支持，从而树立其领导权威。

领导者一旦在工作中树立了领导权威，就能够做到在工作中一呼百应，使领导工作得以顺利开展。而缺乏能力的领导者往往工作业绩不佳，上司不满意；下属则总觉得自己的能力比他强，不情愿在他的领导下工作。这样的领导者自然就树立不起领导的威信，而且也不能赢得太多的支持者。没有实力没有权威，也自然难以开展真正的领导工作、实现领导目标了。

（3）实现增效目标

检验领导统御力的终极标准是实现组织的目标，其中能否实现效益是衡量领导活动最终效果的关键。一切领导活动的最终效果都要通过获得的社会效益和经济效益来衡量。领导实力较强的领导者往往能以较小的代价获得较大的社会效益和经济效益；而缺乏领导实力的领导者经常一次又一次地做出一些失败的决策，难以获得明显的社会效益和经济效益。

正是因为领导统御能力具有这样的重大作用，才要求领导者必须培养、提升自己的领导统御能力。

2.统御是领导与管理的高度统一

领导活动是通过领导者策划、组织、决策、协调和控制等行为，引导和带领被领导者为实现既定目标而努力的过程。领导实际上是一种通过利用职权指挥下级和引导、激励、督促下属为实现组织目标而展开工作的艺术过程。

领导和管理并不等同。管理是包括决策、计划、组织、领导、控制的一个完整的过程，而领导是管理过程的一项职能。管理的职权是建立在组织合法的、强制性基础上的对下级的命令行为，下级必须遵循管理者的命令。管理的影响力是建立在组织职权的基础上的，强制下级遵循上级的命令行事；但领导的影响力更主要的是建立在个人影响、专长和模范作用的基础上的，以非职权因素影响下级。领导侧重于方针政策的决策，而管理则以执行政策为主；领导立足全局、面向未来，而管理则侧重于追求当前某项工作的实施与落实。

统御是领导与管理的高度统一。领导重在驾驭，管理维持秩序。正是由于二者的功能不同，才有相辅相成的关系。一方面，统御离不开管理，有效的领导行为只有与管理相结合，才能创造出更有秩序的统御过程；另一方面，秩序离不开领导，高效管理与有效领导相结合，才能使组织运行平稳，高速向前飞驰。

组织就像一辆马车，管理是车轮，而领导是驭手。缺乏领导，马车就没了方向；而缺了管理，马车根本无法立足。只有强有力的管理和强有力的领导联合起来，才能产生巨大的效应。

领导实践表明：组织要发展，就必须加强领导者的统御；而要加强领导者的统御，管理和领导二者缺一不可。

3.善于统御方显领导者的智慧

领导者的能力有高下之分,在统御上足以显示其领导智慧和领导艺术。

作为领导者,如何统御下属,使下属的知识、能力相辅相成而不是互有冲突形成内耗,是很重要的一件事,也是领导能力的重要体现。高明的领导者善于统御,能够将工作分解委任,交给适合的下属做,效率高而且效果好;而一般的领导者面对头绪繁杂的工作则会头痛不已。

领导者在统御中发挥下属的优点和长处尤为重要,这就如同下象棋。象棋的智慧妙不可言,单是思考"车、马、炮"三者就很丰富有趣。象棋以"将、帅"为核心,"车、马、炮"仿佛组织的中坚干部,各具特色,各有功用。他们不像"卒",兵卒人数多,默默无闻,行动处处受限,丢一两个也不严重,近似"死不足惜"。

"士"与"象"毫无攻击力,属于防御型的角色,虽靠近权力核心,但最大的功能却是"挡子弹",随时要牺牲自己,成全将帅。"车、马、炮"显然是"攻击性"的角色,比赛要胜利主要靠他们。

但是"车、马、炮"再怎么神勇,还只是"将帅"手中的"棋子",必须执行将帅的意志。老将如果不重用,"车"就像废子,完全没有用。

领导者面临的最大挑战之一是挑选合适的人去做"车""马""炮",并在适当时机发动进攻,让"车"横冲直撞,让"炮"隔山打虎,最终擒获对方主帅,取得全局的胜利。

下列几种类型的人都很常见,该如何配合其个性专长来做适当安排?如果领导者要提拔其中一位来做管理者,该如何抉择?

某甲是专业人才,有很高的专业水准,在他的领域里备受肯定。某乙是行政老手,做事经验丰富,沉稳又耐心,对组织中的沟通协调等事务十分熟悉。某丙能言善道,热心待人,内外都打点得不错,人际公关功夫很好。某丁是小派系的意见领袖,善于拉拢一群人,会采用软硬兼施的手段达到预期的目标。

领导者如果选甲,优点是增强单位的专业水准,组织的声誉会提高不少。选乙,优点是他可以四平八稳地让大小事情运作顺利,组织可减少人际摩擦。选丙,能增加组织的知名度,对外争取资源会更为便利。选丁,可安抚一群人,避免和其他派系成员联手捣乱。

当然,选择每一个人也都各有缺点。如果领导者是悲观主义者,难免会比较留意该缺点对组织产生的伤害程度。站在领导策略的角度看，不妨乐观又实际些。首先分析组织的情况和需要，一切应以组织的生存发展为最优先考虑；其次是多数成员的接纳程度，毕竟"民意"是关键；再次是看与组织中最重要的计划方案相融的程度，谁最有助于达成该计划的目标，谁就优先升迁；最后，也常是多数领导者放在第一位的思考因素，即"与领导者配合的程度"及"对领导者的忠诚度"。

4.领导者要给下属以权威感

领导者并非至圣至善的圣贤，他要统领一架结构严密的组织机器并使其不断地、正常地运转，因此他必须要树立自己的权威。因为没有权威便没有秩序，而没有秩序，也就没有机器的正常运转。领导者要树立权威，表现权威，使用权威，但又要恩威并重。

作为领导者，关心下属是一个方面，但也不可因此而失掉权威。领导者是不能单靠甜言蜜语办事的，有时必须坚定不移地恩威并用。譬如发现一个人实在不可救药，就要坚定地开除。下属都不是傻瓜，他们自会对这种做法予以理解，对这种人如果过分迁就，那么整个组织风气就要被带坏，也可能因此失掉领导者的权威。

领导者要及时拿出领导者的权威，不能对下属的缺点和不良倾向视而不见、举措不力、姑息迁就。否则，不仅不利于下属的成长进步。同时，如果任其自行自便发展下去，组织内部的不良风气就会滋生蔓延，影响其他下属。长此以往势必损害领导者的威信，不利于推动其他下属展开工作。

当然遇事要有分析，因人而异，对于有药可救的下属，不能"一棒子打死"，因为走极端的做法也极易引起下属的反感。

领导者的权威还体现在下达命令和分派任务上。作为领导者要勇于说"不"，发现问题，当机立断，即使在不接受任务的下属面前，也不可失掉领导者的权威。在缺乏悟性不愿接受任务的下属面前，不可表现出任何怯弱、犹豫和退让，不管下属在思想上通还是不通，在行动上必须坚决领受任务。如果一个领导者没有这种权威，那就难以推动全局的工作。

当然，领导者的权威应建立在自己的领导能力之上，在指派任务前，还要注意进行情况预测。对于任务的艰巨程度、领受任务下属的承受能力、分配任务时可能遇到的问题等，都要做到心中有数，胸有成竹。必要时要事先与领受任务的下属通通气，事先做好工作，征询意见，尽量避免分配任务时出现顶牛现象。

领导者应该怎样来表现权威？这个问题是仁者见仁、智者见智的。但是，下列准则是一般领导者都应予以遵循的：

①发布简洁、明了的命令；

②对那些自己无法接受的要求，立即且坚定地拒绝；

③把私人生活问题留待自己解决；

④不要询问下属的私人生活，除非对工作有直接的影响；

⑤以平和的态度接受成功，把成功归于自己的命令被服从的事实；

⑥以比正常略为缓慢的速度清晰地提问题，等候回答；

⑦和别人说话时，不要注意他们的眼睛，而看着他们前额的中央，眉毛上方半寸高的地方；事先准备好一个结束谈话的结尾，使自己免于显出笨拙的样子；

⑧不要尝试强迫下属立即行动，最好让人有缓冲期；

⑨不要期待在被自己强制执行任务的人中交到任何朋友，也不要试图除去任何一个人；

⑩当领导者出错时，不要承认这是个人的错误，比如，不要说"我错了"，而是说"问题可以处理得更好"。

以上10条准则为领导者提供了表现权威的技巧。一般而言，要尽可能使用最少的权威来完成工作；使用得太过，人们会很容易把领导者当作蛮横的人，甚至会反叛乃至诋毁领导者。记住：利用权威的目的就是管理别人以达到自己的目标。

5.德法并重：御人的基本原则

领导者讲求"御人之术"，其根本目的是为了组织的发展，但这种"御人"，却绝不意味着将人视为可用可弃的工具。御人要有基本原则，而最主要的就是必须把下属当作一个人，遵从人性中的自然法则。必须善待，必须礼敬，必须"以德御人"——领导者本人必须具备良好的道德品质。中国文化传统中所谓"以德治国"，首先要求的就是国君必须是一个品德高尚的人，否则，"以德治国"就是一句瞎话。同理，"以德御人"亦如是。

（1）以德御人：遵从人性中的自然法则

在瞬息万变、纷繁复杂的现代社会里，人们总是被各式各样的问题包围着，而领导者则更是经常处在问题的旋涡之中。为了应付局面，每一位领导者都在寻求快捷、简便、自由的解决问题的方法，都盼望自己的工作能够得心应手，运转自如，成就显著。

美国著名领导学专家柯维在阐述领导能力时提出了崭新而大胆的观点。他认为，最行之有效的领导方法是以自然法则为重心的领导——原则领导。

人性中的自然法则，如同物理学中的重力法则，是真实不变的；这些原则是文明社会不可缺少的一部分，是家庭和机构绵延不绝的根源。我们的社会并未发明原则，它们是植根于人类关系和人类组织的宇宙法则，是人性、知觉和意识的一部分。若人类信守公平、公正、诚心、诚实、信任等基本原则，将确保生存与安定。

原则并不是方法，但在御人活动中，它可以理解为方法中的方法。一般的方法是回应特定环境的特殊活动或措施，并非放之四海而皆准。若以方法来管理，以政策来领导，员工就不需要具备专业知识，因为管理规则与作业手册当中已提供了他们所需要的判断和智慧，他们根本不必费心思。

懂得这些原则的人会采取行动而不需要受定期的监督、评估、调整与控制。原则是放诸四海而皆准的，它能给人以力量，使人们想出应付不同状况的方法。

（2）以规章制度约束下属

领导者在以德御人的同时，还要以法御人，即制订健全的规章制度，以制度管住下属。

任何组织都需要制订出一套制度，以使组织成员有章可循地配合领导者工作。只有这样，领导者的工作才能更好更快地得以实施。"没有规矩不成方圆"，没有制度的组织是不完善的，是无法良性运行的组织。

规章制度是领导者意图得以实现的保证。组织的各种规章制度不能成为摆设，领导者和下属都必须严格执行各种规章制度。对于违犯者，必须严加惩治，决不手软。作为领导者，应当以有效的方法保证规章制度被遵守。

①要对规章进行广泛的宣传。因为新来的组织成员甚至有些老组织成员，直到他们违反了某条规定时才听说有这么个规定。因此，必须对组织的规章制度进行广泛的宣传。

在国外，有些领导者会按惯例给每个成员发一份组织的规定，并让他们签署一份声明，表示已经收到、阅读并理解了这些规章。这种做法很值得效仿。

②对于违反规章制度的组织成员要及时地处罚。如果不这样做，就是在向其他组织成员表明领导者不打算执行组织的规章制度。组织制订出的规章制度是让大家普遍遵

守的,每个违规行为都应当受到处罚。当然,处罚要公道,要一视同仁,在同样条件和同样的情形下应该采用同一种处罚。

领导者运用惩罚手段时应讲究技巧性,关键是要惩罚到位,做到"稳、准、狠"。

稳。采用强硬手段来惩罚一个人也是要冒风险的。这主要在于,有的被惩罚者拥有良好的人际关系;有的掌握着关键技术信息;有的有着很硬的后台。因此,惩罚时应慎重行事。如果惩罚不当就会带来抵制和报复。

准。惩罚要直接干脆,直指其错误,争取一针见血。有时某人总是犯同样的错误,这时的惩罚一定要选准时机,待其犯错最典型时施以惩罚。这样做才能让受罚人心服口服,也才能真正地让众人引以为戒。

狠。一旦时机看准,下定决心,就要出手利落,坚决果断,毫不容情。切忌犹疑不定。一些杰出的领导者往往"一旦采取坚决措施,就变得冷酷无情"。即使当他们不得不解雇某人时,也并不因强烈的内疚而变得犹豫不决。

(二)领导者统御下属要讲究技巧

领导者只有运用智慧讲究技巧,才能做到统御有效,才能对组织施加推力而不是阻力。

身为领导者,应该熟知统御的各种技巧,而不能死抱住一式不放,那样很容易使下属厌烦,失去领导威信。

领导统御的主要对象是员工,是各种各样不同的人。既然是不同的人,统御的方法也要不尽相同。领导者要对各种技巧灵活地、综合地加以运用,方能最大限度地发挥员工的能动性,使组织合力达到最大。

1.宽严适度,做到冷热结合

领导者统御下属要有两手准备。一手"热",即对下属热情似火、和风细雨、有求必应,通常是在下属做出了一定的成绩时;而"冷",则是不苟言笑、严格督促,通常是在下属想投机取巧、偷工减料时。然而"热"要热到几度,"冷"又要冷上几分,就是领导者的一个技巧。只有把握得好,才能收到奇效。

炒菜时只有火候恰到好处,才会色、香、味俱全。炒菜如此,领导工作的道理亦然。掌握火候,把握分寸,择机而发正是一个领导者要悉心注意的。

火候，也就是度。火候恰到好处就是时机的准确适宜。所谓"冷处理"，就是指有时要隐而不发，视而不见，故意冷淡，稍后再办；而"热处理"则是触机而发，及时补救。

某企业员工因对主管派活不均有意见，两人吵得不可开交，剑拔弩张。经理对比没有批评，也没有发怒，而是拍拍这位员工的肩膀，将他领到休息室，请他消气。同日，一位主管顶撞副经理又被经理碰到，他毫不留情，当众予以批评，并责令他做出检讨。旁人不解，问："同是吵架，您为何采取两种态度？"

这位经验丰富的经理谈了自己的看法，很有启发作用：

两次吵架，他采取两种态度，一是"冷处理"；二是"热处理"。原因有二：

一是吵架原因不同。员工的不满是事出有因，主要原因在主管，因而不能简单地指责；主管顶撞上司是因为个人福利，属个人无理取闹，理当严肃批评。

二是个人特点、环境场合不同。那位员工脾气直率刚烈，本身已受委屈，情绪因受刺激正处于极度激愤状态，倘若不问事由一味指责，无异于火上浇油，肯定会激化矛盾，最好等他火气消停下来再个别交谈。而那位主管工作多年，应有一定修养，却为个人私事大吵大闹，若不立即制止，势必造成更坏的影响。所以才对他们分别采取了"冷处理"和"热处理"两种方法。

由此可以看到，"冷"与"热"是相对的，要因人、因时、因事而定，这也是需要领导者在实践中去摸索、掌握的一门重要本领。

2.管住"大事"，放手"小事"

作为一个领导，心中要始终明白一条：领导要干领导的事。此话听着简单，真要做起来却颇不容易。

蜀汉丞相诸葛亮五出祁山，兵伐中原，与魏军交战皆因条件不成熟无功而返。第六次出征，魏军根据蜀军的速胜心理，几次交战后即坚守不出。诸葛亮"夙兴夜寐"，"食少事烦"，不久，病死军中，伐魏大计又告失败。诸葛亮的失误就在于伐魏过程中没有清醒地认识到自己的职责所在。他不仅进行决策并掌握决策的实施，而且为事必躬亲，陷入了繁琐的日常事务工作中，甚至连罚20军棍这样的小事也要亲自监督。这样他的时间、精力就在许多次要问题上白白消耗了，颠倒了主次，误了大局。

西汉丞相丙吉与诸葛亮则不同。

丙吉春天出行，对路上的死人不管不问，而对牛喘却关心备至。他认为："死一个人没有去管,不会影响国家大局。而此时天气还不太热,牛不应喘,唯恐天时不正,会影响今年的收成。这是丞相职务所在,我应当注意。"

一个好的领导者,在工作过程中要实行科学领导,才能取得好的效果和效益;越是尽职尽责,越要克服忙乱,不能把尽职尽责和事必躬亲画等号。领导者要带领下属前进,而不能代替下属前进,应该把时间与精力放在提高自身素质上,放在搞好规划、组织和指挥这三件大事上;要提高工作效率,合理授权,力争创造出最佳的领导效益来,这才是领导工作的根本所在。

3.相辅相成,疏导与堵塞相结合

一谈起疏导与堵塞,人们往往会想起古代先人大禹治水的传说。大禹的父亲采用堵塞的方法治洪水,却因没有成功而被杀身亡。大禹接过治水的任务后,吸取父亲失败的教训,用疏导的办法治水,最终治水成功。事实上,仅仅只用单方面的堵固然不会成功,然而只用导而不用堵也未必成功。有的地方要导,有的地方要堵,孰重孰轻,以谁为主才是关键,不能将二者割裂开来,强调一方面而忽略另一方面。在领导过程中,也时常会遇到疏导与堵塞的问题。如何正确地使用疏导与堵塞的方法,如何正确地看待二者之间的关系,是领导必须认真加以把握的。

在领导活动中,既要有疏导又要有堵塞。一般认为,应以疏导为主,堵塞为辅,二者结合,相辅相成。在二者的使用上,要防止片面性:那种因疏导而把必要的堵塞看成错误,因而放弃堵塞的做法是不对的;反之,那种因需要堵塞而把堵塞强调和使用得过头,轻视疏导的做法也是不对的。在这个问题上,领导者要根据问题的性质、时间、条件等情况把握好"度",辩证地分析问题和处理问题。

某公司有个青年员工因盲目崇外,看到外国人身上戴个"十字架",他认为很有风度,也戴了起来。而他的公司只规定了不准戴,但没有及时讲清楚为什么不准戴。这个青年人认为这是我自己的事,越不准戴我偏要戴,导致矛盾激化。后来,领导同他细谈了"十字架"的由来以及什么是真正的"美",他有了新的看法,自觉地从脖子上取下了"十字架"。

可见,片面地禁止与简单地堵塞对于一般的思想问题的解决并不见得有效。对这类问题,领导者还是要从疏导入手,以堵塞为辅。

但是,对于那些能迅速造成很坏后果、导致不良影响的东西,就要坚决禁止。比如黄色书刊、淫秽录像等，应该当机立断，明确堵塞。因为疏导的作用是有限的。在这种情况下，就必须采取明确、有力、迅速的行动予以堵禁；否则，便会走向另一个极端，在客观上会起到放纵的效果，最终可能造成是非模糊、良莠不分，使人们失去方向，难以做出正确的抉择；同时，也使疏导失去说服力，因缺乏相应的支持而难以奏效。

4.松紧适度，把握好统御的"度"

领导统御要有松有紧。形势在变化，领导者也要灵活调整，而非一成不变。何时松，何时紧，就需要领导者根据形势的变化灵活运用。

公元前204年，刘邦为了灭亡赵、燕等诸侯国，派韩信率军越过太行山向东进攻赵国。赵国闻讯集结兵力，占领有利地形准备迎战。韩信派一万人作先头部队设伏，而后却犯了兵家大忌，背水设阵。赵军见状，大笑韩信无能，随即冲入汉军阵中。但汉军殊死战斗，英勇异常，前后夹击，活捉了赵王。在庆功会上，有人对韩信这种违背常规的用兵方法感到不解，韩信笑道："根本原因是你们没有领会兵法精神。兵法上不是说'陷之死地而后生，置之亡地而后存'吗？况且我带的是一群缺乏慰抚、训练不足的部队，不把他们放在没有退路的境地，他们哪会服从命令奋勇作战呢？"

韩信的成功不仅在于能够审时度势，恰当地运用天时、地利、人和诸因素；更重要的是他准确地把握了实施权力的尺度，把握了部下所能承受的心理极限。

大敌当前，背水布阵，就只给部下两条出路：奋勇决战，生；畏缩不前，死。但是，将士若要求生还有一条路，就是逃跑或投降。军士们之所以没有这么做，就因为韩信所施加的压力没有超出他们的心理承受范围，反而成功地制造了一种紧张气氛，鼓舞了将士们的斗志。

领导者在工作中制造紧迫感应该注意尺度，必须以部属的心理承受力为界限，要有一个"度"。如果超出这个度，突破下属的心理承受界限，结果就可能适得其反。太松不行，松松垮垮，拖拖拉拉，工作效率必然低下，这是"度"的下限；反之过严，就会突破"度"的上限。三国时，关羽败走麦城，张飞闻讯后令军中三日内置办白旗白甲，挂孝伐吴，为兄长报仇。帐下两员将领范疆、张达因期限太急，乞求宽限几日，竟被张飞打得满口吐血。二人感到按限期完成根本无望，绝望之中杀了张飞，投奔东吴。

心理学研究发现，在工作上，压力与工作效率之间呈曲线关系，当觉醒增强时，工作效率就会提高；待达到一个最佳水平后，效率在某种程度上不再提高，而且随着觉醒的继续加强,工作效率反而会下降。这是因为过度的压力使人产生恐惧、愤怒、焦虑情绪和攻击性行为。

由此可见,领导者要掌握好紧与松之间的界限,既要造成一定的压力,又要使下属不过于紧张,使紧迫感与下属自身因素以及当时的客观条件相适宜;否则,就会事与愿违,达不到预期的目的。

5.与下属一同承担工作失误的责任

下属犯错就等于领导者自己犯错,起码是犯了监督不力或委托不当的错误,何况领导者的义务之一就是教导下属如何做事。

所以当下属闯祸时,请先冷静地检讨一下自己。如果完全是因为下属自己的疏忽,可以将下属叫到跟前来,向下属分析整件事情,告诉他错在什么地方,最后重申一下宗旨——自己永远是下属的后盾。

要是下属犯错,自己也有间接责任,领导者就要在与下属单独会面时将事情弄清楚。这不等于叫领导者认错,而是一起去研讨犯错的前因后果,并鼓励下属以后多多与自己探讨。

无论是哪一种原因,都切忌向下属大发雷霆,尤其是在大庭广众之下。领导者尊重对方,下属才会更加内疚,更加敢于正视问题,避免日后闹情绪。

还有,在上级领导者面前也不应只顾推卸责任,因为这只会令上级领导者反感。这时领导者应该与下属一起承担责任,应和下属站在一边,替下属挡驾。

(三)批评有术:讲究批评的方法与艺术

作为领导者,在实施领导的过程中,不可能不对犯错误的下属实施批评。然而,任何人都不想受到批评,这就为领导者的工作带来了不便。因此,高明的领导者应该是深谙批评艺术的高手。

1.批评是一种有效的御人方法

批评是斗争,斗争就要讲究方法与艺术。

美国著名女企业家玛丽·凯·阿什说过:"对于犯了错误的下属,如责备有方,犹如快马加鞭,下属会将此作为鞭策,作为动力,从而干劲十足。"只有讲究方法和艺术的批评才能真正被人接受,也才能真正达到批评的效果。领导者应明白,批评的目的在于促使

下属认识和改正错误并且发生良性转变。因此，领导者只有认识到了批评的目的所在，采取有效的批评方法，才能达到更好地统御下属、管理下属的目的。

批评的目的，在于促使有过错的下属认识和改正错误并且发生转变。

在实施批评中，对有错不认错的人必须严肃地批评；对已认错的要适可而止，见好就收，特别是那种已经知错且心理压力较大的，不应再加以批评，而应给予安慰。下属一旦发生过失，或是训斥责骂，或是批评的同时辅之安慰。同是批评，这两种教育的态度，效果是截然不同的。下属出现失误和错误，既要分清性质、程度及危害，不失时机地予以教育处理；又要与人为善，留点面子，不伤其人格，避免因方法不当激化矛盾，以致产生顶牛对立的后果。

正确而有效的批评，是摆事实，讲道理；动之以情，晓之以理；将心比心，换位思考；尊重他们的长处；理解他们的难处，关心他们的苦处，在大道理和小道理的结合上，通过耐心说服教育和民主讨论，和风细雨地疏通引导，实事求是地指出他们认识上的短处、方法上的错处、工作上的差处，使其能够心悦诚服。不论怎样批评，最好能使用一种对方易于接受的方法，指出其行为如何错误以及应该采取何种行为，以取得对方的理解，使其心服口服。

怎样批评别人，这里面有着很强的艺术性。批评得法，会让下属感到领导者是在关怀他；反之，下属则会认为领导者是在有意和他过不去。因此在实施批评时需要把握下列 10 个艺术特性：

①一贯性。批评最忌忽冷忽热。要有敢批评的习惯，让大家说：他就是这样。

②平等性。批评最忌三亲两疏。不管是谁都敢批评，让大家说：他对谁都一样。

③坚定性。批评最忌犹犹豫豫、吞吞吐吐，看准了就要做到底，不解决问题不撒手。

④感情性。批评最忌"后娘心肠"。不管是对错误轻的，还是对错误重的，都要动之以真情、实情。

⑤鼓励性。批评最忌把人看死。批评的目的是让人改过，所以对谁都要给予鼓励，寄予希望。

⑥说理性。批评最忌缺乏理性。批评的目的是让人晓之以理，实际上，批评的过程就是说理的过程。

⑦准确性。批评最忌捕风捉影。对错误有一说一，有二说二，不夸大，不缩小，不无

根据地乱说。

⑧灵活性。批评最忌千篇一律。批评人要看场合,根据被批评者的错误程度、性格等情况的不同选择不同的方式方法。

⑨适时性。批评最忌时过境迁。批评要及时,不能等到"秋后算总账"。

⑩渐进性。批评最忌急躁情绪。批评人要循序渐进,不能搞"立竿见影"。

2.批评下属之前要三思而后行

每个下属都有不同的特点和自己的想法,所以,如何对待犯错误的下属是领导者在批评教育中必须谨慎对待的问题。处理得当,双方满意,促进工作;处理失当,则为自己树敌,增加工作阻力。切记批评前一定要了解情况、三思而后行,掌握尺度,方可惩前毖后,治病救人。

领导者在对下属提出批评之前,先要想清楚下列六个问题:

(1)对方是否会立刻接受这个批评

下属可能正处于困难时期,极其脆弱。如果想和他谈一些麻烦事,得先想想现在是不是时候。

(2)是否能耐心地等待对方从打击中恢复过来

领导者在提出严重批评的时候,必须了解对方的心情。下属可能感到彻底绝望,难以继续工作;也可能要从领导者这里得到证实,证实他不是被当作不合格的人来看待,而只是某件事上出了差错。此时,领导者要告诉他,在另外一些事上觉得他干得更好。批评必须要有表扬作为缓冲。

(3)对方以前听到过这种批评有多少次了

如果领导者感到自己只是在不断地重复这个批评,再说一遍显然没有用时,领导者要注意了解的不是下属犯的错误,而是为什么他在受到这么多批评以后仍无改进;是不是还有别的什么该做而没有做的事情。

(4)提出批评之后,对方能有什么反应

领导者应该知道,为了有所改进,被批评者应该做什么。

(5)领导者提出这个批评是不是因为自己的一些问题

领导者有时可能会感到来自下属的威胁,感到不受欢迎,莫名其妙地就想批评他们。不要根据自己的情绪,而要根据实实在在的原因做出批评。

（6）是否知道对方需要的是不是另一个方面的批评

领导者如果把自己也放在被批评者的位置上，想想在受到了这样的批评之后会有何感想，就会有答案了。

如此考虑后，领导者的批评一定会有理有度，收到好的效果。

3.批评者要具有"绅士风度"

领导者实施批评应有绅士风度，不宜火冒三丈，暴跳如雷；但情绪太平静，又会给人一种问题不大的感觉，而使之对批评不予重视。批评人时，可以不用掩饰内心的忧虑和愤怒，有节制地发发脾气，那会产生一定的效果，当然，发泄对象是事而不是人。但同时要注意物极必反的原则，发怒要谨慎，经常与下属发生吵闹的人，永远不会成为好的领导者。至于加入个人感情成分，为发泄自己的郁闷而批评人，则背离了批评的本义，也达不到批评的目的。

从批评的全过程来看，有的人开始尚能冷静，但在批评的过程中，感情发生起伏变化，兴奋激动，越说越发火，甚至涉及对方的人格问题，这是一种最不可取的批评方式。那样做不但会使人对批评不予理睬，甚至会当面反唇相讥，导致双方关系僵化。正确有效的批评，绝不能掺入个人感情用事的成分，而应该保持冷静，处处体现说理性。真正有效的批评，应该是一次感情经过细腻处理的、冷静的、充满理智的谈话。

下面的方法有益于领导者的批评艺术：

（1）降低声音和语速

据心理学家分析，一个人说话的声音和语速反映着一个人的内心世界。声音大、语速快的人必定风风火火。对于一名领导者来说，声音适中、语速平缓无疑是其领导魅力的最好体现。因此，领导者在批评下属时，应适当降低声音和语速，以展现领导风采，收到"惩戒"下属之效。

（2）批评应当及时

批评勿拖延，时过境迁再翻旧账，易给人以"秋后算账"之感。拖延批评很可能使同样的错误重复出现，再次发生。搞积累式、算账式的批评，则使人难以接受，并容易使人联想到，原来领导者早就在不露声色地观察、算计自己，暗暗记着自己的账。正确的方法是，纠正人的缺点要讲究步骤，循序渐进，一次只纠正一个缺点。若对人有三点不满，应该分三次提出来。须知一下子向对方提出很多缺点，实际上对方能够留意改正一个就不错了,能够同时改正两三个缺点的人并不多见。明智的做法是提示对方改正一个缺点,直到改正了为止,此时再提出纠正另一个缺点。

(3)选择好批评的时机

领导者选择批评的时机是很重要的。经验证明,当一个人在理性因素占上风时,头脑冷静,能够尊重事实,虚心听取批评。而当其情绪因素占上风时,就会失去理智,蔑视事实,具有极大的偏见;这时不注意"冷处理",牛不喝水强按头,只会适得其反。领导者,原则上要在下属刚发生问题时及时提醒,一旦错过这个机会,会因下属记忆淡漠或印象不深而降低批评效果。

4.批评下属的方式要因人而异

领导者在批评下属时要看批评的对象。对于聪明细心的下属,批评时不要直截了当地说出批评意见,更不要开门见山地点出对方的要害,而是借助委婉、含蓄、隐蔽、暗喻的策略方式,由此及彼,用弦外之音,巧妙表达本意,揭示批评内容,让下属思而领悟,使这种批评达到"藏颖词间,露锋文外"的效果。例如,通过列举和分析现实中他人的是非,暗喻其错误;通过列举分析历史人物的是非,烘托其错误;也可通过分析正确的事物,比较其错误等。此外,还可采用故事暗示法,用生动的形象增强对他的感染力;笑话暗示法,既有幽默感,又不使他尴尬;轶闻暗示法,通过轶闻趣事,使他听批评时,即使受到点影射,也易于接受。

有的下属十分敏感,对这类人物的批评可采取不露锋芒法,先承认自己有错,再批评他的缺点。可对他说:"这件事你办得不对,以后要注意了,不过我年轻时也不行,经验少,出过问题,你比我那时强多了。"态度上一谦虚,对方也容易消除抵触情绪,乐于接受批评。当然,以上方法只是对一般对象而言,对错误严重、执迷不悟者,对大错不犯、小错不断、屡教不改者,则应另当别论。

领导者在下属做的工作失败时要冷静地分析,鼓励其保留优点,克服缺点。因此,正确的观念应视失败为获得成功的一个阶段,即所谓"失败是成功的里程碑"。同时,为了吸取教训,应教导其毫无保留地舍弃不正确的部分,并给予一定的批评。因为如果完全不加指责,往往会使下属养成为所欲为的习性。所以,适度的责备仍然相当重要。不过,身为领导者,应考虑的是如何使之不产生副作用。无疑地,人们在失败之后,由于受到指责并被追究责任,难免会形成害怕失败的心态。然而,如果一味地避开失败,却又极易养成下属安然无事的消极处世态度。所以,在批评的时候,要培养其正确面对失败的心理。

另外,资深的下属由于认为自己的资历深,即使明知自己有错,但是在自尊心的作祟之下,当别人提出劝告或批评时,反而会恼羞成怒。这种人闹起情绪来,不只是不愿学习,甚至会对领导者提出种种反驳。对领导者来说,不妨先考虑对方的立场,给他面子,这样反而可以收到效果。

至于那些并不资深,但工作时间有一定年限的下属也不妨如此。

5.充满诚意的批评效果最好

批评的形式、方法多种多样,如三明治式的批评、隐晦暗示性的批评等。有些领导者经常感到困惑,为什么采用了这些理论,批评的效果仍然不佳呢? 其实这些都是表面的、技巧性的东西,最重要、最根本的是批评要有诚意、爱心。从这个意义上讲,批评效果的好坏根本不在于什么形式、方法,而取决于领导者是否有诚意、爱心。

批评双方沟通的桥梁是信赖。只有建立了信赖关系,二者才能在毫无阻碍的情况下沟通。反之,如果信赖关系不能建立,领导者再努力也无法沟通,下属将不会听命于领导,反而会采取拒绝反抗的态度。即使领导者施加了压力,下属也是口服心不服。信赖的基础就是领导者的诚意、爱心。没有这两项,领导者任何巧妙的方法都无法取得下属的信赖。

(1)诚意

诚意指批评的形式、手段、方法光明磊落,态度诚恳、友好。比如将心比心,不让下属下不了台,不把责任推给别人,不揭老账,诚实待人,体谅下属的难处。

(2)爱心

爱心指的是批评的目的完全是爱护下属,提高下属的素质。其目的高尚纯洁,"一片冰心在玉壶",不掺一点私心杂念。领导者不要低估下属的水平,有无诚意、爱心;他们一眼就能看得清清楚楚。

诚意和爱心是需要培养的,并不是天生就有的。领导者应该在每次批评前先反省一下,看自己是否有诚意、爱心;没有的话,干脆保持缄默。

美国著名的领导者玛丽·凯·阿什在对待下属工作中出现的问题时,采取的做法是"先表扬,后批评,再表扬"。就是说,无论批评什么事情,必须找点值得表扬的事留在批评前和批评后说,绝不可只批评不表扬。她说:"批评应对事不对人。在批评前,先设法表扬一番;在批评后,再设法表扬一番,力争用一种友好的气氛结束谈话。如果你能用这种方式处理问题,那你就不会把对方臭骂一顿,就不会把对方激怒。我看到过这样一些经理,他们对某件事情大为恼火时,必将当事人臭骂一顿,他们要让当事人确切地知道,他们对他的行为是怎样的气愤。主张这样做的人认为,领导者应当把怒火发泄出来,让对方吃不了兜着走,决不可手软;发泄够了以后,或许以一句带有鼓励对方的话结束谈话。从理论上说,一切都将恢复正常。尽管一些研究管理办法的顾问鼓吹这种办法如何如何好,但是我不敢苟同。你要是把别人臭骂一顿,其人必定吓得浑身哆嗦,决不会听到你显然在骂够了之后才补充的那句带点鼓励的话。这是毁灭性的批评,而不是建设性批评。"

这些话对准备批评下属的领导者来说,是相当有道理的。

6.以教育为主的批评更具说服力

以教育为主的批评,往往使得下属在改正缺点的同时对领导者还心存感激。

为了达到引导的管理效果,有时在教育的过程中,不得不诉诸严厉的指责,或以命令的口吻让下属去做其所能力及的工作。因为,毕竟人们不可能凡事均以笑脸去教导他人。

话虽如此,在严格的教育之中,若不对做法加以说明或表明领导者的一番好意,则下属极易对领导者产生误会,进而会产生排斥的心理。在这种情况下,其学习的意愿自然也就没有了。

当领导者向下属表示"组织发展需要你们这样的人才"时,下属心中无不自然地产生"非努力不可"的干劲,这也是鼓励所产生的作用。

就批评而言,最要不得的就是认为不需解释下属就应该知道自己的善意。尤其是对于"懦弱型"的下属来说,如果不加以说明,极易使他们产生自卑心理,低估自己的能力,并由此心存不安而影响正常的工作。

所以,在批评时,先不妨勉励下属:"如果不是因为你是个有前途的人,一开始我就不会指责你!""不能接受指责的人,是不会成为栋梁的。"

7.批评下属时不要伤及对方的自尊心

人都有自尊心,如果在批评中否定对方的自身价值,只能给对方带来痛苦,产生积怨,甚至使其从此自暴自弃,破罐子破摔;同时也会损害上下级之间的和睦协调关系。有些领导者在批评人时习惯运用比较法，即通过人与人之间的比较，证实被批评者的无能和愚蠢，这是不明智的。这种批评，实质是借机攻击人的自身价值，会损伤人的自尊心。正确而有效的批评，应表现出宽容和温情，无论是批评前还是批评中，都要设法让他知道，所批评的是他做错的那件事，绝不是他这个人。如此对事不对人，才能使下属既认识错误，又坚定改正之心。

人由于性格与修养不同，对同一批评会产生不同的心理反应。有的下属即使受到批评也满不在乎，属于迟钝型反应；但有的下属却感情脆弱、脸皮薄、爱面子，受到斥责则难以承受，表现为脸色苍白、神情恍惚，甚至从此一蹶不振、意志消沉，这种人属于敏感型反应；有的下属受到批评后会受到很大震动，能坦率认错，从中吸取教训，这种人属于理智型反应；还有的下属自尊心很强，个性突出，遇事好冲动，心胸狭窄，自我保护意识强，心理承受能力差，明知有错也死要面子，受不了被当众批评，这种人属于强个性型反应。

鉴于以上人的不同类型，领导者在批评时，要区别对象和情况，灵活采用多种方式方法。批评最忌讳方法单一，死搬教条。对自觉性较高者，宜用启发自我批评法；对思想比较敏感者，宜采取暗喻批评法；对性格耿直者，宜采取直接批评法；对问题严重、影响较大者，宜采取公开批评法；对思想麻痹者，宜用警觉性批评法。正确的批评要求细密周到，恰如其分；属于普遍性的问题可当面进行，而个别现象宜个别进行。

如果粗暴批评下属，尽管他们对上级领导者失去防卫能力，不可能对领导者进行反击，但心中定会积满不服和哀怨；他听到的只是恶劣言语，而不是批评的内容。必须防止只知批评不知表扬的倾向，胡萝卜加大棒的策略之所以有效，是因为批评后再表扬，或表扬之后再批评，能缓和批评中的紧张气氛。

另外，事先与下属交心谈话，帮助其提高认识，再启发下属认识自己的错误，也能收到良好的效果。让下属做自我对照，使下属产生矛头不集中于我的感觉，从而主动在"大环境"中认错。

倘若下属在工作中出现失误，领导者当众斥责他，会使他觉得颜面无光、威信自尊扫地，会使下属觉得领导者太不赏识他，不尊重他。因而，下属的自尊心就会被深深地刺伤，也许会因此产生"我偏不干好"的逆反心理。因此，一个成功的领导者，当下属犯了错误时，会选择适当的方式，如私下里面对面地对下属提出批评。这样，下属会感激万分，因为他清楚，领导者不仅给了他面子，而且给了他机会。知恩必报，以心换心，下属会更加努力,做出好成绩来报答领导者。

有的领导者为了敲山震虎,警戒众人,总愿采取"杀鸡给猴看"的批评方式。人的思想是复杂的,靠简单的威吓和批评扩大化的方法并不能很好地解决问题。因为人固有的自尊心,使他在众人面前挨了批评后,内心自然产生屈辱感,生出愤愤不平之心。

正确的方式,是不能在众人面前使他威风扫地,而要在没有第三者在场时一对一地单独进行。要视对方对问题的认识程度以及内心的思想根源进行批评。如果对方因单刀直入式批评产生反感时,应耐心倾听对方陈述,然后再提出自己的规劝之意。

当然,对那种多次批评教育而无效的人和大家都不信任的人,采取在大众面前的公开批评方式也是可行的,但这毕竟是一种不得已的手段。讲究批评艺术的领导者,在对那些大家共同存在的问题进行批评时,往往不明确地提出具体对象,只是不点名地向全体提出,希望大家注意,这样的效果往往比怒颜厉色更有效。

8.把批评融入轻松的谈话中

领导者把对下属的批评融入轻松的谈话中,不失为一种行之有效的艺术处理方法。虽然下属犯下了不可原谅的错误理应受到处罚,但当事者对自己所受到的批评难免会一时转不过弯儿来,这就需要领导者私下里主动与他谈一谈,交换一下意见。

所谓交换意见,并不是对受批评的下属唠唠叨叨,一个劲儿地对他进行教育和说服;而是让对方参与到谈话之中去,使领导者了解其真实想法,双方进行交流。否则,说不到点子上,就起不到实际作用,对方也会产生反感。

谈话中,领导者要让下属的思想情绪逐渐步入正轨,认识到自己受罚的合理性,并非是领导者有意为难他。如果对方确有委屈或难言之隐,应该表示体谅,说一些劝慰的话。在肯定被批评对象的工作成绩时,批评者要坦诚善意地提出对方违反了什么纪律,这会给部门工作造成什么样的不良影响,做到循循善诱,务必防止简单粗暴。在谈话结束时,还可以为受批评对象寻找一个合适的客观原因和理由,让对方明白受批评是因为一次失误,希望他下次能够避免这种失误。同时还要告诉对方,他的工作态度一直都很好,希望他以后在工作中为了部门的发展而继续努力。

在行使了批评手段之后,通过和风细雨的一次谈话,有劝说,有疏导,有安慰,有勉励,才能让下属心服口服,才能让他的脑筋彻底转过弯儿来。

根据情况不同、下属所犯的过错不同,批评的方法也应有所区别,并不是所有的批评都必须融入轻松的谈话才有效。有些时候,下属所犯的错误影响极坏,并且本人态度恶劣,这时态度不严厉是不能解决的,则一定要发火。通过发火,可以起到制止不良倾向、纠正错误行为、鞭挞落后、警醒下属、威慑犯罪、提高领导者自身威信等积极作用。因此,正确的发火是必要的,这也是批评艺术的另一种表现。

怎样才能做到正确发火呢?

①查明情况。就是说要弄清楚哪件事情、哪个下属错了?错在什么地方?为什么错了?造成什么后果?如果事情还没弄清楚,仅凭道听途说得来的情况,凭一时的感情冲动便大发雷霆,那么,要么是张冠李戴,要么是颠倒是非。其结果都会伤害下属的感情,影响上下级之间的团结。

②选择时机。如果下属也正在火头上,就不能"火上浇油",以免形成僵局,使自己下不了台。同时,发火的场地也要恰当。如果问题较大、性质严重、影响很坏很广的话,就要在一定的公众场合发火,以起到惩一儆百的作用;但如果问题小,性质不太严重,影响不广,就只宜在小范围内发火,以免伤害下属的自尊心。

③抓住关键。领导者切不可为一些鸡毛蒜皮的小事而火气冲天。如果那样,就可能会捡了芝麻,丢了西瓜。

④看准对象。由于下属性格、脾气不同,领导者发火产生的效果也会不同。因此,领导者发火就该因人而异。

⑤讲究方式。生气、发火是感情冲动的一种表现形式,出现某些失态的言行是有可能的。但领导者应注意自抑自制,避免不文明的、过火的言行。

(四)管住另类:巧妙管理棘手的下属

领导者在实施制度的过程中,难免遇到无从下手的下属。对于这样的下属,一旦没有管理好,就会引起负面效应,从而影响全盘的管理效果。所以,领导者在对待这样的下属时,不但要区别、巧妙地对待,还要抓住对方的弱点,正确地引导他们。

1.调动棘手下属的工作积极性

所谓棘手的下属,是指那些既不服从领导者的管理又难以对付的人。他们比比皆是,每一个单位都有。这种人足以在某些事情上与领导者分庭抗礼。作为领导者,更应当做好思想准备,心胸开阔地面对这个现实。

在一个组织中，如果难以管理的下属稍微多一点，对领导者来说是十分不利的。一般来说，1000个下属中有那么三五个难管理的下属还好对付，再多，麻烦就大了，特别是在客观条件不允许领导者把这种人全都"炒鱿鱼"的情况下。

要克服这种对立意识，争取难以对付的人，首先要认真分析产生对立意识的原因。在一个组织里常会出现这样的情形，有些下属总是不能认真地执行领导者的指示和命令，因此，领导者平时就很少把重要的工作委派给这种下属。长此以往，便会在彼此间产生对立意识，这种人就成了集体的负担。

在一个部门中出现了"负担"，上级领导者自然会一目了然，会认为这个部门的领导者没有能力。反之，如果领导者能充分调动难以对付的人的工作积极性，自然会得到很高的评价。这种差距往往就决定着领导者的前途。

作为部门领导者应当清楚，对付棘手下属的唯一可行办法就是考虑如何使用他们，如何让他们积极工作。

2.对恃才狂傲之人，挫其傲气

但凡恃才傲物的人都有如下的特性：

①认为自己很了不起，觉得别人都不如己，有一种舍我其谁的感觉；说话也一点不谦逊，甚至常常硬中带刺；做事也我行我素，对别人的建议不屑一顾，自信心特别强，甚至可以说是自负。

②自命不凡、好高骛远、眼高手低，即使自己做不了的事，也不愿看到和交给别人去做。

③喜欢自我欣赏，听不进也不愿听别人的意见；不太和别人交往；凡事都认为自己对，对别人持怀疑态度。

因此，与这种下属相处，领导者掌握了他们的心理后，就要采取有效的方法来制约他们。

（1）要用其所长，切忌压制、打击或排挤

恃才狂傲之人，大都有一技之长。因此，领导者在看到恃才狂傲之人不好的一面时，一定要有耐心地与他相处；要视其所长而给以任用，而决不能因一时看不惯就采取压制的办法，或把他搁在一边不予以重用。

这样，只会让其产生一种越压越不服气的逆反心理，在需要用他的时候，他就可能故意拆台。因此,领导者碰到这种人时,就要想想刘备为求人才三顾茅庐的故事;领导者是在为整个组织的利益而不是为个人利益在求他。因此,在这种人面前,即使屈尊一下也不算降人格。

(2)要有意用短,善于挫其傲气妄念

狂傲之人虽然在某些方面某个领域内才能出众,但他仍有不足和缺陷。因此,领导者也可利用这点来让他看到自己的不足,以使其自我反省,减少自己的傲气。

譬如,领导者安排一两件做起来比较吃力、估计完不成的工作让他做,并在事先故意鼓励他:好好做就行,失败也没关系的。如果他在限定的时间内做不出,领导仍然安慰他,那么,他就一定会意识到自己先前的狂妄是错误的,并会从此改正。

狂傲之人,一般对自己说过的话不负责,信口开河。说自己样样都能,其实他能干的事也只有一两个方面而已。领导不妨抓住他吹嘘的话,说这件事情全单位人都做不来了,只有他行。而领导者给他的恰恰是他陌生或做不好的事情,这样,他遭到失败也是情理之中的事。失败之后,同事嘲讽他肯定会令他难堪;这时领导者要安慰他,不要让他察觉是领导者故意让他出丑。这样,虽然不可能彻底改掉其狂傲的脾气,但领导者以后起用这种人就会顺手得多。

(3)要敢于承担责任,以大度容他

恃才狂傲的人由于总认为自己了不起,因此做什么事都显得漫不经心,以表现自己的水平之高。有时,他们会因这种思想而把交给他的事情办坏。

这时候,领导者切不可落井下石,一推了之;相反,要勇敢地站出来替他承担责任,帮他分析错误的原因。这样,日后他在领导者面前就不会傲慢无礼,也会用他的才能来帮助领导者完成工作。

3.不与攻击型的人正面冲突

领导者有时会碰到这样的下属,他们总是喜欢不遗余力地攻击和指责别人,或散布一些流言蜚语,或造谣中伤,或出言不逊地辱骂等。在这种情况下,领导者要怎么做呢?

(1)判断行为的性质

①由于对某种事物持不同的看法,对方提出了比较强硬的质疑或反对意见。此时,如果领导者能够给予必要的解释和说明,矛盾很可能会得到很好的解决。

②由于自己对某事处理不当,而对方在利益受损的情况下表示不满,提出抗议。如

果的确是自己处理不当或确有不完善之处，而对方又言之有理，那么，尽管对方在态度和方式上有出格的地方，也不要将这种行为看成攻击。

③由于某种误解，致使他人发脾气或出言不逊。在这种情况下，只要耐心地、心平气和地把问题加以澄清，事情自然就会过去了。

（2）不与攻击型的人正面冲突

即使领导者完全能够确定他人是在恶意攻击，也不必统统地给予回击。在与下属的交往中，领导者对付恶意攻击最好的方式莫过于不予理睬。

如果领导者不理睬他，他仍不放松，那也不必对着干。因为那样恰恰是"正中其怀"。不难发现，那些喜欢攻击他人的人大多善于以缺德少才之功消耗大德大智之势。与他对着干，他不仅喜欢奉陪，还颇会恋战，非把领导者拖垮不可。所以在这种时候，领导者应果断地甩袖而去。

《老子》中有这样一句话："天下莫柔弱于水，而攻坚强者莫之能胜。"攻击者并不属于真正的强者。所以，对那些冒牌的强者，采用对攻的方法是很不值得的。

4.不妨采取"杀鸡给猴看"的办法

在领导工作中，抓住个别害群之马从严处理，告诫其他下属要遵纪守法、服从指挥，以确保整个领导活动顺利进行是很重要的。

领导者在使用下属时，仅采取奖励的办法来鼓励先进是不行的。有时候还必须采取严厉措施，坚决惩罚那些违规乱纪、屡教不改的捣乱分子，以维护管理的严肃性。这种选择个别坏典型惩一儆百，以确保整个领导活动得以顺利进行的用人谋略，就叫作"杀鸡儆猴"。

领导者根据管理需要运用"杀鸡儆猴"策略，有助于树立领导者的威严，增加对下属的控制力。然而，如同其他用人谋略一样，杀鸡儆猴也不能随便滥用。领导者必须根据领导活动的需要，选择最适当的时机和方法，偶尔用之方能收到预期的效果。在这方面，领导者应注意以下四点：

（1）决不轻易放过第一个"以身试法者"

千里之堤，溃于蚁穴。再严明的法纪也经不住人们一次又一次地破坏。为了维护制度的严肃性，领导者必须及时捕捉第一个胆敢以身试法的"鸡"，坚持从严处置，以教育本人，同时教育更多的下属。这种治理方法，又叫"枪打出头鸟"。第一只出头之鸟，一来数量较少,容易惩罚;二来影响极坏,倘若不及时打掉,后面势必跟上来一群。因此,就凭这两点,领导者也不应轻易放过第一个以身试法的"鸡"。

(2)重点惩罚性质最恶劣的行为

有时候,领导者会同时遇到好几个违反法规的"鸡"。倘若不分青红皂白地一律严加惩处,一来打击面过宽,起不到应有的教育、挽救作用;二来对工作也会产生一些不利影响,甚至会因此而蒙受一些不必要的损失;三来领导者树敌过多,不利于今后搞好上下级关系。为此,领导者在从严处置时,不能不讲究方法和策略,尽可能扩大教育面,缩小打击面。领导者应从若干个违纪下属中精心挑选出性质最恶劣、影响最坏的一个,予以重点惩罚,同时对其他几个违法情节较轻、认识态度较好的下属给予适当的批评教育。这样做,不仅能教育多数下属,而且能使受到严惩的下属陷于孤立的境地,从而切实收到惩一儆百的良好效果。

(3)惩罚违纪下属时应做到合情合理

在用人行为中,任何惩罚手段都是无情的。但是,领导者在运用这一无情手段时,应该尽量做到合情合理。所谓合情,就是合乎人之常情,惩处方式不过火,不偏激,不超过常人的心理承受能力,能被多数人的感情所接受;所谓合理,就是要惩之有理,符合有关法规、制度、条文的精神,分寸适度,使人心服口服。杀鸡儆猴,不怕严,也不怕刚。只要领导者能做到严中有理、刚中有情,就能收到预期的良好效果。

(4)辅之以必要的关心、帮助和教育

在运用杀鸡儆猴谋略的过程中,领导者要交替使用严和爱、刚和柔这两种手段,对下属辅以必要的关心、帮助和教育,"视卒如爱子"。这样,领导者才可能使下属懂得严格要求实质上也是一种爱护,从而使下属心悦诚服地接受上级的管束,甚至接受上级对自己的惩处,逐步将自己铸造成一个能和整个管理机器协调运转的合格"零件"。

5.怎样对待满腹牢骚的下属

作为领导者,若听到下属发牢骚,首先要搞清楚下属为什么会发牢骚,并在此基础上对症下药。

如果是因为下属有能力和才干却受到排挤或岗位不适当,则要给予其更合理的职务,以发挥其才能,平息其牢骚。

有些人是因为自己的才华不受重用而抱怨,抱怨只是他们不满的一个信号,而并非其缺点或本意。领导者只要重视他，给他安排了合理的职务，其抱怨也就会停止。

有的下属在性格上就是一个爱抱怨、爱发牢骚的人，那么，领导者应借机会教育和警示他们，使他们改正。

有些下属整天抱怨工资太低、领导者看不起他、别人升迁了为什么自己就没有升迁等，而对于自己的本职工作又不能完成得很好。对于这样的下属，领导者可大声地训诫他：你什么时候把自己的本职工作做好了再来找我。或者可以采用一种更巧妙的方式，即另找一个有水平和办事能力而且任劳任怨的人，然后把同样的任务分别交给这个人和发牢骚的人去做。完成之后，再把他们的结果放到一起，让大家来比较孰好孰坏。这样，抱怨者就会清楚：别人升迁是因为能力比自己强，而不是靠什么私人关系。

一般来讲，对付满腹牢骚的下属，还应注意以下几点：

①多沟通，和其推心置腹；

②宽容、理解、帮助；

③批评方式要恰当；

④关心下属，帮助其解决困难。

6.怎样管理有靠山的下属

如果有靠山的下属真有能力的话，可以借助他们的能力来促进自己的工作；如果这种人没有能力的话，就不要过分地迁就他们。作为领导者，应掌握一个基本原则，那就是至少不能让有靠山的下属成为其他下属的负担，一定要注意控制其不良影响。

如果他们没有工作能力、表现不突出，领导者反倒对他们亲之任之，这样必然会失去绝大多数下属的信任。这是领导者很容易犯的错。如果领导者认为一两个人为所欲为便不会产生多大危害的话，那就错了。这样做，一来容易使其他下属效法他们的不良作风；二来容易令他们看低领导者的领导能力，使领导者失掉领导权威。同时，对于有靠山而没有能力的下属，也不能与他们为敌。对于这些人，应给他们一些力所能及的工作去做，但要尽可能不让其感到没有被看重；其他下属也许会说他们无能，也尽可能不要让他本人听到。领导者可以私下和他们谈心，多注重他们的优点，少谈他们的缺点。

如果下属有能力又有靠山，就应该注意使用和提拔他们。领导者可以和他们保持亲密关系，但不要当着其他下属的面表现得过于亲切，要时时注意影响。

7.如何使用爱告密的下属

爱告密的下属深谙组织里面的生存竞争之道，他懂得组织里面人多事杂，大家明争暗斗。他更清楚，有些人是"表面上一盆火，背地里一把刀"，稍不留心，就可能遭到这些人的暗算。因此，爱告密的人掌握有自己的一套应付组织内形形色色人的"绝招"。

这种人往往先发制人，以快打慢，以动制静，并且善于找"后台"来撑腰。这个"后台"就是他的领导者。他懂得怎样得到领导者的重视。他善于搜集小道消息或把情报传达给领导者，让领导者能更清楚地了解组织内的实际情况。

这类下属喜欢探听别人的秘密，有点风吹草动便如鹰犬嗅到猎物一样，提高警惕；有点小事就爱添枝加叶，描绘得绘声绘色。若一段时间搜寻不到告密的"素材"，这种人就要无风起浪，挑弄是非，制造新闻，向领导者交差。

这种人不择任何手段，不惜任何代价，其目的就是为了取悦领导者，让领导者觉得他是心腹，觉得他忠心耿耿。

生活中，有许多领导者偏爱这种人，待他当作自己必不可少的得力助手，甚至作为组织的中流砥柱，大有舍此人又有何人能用的想法。这些领导了解的下属情况大都来自这种人之口；同时他们还认为，这种获知下情的途径实为一条便捷之道。殊不知，天长日久，他们已和其他下属之间出现了一道鸿沟，由"告密者"传递来的信息经过"改编"，已面目全非。因此，领导者得到的情况未必是真实情况。

精明能干的领导者是不会被这种人的雕虫小技所迷惑的。他能以领导者的真知灼见来全面评价这种人。他知道这种人确实有点小聪明，会耍些花招，但在真正的办事能力方面肯定不会突出，否则他就不会去做探子来博取领导者的欢心；并且领导者还明白，组织上下所有的人对这种人除了讨厌唾弃外，再无其他的感情可言。

因此，爱告密的下属尽管在某些领导者面前是个"大红人"，深得宠爱和欢心。但这样的下属在精明睿智的领导者面前往往"绝招"失灵，机关算尽也不被重用，任他要尽花招也难讨领导者的欢心。

每一位领导都应牢记：绝对不能提拔爱告密的下属，否则后患无穷。

8.对付阴险狡诈的下属的方法

阴险狡诈的人属于卑鄙的小人，他们为了自己的利益什么损事都做得出来。他们会采取各种手段骗取领导的信任，逐步夺取领导者的权力，最终完全取代领导者。这是一种十分阴险狡诈的小人权术，亟须识别。对付这样的下属，有以下几种方法：

（1）以"防"为主

阴险狡诈的人善于背后使坏、放冷箭,让人拿不准他什么时候会给自己一刀。而且小人之脚往往阴狠毒辣,领导者若是防备不及,则可能身败名裂,最终后悔莫及。俗话说:"害人之心不可有,防人之心不可无。"作为领导者,为了不至于受到阴险狡诈的下属的暗算,还是首先防范一下为好。

（2）要明辨是非,不偏听偏信

小人皆是口蜜腹剑,这正是其阴险狡诈之处。对付这样的下属,要洗净耳根仔细听,要善于听,要善于抓住话的关键;认真思考分析他说话的目的,凡事应三思而后行。只要做到知己知彼,就能百战不殆。

（3）放长线,钓大鱼

"子系中山狼,得志便猖狂。"小人一般都有得志便威风的毛病。所以,对付阴险狡诈的下属有时也可以用欲擒故纵的方法,"放长线,钓大鱼"。先假装不知,让其尽情表演;等他原形毕露时,再巧妙揭穿他的虚伪狡诈的面纱,不给他容身之地。

（4）以其人之道还治其人之身

阴险狡诈之徒善于揭人伤疤,在别人最怕尴尬或不应该丢人的时候,让人尴尬、出丑。这时,领导者不要生气,可以在适当的时机也揭他一把,把他丑恶的行径抖落出来,让大家认清他的丑恶嘴脸,让他也尝尝难堪的滋味。

9.对付工于心计的下属的方法

工于心计的人,指的是那种不愿让别人轻易了解其心思,或知道其在想什么、有什么要求,而总是通过各种方式保护自己、深藏不露的人。这种人往往说话不着边际,对任何问题都不做明确地表示,经常是含糊其词,环顾左右。

这种人往往最让领导者头疼,因为这种人常常很难沟通。由于很难得到他们真正的想法,所以领导者往往也不愿把自己的内心世界向他们敞开,而是有所保留,甚至对他们有所防备。

工于心计的人通常有以下几种情况:

①这种人可能是一位城府很深的人,这种人为了在与别人打交道时获得主动,或者出于某种目的不愿让别人了解自己,而把自己保护起来。而且,这种人还总希望更多地了解对方,从而在各种矛盾关系中周旋,使自己处于不败之地。

②这种人也可能是一位曾经有过挫折和打击，并受到过伤害的人。过去的经历使这种人对社会、对别人有一种十分强烈的敌视态度，从而对自己采取更多的保护。

③这种人可能对某些事情缺乏了解，拿不出有价值的意见。在这种情况下，为了掩饰自己的无知，从而以一种未置可否的方式、含糊其词的语气与人交往，并装出一种城府很深的样子。

对第一种人，领导者应该有所防范，警惕不要为其利用而成为他的工具，不要让他完全得知你的底细。

对第二种人则应该坦诚相见，以诚感人。这种人的城府并不是为了害人，而是为了防人。所以，领导者对他不应有什么防范，为了真正达到沟通的目的，甚至可以不保留地对他敞开你的心扉。

对第三种人则不要有什么太高的期望，也不必要求他提出有价值的意见和建议。

总之，对某些工于心计的人，如果领导者不得不与之打交道，则应该真正对他们加以区分，看其属于哪一类人，然后确定自己的行为方式。

述语①

　　右恶可为戒者三十六事。自古人君复亡之辙,大略不出乎此矣。谚曰:"前人踬②,后人戒。"然世主皆相寻而不改。彼下愚不移,固无足怪。至如晋武、唐玄、庄宗之流,皆英明雄武,又亲见前代败亡之祸,或间关险阻,百战以取天下;及其志得意盈,迷心鸩毒③,遂至一败涂地,不可收拾,其视中才守成之主,反不逮焉。《书》曰:"惟圣罔念作狂。"④成败得失之机,可畏也哉!

　　臣等尝伏读我太祖高皇帝《实录》,与侍臣论及古来女宠、宦寺、外戚、权臣、藩镇、夷狄之祸。侍臣曰:"叔季之君⑤,至于失天下者,常在于此。"高皇帝曰:"朕究观往古,深为用戒,然制之有道。若不惑于声色,严宫闱之禁,贵贱有体,恩不掩义,则女宠之祸,何自而生?厚其恩赉,不任以事,苟干政典,裁以至公,则外戚之祸,何由而作?宦寺便习,供给使令,不假以兵柄,则无宦寺之祸。不设丞相,六卿分职⑥,使上下相维,大小相制,防耳目之壅蔽,谨威福之下移,则无权臣之祸。藩镇之设,本以卫民。使财归有司,兵必合符而调⑦,岂有跋扈之忧?修武备,谨边防,来则御之,去不穷追,则无夷狄之虞。"渊哉睿谟,诚万世圣子神孙所当遵守而弗失者也。至于端本澄源,正心修身,以销衅孽于未萌,杜间隙于无迹者,则又备载宝训及御制诸书,伏维圣明留意焉。臣等不胜幸愿!

【注释】

　　①这一段是本书下篇,恶可为戒的三十六事的结束语。

　　②前人踬:前入跌倒。踬,跌倒,挫折。

　　③鸩毒:《左传》闵公元年"宴安鸩毒,不可怀也"。此指宴安之为害,犹如鸩之有毒。

　　④惟圣罔念作狂:出自《尚书·周书·多方》孔传"惟圣人无念于善,则为狂人"。意谓明哲的人不肯思考,就会变成无知。

　　⑤叔季之君:叔世、季世合称。叔世,衰乱时代。谓国家扰攘濒临衰亡之际的国君。

　　⑥六卿分职:由吏、户、礼、兵、刑、工六部分掌国家行政。明初洪武十三年废宰相制,政

归六部,由皇帝亲自执掌,中期以后,内阁实权渐重,内阁首辅无宰相之名,往往实为宰相。

⑦合符而调:调遣军队,必经验证,兵符必须相合。

【译文】

以上是可以作为训诫的三十六件恶事。自古以来君主覆亡的轨迹,大体不出乎这些事例了。谚语说:"前车颠覆,后者借鉴。"可是后世人主都相继而不改。假若他是愚昧不可改变,固然不为奇怪。至于如同晋武帝、唐玄宗和后唐庄宗之类,都是英明雄武,又亲自见过前代败亡的灾祸,或者是历经崎岖艰难,身经百战夺得天下。等到他志得意满,却醉心于宴安享乐的鸩毒,遂导致一败涂地,无法收拾,反而不如中等资质的守成之君。《书经》讲:"圣人无念于善,则为狂人。"这成败得失的契机,可怕呀!

臣等曾恭读洪武《实录》,太祖与侍臣谈起古代的女宠、宦官、外戚、权臣、藩镇与"夷狄"的祸乱。侍臣说:"末世国的君主,以致丧失江山的,常常由于这些原因。"太祖说:"我认真观察已往的古代,深深以此为戒,可要防止它也有办法:如不受声色蛊惑,严肃宫廷规制,贵贱有别,恩泽不能淹没道义,那女宠的祸患,何从产生呢? 给予丰厚赏赐,不委任职务,倘若干犯典制,就依法裁断,外戚的灾祸,从哪里发作呢? 宦官,接近的人就是提供使唤,不假借他们以兵权,就没有宦官的祸患。不设置宰相,六部分掌政权,使上下互相维系,大小相互制约,防止耳目闭塞,谨慎皇帝威福的下移,就没有权臣的祸乱。藩镇的设置,本来用以保卫百姓,使财政收入归于财政机关,兵符相合才能调遣军队,哪会有跋扈之忧? 建设军事装备,严守边防,有来进攻就防御它,逃去也不再穷追,就没有'夷狄'的忧虑。"渊博哟! 富有远见的谋划! 实在是万代尊贵的子孙所当遵守而不可失掉的。至于端正根本,澄澈源流,端正思想,注意修身,以消除争端在未尝萌发之际,杜绝间隙于未露形迹的道理,即已备载于祖宗《宝训》和先皇诸书。敬祈圣明天子留意,这是我们为臣子的最大的愿望了!

特别提示:

本书在编写过程中,参阅和使用了一些报刊、著述和图片。由于联系上的困难,和部分作品的作者(或译者)未能取得联系,对此谨致深深的歉意。敬请原作者(或译者)见到本书后,及时与本书编者联系,以便我们按照国家有关规定支付稿酬并赠送样书。

联系电话:010-80776121 联系人:马老师